완역 태극학보 2

太極學報

점필재연구소
대한제국기번역총서

완역 태극학보

2

太極學報

신지연
이남면
이태희
최진호

보고사
BOGOSA

발간사

강명관 / 부산대 한문학과 교수

우리 '대한제국기 잡지 번역팀'은 1년 전에 『조양보(朝陽報)』를 번역하여 발간했다. 이번에는 『태극학보(太極學報)』를 완역하여 발간한다. 대한제국기라고 말하는 20세기 초두의 잡지가 갖는 중요성은 『조양보』의 발간 때 이미 말한 바 있기에 여기서 다시 중언부언할 필요가 없을 것이다. 다만 『태극학보』는 여타의 잡지와는 뚜렷이 구별되는 점이 있다.

알다시피 『태극학보』는 일본 유학생 단체인 태극학회의 기관지이다. 이 잡지는 1906년 8월 창간되어 1908년 12월 26호로 종간되었다. 불과 2년에 남짓한 짧은 기간에 그리 많지 않은 호수이지만, 이 잡지의 의미는 결코 작지 않다. 또한 당시 잡지란 것의 발행기간과 호수가 『태극학보』를 넘어서는 것도 그리 많지 않다.

『태극학보』는 무엇보다 일본 유학생들이 발간한 잡지라는 점에 주목해야 할 것이다. 일본은 호오를 떠나 당시 한국이 경험할 수 있었던 거의 유일한 근대문명의 본거지였던 것이니, 이들 유학생들은 말하자면 근대지식 수용의 첨병이었던 셈이다. 당연한 말이겠지만 『태극학보』를 통해 우리는 20세기 초두에 일본을 직접 경험한 젊은 지식인들이 공급했던 다양한 근대지식의 양과 폭을 짐작할 수 있을 것이다. 앞으로 이 시기 다른 잡지와의 비교 연구를 통해 『태극학보』가 담고 있는 근대지식의 성격이 보다 명료하게 드러날 것을 기대한다.

이와 관련하여 하나 지적하고 싶은 것은 『태극학보』에 이름을 올린 유학생들의 이후 행로다. 『태극학보』가 발간되던 시기의 대한제국은 반식민지의 상태에 있었다. 이런 이유로 이 잡지에 실린 글의 행간에는 우국적 열정이 짙게 배여 있었다. 하지만 잡지가 종간되고 한국은 이내 일제의 식민지로 전락하고 말았다. 일본 경험이 있던 이들 신지식인들의 행로는 복잡할 수밖에 없었다. 이들은 일제강점기를 어떻게 살아냈던가? 나아가 해방 이후 이들과 그 후예들의 행로를 치밀하게 검토하는 것은 지금 한국사회를 이해하는 데도 크게 기여할 것으로 보인다.

『조양보』의 번역과 마찬가지로 『태극학보』의 번역 역시 난감한 부분이 한둘이 아니다. 주로 이 시기 번역 지식들에 대한 우리의 이해가 미치지 못한 데 기인한 것이다. 앞으로 연구로 메워나가야 할 것이다.

『태극학보』의 번역에는 여러 사람이 참여했다. 신지연, 이남면, 이태희, 최진호 등이 번역을 맡았고, 이강석·전지원은 편집과 원문 교열을 맡았다. 그 외 임상석, 손성준 등 여러분들이 책의 완성에 수고를 아끼지 않았다. 이 자리를 빌려 고맙다는 말을 전한다.

차례

태극학보 제6호

태극학보 제7호

태극학보 제8호

태극학보 제9호

태극학보 제11호

일러두기

1. 번역은 현대어화를 원칙으로 하였다.

2. 한자는 꼭 필요하다고 판단되는 경우에 한 해 괄호로 병기하였다.

3. 단락 구분은 원본을 기준으로 하되, 문맥과 가독성을 위해 단락을 구분한 경우도 있다.

4. 중국의 인명과 지명은 그 시기가 근·현대인 경우는 중국어 발음에 따라 표기하고, 근·현대 이전은 한국 한자음을 써서 표기하였다. 일본과 서양의 인명과 지명은 시기에 관계없이 해당 국가의 발음대로 표기하였다.

5. 원본에 한자로 표기된 서양 인물이 확실히 파악되지 않은 경우 한글 독음과 원문 한자를 병기하였다.

6. 본서의 원문은 순한문, 국한문, 순국문이 혼합되어 있다. 이를 구분하기 위해 순한문 기사는 漢, 순국문은 한 으로 기사 제목 옆에 표시해두었다. 표기되지 않은 기사는 국한문이다.

7. 원문 괄호는 '－ －'이고 다른 괄호는 번역 과정에서 추가했다.

메이지 39년 9월 24일 | 광무 10년 9월 24일 | 제3종 우편물 허가

광무 11년 1월 24일 발행

태극학보

제6호

매월 1회 발행

• 광고

　본 태극학보를 구독하고자 하시는 분은 본 발행소로 통지하여 주시되, 대금은 삼가 매월 환(換)으로 송금하여 주시기 바랍니다.

　본 태극학보는 뜻 있으신 인사들의 구독 편의를 위하여 출장지점을 다음과 같이 정합니다.

　황성 중서(中署) 동궐(東闕) 파조교(罷朝橋) 건너편 주한영(朱翰榮) 서포

　북미합중국 캘리포니아주 오클랜드시 한인공립신보사(韓人共立新報社) 내 -임치정(林致淀) 주소-

목차
태극학보 제6호

학회에 고하는 설 (3) 漢 / 유학생감독 한치유(韓致愈)

작은 생선을 삶을 적에 뒤적이면 반드시 문드러지고[1] 나무를 기를 적에 고요하면 저절로 자라나게 되니, 이것은 필연적인 이치이다. 또한 금을 독(櫝)에 감추는 것이 산에 감추는 것만 못하고, 구슬을 전대에 감추는 것이 못에 감추는 것만 못하니,[2] 대체로 그 자연스러움으로 인하여 감추는 바가 절로 견고하기 때문이다.

무릇 우리나라 학생으로서 이 도쿄에 있는 자들이 그 수가 그다지 적지 않은데, 자연히 분발하여 힘써 토론하기를 구하여 그 설립한 학회가 이곳저곳에서 모습을 갖추었는바, 예컨대 태극학회 · 낙동친목회(洛東親睦會) · 공수회(共修會) · 유학생회(留學生會) · 광무학회(光武學會) · 한금청년회(漢錦青年會)와 같은 단체들이 여가를 이용해 서로 모여서 친애(親愛)를 강론하고 이택(麗澤)[3]을 자뢰하기에 내가 이를 매우 기뻐하고 따라서 이를 칭찬하여 그 성장함을 바라 저지와 방해를 가하지 않으니, 이는 작은 생선을 삶고 나무를 기르는 방법이며 금과 구슬을 산과 못에 감추는 뜻을 또한 그 사이에 부친 것이다.

그러나 비난하는 자가 말하기를 "각각 문호(門戶)를 세우고서 기치(旗幟)를 나누어 꽂는다."라고 하고, "각각 편애(偏愛)하는 마음으로써 하여 국가의 훗날의 추향(趨向)의 문제가 될 것이다."라고 하는데, 이는 대체로 국외(局外)의 논의이지 당국(當局)한 실제적 견해는 아니니, 어째시인가.

---

1 작은……문드러지고 : 『노자(老子)』에 "큰 나라를 다스리는 자는 마치 작은 생선을 삶듯이 해야 한다."라고 한 말을 원용한 것인다.

2 금을……못하니 : 『장자(莊子)』「천지(天地)」에 "금은 산속에 감추고 구슬은 못에 감춘다."라고 한 말을 원용한 것이다.

3 이택(麗澤) : '이(麗)'는 거듭된다는 뜻이다. 『주역(周易)』「태괘(兌卦) 상(象)」에 "택(澤)이 거듭된 것이 태(兌)이니, 군자가 이것을 보고 응용하여 붕우 간에 강습한다"라고 하였는바, 친구들 사이에 학문을 강마하는 것을 가리킨다.

대체로 우리나라 학생 수십 수백 명은 애당초 같은 날 같은 때에 서
로 손을 잡아끌고 함께 와서 한곳에 함께 머문 것이 아니다. 하루에
한두 사람, 한 달에 대여섯 사람이 와서 더디게 몇 년에 걸쳐서 점차
증가하여 혹 자기 마음대로 숙소를 정하거나 혹 옆의 사람이 권도(勸導)
하여 15개 구(區)로 흩어져 애당초 '서로를 잊고 지내는 물고기'⁴와 '무
리를 잃어버린 새'처럼 서로 왕래하지 않음이 있었는데, 한번 공관(公
館)이 철수하고 감독(監督)이라는 명칭이 생긴 뒤로 유지자(有志者)가
일어나 창도하여 그 친한 바 및 그 머무는 바가 서로 가까움에 따라서
하나의 학회를 설립하였으니, 그 목적은 학업을 서로 권면하고, 질병과
액난을 서로 구제하고, 친애하여 서로 높이고, 과실은 서로 바로잡아주
는 것이다. 이는 진실로 옛사람의 향약(鄉約)의 뜻에서 나온 것으로 같
은 나라 사람으로서의 정(情)이 타국 내(內)에서 서로 부합(符合)한 것
이니, 이것이 바로 내가 기뻐하고 칭찬하는 바이다.

이에 먼 구(區)에 있는 우리 유학생들이 그대로 본받아 또한 각각
친한 바에 따라 또 각각의 학회를 조직하였는데, 그 목적으로 말하면
이 학회나 저 학회나 입은 다르지만 하는 말은 같으니, 나는 오직 그
조직하기를 견고히 하지 못하여 행하기를 힘쓰지 못할까 염려스러울
뿐이다. 이는 비유하자면 묵혀 두어서 거칠어진 옛 땅을 인류가 처음으
로 개간하는데 각각 토양이 마땅한 바에 따라 점차 촌락을 이루는 것과
같으니, 비록 그 읍내와 시골 마을로 나뉘어 있으나 사회가 자립하면
감독하는 자가 그 뒤를 따라서 강유(綱維)를 들어 때에 따라 편달하고
독책하여, 비록 사회와 규약의 수장이라는 명칭은 없지만 실로 사회와
규약의 수장이라는 의의가 있으면 그 문호를 나누어 나열함으로 인하

---

4 서로를……물고기 : 이는 『장자(莊子)』 「대종사(大宗師)」에 "샘이 마르면 물고기들
이 땅 위에 남아서 서로 습기를 뿜어내며 서로 거품으로 적셔 주지만, 강호에서 서로
를 잊고 지내느니만 못하다"라고 한 데에서 나온 것이다.

여 그들로 하여금 편애하고 바르지 못한 문젯거리를 이루게 하는 것은 진실로 마땅하지 않다.

얼마 전에 유학생회가 뒤늦게 조직·성립되었는데 말하는 자가 이르기를 "무릇 학생으로서 이 도쿄에 유학(留學)하는 자들은 마땅히 유학생회를 기관 총회(機關總會)로 삼아야 한다. 그렇지 않으면 마땅히 각 학회에 효유(曉諭)하여 하나로 합병해서 동포의 지기를 함양하고 충군애국의 목적을 관철해야 한다."라고 하였는데, 각 학회를 합병하자는 주장은 사실 형세상 시행할 수 없는 것이니, 어째서인가.

각각의 학회가 조직·성립한 것이 이미 오래되어 그 사람들의 마음이 하나로 단결하여 여가가 있으면 반드시 모이고, 모이면 반드시 강(講)하여 혹 그대로 따라서 학교를 유지하고 혹 진전하여 배운 바를 간행하는바, 애당초 국제 정부(國際政府)의 논(論)에 대해 범하지 않고 실로 친애(親愛)·이택(麗澤)의 일에 보탬이 있으니, 그런즉 반드시 합병하고자 하는 것은 바로 저지·방해가 되어 분쟁의 단초를 야기하는 것이다.

무릇 민회(民會)의 목적이 진실로 치안을 방해하고 법률에 저촉되는 잘못이 없으면 정관(政官)은 애당초 강제하는 권한이 없는데, 하물며 학생이 설립한 토론회는 더 말해 무엇하겠는가. 더구나 학생은 어리석은 일반 백성과 똑같지 않아서 세계에 통행하는 예(例)를 대략 알고 인권이 발달한 이치를 대략 아니, 비록 감독에게 압제하는 수단을 강행하게 하더라도 만일 그것이 법식이 아니고 떳떳함에 어긋나면 틀림없이 두려워하며 머리를 숙이려고 하지 않은 자임에랴. '기관 총회'의 설로 말하면 무리한 것이 아니기 때문에 내가 일찍이 특별히 마음을 써서 이룰 것을 권하였다. 그러나 이 역시 곡란월계(鵠卵越鷄)[5]의 문제가 있

---

5   곡란월계(鵠卵越鷄) : 『장자(莊子)』 「경상초(庚桑楚)」에 "작은 닭은 큰 고니의 알을 품지 못하지만, 큰 닭은 본디 그것을 할 수 있다."라고 한 데에서 나온 말이다. '월계(越鷄)'는 월나라 닭으로 작은 닭이며, '노계(魯鷄)'는 노나라 닭으로 큰 닭이다.

어서 지금까지 성취한 효과가 없다.

대체로 유학생들의 입학 학년과 명예·지식이 비슷비슷하여 그 실력이 막상막하이므로 그 사람들의 마음을 만족시켜서 자석이 쇠붙이를 끌어당기는 듯한 묘함을 이룰 수가 없으니, 이것이 바로 그 불편한 점의 첫 번째이다. 또한 그 모임에 시각이 항상 촉박하여 비록 얼굴을 보는 유익함이 있으나 끝내 강학하는 여가가 없고 도리어 피곤한 생각을 이루어 그대로 기쁘고 즐거운 쾌락을 잃게 되니, 이것이 두 번째 불편한 점이다. 또한 유학생들이 생활하는 구역은 멀고 가까움이 한결같지 않아서 먼 데에 있는 자는 여가 때 늘 복습에 공을 들이지 못하고 한 번 고난을 겪으면 곧바로 두려워하여 이것이 바로 그 세 번째 불편함이다. 지금을 위한 계책은 단지 마땅히 그 학회의 지보가 더욱 진전되고 인심이 더욱 화합되기를 기다려야 한다. 그러면 열심인 회원들이 자연히 수시로 유지될 것이다. 비록 그러하나 내가 여러분을 위하여 하나의 약을 처방하지 않을 수가 없다.

무릇 형제가 태어남에 부모의 기(氣)를 똑같이 받아서 같은 문 안에 함께 거처하여 주림과 배부름·춥고 따뜻함·호흡과 통양(痛痒)에 있어서 어디로 간들 서로 통하여 잇닿지 않음이 없으니, 그 은애의 돈독함과 정리(情理)의 절실함이 과연 어떠한가? 그럼에도 불구하고 때로 혹 형제가 집안에서 서로 싸우고 팔을 비트는 거조를 행함[6]을 면치 못하는 것은 어째서인가?

피차(彼此)의 모습이 이미 갖추어짐에 물아(物我)의 구분이 이에 생겨나서 형의 입에 들어가나 아우의 배를 채울 수 없고 아우의 몸에 가해지나 형의 몸을 따뜻하게 할 수 없어서 전전(展轉)하여 한쪽으로 치우쳐

6　형제가……행함 : 원문의 '혁장(鬩牆)'은 형제간의 불화와 다툼을 가리킨다. 원문의 진비(搸臂)는 본래 '그 형의 팔을 비튼다.'는 뜻으로 『맹자(孟子)』 「고자하(告子下)」와 「진심상(盡心上)」에서 맹자가 예로 든 말이다.

사사롭게 경계 지으려는 싹이 그 사이에서 자라나는 경우가 있다. 아아, 가장 슬픈 일은 마음이 죽는다는 것이고, 육체가 죽는다는 것은 그 다음이다.[7] 우리로 하여금 황천(皇天)이 물건을 내어 살아가게 하는 사랑을 알지 못하여 형기의 질곡 가운데로 치달리게 하면 점차적으로 홍수(洪水)와 맹수(猛獸)의 화[8]에 이를 것이니, 진실로 이 몸이 죽지 않았다고 하여서 '삶이 있다'라고 이를 수는 없는 것이다. 그러므로 말하기를 "군사(軍事)에 있어서는 한쪽으로 치우친 사사로운 뜻보다 더 참혹한 것이 없으며, 막야(鏌鎁)나 간장(干將)은 그 아래이다."라고 하는 것이다.

가령 여러분이 고국의 안에 있더라도 마땅히 동포의 사랑을 생각해야 할 것인데, 더구나 비로 목욕하고 서리를 밟으며 이국땅에서 객이 되어 고림(故林)의 즐거움은 없고 몽용(蒙茸)의 감회만 있으니, 그렇다면 비록 이른바 "텅 빈 골짜기에서 홀로 걷다 쉬다 하노라면 다른 사람의 발자국 소리만 듣고도 즐거워한다."[9]라고 한 것도 오히려 그 기쁨을 말할 만하지 못하거늘 그 어찌 피차의 모습에 침체하여서 경계 짓고 한쪽으로 치우쳐 사사로운 마음을 낼 수 있겠는가.

사람의 소견은 그 지보(地步)를 높일 필요가 있다. 지금 저 아사쿠사(淺草)에 있는 료운카쿠(凌雲閣)에 오르면 멀리 보게 될 것인데, 만약 저 후지(富士)의 절정(絶頂)에 오르면 또 마땅히 더 멀리 보게 되지 않겠

7 가장……다음이다 : 이는 『장자(莊子)』 「전자방(田子方)」에 "무릇 가장 슬픈 일은 마음이 죽는다는 것이고, 사람의 육체가 죽는 다는 것은 또한 그 다음이다."라고 한 공자의 말을 원용한 것이다.
8 홍수(洪水)와……화 : 『맹자(孟子)』 「등문공 하(滕文公下)」에 "옛적에 우임금께서 홍수(洪水)를 억제하시자 천하가 화평해졌고, 주공께서 이적(夷狄)을 겸병(兼幷)하고 맹수(猛獸)를 몰아내시자 백성들이 편안해졌으며, 공자께서 『춘추』를 완성하시자 난신적자(亂臣賊子)들이 두려워하였다"라는 말씀에서 나왔다.
9 텅……즐거워한다 : 『장자(莊子)』 「서무귀(徐无鬼)」에 "인적이 끊긴 산골짜기로 도망쳐 홀로 사는 사람도 족제비나 다니는 좁은 길에 명아주풀이 우거진 가운데 비틀거리며 텅 빈 골짜기에서 지내게 되면 어쩌다가 사람의 발걸음이 저벅저벅하는 소리만 들어도 기뻐하게 된다."라고 한 말이 나온다.

는가. 그러므로 말하기를 "조망대를 높이 쌓음에 많은 사람이 몰려든다."[10]라고 하였다. 가령 여러분이 진실로 황천이 만물을 내어 살아가게 하는 근원에 나아가 마음을 두고 생각을 노닐게 하여서 동포가 서로 사랑하는 체(體)를 추구하면, 이는 그 지보의 높아짐이 마땅히 료운카쿠·후지와 견주는 데에 그치지 않을 것이고, 이른바 물아의 형상과 피차의 사사로움이 비슷하게 겨루어 고집하여 다투는 것은 바로 혜계(醯鷄)[11]일 뿐이고, 만촉(蠻觸)[12]일 뿐이고, 공중에 떠 있는 아지랑이〔野馬〕와 티끌〔塵埃〕[13]일 뿐이니, 여러분은 부디 힘쓸지어다.

비록 그러하나 내가 자세히 말하는 것은 실로 태양 아래의 촛불 격으로 이루(離婁)와 사광(師曠)[14]의 앞에서 밝은 귀와 밝은 눈을 보충하고자 함을 면하지 못하니, 이는 어째서인가. 그 이유는 다음과 같다. 내가 여섯 학회의 목적에 대해서 알고 있으니, 친애하여 서로 높임과 학업을 서로 권면함은 그 바르면서도 위대하고 공정하면서도 절실함이 과연 어떠하기에 어찌 한쪽으로 치우쳐 사사롭게 각각 설립하는 염려와 기치와 표지를 각각 갈라서 벌여 놓는 우환이 있겠는가. 국가의 훗날의 추향(趨向)의 문제로 말하면 더욱이 전혀 의논해서는 안 되는 것이다.

대체로 여섯 학회가 설립된 것은 다만 학술 토론의 모임인 것으로

---

10 조망대를……몰려든다 : 『장자(莊子)』「천지(天地)」에 "또한 당신이 말한 대로 한다면 노나라 임금이 스스로 머물 곳을 만들어서 조망대를 높이 쌓는 것이 될 것이니 많은 사람들이 몰려들어 현지(賢知)의 행동을 흉내 내다가 도리어 자기 존재의 근거를 잃는 사람이 많아질 것이다."라고 한 계철(季徹)의 말에 보인다.

11 혜계(醯鷄) : 술독의 술에서 생겨나 술독 안을 날아다니는 날벌레로 초파리를 가리키는바, 주로 '옹리혜계(甕裏醯鷄)' 또는 '옹천혜계(甕天醯鷄)'로 사용되어 소견이 맹 좁은 사람을 비유한다.

12 만촉(蠻觸) : 하잘 것 없는 일로 다투는 것을 말한다.

13 공중에……티끌 : 『장자(莊子)』「소요유(逍遙遊)」에 "아지랑이와 먼지 같은 것은 하늘과 땅 사이의 생물들이 숨을 쉬면서 서로 내뿜는 것들이다."라고 한 구절에서 원용한 것이다.

14 이루(離婁)와 사광(師曠) : '이루'는 옛날에 눈이 밝았던 사람이고, '사광'은 진(晉)나라의 악사(樂師)로서 음(音)을 잘 아는 자였다.

우리나라 경성의 남촌·북촌의 옛날 시회·문회의 따위와 같은바, 의회 정당의 견해를 그 가운데에 삽입하는 것은 절대로 마땅하지 못하니, 이는 어째서인가. 여러분의 이때는 바로 학문을 공부하는 시기고, 여러분이 있는 이 땅은 한성(漢城)의 교시(郊市)가 아니니, 만일 분란을 일으켜서 국제 정부의 견해를 품으면 부(部)에 정칙(定則)이 있어 용서하지 못하는 바에 해당하니, 여러분은 부디 힘쓸지어다. 비록 그러하나 오늘날 학문을 힘쓰는 것은 바로 훗날 귀국하여 정사를 행함의 기초인 것이니, 그렇다면 이른바 "금을 산에 감추고 구슬을 못에 감춘다."라고 한 것이 바로 여기에 해당한다. 다만 반드시 독(櫝)에 감추고자 하여 끈이나 줄을 당겨 단단히 묶고 빗장과 자물쇠를 튼튼히 채운다면 이는 바로 너무 지나치게 빨리 공(功)을 헤아린 것이니, 달걀을 보고 새벽을 알리는 닭의 울음소리를 요구하며, 탄환을 보고 새 구이를 요구해서는 안 된다.[15]

아아, 내가 여섯 모임의 여러분을 위하여 한 가지 계책을 올려보겠으니, 여러분은 부디 채용할지어다. 여러분은 마땅히 각각 본부(本部)를 따라 휴가일을 사용해 모여서 배운 바를 강습하고, 또한 때로 친목 총회를 시행하여 유지하기를 반드시 오랫동안 하여 지킴에 폐단이 없어야 하니, 나누어 말하면 하나의 모임이 각각 하나의 태극을 갖춤이 되고 합하여 말하면 여섯 모임이 하나의 태극을 통체(統體)함이 되니, 부디 여러분은 양찰할지어다. 아아, 진실로 이와 같다면 이는 마치 사람이 큰 강에서 나와서 바다를 건너듯 가면 갈수록 더 무궁해져 서로 전송하는 자들이 그 끝에서 되돌아오는 것 같을 것이다.[16]

---

15 달걀을……된다 : 『장자(莊子)』「제물론(齊物論)」에 "또 구작자(瞿鵲子) 그대는 또 한 너무 빨리 헤아리고 있으니, 달걀을 보고 새벽을 알리는 닭의 울음소리를 요구하며, 탄환을 보고 새 구이를 요구하는 격이다."라고 한 장오자(長梧子)의 말을 원용한 것이다.

16 마치……것이다 : 『장자』「산목(山木)」에 "임금께서 강을 지나 바다에 떠가시면 멀리서 바라볼 때 그 끝이 보이지 않을 것이며 갈수록 다하는 곳을 알 수 없을 것입니다. 임금을 전송하는 이들은 모두 그 끝에서 되돌아오면 임금께서는 거기서부터 더

태극학보를 축하하다[17] / 은율(殷栗) 홍성섭(洪性燮)

내가 열독하는 학보(學報)와 신보(新報)가 거의 몇 종류나 되는데, 유독 『태극학보』에 한층 더 축하하는 것은 학식의 크고 넓음과 언론의 강개하고 간절함을 사랑할 뿐 아니라, 그 조국을 잊지 않는 열성과 동포에게 충심으로 고하는 훌륭한 거조를 축하하는 것이다. 진실로 이 두 가지가 없다면 아무리 날마다 만 자를 간행하여 전 세계에 널리 전파하더라도 무슨 축하할 관계가 나에게 있겠는가. 무릇 학보나 신보를 세상에 발행하자면 반드시 기금(基金)의 바탕이 있고 또한 주필(主筆)을 맡은 사람이 있어서 각자 그 임무에 전념해야 하거늘, 재정의 곤궁과 사무의 분주함을 근심한다. 생각건대 이 『태극학보』는 해외에 유학하는 청년들이 넉넉지 못한 학비를 절약하여 의연금으로 내어서 학회를 조성하고, 그 저술은 의무를 나누어 맡아서 학교에서 그날의 수업을 마친 여가에 꾸준하게 부지런히 편찬한 것이니, 다른 학보나 신보에 비하면 그 사정의 곤란함이 과연 어떠한가.

아아, 여러분이 이를 하는 바가 명예를 위함인가, 사업을 위함인가? 아아, 어찌 이러할 리가 있겠는가. 이처럼 국권이 쇠퇴하고 민생이 곤궁한 날에 이르러 여항의 부녀자와 어린아이도 근심과 울분의 혈성(血誠)을 품고 있거든, 하물며 우리 2천만 동포 중에 재능이 출중하고 특별한 뜻 있는 청년들이 어깨에 부흥의 의무를 짊어지며 가슴에 증제(拯濟)[18]의 사상을 품어서 백번 꺾여도 굴하지 않으며 온갖 고난을 마다하지 않고 멀리 해외로 나간 자가 어찌 명예나 영업의 소행을 기꺼이 하고자 하겠는가. 그러나 명예란 기약하지 않고 이르는 것인지라 회피할

멀리 나아가실 것입니다."라고 한 시남자(市南子)의 말을 원용한 것이다.

17 본 기사의 원문은 단락이 구분되어 있지 않다. 문맥에 따라 단락을 구분하였다.

18 증제(拯濟) : 물에 빠진 사람을 건져 구제한다는 말로, 불행한 처지나 어려운 형편에서 벗어나도록 도와줌을 뜻한다.

수 없는 바 있고, 이를 일러 사업이라 한다면 또 설이 있다. 장차 우리 한국의 인사로 하여금 사람마다 이 학보를 애독토록 하여 오랫동안 오염된 뇌수를 깨끗이 씻어내고 신선한 정신을 주입토록 한다면 우리 대한의 독립이 실로 여기서 기인할 것이니, 이것이 『태극학보』의 힘이다. 여러분의 평생 사업 중에 그 무엇이 이보다 더 크겠는가. 다시 국가를 위해 축원하고 또 동포를 위해 축원하노라. 그러나 천하의 일이란 아는 것이 어려운 것이 아니라 행하는 것이 어려운 것이고, 시작이 있지 않음이 없으나 능히 끝을 맺는 경우가 드물다. 지금 이 학보는 진실로 대중을 이끄는 적치(赤幟)요, 세상을 일깨우는 목탁(木鐸)이라, 지식을 교환하며 열혈을 다 토해냄에 불과하다. 이것이 충분히 여러분의 의지를 통쾌하게 하고 소원을 이루는 것이 될 만한가.

조국을 멀리 바라보라. 어떠한 상황에 있는가. 동포를 돌아보라. 어떠한 지경에 빠졌는가. 수많은 분통과 원한을 장차 정부에 하소연하겠는가. 정부도 믿을 수 없다. 장차 부형에게 아뢰겠는가. 부형도 어찌할 수 없다. 그렇다면 2천만을 대표하여 4천 년 역사를 지닌 오래된 나라를 책임지고 맡아볼 자가 유학 청년이 아니면 누구겠는가. 만약 혹 마음을 잃고서 자기 자신을 나태하게 하여 오직 실속이 없이 외면만 화려한 것으로 어설프게 흉내나 내고[19] 진실한 덕성과 진실한 학문을 닦지 않아서 조국의 명예를 손상시킨다면 이는 동포의 죄인이니, 일개 『태극학보』가 어찌 책임을 메울 수 있겠는가. 또한 여러분을 위해 두려워하노라.

지금 귀보에 투서한 자는 으레 대부분 공경히 축하하느라 겨를이 없

---

19 어설프게……내고 : 춘추 시대 월(越)나라의 미인 서시(西施)가 심장병을 앓으면서 얼굴을 찡그리자, 그 모습도 매우 아름답게 보였다. 이에 이웃의 추녀가 찡그린 모습을 흉내 냈더니, 사람들이 모두 그녀를 피해 버리고 보지 않았다는 고사이다. 여기서 인신하여 무턱대고 남을 흉내 내려고 하거나 제대로 모방하지 못하여 졸렬하게 됨을 비유한다.

는 경우가 많다. 그럼에도 나만 유독 과격한 의론과 준엄한 언사를 하는 것은, 대개 어리석고 아둔한 나머지 만에 하나로 여러분을 의심하는 것이 아니라 축하로는 부족한 까닭에 이어 권면하는 것이니, 이른바 하늘을 치받으며 높이 날아오르는 대붕(大鵬)을 조풍(條風)[20]이 돕고 냇가로 내달리는 목마른 천리마에 아교를 먹인 채찍을 더하는 격이라 하겠다. 부디 꼴이나 베며 나무나 하는 이 하찮은 자를 양해해주시고, 힘쓰고 더 힘쓰며 부지런하고 또 부지런하여 실지의 학업을 성취한 후에 동포의 자유를 창도토록 하고 국가의 독립을 공고토록 하여 태극기장(太極旗章)을 육대주에 찬란히 드날린다면 유지유행(有知有行)의 결과와 유시유종(有始有終)의 실증이 귀보를 명명한 본의를 저버리지 않을 것이니, 백세토록 여러분의 방명과 만년토록 국가의 행복이 장차 어떠하겠는가.

이에 축하하는 작은 정성을 표하기 위해 찬조금 3환과 대금 1환 44전을 사소함을 잊고 부끄러워 땀 흘리며 드리오니, 그 동정을 헤아리시어 부디 수용하기 바라노라. 『태극학보』가 만세토록 무궁하기를 삼가 축원하노라.

최영철(崔永澈)

삼가 강개하고 간절하며 슬프고 분하게 여기는 혈성〔血忱〕으로 공경히 『태극학보』의 발간을 축하하는 바이다.

---

20 조풍(條風) : 팔풍(八風)의 하나로, 봄에 부는 동북풍을 말하는바, 입춘(立春) 후 45일 동안 불어 만물을 출생시키는 일을 주관한다. 『사기(史記)』 권25 「율서(律書)」에 "조(條)라는 말은 만물을 다스려 나게 하는 것이므로 조풍이라고 한다."라고 하였다.

| 강단·학원 |

인생 각자의 천직(天職) / 전영작(全永爵)

이에 연구하고자 하는 바는 사회와 국가의 귀와 눈이 되는 학자 신사 (學者紳士)의 천직이 어디에 있으며, 또 일반 인류에 대한 관계가 어떠 하며, 천직을 완전히 하는 길이 어떠한가 하는 문제를 해결하고자 하는 것이다.

대체로 '학자 신사'라고 말한 것은 어떠한 의미인가? 다른 것이 없다. 일반 인류에 대하여 일종의 관계의 품위(品位)를 부여한 대로 따라온 명칭과 자격이다. 그러나 학자 신사의 천직을 논하고자 하면 먼저 원래 인생의 사회와 국가에 대한 천직이 무엇이냐 하는 의문을 풀어내야 할 필요가 있고, 인생의 사회와 국가에 대한 천직을 논하려면 인생 각자에 관한 천직이 무엇인가, 바로 인생이 외타(外他)의 관계를 떠나 각자 단 위에 관한 천직이 무엇이냐 하는 문제를 생각해 헤아리지 않을 수가 없을 것이다. 그러므로 '인생 각자에 관한 천직'이라는 문제를 제출한 까닭이다.

해당 문제에 관한 정밀한 학리적(學理的) 연구는 심원한 철학에 청구 할 터이나 아주 짧은 시간을 이용하여 본 문제를 해결하고자 하는 우리 의 목적은 지극히 간단 주의로 그 대략을 설명하고자 하는 것이다.

우리 인생이 자기에 관한 천직을 자각하고자 하면, 맨 처음 이른바 '자기'라고 하는 의의를 분명하게 정하지 않을 수가 없을 것이다. 이른 바 '자기'라고 하는 것은 무엇을 말한 것인가. 순수한 무형의 자아와 현실의 체험적 자아를 구별하여 이를 제대로 이해해야 할 것이다. 본디 순수한 무형의 자아라고 하는 것은 현실의 체험적 자아를 떠나서는 지 각하기 어렵다고 하겠다. 마음의 자아와 신체의 자아를 떠나서는 우리가 도저히 생각하지 못할 것이다. 지금 이 인생의 자기라는 것은 현실의 체험적 자아를 완벽하게 초월한 순수 무형의 자아를 가리키는 것이 아니고, 사지(四肢)와 오체(五體)로써 성립한 심신 상관적(身心相關的) 자기를 가리키는 것이다.

무릇 인생이 다른 동물과 다른 바는 어디에 있는가. 우리 인생이 만물의 영장으로 특별히 소유한 천직과 각자 자기에 관한 본분이라는 것은 무엇이냐 하는 문제를 풀어내려면 한 가지 가정(假定)의 기초를 세워야 할 것이다. 인생이 이성(理性)을 가진 이상에는 인생 그 자신이 바로 목적이 될 것이다. 표현을 바꾸어 말하면, 인생은 다른 것을 위하여 존재한 것이 아니다. 자기의 존재는 자기 존재를 목적한 것이고 다른 것에 그 목적을 묻지 않는다는 조건을 정할 필요가 있다고 하겠다. 이는 우리 인생의 일반적인 감정 속에 박멸하기 어려운 사상으로 고유한 것이고 철학상에 증명된 것이다. 인생에 있어서 이렇게 절대적으로 존재한 천직 외에 또 한 가지 특별한 천직이 있는데, 이는 무엇인가? 그것은 다음과 같다.

우리 인생은 한갓 존재할 뿐만 아니라 또 인생은 일종의 어떤 것이다. 그것이 존재한 이상에는 인생은 이성적인 것이다. 그러나 일종의 어떤 것이라는 이상에는 과연 어떠한 것인지 이에 연구할 문제이다. 우리 인생은 절대적 존재 밖의 일종의 어떤 것이라고 말한 까닭은 각자 자기 외에 비아(非我)라고 말하는 것이 있는바, 이 우리의 현실 실험적 자각은 자기 이외에 존재한 비아적(非我的) 외계(外界)를 가정하여야 비로소 드러나는 것이므로 비아를 전제에 두지 않으면 실제로 자기를 깨달아 알 수 없기 때문이다.

자(自)・타(他)와 내(內)・외(外)가 상대한 때에는 외타적 비아는 항상 우리 자신에게 어떠한 영향이든지 미칠 것이다. 그러면 이즈음에 일종의 감각이 생겨나는 것은 필연적인 일이다. 이에 있어서 우리 인생은 절대적으로 존재하는 것 외에 감각적인 생물인 것이다. 그러한즉 이성적인 생물이고 또 감각적인 생물이다. 이성은 감각을 위하여 몰각(沒却)되는 것이 아니다. 만일 감각을 위하여 이성이 몰각하면 인생 존재의 가치를 인멸(湮滅)하게 하는 것이다. 그러므로 이성과 감각은 양립해 함께 나아가지 않을 수가 없는 것이다.

인생은 이성적 방면에는 순일하여 섞인 것이 전혀 없는 성질이 있고, 감각적 방면에는 외부의 영향을 받는 까닭에 번잡하고 다단하여 모순이 서로 받아들이지 않는 때가 적지 않다고 하겠다. 이러한 때를 당하여 외계의 영향에 유혹되지 않음이 필요할 것이다. 본래 인생은 자기를 가지고 목적으로 삼은 것이니, 그렇다면 자기에 의지하여 행위를 결정하고 자기에 의거하여 사물을 선택할 것이요, 비아적인 외물의 처분을 맹목적으로 추종할 바가 아니다. 이른바 자유의사(自由意思)의 존중을 잊어버리는 것이 불가하다고 하겠다. 속박되지 아니하고 독립적인 정신을 지켜야 할 것이다. 이에 인생 도덕의 원칙은 자유의사의 훈계를 따라 행동해야 할 것이고 결코 유혹에 속임을 당하지 않고 비아의 노예가 되지 말아야 할 것이다. 그러면 이성의 순일한 자아의 본분은 절대적 일치(一致)에 있고 자기와 융화하는 것에 있다.

이러한 일치·융화가 이성적 자아의 형식이고 면목이다. 이러한 일치·융화의 본분을 완전하게 하려면 자유의사를 수양하여 자기의 본성과 모순이 되지 않도록 힘쓰는 것이 아주 중요하고, 도덕학(道德學)이 오로지 고취(鼓吹)하는 바이다. 우리의 능력은 본래 유일한 것이고 통일성을 띠지만 외계를 향하여 운용되는 때에는, 외계는 복잡하고 다양하므로 운용되는 제반 능력도 통일성을 잃기 쉽다고 하겠다. 만일 제반 능력의 통일성을 잃으면 이성의 일치·융합한 형식을 상하게 하는 것이니, 이와 같은 이성적 자아는 원래 순일하여 자기와 융합하는 것이라고 말하나 감각적 자아는 대개 비아적 외계의 영향에 관계하여 자기에게 종속하지 않으려는 경향을 가지고 있는 것이 보통의 사례이다.

비아적 외계는 천태만상이 상호 저촉되고 모순되어 허용하지 않는 형식을 드러내는 법이니, 우리는 이와 같은 외계에 대하여 능히 이를 극복하고, 차라리 이를 이용하며 다시 한 걸음을 나아가 이를 움켜쥐지 않으면 안 될 것이다. 이를 이용하고 이를 움켜쥐고자 하면 단 하나 의사(意思)의 수양에 그칠 것이 아니고, 또 일종의 기량을 필요로 할 것이다. 우리가 외계의 사물을 응접할 즈음에, 이성이 발달하지 못하였을 때는 외적 자극을 위하여 천진(天眞)의 실상을 조금도 남기지 않고 없애 버리고 굴곡적(屈曲的)인 형상을 지어 흡사 노예적인 자세를 취하는 데에 이를 것이다. 이로써 인격을 매몰하는 유감이 없지 못하다고 하겠다. 이와 같이 외계에 대립하여 노예적인 굴곡에 빠지지 않고자 하면 의사의 수양과 같이 일종의 기량을 필요로 할 것이다.[21]

대체로 자아가 외계를 타파해 극복하고 이를 이용하고, 또 외계의 노예가 되는 것을 면하게 하는 일종의 기량을 양성하려면, 이에 대한 실제적인 해답은 바로 문화 교육이다. 문화 교육은 이성을 가진 인생의 궁극적인 목적을 위하여 최상의 수단이다. 아니다, 만일 인생을 감각적인 생물이라는 한 측면으로 관찰하면 문화 교육은 도리어 인생의 목적이 된다고 말하지 않을 수가 없을 것이다. 교화(敎化)는 인생의 감수성(感受性)에 대하여 그 위에 더할 수 없는 매우 중요한 보배이다.

이와 같이 논해보자면, 우리 인생이 자기의 본성도 일치·융합하는 것이 인생에 있어서 궁극적인 목적이다. 일치·융화를 얻고자 하면 외계와 외계에 대한 관념-바로 외계의 실상을 깨달아 얻는 관념- 등의 일치·융화를 필요로 할 것이다. 이를 두 개 방면으로 나누어 말하면, 하나는 우리가 하는 행위의 의사와 영구적 가치를 가진 자유의사의 관

---

21 우리 인생은……것이다 : 이상 다섯 단락은 원문에는 나뉘어 있지 않다. 문맥에 따라 임의로 나누었다.

넘과 일치하는 것으로 이를 도덕이라 말하고, 하나는 우리의 합리적 의사와 외계적 사물과 일치하는 것으로 이를 행복이라 말하는 것이다.

도덕과 행복의 관계에 대해 한마디 말을 꺼내지 않을 수가 없겠다. 행복을 얻기 위하여 도덕을 행하려고 하는 것은 비리(非理)이고, 도덕을 행하는 것이 바로 행복이다. 도덕은 행복을 낳지만 도덕은 행복의 수단이 아니고, 행복을 낳기 때문에 도덕이 또한 그 가치를 가지는 것도 아니다. 원래 행복의 관념과 행복의 욕망은 인생 도덕의 본성으로 말미암아 나온 것인데 도덕이 없으면 행복이 없는 것이다. 어떤 쾌락적 감정은 도덕과 짝하지 않을 뿐만 아니라 반대로 서로 어긋나서 생기는 때가 있으나 이러한 따위의 쾌락은 결코 행복이 아니고 도리어 행복과 서로 용납할 수 없는 것인 줄을 알아야 할 것이다.

무릇 우리 인간은 만물의 영장이 된 이상 존재하는 모든 이성을 가지지 못한 밖의 사물을 자유롭게 관할하여 지배하는 것이 최종의 큰 목적이다. 그러나 유한한 인생으로는 도저히 그 최종의 큰 목적을 달성하기 어렵고, 그 목적도 몹시 전도요원(前途遙遠)하다고 하겠다. 다만 이를 향하여 한 걸음 한 걸음 점차 앞으로 나아가면서 더욱더 접근하는 것이 실로 '인생의 천직'이라고 말할 것이다. 인생이 자기의 본성과 일치·융화하고자 하나 완전하고 원만한 일치·융합은 유한한 인생에 있어서 바라기 어려운 일이다. 단지 이에 접근할 뿐이다. 결국 말하자면, 한 걸음 한 걸음씩 도덕을 진척(進捗)하고 한 계단 한 계단씩 행복을 증진하는 것을 실로 인생의 본분이라고 하겠다. 이상 진술한 것은 인생 상호 간의 관계가 아니고 각자 자기 상에 해당한 천직이다. 그러나 인생은 고독하고 격리된 것이 아니다. 이상의 우리의 설명을 읽어 보시는 여러 동포와 우리는 이미 사교적인 관계를 성립한 것이다. 그렇다면 이에 상호적 관계에 대하여 한마디 말을 할 필요가 있다고 하겠다. 우리 동포들을 향하여 인생 각자의 천직을 논하였으므로, 여러 동포의 언행으로 꽤 많은 사람들을 듣게 할 것이니, 이와 같이 파급하면 우리의 천박한 견해와 비루한 설이라도 수천만 명 수백만 명에게 영향을 미칠 것이다.

문화 교육의 진보는 인류의 면목이다. 철학이든지 과학이든지 만일 이에 반(反)하면 일호의 가치도 없을 것이다. 본 서술의 주안점도 여기에 있겠거니와 문화 교육의 필요는 부패한 국민의 사상을 건전하게 하고 또 청년 시기를 경과하여 학교 교육을 받을 형편이 못되는 인생을 감화시키는 수단 가운데에 가장 필요하다고 하겠다. 근일 신문지 상에 자주 전해지는 자강회(自强會)에서 설립한 강연회도 역시 이러한 취지에서 벗어나지 않는다고 하겠다. 하루라도 급급히 일반 동포에게 평균적인 지식을 주입하는 것이 오늘날 우리나라 형편에서 가장 먼저 처리해야 할 일이오, 학교 교육은 도리어 그다음으로 급한 일이라고 생각한다. 우리 경성 안에 다수의 회(會)가 있으니, 그렇다면 회(會)마다 강담회(講談會)를 설립하고 애국의 정성과 사회와 관련된 모든 일을 학문적·사실적으로 뜻이 있는 선각자가 사회를 구성하는 공중의 감수성을 떨쳐 일으키면 국가의 전도(前途)의 이해(利害)는 막론하고라도 학자 신사의 천직을 다한다고 하겠다. 특히 재내 선각자에게 고하나니, 이 점에 한층 더 주의하실 것을 희망하옵나이다.

조세론 (속) / 최석하(崔錫夏)

제4 유산세(遺産税)

유산세는 기성자본(旣成資本)이 수유자(受遺者)에게 이전될 때에 부과하는 조세의 명칭을 말한 것이다. 그러므로 기성자본과세주의(旣成資本課税主義)로 말하면, 이 또한 좋은 조세 가운데에 하나로 참여할 수 있을 것이다. 유산세에 대하여 주의할 것이 한두 건이 있으니, 수유자가 만일 유증자(遺贈者)의 직계 혈속이 되면 그 부과를 가장 가볍게 하고 그 계통이 조금씩 멀어짐을 따라 점차로 무겁게 하는 것이 옳다고 하겠다. 이는 어째서인가. 당연하게 유산을 얻을 자와 요행으로 유산을 얻는 자를 구별하는 것이 도리에 합당하기 때문이다.

제5 영업세(營業稅)

영업세는 영업 행위를 하는 자에 대하여 부과하는 조세의 명칭을 말한다. 이 과세에 많음과 적음의 기준은 해당 영업자의 자본 금액과 종업원의 수와 영업의 규모 등을 참작하나 그 과세의 목적은 영업 행위에 있는 것이다. 그런데 세상 사람들이 왕왕 영업세와 소득세의 구별을 혼동하니, 이는 잘못된 견해로 말미암은 것이다. 대체로 영업세는 영업의 크고 작음을 보고 소득의 많고 적음을 돌아보지 않고, 소득세는 소득의 많고 적음을 따지나 영업의 크고 작음에 얽매이지 않는 것이니, 이 두 가지가 이와 같은 구별이 있어 한 번 보게 되면 뚜렷하고 분명하다고 하겠다. 저 중립 영업자-거간꾼-는 구체적인 기준이 없기 때문에 형세상 어쩔 수 없어서 그 보수 금액으로써 기준을 임시로 정하는 데에 불과한 것이다. 그 기준과 목적물(目的物)을 혼동하는 것은 사리(事理)에 마땅하지 않다고 말하지 않을 수가 없겠다. 영업세의 성질은 이와 같거니와 대체로 국가 경제상에 국민의 영업 행위는 장려하는 것이 옳고 억제하는 것이 옳지 않다. 영업세를 무겁게 하거나 또는 과세 방법을 자질구레하고 번잡하게 하면 사업의 발달을 저해할 것이니, 어찌 주의하지 않겠는가.

제6 소득세(所得稅)

소득세는 그 종류가 어떠한가를 따지지 않고 그 금액이 어떤 정도에 이르면 그 소득자에 대하여 부과하는 조세의 명칭이다. 그러므로 그 부세가 가볍고 작을 때에는 납세자는 그 생계의 비용을 절약하여 납부하게 됨으로써 그 부담이 곤란하지 않을 것이오, 또 기성자본에서 발생하는 수익에 대하여 과세하면 더욱 훌륭하고 좋은 조세가 된다고 하겠다. 예를 들어 말하자면, 저 이자를 취득한 자와 집세를 취득한 자에 대하여 상당한 세금을 징수하면 사업 발달에 장해(障害)가 없게 된다. 그러나 노동자의 노동 결과로써 발생한 소득 같은 것은 그 약간의 금액을 저축하여 훗날에 대한 준비에 충당하는 데에 필요로 하기 때문에 그 세율(稅率)이 무거우면 국가 경제력의 발달에 방해가 되는 것이다.

　이상에서 진술한 제반 조세의 징수법은 바로 지금 문명화된 각 나라에서 채용하는 방법이다. 그러나 우리 대한의 경제 상태는 아직 문명화된 각 나라와 동일하게 논할 수가 없으니, 위정자(爲政者)가 마땅히 취사하고 헤아림을 필요로 할 것이다.

제3절 원료품 및 기계에 과세하는 가부(可否)

제1 원료품 등의 과세는 사업 발달에 장해가 있다.

조세는 가급적으로 기성자본에 부과하고, 구성 중에 있는 자본에 대하여 과세하는 것이 옳지 않다고 말한 것은 위에서 진술한 이론 중에 이미 설명한 바이거니와 대체로 원료품의 과세는 영업비를 증가시켜 결국 사업이 부진하게 되는 경우에 이른다는 우려가 있다. 이는 몹시 꺼리는 것일 뿐만 아니라 금융 시장에 해독을 끼치는 것이 매우 크니, 그 까닭을 설명하고자 한다.

더군다나 최소 자본을 가지고 최대 결과를 얻는 것은 경제상 최종 목적이고 가장 중요한 비결이다. 원료품의 과세는 기업가로 하여금 비교적 대자본을 필요로 하는 데에 이르게 하고 또 제품의 가격을 증가시켜 그 수용(需用)을 억제하고 시장을 확장할 수 없게 하여 그 결과로서

한갓 자본의 수용을 증가하게 하며 이자의 비율을 앙진(昂進)하게 하여
생산 사업의 발달을 방해하고 또 화폐가 시장을 압박하여 제반 물가가
치솟아 올라 민생의 생계가 여유롭지 못하게 하고 이를 따라 인민의
저축력(貯蓄力)을 감쇄하여 유동자본을 함양하는 방도를 틀어막는다.
한 원인이 먼저 발하여 한 결과를 맺고 한 결과가 변하여 한 원인이
되어 또 한 결과를 조성하여 이와 같이 변전(變轉)하여 이르러 그치는
곳이 없어 그 해독이 거듭하여 일어나 널리 퍼지게 되는 것을 충분히
측량할 수가 없다고 하겠다. 이 때문에 원료품에 대하여 부세하는 것은
국가 경제에 대단히 주의할 바이다. 설사 부득이한 정황이 있어 부세한
때가 있어도 그 세율을 가벼이 매기게 하는 것이 옳다. 기계에 대하여
과세하는 것이 옳지 않은 것은 원료품 과세와 동일한 이유로 생산비에
불리한 영향을 발생하게 하여 동일 사업에 비교적 많은 금액의 자본을
필요로 하여 사업의 발달을 장해한다.

제2 원료품 과세는 징수에 편리하고 좋지만 이해(利害)가 서로 보상하지
못한다.

이상에서 진술한 것과 같이 경제상으로 관찰하면 원료품에 대하여
과세하는 것이 옳지 않으나 수세(收稅) 방법의 어려움과 쉬움으로 논하
면 원료품 과세는 제조품 과세에 비하면 자못 편리하고 좋으니, 이는
다른 것이 아니다. 원료품은 그 생산지에 나아가 일일이 검사하여 부세
할 수 있는 편리함이 있으나 제조품은 각지에 산재하여 이를 수습하기
매우 어렵다. 그러나 이는 행정상 하찮은 편리함에 불과한 것이다. 만
일 금융계에 미치는 폐해에 비하면 동일하게 논할 수가 없다. 원래 원
료품은 수용이 광대할뿐더러 기타 물건과 밀접한 관계가 있기 때문에
그 과세의 해독이 심하다. 예를 들어 말하자면, 우리가 날마다 쓰는
기구는 대개 철로 만든 것으로 이와 같은 물건에 대하여 과세하면 그

결과로 말미암아 철병(鐵甁)의 값이 치솟아 올라 우리의 생활에 필요한 백탕(白湯)[22]의 값까지도 치솟아 오르게 될 것이고 결국 농부의 호미·쟁기 따위의 물건 값도 높이 올라 그 영향이 미곡의 값에도 미쳐 그 폐해가 파급하여 그치는 것을 알지 못하게 될 것이니, 어찌 원료품 과세를 주의하지 않겠는가. (미완)

국문(國文)의 편리와 한문(漢文)의 폐해의 설 / 강전(姜荃)

옛말에 이르기를 "저울질을 해 본 뒤에 무게를 알고, 자로 재어 본 뒤에 길이를 알 수 있다."라고 하니,[23] 무릇 천하의 일은 다 경험적으로 관찰력을 끌어 일으켜 학문상의 강마와 사업상의 발전을 이에 연유하게 하여 이해(利害)의 분별을 정하고 취사(取捨)의 의지를 결정한다. 만일 방향의 나침〔針〕을 바르게 쓰지 못하고 꿈을 꾸느냐 꿈에서 깨느냐의 관문[24]을 통과해 나오지 못하면 종국에 잘못하여 그르치는 것은 한 몸에 그칠 뿐만 아니라 한 집안과 한 나라를 슬픈 지경에 빠지게 하는 여러 가지의 재앙의 빌미를 빚어내게 되는 것이니, 어찌 이에 신중히 하고 헤아려 염려하지 않겠는가.

대체로 '문자'라고 말하는 것은, 언어를 직접적으로 겉으로 드러내어 사물을 형용하고 대표하는 것에 지나지 않고, 또 그 응용의 변화는 각 지방 언어의 차이에 따라서 체재와 음조의 동이가 있으나 사물에 대한

---

22 백탕(白湯) : '백비탕(白沸湯)' 또는 '맹물탕'이라고도 하는바, 아무것도 넣지 않고 맹탕으로 끓인 물을 가리킨다.

23 옛말에……하니 : 이는 맹자(孟子)가 제(齊)나라 선왕(宣王)에게 한 말로, 『맹자(孟子)』 「양혜왕(梁惠王) 상(上)」 제7장에 보인다.

24 꿈을……관문 : 이는 본래 성리학의 '격물(格物) 공부'와 '치지(致知) 공부'를 가리키는 말이다.

실제적 의의는 조금도 차별과 손익이 없다. 그리고 또 무슨 일 무슨 물건이든지 처음의 명명함을 따라 칭호가 생기고 그 칭호는 또한 자연적으로 고유한 것을 성립함이요, 결코 매우 심하게 어려운 이종(異種)의 언어로 제작하여 사람으로 하여금 억지로 배우게 하는 것은 아니라고 하겠다.

지금 세계가 성라기포(星羅棋布)한 것과 같이 지구상에 둥글게 벌여 있는 각 나라는 다 그 문자가 서로 다르며, 서로 왕래하고 교통하는 것이 실제로 구애(拘礙)되어 있다. 각각 그 나라 민족은 문자에 의거하여 인류 사회의 질서를 유지하고 학술 기관등을 활동하게 하며 경영의 기회를 친밀하게 한다. 이에 반하여 다른 나라의 문자를 의뢰하고 신용하면 폐단이 점점 늘어서 퍼지는 것이 예사로운 박물세고(薄物細故)에 속하지 않는다. 그러므로 조국의 인정(人情)이 종잡을 수 없을 정도로 빠르게 변화하고 풍속이 뒤섞여 혼란하게 되어 다른 사람을 존경하는 관념이 중요하고 자기 자신을 낮추고 굽히는 못난 모습을 나타내게 되는 것이다. 이와 같은 사상이 두뇌에 주입되고 습관이 귀와 눈에 영향을 주어 물들게 되면 자신도 모르는 사이에 날과 달이 끊임없이 흘러가고 바람과 번개처럼 신속하여 정서(情緖) 없이 가는 광음(光陰)은 동류수(東流水)[25]를 쫓아 잠시도 정지하지 않는데, 국민·사회는 점점 그 형세(形勢)와 지향(志向)이 뿔뿔이 흩어져 사람의 마음이 썩어 문드러지고 나라의 근본이 시들고 느른해 지는 데에 이른 경우가 역사상에 손을 꼽아 세지 못할 정도로 많다고 하겠다.

공경히 생각건대, 우리 대한의 세종조(世宗朝)에 어필(御筆)로 산정(刪定)하신 『훈민정음(訓民正音)』은 바로 우리 성신(聖神)하신 선왕(先王)께서 병침(丙枕)[26]을 여러 차례 하시고 신금(宸襟)[27]을 참으로 번거롭

---

25 동류수(東流水) : 동쪽으로 흘러가는 물로, 사물이 조금씩 가서 다시는 되돌아오지 않음을 비유한다.

게 하시어 풍기(風氣)의 통하고 막힘과 음조(音調)의 운행과 변화의 깊고 오묘하며 기이하고 신묘함을 계전만리(階前萬里)에 하나도 빠짐없이 꿰뚫어 보시고 정교하고 완벽하게 국문을 만드셨다. 이에 이르러 인민에게 반사(頒賜)하시어 지식을 환하게 일깨워 주고 행복과 이익을 향유하게 하신바,

선왕(先王)의 높고 크며 넓고 넓으신[28] 성대한 덕과 훌륭한 공렬이 오래될수록 더욱 드러나신 것을 어찌 다 감히 일컬어 말하여 배사(拜謝)하리오. 나는 이르되, 우리 대한의 독립 정신은 이 시대의 이 국문에 배태되었으나 오늘날에 이르도록 효과와 공적을 충분히 거두지 못한 것은 다만 이용하는 방법을 확장하지 못한 까닭이다. 그런즉 지금으로부터 뒤로 분려(奮勵)를 크게 더하여 사용하는 길을 넓히면 마땅히 억만, 천만 년을 지나도록 백절불요〔百折不回〕하여 세계에 우뚝 서 있을 독립의 기초가 여기에 있다고 하겠다.

국문의 편리한 것은 자체(字體)의 결구(結構)가 정밀하며 마땅하고 자음(子音)과 모음(母音)이 결합하여 나는 음의 변화가 상세하고 간약하며 규모가 확실하고 의미가 현란하지 않아서 학습하기가 매우 용이하기 때문이다. 비록 삼척동자와 창우(倡優)나 관아에 딸린 종과 같은 천한 신분의 사람이라도 사나흘의 공부만 힘쓰면 활연히 깨쳐서 날마다 쓰는 사물과 왕복하는 서한에 그때그때의 기회에 따라 적절히 처리하기가 지극히 날쌔고 재빨라 평생 동안에 사용하여도 한(限)이 없다.

한문의 폐해는 결발(結髮)[29]하고 독서함에 등잔 기름을 사르고 밤을

---

26 병침(丙枕) : 병야(丙夜), 즉 3경(更)에 잠자리에 든다는 뜻으로, 제왕이 정사를 살피다가 늦게 잠자리에 드는 것을 이른다.

27 신금(宸襟) : 제왕의 사려나 판단을 가리킨다.

28 높고……넓으읍신 : 『논어(論語)』 「태백(泰伯)」에 "위대하도다, 요(堯)의 임금 노릇 하심이여! 높고 크다. 오직 하늘이 크거늘 오직 요(堯)임금만이 그것을 본받았도다! 그 공덕(功德)이 넓고 넓어 백성들이 이름붙일 수 없도다!"라고 한 공자의 말이다.

지새워 날이 새도록 끊임없이 공부하여 항상 부지런히 힘써 머리가 벗어지고 이가 빠져 사이가 벌어지는 늙은이가 되도록 입에 읊조리기를 끊지 않고 손에 열어보기를 그치지 않더라도 업(業)을 성취하는 날에는 진부한 상투어와 예제(例題)만 주워 모아 자기의 키와 같은 높이로 잔뜩 쌓인 서책을 얻기에 지나지 않은 것이다. 탁월한 학문을 발명하거나 높이 드러나 빛나는 큰 공훈을 베풀고 세워 국민의 의무를 다하기 어렵다. 혹 세상에 나와 영달의 길에 오른 경우는 한때의 요행에 내맡겨 두어 자못 희소하다. 통계로 논해 보면, 한학자는 한평생을 다하도록 책을 좀먹는 벌레가 되어서 귀로 듣고 눈으로 본 것이 완고하고 비루하며 고집이 세어 사리에 어둡고 팔다리의 놀림을 게을리 하고 콩인지 보리인지를 구별조차 못하는 자가 많으니 육대반낭(肉岱飯囊)³⁰에 불과하고 돌덩어리와 나무 인형과 정말 똑같아 그 신세가 청랭(淸冷)한 경우를 당할 뿐만 아니라 국가의 진취적 세력인 신민(臣民)의 직책을 책임지고 맡아보지 못한다고 하겠다.

아아, 슬프도다. 오늘날의 세계는 어떠한 세계인가. 바로 성인께서 말씀한바 "육합(六合)의 밖에 대해서는 그냥 두고 논하지 않는다"³¹는 구역이다. 야만적인 인종의 습속을 탈피하고 개명(開明)한 국가로 변화하여 전날에 보지도 못하고 듣지도 못하던 각 나라의 인물이 지혜와 재주를 다투어 펼치고 기계를 정밀하게 갖추어 기차〔火車〕와 기선(汽船)이 육지와 바다를 서로 이어주므로 천하에 아무 거리낌 없이 가서 침벌과 약탈의 수단을 도처에 서로 시험하고 있다. 불행하게 아시아 국가들

---

29   결발(結髮) : 남자아이가 15세에 머리를 묶고 배움을 시작하는 것을 말한다.

30   육대반낭(肉岱飯囊) : 주머니 같은 살덩이와 밥통이라는 뜻으로, 아무 재주도 없고 하는 일 없이 먹고 놀기만 하는 사람을 조롱하여 이르는 말이다.

31   육합(六合)의……않는다 : 『장자(莊子)』「제물론(齊物論)」에 "육합의 밖에 대해서는 성인은 그냥 두고 논하지 아니하고, 육합의 안에 대해서는 성인은 논하기만 하고 다른 사람의 견해에 대해 시비를 따지지 않는다."라고 한 부분을 원용한 것이다.

은 천하의 대세(大勢)에 통달하지 못하여 옛적의 들은 바를 융통성 없이 고수하기만 하고 외부의 사정에 아주 어둡다가 국방력이 나날이 위축되고 인권이 점점 깎이니 급급(汲汲)하고 황황(遑遑)하여 아침에도 저녁의 일을 도모하지 못한다. 오직 일본은 능히 세계의 풍조를 헤아려 국문을 천명하고 교육을 부지런히 힘써 법령을 개혁하여 스스로 국력을 튼튼하게 한 지 40년 사이에 동양의 패권을 장악하기에 이르렀으니, 누가 그 미리 내다보는 안목과 용감하게 전진하는 의지를 공경해 감탄하지 않으리오. (미완)

국가와 국민 기업심(企業心)의 관계 / 장홍식(張弘植)

　무릇 국가는 일정한 주권·영토·국민을 소유한 것이니, 곧 하나의 큰 국가적 경제를 조직한 경우를 말한 것이고, 또한 국민은 그 일정한 영토·일정한 주권·일정한 법률의 범위 내에 있어 생명과 재산을 보전하고 안녕과 질서를 유지하는 것이니, 곧 하나의 작은 가족적 경제를 조직하는 경우를 말한 것으로서 외적 단체(外敵團體)는 감히 이를 침범하여 해치지 못하는 것이다. 기업은 한 사람 혹은 두 사람 이상의 단체에 의하여 영리의 목적으로써 근로 또는 상품을 영속적으로 우리의 수용(需用)에 공급하는 곳의 조직-경제-을 말한 것이니, 곧 기업은 가족 혹은 기타 단체와 같이 국민 경제의 내부에 있으면서 활동하는 조직이다. 그러나 그 발생의 원인 및 그 존속 중의 활동을 완전히 영리 한 점에 두고서 차라리 그만둘지언정 영리 이외의 의미를 가지지 않으며 또 영리 이외의 일을 가지지 않는 것을 특색으로 한다. 그러나 만약 외적 단체가 이를 감히 침범할 때는 우리가 가장 싫어하는 전쟁의 도화(導火)가 일어나 한편으로는 외적을 방어하기를 힘쓰고 한편으로는 내

부를 단결하기를 더욱더 견고하게 하는 것이 국가 단체를 조직하는 곳
의 원칙이라고 하는 것이다. 그러나 이상은 하나의 국민경제학설에 불
과하나 나는 바로 지금 세계의 동양과 서양을 따지지 않고 국가를 조직
하는 국민과 아울러 그 국민의 기업심이 국가에 관계되는 것을 실례(實
例)에 견주어 논하고자 하는 것이다.

대체로 기업에는 판로(販路)·자본·기업심·기술·계제(階梯)·경
쟁 등을 요구하는 곳이 원래 많음으로써 기업자의 수가 1. 개인적(個人
的) 기업 2. 결사적(結社的) 기업이 있는 것이다. 그러나 개인적 기업은
별로 논할 것이 없다. 결사적 기업은 예로부터 씨(氏) 또는 가족(家族)
의 제도로 말미암아 발생한 것을 볼 수 있을 것이다. 가령 중해(中海)와
북해(北海)에 있어 고대로부터 어업과 항해업에 관한 일종의 단체가 일
어나 11세기에서 18세기까지의 사이에 바로 지금 이른바 '조합'이라고
하는 것이 되고, 또 이탈리아에서는 가족적 단체와 아울러 고용주가
고용인에 대한 급료를 자본에 차입(借入)하여 '주식회사'라고 하는 것이
17세기에서 18세기까지에 발생한 것이다. 그러나 회사 사원의 풍기가
문란하여 경제의 공황을 초래하게 되자 18세기 후반에 있어 아담 스미
스 씨 등의 학설은 상공업의 매개가 되는 자의 기업을 배척한 것이 되
고, 프랑스 혁명에 즈음하여-17세기- 금지한 것이다. 이 혁명이 침잠하
게 되자 1830년경에 이르러 기술의 진보와 신용의 교통이 발달하여
대자본의 기업이라고 소리 높여 부르짖는 자가 유력한 조합을 성립한
것이다. 각 나라가 혹은 이것을 장려하고 혹은 폐해를 예방하여 바로
지금에 이른바 대기업 등, 즉 철도·저축 은행·보험 회사 등은 특히
엄정한 규정을 설행(設行)하고 가장 장대한 진보를 받은 것이다. 그러
나 그 결사 기업의 장점을 거론하면 다음과 같다.

(1) 개인 기업보다 자본과 신용이 클 것.

(2) 존립 기관이 개인 생명에 의하여 제한을 받음이 없을 것.

(3) 아주 훌륭한 인재를 많이 쓸 것.

(4) 가장 새롭고 가장 좋은 기술을 이용할 것.

(5) 기업 실패의 위험이 있을 때는 두서너 사람에게 분담하게 할 것.

(6) 특히 주식회사에 있어서는 영세한 자본을 한데 모아 대자본을 형성할 것.

역사 위에서 살펴보면 이상에서 논한 두 가지 기업이 그 이익을 서로 보호하는 것은 근세의 특산(特産)일 뿐만 아니라 차라리 그만둘지언정 동업자가 동일한 시장에 서로 관련하여 그 사업을 운영할 때는 한편으로는 서로 경쟁하고 한편으로는 반드시 공동으로 약속하여 제삼자-외적-의 침범을 예방하고자 힘쓰며 국가는 이에 적당한 보호 정책을 더함으로써 발달하는 것이다. 이와 같은 대기업의 자유를 존중하는 논자들의 평론이 다소 있으나 이는 과도기를 논한 것이다. 이를 한마디 말로 요약하면, 기업은 국가의 이익을 증진시키고 우리의 문물과 지식을 발달시키는 하나의 동기(動機)라고 말할 것이다. 1904년에서 1905년까지에 러일전쟁이 각 나라의 사람들로 하여금 동반구에 이목을 집중하게 하였는데 이 전쟁이 잦아들어 그치게 되자 각 나라가 자국 내부를 정리하려고 노력하는 현상을 드러낸 것이다. 가령 우리가 함께 아는 바와 같이 일본이 이 전쟁에서 승리를 얻은 뒤에 국가와 국민이 기업의 열기에 미쳐 날마다 발흥한 것을 보아야 할 것이다. 이는 다름이 아니라, 첫째로 외적에게 침범을 받게 되자 한층 내부를 공고하게 할 단체심(團體心)과 둘째로 전쟁 중에 중세(重稅)를 가한 자와 아울러 기타 원인의 반동으로 일어나는 이기심(利己心)에 있는 것이다. 그러나 그 기업자는 만저우철도주식회사(滿洲鐵道株式會社)·일청화재보험회사(日淸火災保險會社)·일청두박제조회사(日淸豆粕製造會社)·동양방적회사(東洋紡績會社) 등 그 밖에 숫자로 이루 다 기록하지 못할 것이 매우 많은 것이다. 그러나 이러한 회사들에 대하여 국민 혹은 직접 관계가 있는 자가 의심을 야기하는 폐단을 막는 것과 이를 장려하는 수단으로 정부(政府)에서 6주(朱)[32] 이하 5주 이상의 이율을 보증하는 것이다. 이로 말미암아 이것을 살펴보면, 국가와 국민 기업심의 관계가 매우 깊다는 것을 알 수 있다고 하겠다.

가정교육 / 오석유(吳錫裕)

세계가 문명에 점점 나아가게 되자 가정교육의 필요를 부르짖는 소리가 매우 크다고 하겠다. 이제 그 주의할 점을 들어 간략하게 논술하겠다. 대체로 어린아이와 어머니의 관계가 매우 긴밀한 것은 재론의 여지가 없는 매우 놀랄 만한 부분이다. 이는 천연적 조화의 작용이므로 그 어머니 된 자는 그 애정으로 하여금 더욱더 친밀히 하여 견고하게 하고 어머니의 가치를 알게 하여 한층 더 노력하여 사랑하는 어린 자식으로 하여금 정도(正道)를 항상 밟아 가게 하여 유아(幼兒)의 아름다운 본바탕을 영원히 발달하게 해야 할 것이다. 대체로 유아의 성질은 백지처럼 그 물들이는 것에 의하여 혹은 청색이나 혹은 황색이 되는 것과 같이 악함에 빠져 떨어지기가 항상 용이하다. 그러므로 일단 악함에 의해 본바탕이 물들게 되고 삿됨에 이끌리게 되면 쉽사리 회복하여 본색(本色)에 돌아오게 하기가 도저히 어려운 것이다. 그러므로 주의에 주의를 더하여 아주 충분히 고상한 덕성을 양성하는 것을 그 어머니는 매우 중요한 것으로 알아야 할 것이다.

세상 사람들은 사랑하는 어린 자식의 교육이 더할 나위 없이 지극히 중요함을 알고도 그 어머니 된 자가 그 책임에 대해서 스스로 맡아서 하지 않고 한갓 스승의 손안에 책임 지워 맡겨 어머니의 책임을 이로써

---

32 주(朱) : 에도(江戶) 시대의 화폐 단위로, 1주(朱)는 1량(兩)의 1/16이다.

다한다고 스스로 느끼는데, 온 세상 모든 사람이 다 그러하지 않는 경우가 없으니, 스승 된 자가 지극히 어루만지면서 가르쳐 그 모든 힘을 다한다고 말하여도 그 인자하게 사랑하는 마음이 어찌 친어머니에게 견주어지겠는가. 유아가 그 어머니를 높이 받들어 공경하고 우러러 그리워하는 것이 마치 귀신을 숭상하는 사람같이 첫 번째 일도 두 번째 일도 오직 그 어머니에게만 의뢰하는 것이 아니겠는가. 이와 같이 어린아이가 믿고 따르는 그 어머니가 자기의 손을 대어 몹시 애쓰고 주의하여 어린아이를 가르쳐 기르면 그 감화의 군세고 튼튼함이 응당 어떠하겠는가. 부모가 어린아이에 대한 교육의 책임을 공동으로 지는 것은 굳이 말을 할 필요가 없다. 그러나 그 감화력은 아버지에게는 부족하고 완전히 어머니에게 있을 뿐이다. 그렇다면 그 어머니 된 자가 "이는 나의 자식이다. 그러므로 나의 생각에 의하여 내가 응당 아주 충분히 가르칠 것이다."라고 한 것과 같은 생각을 스스로 믿지 말라. 이 유아로 말하면 우리 국민의 한 분자(分子)이다. 그러므로 장래의 사회를 조직할 가장 긴요하고 중요한 민자(民子) 됨을 광의(廣義)로 해석하며, 또한 부녀자가 국가에 대한 일대 의무는 어린아이의 교육을 완전히 하는 데에 있다는 것을 스스로 깨달아 어린아이의 교육상에 조금도 과실이 없게 노력하는 것은 어머니 된 자의 책임상 무엇보다도 필요한 것이라고 하겠다.

대체로 어머니의 위치에 있는 자는 한 사람의 어머니일 뿐만 아니라 바로 한 나라의 어머니이다. 실로 나라를 생장하게 하는 것은 그 능력이 어머니에게 온전히 있다고 하겠다. 어린아이의 교육이 어떠한가는 바로 사회의 융성과 쇠망에 관계된 것이기 때문에 어린아이의 교육은 장래의 사회를 조직할 대요(大要)이자 기초인 것이다. 예로부터 성인(聖人)과 현인(賢人)은 다 어진 어머니의 손에서 길러져 나오게 되었다. 이것은 그 이치가 자연히 밝고 선명한 것으로, 맹자가 자모(慈母)의 삼천지교(三遷之敎)를 어렸을 적에 받으시어 마침내 그 어짊이 천고에 전하여 내려온 것은 그 어머니의 교육 방침이 완전하였던 덕분이 아니겠는가. 이 때문에 어머니 된 자는 고금에 현인과 위대한 인물의 어머니가 어떻게 하여 이러한 훌륭한 인물들을 길러 냈는가를 연구하여 그 착하고 어진 행위를 본받아 배워 자신에게 맞추어 익혀 어린아이를 완전하게 교육시켜 큰일을 해낼 인물이 되게 해야 하니, 이렇게 하는 것은 여자의 더할 나위 없이 매우 중요하고 큰 책무가 된다는 것에 대해서 삼가고 조심하며 몹시 두려워해야 할 것이다.

무릇 부녀자는 조물자(造物者)의 대리인이다. 상제(上帝)께서 어머니를 만드신 까닭은 유아의 교육을 위탁하신 것이니, 그렇다면 이와 같이 매우 중요하고 큰 책임을 상제에게 위탁을 받았으니, 어머니 된 자는 응당 아주 충분히 주의하여 그 책임을 부담하고 천직(天職)을 헛되게 하지 말아야 할 것이다. 상제는 어린아이의 자연적 능력, 바로 신체 등의 동작을 천연적으로 구비하시었지만 더할 나위 없이 매우 중요하고 큰 어린아이의 정신적 성질을 유익하게 할 책임은 어머니의 손안에 위임하시었으니, 그 어머니 된 자가 그 어린아이의 교육상에 있어서 삼가지 않을 수 있겠는가. 오늘날의 세태는 지난날과 달라 세계는 문명에 점점 나아가고 열국(列國)은 강하고 약함을 경쟁하는 시기이다. 우리나라가 상고 시대부터 이제까지 여자가 떳떳하게 사회상에 서서 공무(公務)에 종사한 경우가 이전에는 없었고, 다만 깊숙한 규방(閨房)에 문을 닫아걸고 거처하여 재봉(裁縫)이라는 한 가지 일에만 부지런히 공을 들이고 집안일을 다스려서 남자로 하여금 집안일이나 처자(妻子)를 생각해 걱정하는 경우가 없게 하는 것으로 여자의 책임에 있는 힘을 다하였다. 그러나 오늘날에 이르러서는 자녀를 정밀히 양육하며 교도하여 큰일을 해낼 인물을 길러 낼 필요가 눈앞에 이미 닥쳐왔다고 하겠다. 그러면 여자도 상응한 학식을 구비하여 가정(家政)을 정리하고 어린아이의 교육에도 곤란하지 않게 해야 할 것이다. 실로 여자의 교육이 진보되면 그 정도의 진척에 따라 어린아이의 교육상에 결점을 볼 수 있을 것이고 또한 이에 대해 보태고 늘려 도움이 될 수 있을 것이다. 우선 스스로 알아 그 뒤에 다른 사람의 행위에 대한 좋은 논평을 말하게 되면, 어린아이의 교육도 여자의 지식이 열려 점차 발달함에 따라 각양 각종의 경험이 있게 될 것이다.

어린아이를 대하여 오히려 인자하게 사랑하는 마음으로써 접근하는 것은 가장 필요하나 더욱 필요하다고 인정되는 것은 일에 대하여 능히 견뎌 내고 능히 참아 내는 용기를 길러 내게 하는 것이다. 어린아이가 일을 처리하는 데에 당하여 그 일을 성공하기가 어려우므로 어머니에 게 의뢰하더라도 곧바로 이 말을 받아들여 거들어서 도와주지 말고 그 곁에서 도와주어 어린아이 스스로 성공하는 것을 보아야 할 것이다. 그렇지 않고 어린아이가 요청하는 것을 오직 따라 주어서 지도해 가르 치면 어린아이는 스스로 깨닫고 스스로 아는 관념이 부족하여 일마다 다른 사람에게 의지하여 스스로 아무것도 할 수 없는 지경에 이르게 될 것이다. 무릇 어린아이의 교육상에 있어서 주입식으로 가르치는 것 보다 개발식으로 가르치는 것이 지식을 길러 내는 데에 있어서 제일의 요건인 것이다.

이 세계는 실로 어린아이를 위하여 지어졌다고 말할 수 있을 것이다. 어린아이가 장래의 사회에 관계될 실력을 어찌 헤아릴 수 있겠는가. 어린아이의 교육상에 있어서 각양 각종의 방법이 많이 있으나 교육가 가 항상 희망하는 것은 그에게 너무 참견해 간섭하지 말고 천연적인 방안과 대책으로 가르쳐서 이끄는 것이다. 어린아이를 얽어매어 묶어 두는 것은 정신상·신체상에 그 해로움이 참으로 심하여 그 결과가 마 침내 어린아이로 하여금 진취적인 용기를 상실하게 하여 사소한 일 처 리라도 다른 사람의 낯빛을 엿보아 은밀하게 행하며 또 하고 싶은 말이 있어도 쉽사리 꺼내어 의견을 나타내지 못하여 이에 익숙해져 틀림없이 성격과 자질이 되어 장래 사회의 행동에 있어서 도저히 활발하지 못할 것이니, 이는 참으로 그러할 것이다. 그러므로 어린아이를 대하여 인자하게 사랑하는 마음과 공경하고 삼가는 방도로 가르치고 타일러 사소한 과실이 있더라도 윽박지름과 꾸지람으로 연약한 어린아이의 뜻을 어린아이의 뜻을 거스르거나 끊지 말고 엄격하고 바른 방법을 사용하여 일대 국민의 자격을 길러 내야 할 것이다.

그러면 어린아이에게 대한 어머니의 책임이 이와 같이 매우 중요하고 크므로 그 어머니 된 자는 어떠한 방법과 계획으로 실수 없이 진선진미하게 할 것인가. 반드시 먼저 배우고 먼저 익혀 고금의 사리(事理)를 연구해야 하니, 이것이야말로 좋은 계책에서 벗어나지 않는다고 하겠다.

개인적 자신 국가론 / 선사(禪師) 일우(一愚) 김태은(金太垠)

사람이라고 하는 것은 형체〔形〕를 두고 말한 것인가? 마음〔心〕을 두고 이름한 것이다. 형체만 있고 마음이 없는 저 초상(肖像)은 목인(木人)·토우(土偶) 그 아닌가. 위대하다. 이 마음이여! 천겁(千劫)을 지내더라도 예가 되지 않고, 만세(萬歲)에 뻗치더라도 언제나 항상 지금이다. 범인(凡人)·성인(聖人)과 남자·여자를 가리지 않고, 또렷하고 밝게 빠짐없이 다 갖추어 털끝만큼도 가감 없네. 만상(萬象)에 처하여 홀로 드러나고, 군품(群品)³³에 있으면서 뒤섞이지 않으므로 괴로움·즐거움과 기쁨·두려움 등 모든 상태에서 그것을 치더라도 흔들리는 바가 되지 않거늘 중등의 근기 이하의 모든 중생은 스스로 잃어버리고서

33　군품(群品) : 본래 만사와 만물을 가리키는바, 특히 불교에서는 중생을 가리키는 말로 쓴다.

깨닫지 못하고 각근(脚跟)³⁴을 아직 정립(定立)하지 못하여 수치와 모욕을 머리에 뒤집어쓰고 밖을 향해 내달려 구하고 이리저리 바쁘게 뛰어다녀 색력(色力)³⁵이 강하고 왕성한 좋은 시절이 추부(趨赴)³⁶의 마당 춘몽 속에 사람이 해야 할 일을 이루지 못한 채 시간을 헛되이 보내고 백수한산(白首寒山)³⁷ 저문 날에 앞길이 망망(茫茫)하여 홀연히 슬퍼하고 뉘우치며 탄식한들 때가 늦어서 다시 어찌할 수가 없으니 어이할까.

국가라고 하는 것은 국가가 스스로 국가일 수는 없다. 수많은 사람들이 합세하여 국가 단체를 이루었거든 수많은 모든 사람들이 각각 자기 자신을 반성하여 개인적 자신 국가를 방정함으로 먼저 다스려 탁연히 독립하는 것이 급선무라 하겠다. 선업을 짓고 악업을 그치는 것이 좋은 줄을 피차 할 것 없이 전부 다 알지만 실제로 행하지 못하는 것은 마음을 확실하게 정하지 못하였기 때문이다. 정신적인 것과 물질적인 것은 마치 날짐승의 양쪽 날개와 같아 잠시라도 한쪽을 빠뜨릴 수 없으니, 정신적인 것을 논하건대 몸은 배와 같고 마음은 키와 같다. 그래서 배가 비록 저쪽 언덕으로 건너가고자 하나 만약 키를 사용하여 배를 출발시키지 않으면 배가 스스로 운행하지 못하니, 이것은 지혜로운 자를 기다리지 않고도 알 수 있는 것이다. 선성(先聖)께서 말씀하지 않았는가. "무량(無量)한 묘지혜(妙智慧)가 모두 정심(定心)³⁸으로부터 흘러나온

---

34 각근(脚跟) : 본래 '발꿈치'를 뜻하는바, 인신하여 바탕·하단·입장 등의 의미로도 사용된다.

35 색력(色力) : 기력 또는 정력을 뜻한다.

36 추부(趨赴) : 걸음을 재촉하여 재빠르게 나아가는 것으로, 인신하여 다른 사람에게 아부하여 쫓아다니는 것을 뜻한다.

37 백수한산(白首寒山) : '백수'는 허옇게 센 머리이고, '한산'은 초목이 시든 썰렁한 겨울의 산을 뜻하는바, 노년의 처량한 지경을 비유하는 말이다.

38 정심(定心) : 참선으로 의식을 통일하여 마음을 한곳에 집중하는 행위나 또는 그러한 행위로 인하여 청정(淸靜)하고 적정(寂定)하게 된 마음의 상태를 가리키는 말로, 선심(禪心)이라고도 한다.

다.”라고 하셨으니, 정(定)과 지(智)가 원만하면 치안(治安)을 위한 방법에만 유익할 뿐 아니라 자유자재하게 받아서 사용하는 능력이 삼계(三界)[39]를 뛰어넘어 벗어난 대장부인 것이다. 마음을 정하고 힘을 강하게 하는 방법이 빠짐없이 갖추어져 있고 분명하고도 쉬운 것은 동서양의 철학 가운데에서 불교보다 더 나은 것이 없는데 애석하고 통절하다, 우리 대한의 습속이여! 편협함과 옛 버릇에 구속됨으로 이치의 진가(眞假)를 논하지 않으며 장오(墻奧)[40]의 심천(深淺)을 알지 못하고 매번 말하기를 “불교는 허무(虛無)이다.”라고 하여 한 맹인이 다른 여러 맹인을 잘못 인도하는 과실을 스스로 불러오며, 곧 심지어 “승려는 하천(下賤)이다.”라고 하여 마침내 약초에게 독초라는 악명(惡名)을 억울하게 받도록 하는 상황에까지 이르니, 자기 스스로 상하게 하는 것이 이러하거든 맹인의 앞길을 누가 있어 인도하며 병자의 큰 종기를 어느 때에 완전히 고칠까. 정신적 진면목이 차례로 퇴폐하여 땅에 떨어져 다할 것이다.

이미 지나간 일은 다시 논하지 아니하고 눈앞에 닥친 바로 지금 관리해야 할 것은 자기를 바로잡아 다른 사람을 바로잡는 것이다. 온종일 정좌(靜坐)하는 것이 정심공부(定心工夫)가 되기에 부족하니, 모든 일과 모든 곳에 만반으로 힘을 쓰되 진정 홀로 드러난 본지풍광(本地風光)[41] 아무리 급박한 때라도 잊어버리지 말고 본분에 따라 역량에 따라 북돋아 길러 내면 누적된 결과로 탁연히 독립한 강하고 큰 힘이 천지를 기둥처럼 떠받치며 해와 달과 함께 나란히 밝게 되는 것은 반드시 그렇게 될 수밖에 없는 사리와 형세이다. 여러 사람마다 각자 이와 같이 하여

---

39 삼계(三界) : 중생이 생사 왕래하는 세 가지 세계로, 욕계(欲界)·색계(色界)·무색계(無色界)이다.

40 장오(墻奧) : 경지의 심오한 부분을 뜻한다. 원문의 ‘장(墻)’은 담장으로, 학문·인성 따위가 도달한 경지나 수준을 표현할 때에 사용되는 말이다.

41 본지풍광(本地風光) : 자기 심성의 본래 모습을 가리키는 선가(禪家)의 말로, ‘본래면목(本來面目)’이라고도 한다.

헌신적 방법을 써서 우리 제국 동포에게 혈성(血誠)으로 있는 힘을 다
하며 물질적인 공업과 상업 등을 먼 곳 가까운 곳 할 것 없이 교육하여
실교(實敎)를 발달시키면 군사들이 용맹하고 병력이 강하지 않겠으며
나라가 부유하고 집집마다 풍족하지 않겠는가. 오래된 나라지만 천명
을 새로이 받은[42] 우리 대한이 세계에 제일일레라.

헌법(憲法) / 곽한탁(郭漢倬) 역술

제1편 총론(總論)

제1장 국가

제1절 국가의 삼요소

무릇 국가라고 하는 것은 일정한 토지와 인민의 단체와 관할하는 권
력을 가리킨 것이기 때문에 국가의 요소는 바로 토지와 인민과 권력의
세 가지이니, 이 세 가지 가운데에서 그 한 가지를 빠뜨리면 국가는
성립될 수가 없다. 그러나 토지의 넓고 좁음과 인민의 많고 적음과 권
력의 가장 높은 점을 가리지 않아야 할 것이니, 이 세 가지를 국가의
요소점(要素點)으로 말하면 영토와 국민과 통치권이 바로 이것이다.

제2절 형식상의 구별

국가를 형식상으로 구별할 때에는 단수국(單數國)과 복잡국(複雜國)
의 두 종류로 나눌 수 있으니, '단수국'이라고 하는 것은 그 성립한 국가
가 단순한 것이고, '복잡국'이라고 하는 것은 국가와 국가가 합병하여

---

42 오래된……받은 : 원문은 '구방유신(舊邦維新)'으로, 역사가 오래된 나라도 성군(聖
君)이 나타나 제도를 정비한 뒤에 천명(天命)을 받아 나라의 면모가 일신하게 된다
는 뜻이다. 『대학(大學)』「전문(傳文)」제2장에 『『시경(詩經)』. 문왕(文王) 편에 등
장한다.

국가를 다시 만든 것이다. 예컨대 연방(聯邦)과 같은 것이니, 바로 독일·북미합중국 및 스위스 등이 바로 이것이다.

독일은 대공국(大公國)이 6개이고 후국(候國)이 7개이고 황제령(皇帝領)이 1개이고 왕국(王國)이 4개이고 공국(公國)이 5개이고 자유시(自由市)가 3개이니, 도합 26개의 소국(小國)을 합하여 국가를 이루고, 북미합중국은 13개 주(州)를 합하여 국가를 이루고,

스위스는 25개 주(州)를 합하여 국가를 이룬다.

또 국가와 국가 간에 의외의 밀접한 관계를 만드는 일이 있으니, 그 관계의 종류를 크게 나누어 보면 신상 결합(身上結合)과 물상 결합(物上結合)과 아울러 국가 연합(國家聯合) 등이다.

'신상 결합'이라고 하는 것-일명은 군합국(君合國)-은 두 개 국가 이상이 동일한 군주를 추대하고 국무상(國務上) 관계가 상호 관련되지 않는 것이니, 1885년 전의 벨기에 및 콩고와 같은 경우[43]이다.

'물상 결합'이라고 하는 것-일명은 정합국(政合國)-은 정치상 혹 외교상의 목적을 달성하기 위하여 동일한 군주를 추대하여 두 나라의 대표로 삼고 두 나라가 각각 나름대로 있는 헌법 규정에 의하는 것이니, 오스트리아 및 헝가리와 같은 경우이다.

'국가 연합'이라고 하는 것은 그 가장 높은 권력이 여전히 각 나라에 있고 다만 제삼국-당사국 이외의 국가를 총칭하여 제삼국이라고 말함-의 외교 사무에 대하여 공동 권력으로 처리하는 것이니, 1815년으로부터 1866년에 이르기까지 독일 연합이 바로 이러한 종류이다.

---

43 1885년……경우 : 콩고 자유국(Congo Free State)을 가리키는데, 1884부터 1885년에 열린 베를린 서아프리카 회담에서 콩고 자유국이라는 명칭이 채택되었으며, 레오폴드 2세를 주권자로 인정하였다. 1908년에 콩고 자유국이 폐지되고, 벨기에 의회가 지배하는 식민지가 되면서 이곳은 벨기에령 콩고(Belgian Congo)로 불리게 되었다.

제3절 국가 형태상의 구별

국가를 국가 형태상으로 구별할 때는 군주국(君主國)과 민주국(民主國)이 있으니, 군주국은 그 국가의 요소 권력이 군주에게 있는 경우를 말한 것이고, 민주국은 그 국가의 요소 권력이 국민에게 있는 경우를 말한 것이다. 그러나 국가가 통치권의 주체를 행할 때에는 군주의 최고 기관을 가리키는 것이고, 민주국은 그렇지 않는 국가를 가리키는 것이다.

'군주국'이라고 하는 것은 군주가 주권을 총괄하는 국가를 말한 것으로, 곧 황제 또는 왕의 존호를 가지고 국민의 최고위를 가진 일인의 군주가 주권을 총괄하는 것이니, 우리나라 및 영국·독일·러시아·청나라·일본 등의 여러 나라와 같은 경우이다.

'민주국'이라고 하는 것은 국민 전체가 주권을 총괄하는 국가를 말한 것이다. 이와 같은 민주국에서는 국민 전체가 주권을 총괄한다고 말하나 실상 수많은 국민이 함께하여 행정을 할 수가 없으므로 그 가운데 한 사람을 선거하여 행정을 하게 하는데, 이를 통상 대통령이라고 일컬으니, 바로 지금의 민주국은 북미합중국과 프랑스의 두 가지 경우이다.

제4절 정치 형태상의 구별

국가를 정치 형태상으로 구별할 때에는 입헌국(立憲國)과 전제국(專制國)의 두 종류로 나눌 수가 있으니, 입헌국은 그 정사(政事)에 일정한 형식이 있는 경우를 말한 것이고, 전제국은 일정한 형식이 없는 경우를 말한 것이다.

'입헌국'이라고 하는 것은 헌법을 제정하여 주권 행동의 자유를 제한하는 국가를 말한 것이니, 곧 주권의 행동을 각개의 기관에 분배하는 것이다. 예컨대 입법은 의회로 하여금 행하게 하고 행정은 정부로 하여금 행하게 하며 사법은 재판소로 하여금 행하게 하는 정치 형태를 '입헌정체(立憲政體)'라 일컬으니, 영국·미국·프랑스·독일·일본 등의 여러 나라와 같은 경우이다.

'전제국'이라고 하는 것은 주권의 행동이 각개의 기관에 나누어 배치되지 않고 오로지 한 사람의 손안에 있는 국가를 말한 것으로, 그 전제권(專制權)을 가진 사람-이를테면 군주-이 매우 어리석든지 또는 보좌(補佐)에 적임자-이를테면 신하-를 얻지 못할 때는 왕왕 압제와 포학에 빠져 국민에게 원한을 사고 또는 명분 없는 군사-전쟁- 를 일으켜 치욕을 입게 되니, 바로 지금 뚜렷이 드러나 있는 전제국은 우리나라 및 청나라·러시아 등이다.

러시아는 근년 이래로 국민의 요구에 응하여 지난해에 겨우 의회를 열어 입헌 정치를 선포하였으나 아직 완비하는 지경에 나아가지 못하였고, 청나라도 지난해에 입헌을 준비할 황제의 조서가 내려졌으니, 그렇다면 전제국은 우리나라만이 될 듯하다고 하겠다.

제5절 통치권의 작용

오늘날 입헌국에 통행하는 통치권의 작용을 개략적으로 거론하면

1. 민선 의회(民選議會)를 설치하여 법률 및 예산을 의결하고
2. 민사(民事)·형사(刑事)의 소송을 담당한 재판소에서는 독립적 사법을 행하고
3. 일국의 원수(元首)가 하는 행위는 국무대신(國務大臣)이 부서(副署)[44]하는 것을 필요로 한다. (미완)

---

44 부서(副署) : 어떤 사람이 주된 서명(署名)을 한 뒤에 다른 사람이 따라서 하는 서명이다.

역사담 제4회 : 비스마르크전 (속) / 박용희(朴容喜)

얼마 있다가 공(公)이 러시아 공사로 상트페테르부르크에 주재한 지 4년에 다시 프랑스 공사로 전임(轉任)하여 나폴레옹 3세의 사람됨을 자세히 살펴보고 에스파냐에 유람했다. 태제(太弟) 빌헬름 1세가 즉위하여 바로 그날로 공을 소환하여 상국(相國)에 제배(除拜)하고 국정을 위임하였다. 공이 이미 수십 년간 외교에 헌신하여 열강(列強)이 지닌 정치적 책략의 득실을 두루 다 살펴보고, 확칩(蠖蟄)⁴⁵한 것이 이미 오래되던 차에 대붕(大鵬)이 만 리를 나는 것을 단시간 내에 이룰 것이라 기약할 만하였다.

공이 이미 국정을 장악하게 되자 먼저 국민적 정신 양성과 시정(施政) 방침의 개선과 군비 확장에 있어서 여러 사람의 의견을 돌아보지 않고 밤낮으로 전전긍긍했다. 두 번째는 외교상의 정치적 책략에 있어서 민첩한 수완을 마음껏 발휘하여 열강을 조종하고 농락했다. 프랑스와 오스트리아의 거동을 온 마음을 다해 주시하고, 폴란드의 분할에 대하여 유럽의 들끓는 의논을 마음에 두지 않고 러시아를 선동하고 조장하여 강한 러시아의 환심을 사들이고, 또 프랑스를 미끼로 가지고 놀아 오스트리아에 구원을 유예하게 했다. 지금은 모든 힘을 여러 해 동안 원수로 여기던 오스트리아에 쏟아부어 한 번의 채찍질할 기회만 바라며 기다리더니-원수는 외나무다리에서 만난다는 격언에 불과하여 - 덴마크 전쟁이 별안간 일어났다. 그 원인은 독일 연방 가운데의 한 나라가 되는 아우구스텐부르크 공(公)이 사소한 관계로 덴마크령(領) 슐레스비히를 침범해 점령하고자 함에 대하여 연방이 아우구스텐부르크 공을 원조할 적에 비스마르크공이 이 관섭(關涉)을 연방의 문제로 돌리는 것을 철주(掣肘)⁴⁶하고 고의로 오스트리아와 연합하여 덴마크를

---

45 확칩(蠖蟄) : 자취를 감춰 몸을 보존하며 때를 기다리는 것을 말한다.

압박하니, 그 속뜻은 오스트리아의 무슨 병력이 허하고 무슨 병력이
실한지를 관찰하고자 하는 외교 정책에서 나온 것이었다.

　1864년 10월, 비엔나-오스트리아 수도- 회의에 덴마크는 슐레스비히
등 수많은 영토를 프로이센과 오스트리아에 할양하고 평화 조약을 체결
하였다. 당시에 프로이센과 오스트리아는 게르만 연방의 용호(龍虎)이므
로 어찌 양립할 수 있겠는가. 자연히 그 침탈한 영토의 분할과 그 밖의
허다한 사건에 알력이 끊이지 않더니, 1866년에 공이, 오스트리아가
나폴레옹 3세가 내놓은 유럽 평화 회의에 찬성하지 아니한 것을 동기로
삼아 즉시 오스트리아령(領) 홀슈타인에 군대를 보내어 침범해 점령하고,
같은 해 7월에 쾨니히그레츠 벌판에서 큰 전쟁을 벌였는데,[47] 이때 육전
(陸戰)의 맹렬함은 상상 밖이었다. 프로이센의 왕 빌헬름 1세 이하 모든
문관과 무관이 다 전장으로 나아갔고, 승패가 쉽사리 정해지지 않으므로
공(公)도 매우 우려하여 총사령관 몰트케(Helmuth von Moltke)[48]의 태도
를 관찰하고자 하였다. 그리하여 몰트케가 유난히 즐기는, 종류가 비슷하
지만 좋은 품질과 좋지 않은 품질의 엽궐련〔呂宋烟〕 두 개를 가지고 장군
사령부에 이르러 그에게 선택할 것을 권하였다. 그러자 장군은 기쁜
빛이 얼굴에 가득한 채 거동이 태연자약하고 악수하고 답례한 뒤에 흔연
히 그 품질이 좋은 엽궐련을 선택하였다. 이 때문에 비스마르크 공이,
몰트케 장군의 조용하고 침착하면서도 기회를 만듦에 과감하며 일에

46　철주(掣肘) : 팔꿈치를 당긴다는 뜻으로, 간섭하여 마음대로 하지 못하게 함을 비유
　　한 말이다.
47　쾨니히그레츠……벌였는데 : 엘베 강 상류에 있는 보헤미아의 도시 쾨니히그레츠,
　　즉 지금의 흐라데츠크랄로베 북서쪽에 있는 자도바라는 마을에서 벌어져, '자도바
　　전투'라고도 한다. 프로이센의 승리로 끝났고 그 결과 오스트리아는 프로이센 지배하
　　의 독일에서 제외되었다.
48　몰트케 : 1800-1891. 프로이센의 장군이다. 근대적 참모 제도의 창시자로서 대(對)
　　덴마크 전쟁, 프로이센과 프랑스의 전쟁 등을 승리로 이끌었으며 통수권의 독립, 군
　　제(軍制)의 근대화를 도모하였다.

임하여 어지럽게 하지 않으면서도 편안하고 고요한 마음으로 먼 데에
이를 수 있는 성품[49]이 바로 옛적의 제갈공명(諸葛孔明)・왕안석(王安
石)・회음후(淮陰侯) 한신(韓信)・왕수인(王守仁)・서달(徐達)・척계광
(戚繼光)과 같은 부류이므로, 그의 큰 그릇을 알고 프로이센 왕에게 돌아
가 아뢰기를 "저에게 대장군이 있으니, 대왕께서는 근심하지 마십시오."
라고 하였는데, 얼마 있다가 그의 예단과 같이 오스트리아군이 일패도지
(一敗塗地)하여 올로모우츠로 퇴각하였다. 이때에 프랑스 황제 나폴레옹
3세는 프로이센의 대첩을 은밀히 질투하여 중재하는 데에 있는 힘을
다하였기 때문에 공도 프랑스 황제의 속내를 헤아리고 8월 23일, 프라하
에서 프로이센과 오스트리아 양국의 전권위원(全權委員)이 회견하고 배
상금 2천만 불과 홀슈타인・프랑크푸르트 등지를 할취(割取)한 뒤에 평
화 조약을 체결하니, 이후로는 게르만 연방의 패권이 프로이센의 손아귀
안으로 돌아가게 되었다. 당시에 프로이센의 강성함과 게르만 연방 조직
에 대하여 가장 뱀이나 전갈처럼 미워한 자는 나폴레옹 3세이니, 무슨
까닭인가. 나폴레옹 3세가 독일 연방에 간섭하여 자기의 판도를 확장하
고자 하였던 숙원이 다시는 입추의 여지가 없게 되었기 때문이었다.
이와 같이 겉으로는 화목한 척하나 속으로는 사실 원수로 여기던 차에
에스파냐에서 계통(繼統)[50]의 분란이 야기되어 여왕 이사벨라는 프랑스
로 도망쳐 오고 프로이센 왕통의 레오폴드 친왕(親王)이 에스파냐 국왕의
왕관을 머리에 쓰게 되었는데, 동기(動機)가 이미 급박하게 되자 전운이
지척에 감돌았다. 베를린 주재 프랑스 대사 베네데티(Vincent Beneditti)
백(伯)은 프로이센 왕 빌헬름 1세를 엠스 공원에서 알현하고 레오폴드

---

49 편안하고……성품 : 원문은 '영정치원(寧靜致遠)'인바, 제갈량의 「계자서(誡子書)」
    에 나오는 말로, 그 글에 "군자의 행동은 고요함으로써 몸을 닦고 검약함으로써 덕을
    기르니, 담백한 마음이 아니면 뜻을 밝힐 수 없고, 편안하고 고요한 마음이 아니면
    먼 데 이를 수 없다."라고 하였다. 『소학(小學)』「가언(嘉言)」에 실려 있다.
50 계통(繼統) : 제왕의 통서(統緒)를 계승하는 것이다.

친왕의 폐위 증명과 동(同) 친왕에 대해 또다시 추천할 수 없다는 선서를 강제로 청하였다. 이 때문에 프로이센 왕이 한바탕 냉소하고서 비스마르크 공과 상의하고 즉시 회견의 전말을 베를린의 각 신문사에서 간행하게 하고, 또 파리에 사람을 보내어 호외(號外)로 프랑스의 일반 민심을 혼란스럽게 만들었다. 이때에 프랑스 황제 나폴레옹 3세가, 프로이센 왕이 승낙하지 않은 것과 프로이센 일반 신문의 비웃고 욕하는 물의(物議)에 격분했는데, 그 수치스러워하고 화내는 업화(業火)가 저 높이 하늘로 구만리를 치솟을 뿐이겠는가. 프랑스 백성의 선천적으로 굳세고 강한 적개심도 마찬가지로 격앙되어 1870년 7월 12일에 프로이센에 대한 선전 포고문을 천하에 발표하고, 프로이센 왕도 베를린에 급히 돌아와 프랑스에 대한 개전서를 나라 안팎에 포고하게 되었다. (미완)

외국 지리 / 한명수(韓明洙)

어떤 시골 손님이 경사(京師)로 구경 왔다가 종로 같은 곳에서 길을 잃어 머뭇거리며 망설이는 것을 순검(巡檢)이 보고 친절하게 인도해 주려고 하여 묻기를 "그대의 사는 곳이 어디인가?"라고 하자, 그 시골 사람이 대답하기를 "자세한 것은 알지 못하겠다."라고 하였다. 순검이 말하기를 "그러면 사는 곳 근방에 무슨 가게가 있으며, 동네 어귀에 순검막(巡檢幕)[51]이 있던가?"라고 하자, 또 대답하기를 "그런 것도 알지 못하겠고, 다만 나의 사는 곳은 기와집이온데 뒤뜰이 탁 트여 넓고 뜰 가운데에 작은 못이 있어 거위와 오리 네 마리가 온종일 헤엄치며 놀면서 채소 잎만 뜯어먹으니, 틀림없이 결국에는 토하고 설사할 듯 하더이다."라고 하였다. 그 순검이 아연히 실소(失笑)하고 그 사는 곳을 찾아

---

51 순검막(巡檢幕) : 순검이 일을 보던 조그마한 공간으로, 지금의 파출소에 해당한다.

알아낸 다음 돌려보내었다고 하니, 이러한 인물은 어느 누구라도 '어리석은 백성'이라고 할 것이다. 그러나 여러분도 그 어리석은 백성과 지식이 똑같다고 하겠소. 여러분이 지구상에 태어나 한평생을 머물러 사는 장소이므로 그 머물러 사는 지구상의 사실을 알지 못하면 그 어리석은 백성이 그 지명과 통호수(統戶數)를 알지 못하는 것과 다르지 않으며, 못 가운데에 거위와 오리가 헤엄치며 노는 것만 기억하는 것과 같이 여러분이 '들의 꽃이 핀다', '산에 새가 운다', '강에 푸른 물결이 잔잔하고 조용하게 흐른다', '산에 산봉우리가 높은 하늘로 치솟아 있다'는 이러한 따위의 무용한 것만 기억하고 그 들에 토양의 성질이 어떠하고 저 꽃나무의 성질이 어떠하며, 이 강의 근원과 이 산의 산맥이 어느 곳으로부터 유래하였으며, 아시아 지방은 어떠하고 유럽의 여러 나라는 어느 방향에 있고 아메리카의 산천은 어떠한가 한 것을 알지 못하면 그 어리석은 백성보다 현명한 것이 없는 것이다. 그러므로 내가 여가를 틈타 학교에서 강사께 들은 것과 교과서에서 읽은 바를 대충 간략하게 적으오니, 애독해 주실 것을 희망하는 바이다. 우리가 머물러 사는 지구를 오대주로 나누어 아시아, 유럽, 아프리카, 오세아니아, 아메리카라고 일컬으니, 먼저 아시아주의 지세와 기후를 간략하게 기술하고 여러 나라의 풍토를 적겠음.

아시아주는 오대주 가운데에 가장 크므로 그 대부분은 북온대(北溫帶)에 있어 북쪽·동쪽·남쪽의 세 방향은 북극·태평·인도의 세 대양(大洋)을 맞대었으니, 그 위치가 스스로 모든 대주(大洲)에서 중앙을 차지하여 서쪽으로 유럽주와 남서쪽으로 아프리카주를 공제(控制)하였고, 남동쪽은 하나의 큰 섬인 오세아니아주를 마주하였고, 북동쪽 끝은 아메리카주 대륙을 향하였으며, 본주(本洲)와 아프리카주 사이에는 홍해(紅海)와 수에즈 지협(地峽)을 가운데에 두고 있고, 유럽주와의 사이에는 카스피해와 흑해 및 우랄산맥이 있고, 북아메리카주와의 사이에는 본주 동북단과 겨우 베링 해협만 가운데에 두고 있다.

○ **본주의 네 끝부분**

북 : 시베리아 첼류스키 곶

　　북위 78도(度)

남 : 말레이반도 로마니아 곶

　　북위 1도 반

동 : 시베리아 데즈뇨프 곶

　　서경 170도

서 : 아시아 터키 바바 곶

　　동경 26도

본주는 동서가 444도[52]이고 남북이 76도 반인데 그 사이에 뻗쳐 있어 그 면적이 약 280만 방리(方里)[53]이니, 전 세계의 육지 표면에 있어 약 3분의 1에 해당한다.

○ **산맥과 고원** : 본주의 중앙으로부터 서쪽으로 뻗어 나간 파미르 고원이 있으니, 세계의 용마름이라고 부르는 것이다. 이 고원을 중심으로 삼고 큰 산맥이 사방으로 나뉘어 나온 가운데에 특별히 그 동쪽으로 삼대 산맥이 나왔는데, 그 동북쪽으로 뻗어 나간 것은 톈산산맥이니, 이 산맥이 다시 같은 방향으로 곧장 뻗어 나가 알타이산맥과 스타노보이산맥과 잇닿아 있고, 정동(正東)으로 뻗어 나간 것은 쿤룬 산맥이니, 이 산맥에 음산(陰山)과 흥안령(興安嶺) 등 여러 산맥이 잇닿아 있고, 또 그 남동쪽으로 뻗어 나간 것은 히말라야산맥이니, 헝돤산맥(橫斷山脈)이 그 동쪽 끝에 잇닿아 있다. 쿤룬과 히말라야 양 산맥 사이에 티베

52　444도 : 오류인 듯하다. 위에 제시된 동단·서단 저체를 합하면 196도이다.

53　방리(方里) : 사방으로 일 리(里)가 되는 넓이이다.

트고원이 있는데, 높이가 만 4천 척~만 6천 척-일본척(日本尺)-에 달하
니, 세계에서 가장 높은 고원이고, 파미르고원은 티베트보다 조금 낮다.
또 쿤룬산맥으로부터 나온 여러 산맥과 톈산산맥과 서로 잇닿아 있는
여러 산맥의 사이에는 몽골고원이 있다. 파미르고원으로부터 서쪽으로
뻗어 나간 것은 힌두쿠시산맥이고 남쪽으로 뻗어 나간 것은 슬라이만산
맥인데, 힌두쿠시산맥이 다시 카스피해 남단 가를 따라 뻗어 나가 엘부
르즈산맥에 잇닿아 있어 본주의 서단까지 도달하였으니, 이러한 여러
산맥 사이에 이란 고원과 아르메니아고원과 아나톨리아고원 등이 있다.
아라비아 및 발칸의 2대 반도는 중앙 고지대 남쪽 가장자리에 있어 별
도로 고원이 이루어져 있다. 여러 고원이 사방의 산맥에 둘러싸여 있어
한 해 동안 강우량이 적고, 토지가 사막의 성질인 경우가 많다.

　○ **하천과 및 평원** : 본주에 사방으로 평야가 있는데, 모두 중앙 고지
대에서 나온 대하(大河)가 관통해 흐르고, 톈산산맥에 잇닿아 있는 여
러 산맥의 북쪽에 있는 시베리아 평원에는 레나·예니세이·오브의 세
대하가 관통해 흐르니, 이 평원의 남부는 경작하기에 적당한 기름진
들판이 많다. 중앙 고지대의 동방에 있는 동부 평원은 본주에 있어서
가장 중요한 땅으로, 이를 다시 세 가지로 나누면 헤이룽강(黑龍江) 유
역에 속한 만저우 평원과 황허(黃河)·양쯔강(楊子江) 등이 관통해 흐르
는 지나 평원과 메콩강 등이 관통해 흐르는 인도차이나 평원으로, 모두
토양의 성질이 비옥하고 인구가 조밀하다. 히말라야 산맥과 데칸 고원
사이에 남부 평원이 있으니, 그 동쪽은 갠지스·브라마푸트라의 두 대
하 유역에 속하여 토양의 성질이 가장 기름지며, 그 서쪽은 인더스강의
유역이다. 갠지스강 유역의 평야는 강우량이 많고 기후가 몹시 더워
열대의 산물이 풍부하다. 아리비아·이란 두 고원 사이에 있는 메소포
타미아 평원은 티그리스·유프라테스 두 하천의 유역이니, 토양의 성
질이 비옥하지만 관개가 완전하게 통일되어 있지 못하고, 호수는 세계

에서 가장 큰 함수호(鹹水湖)가 있으니 카스피해이다. 그 동쪽에도 함수
호가 많으며, 담수호는 바이칼호와 둥팅호 등이 있는데 수상 운재(水上
運載)가 가장 편리하다. (미완)

경찰의 분류 (제4호 속) / 장계택(張啓澤)

  '경찰'이라는 것은 위해를 미리 대처해 막아서 나라 안을 다스리는
요소이다. 그러므로 여러 가지 단속의 규칙을 갖추어서 하나의 행정
방침을 이루니, 그 일의 체제가 매우 복잡하며 그 범위가 매우 광대하
여 근래에 학자가 연구한 것이 많이 있다. 이제 시험 삼아 한번 그 대강
을 거론해 보자면 다음과 같다. 경찰 전체가 두 종류로 나뉘는데, (1)
사법경찰과 (2) 행정경찰이다. 이른바 '사법'이라는 것은 행정 · 사법이
제대로 작용하도록 하는 것을 책무로 삼아서 위해가 이미 발생한 뒤에
조사하고 처리하여 사회 질서를 유지하는 것이니, 그 의의가 형사 소송
과 견주어 볼 때 서로 비슷하다. 예를 들자면, 갑(甲)이 어떤 물품을
가지고 있었는데 을(乙)에게 도둑맞고서 경찰서에 신고하고 재판소에
다가 소송하는 것이 바로 그러한 경우에 해당하는 것이니, 그 권한이
사법대신에게 속하며. 또 이른바 '행정'이라 하는 것은 행정의 목적이
곧바로 달성되도록 하는 것을 책무로 삼아 위해가 장차 발생하려고 할
때에 사회의 안녕을 보전하는 것이다. 예를 들자면, 어떤 사람이 도둑
질을 하려고 하지만 아직 범죄를 저지르지 않았으면 경찰이 바로 이를
하지 못하게 말려서 도둑질을 하는 지경에 이르지 않도록 하는 따위가
바로 이러한 경우에 해당하는 것이니, 그 권한이 내무대신에게 속한다.
이 가운데에 행정경찰을 또 두 종류로 나누니 (1) 각부 행정경찰과 (2)
보안 경찰이다. '각부 행정'이라는 것은 무엇인가. 그 직무가 각부 행정

의 목적을 곧바로 달성하는 데에 있으며 그 권한이 오로지 각부 행정
관청에 달려있는 것이고, '보안경찰'이라는 것은 오로지 일반 사회의
안녕을 목적으로 삼으니, 그 종류가 또한 두 가지이다. (1) 고등경찰과
(2) 보통경찰이니, '고등경찰'이라는 것은 그 직무가 오로지 국가의 기
관을 보호하는 것을 목적으로 삼는데 그렇다면 다른 경찰과 특별히 구
별이 있다. 대체로 '국가기관'이라는 것은 국무대신의 뜻이나 생각으로
국가의 정령(政令)을 시행하여서 안녕을 보전하는 것이니, 그렇다면 사
람의 몸에 견주어 보건대, 수족 기관이 활동한 뒤에야 사업을 이룰 수
가 있고, 만약 그렇지 못하면 온몸이 모두 병들어 나무나 돌로 만든
헛된 사람 형상과 다를 바가 없어서 무용지물에 귀결되는 것과 같다.
그러므로 마땅히 경찰을 설치하여 국가에 위해가 닥쳐오면 이를 통해
서 있는 힘을 다하여 보호할 수 있으며, 결사(結社) 및 잠시 동안 하는
집회의 경우라도 정계(政界)와 관계된 바가 있으면 응당 반드시 단속하
여 해산해야 하니, 이는 모두 고등경찰의 일이다. '보통경찰'이라는 것
은 일반 질서를 보호하는 것을 책무로 삼으니, 무릇 온갖 종류의 영
업·교통·위생·소방 등의 일이 전부 여기에 해당하는 것이다.

　이상에서 거론한 몇 가지는 모두 사실상을 가지고 구별한 것이고,
이밖에 또 국가경찰과 지방경찰의 분별이 있으니, 이는 다만 사실을
가지고 구별한 것일 뿐만이 아니다. '국가경찰'이라는 것은 국내에 항상
보유한 보통의 것이고, '지방경찰'이라는 것은 바로 각 지방에서 그 지방
의 제도에 따라 마땅히 독자적으로 보유해야 하는 것이니, 그 분별이
법령의 규정 및 효력에 달려 있다. 무릇 국가 경찰의 권한은 그 법령이
모두 헌법이 규정한 바에서 비롯하며 혹 칙령(勅令) 및 성령(省令)으로
발포한 명령에서 비롯하나 그 효력이 전국 지방에 두루 통행되지 못하며,
지방 경찰이라는 것은 그 법령이 부(府)·현(縣) 및 지사(知事)의 발령(發
令)에서 비롯하니, 그렇다면 그 효력이 다른 지방에서 통행되지 못하는

것이다. 지금 다시 경찰의 종류를 들어서 아래와 같이 게시한다.

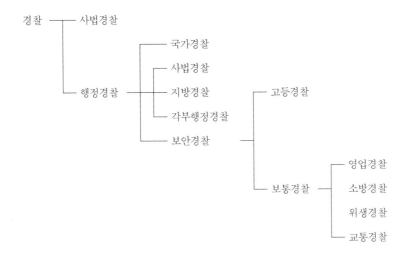

위생 문답 / 박상락(朴相洛) 역술

(문) 속담에 이르되 "사람이 이 세상에 태어나 살아가는 것이 겨우 50년이다."라고 하며, 60에 이르면 환갑을 축하하고, 또 "인생의 칠십은 예로부터 드물다네"[54]라고 한 고시(古詩)도 있으니, 대체로 인생의 수명은 실제로 몇 년 동안이나 보존할 수 있을는지요?

(답) 이는 바로 지금 학자들 사이에서 의논이 한결같지 않은 문제이다. 무릇 세상 사람들은 장수하는 것으로써 최상의 행복을 삼으나 "한 몸으로 오래 산다"라고 하는 것은 긴 목숨을 보전하는 것으로써 행복이라고 말하지 못할 것이고, 몇 년이나 살던 간에 가장 신체가 건강하며

---

54 인생의……드물다네 : 이는 두보의 「곡강(曲江)」에 "술빚은 보통 가는 곳마다 있거니와, 인생의 칠십은 예로부터 드물다네."라고 한 데서 온 말이다. 『두소릉시집(杜少陵詩集) 권(卷)6』

정신이 강하고 씩씩하여 사회에 도움이 되는 인물이 된 뒤에야 오래
사는 것의 효력이 있다. 만일 신체가 나약하고 귀와 눈이 늙어 더 이상
쓸모가 없어서 그 쓰임을 제공하지 못하여 사회에 일조가 되지 못할
뿐만 아니라 자손들에게 고역만 부질없이 끼치게 된다면 오래 사는 것
의 효력이 다시는 없고 도리어 그 자신의 불행이 될 것이다. 또 오래
사는 것을 한층 다른 의미로 말하면, 하나는 그 사람이 사회에 세운
사업에 관계한 것이니, 일본의 유신 초기에 나랏일에 종사하다가 29세
에 일생을 마친 요시다 쇼인(吉田松陰)은 후세에 남아 보존된 효과가
보통 사람이 100년을 산 것보다 훨씬 뛰어나며, 고금의 위인의 사업을
살펴보더라도 저 위인들이 10년만 더 빨리 죽었으면 이처럼 위대한 사
업을 성취하는 것을 기약하기 어려운 경우가 매우 적지 아니할 것이다.
그렇다면 위생법(衛生法)을 지켜 오래 사는 것을 얻고자 하는 것은 위대
한 사업을 이루는 기초라고 말하겠다. 고금의 역사를 참고하면, 영국의
한 승려는 210세를 살았고 독일에는 217세에 이른 사람이 있다고 하
며, 그 밖의 각 나라에도 100세 남짓 장수한 자는 그 수효를 미처 세어
거론할 겨를이 없고, 일본 메이지 20년에 전국에 조사한 바에 근거하면
인구 4천만 명 가운데에 100세 이상에 이른 사람이 99명이라고 하니,
우리 인류가 위생법을 충분히 강구해 실행하면 이러한 수명에 도달하
기는 쉽사리 기약할 수 있을 듯하다.

　우리의 생명이 생리상(生理上) 대략 몇 세까지 보존될 수 있을 것인가
를 연구하고자 하면 먼저 다른 생물에 비교하여 그 극점(極點)을 정할
필요가 있는데, 생물 가운데에 겨우 하루를 살고 죽는 하루살이가 있으
며, 두루미는 천년, 거북이는 만년을 장수한다 하고, 이 중간에 자리한
말은 40년, 고양이는 20년가량을 산다고 하니, 이를 통해 살펴보면 생
명의 길고 짧음은 어떤 것을 가지고 그 표준을 확정하기가 어렵다고
하겠다. 혹 학자는 생명의 길고 짧음이 신체의 크고 작음에 관계된다고

하니, 만일 이 학설을 믿어 따르면 코끼리와 같은 엄청나게 큰 동물은 가장 긴 생명을 향유할 것이고, 개미와 같은 매우 작은 동물은 가장 짧은 생명을 보유할 것이다. 개미의 생명에 대해서는 아직 그것을 조사한 확실한 학설을 듣지 못하였으나 신체가 비교적 작은 개구리와 새우는 20년가량을 살며, 잉어는 200년을 사는 경우가 있고, 이 밖에 조류 가운데에도 100년 이상 수명을 보전한 경우가 있다고 하니, 신체비교설은 정당한 학설로 인정하지 못하겠다. 그리고 또 근래 일부 사회에서 믿는 것은 우리 신체의 완전한 발육기의 다섯 배가량 산다고 하는 학설인데, '완전한 발육'이라 하는 것은 인류와 같은 척추동물로 논하면 연골(軟骨)이 화골(化骨)을 완성하는 시기를 성숙기라고 하는 것이니, 인류의 성숙기는 대략 20세이다. 그렇다면 인류는 그 성숙기의 다섯 배, 즉 100세가량을 살 것이라고 하나 이는 확실한 증거가 없는 학설이다. 그리고 또 근래 진화론에 유명한 다윈 씨의 학설을 따르면, 모든 생물이 이 세상에 태어나 사는 것은 그 종족의 번식과 생활의 보전·지속이라는 두 가지 기능을 함께 가지고 있으나 생존경쟁의 결과로 어느 시대를 막론하고 생물의 수는 갑(甲)이 증가하면 을(乙)이 감소하고 을이 증가하면 갑이 감소하여 대개 평균적으로 일정한 수를 보유한다고 하니, 이는 오늘날 학자들이 일반적으로 믿고 인정하는 바이다. 대구와 같은 어류는 하나의 뱃속에 수천 수만 개의 난자를 생산하는데, 만일 이 난자가 다 부화해 생육하고 이 수천 수만 개가 다시 이러한 대량의 난자를 대대로 다산하면 2·3대 뒤에는 해수면이 대구어로 뒤덮일 것이 분명하다. 그러나 사실을 보면 연대를 거칠수록 많고 적음의 차이는 있지만 대체로 살펴보면 이러한 증가와 감소는 없으니, 이 학설에 의거하여 고찰하면 우리가 생활하는 것은 바로 자손을 번식하는 큰 임무를 다하는 것이 생물의 근본적 기능이지만 생존경쟁의 결과 위에 게재한 대구와 같은 현상이 발생하게 되므로 우리는 종족의 번식을 위하여 우리의 자손이 독립적으로 종족 번식의 작용을 해낼 수 있을 때까지 생존 토록 보호할 필요가 있으니, 이것은 자연의 법칙인 듯하다. 이 논의를 기점으로 학자들이 조사한 보고를 들어보면 하루살이와 같은 동물은 살면서 곧바로 생식의 목적을 달성하는 것으로 하루의 수명을 겨우 보전하고, 또 멧돼지와 집돼지를 견주어 보면 동일한 종류이지만 멧돼지는 25년, 집돼지는 20년의 생명을 보전하니, 대체로 집돼지는 사람이 사는 집에서 기르게 되자 먹을거리를 얻는 것이 매우 쉽고 또 번식 작용을 이루는 것이 신속하므로 수명이 자연히 짧다 하고, 인류는 대개 50세에 이르면 생식 작용이 끝나지만 그 자손이 부모와 동일한 작용을 가지기까지는 25년 내지 40·50년의 세월을 필요로 하므로 인류의 수명은 대개 100세로 보면 큰 차이가 없을 듯하오.

식충 식물 (역) / 홍정구(洪正求)

끈끈이주걱〔毛氈苔〕이라고 하는 식물은 온대 지방 산야의 습지에 자생하는 작은 풀이다. 그 키는 겨우 2·3촌에서 4·5척[55]에 불과하나 다수의 윤상형(輪狀形) 잎이 발생하여 여름날에는 그 중앙으로부터 사상(絲狀)의 긴 이삭대를 올려내고 꽃잎 다섯 개의 작고 붉은 꽃을 맺는다. 잎은 그 형상이 흡사 구기〔枸子〕와 같아 녹색을 띠고, 윗면에는 수많은 홍색의 선모(腺毛)가 나며 그것의 가장 끝부분으로부터 점액을 분비하는데, 점액은 투명하여 그 미려하기가 옥과 같다. 만일 작은 벌레가 날아와서 잎 표면에 앉으면 점액의 포로가 되어 날아서 도망치지 못하는 것이 거미줄에 걸린 작은 새와 같다고 하겠다. 이와 같이 하면 잎 표면의 주위에 진을 치고 벌여 있던 선모는 차례로 잎 표면의 중앙을 향하여

---

55 4·5척 : 문맥상 '척'은 '촌'의 오식인 듯하다.

구부러지며 또는 선모의 끝부분으로부터는 일종의 액즙이 분비되니, 이 액즙은 위에서 기술한 점액과도 특별히 다른 별도의 종류이다. 이 액은 동물의 위액과 같아 동물질(動物質)을 소화하는 능력이 있는데, 차례로 사로잡은 벌레의 몸을 용해하여 그 액즙을 선모를 사용하여 흡수하기를 끝마친 다음에는 선모는 다시 젖혀져 본래의 위치로 회복하게 되는 것이다. 이 선모가 동물질에 대해 영향을 받아 반응하는 것이 지극히 기민하다는 것은 다음의 시험을 통해서 알 수 있을 것이다. 부인의 두발 중에 길이가 0.2밀리미터, 중량 0.00082밀리그램 되는 모발 한 가닥을 가져다가 우리의 혓바닥에 놓아두면 우리의 신경은 이것을 감각하지 못하지만 이것을 이 식물의 선모에 부착할 때에는 문득 감응하는 것을 볼 수 있다고 하며, 또 그 밖의 다른 접촉에 감응이 기민한 것은 실제로 증명할 만하다고 하고, 또 이 식물의 감응은 뿌리로 수분을 흡수하여 영양분을 공급할 뿐만 아니라 잎 표면으로는 곤충의 액즙을 흡수하여 영양을 공급하기 때문에 이를 '식충식물'이라고 일컫는 것이다.

　북미합중국 동부에 나는 하에지고쿠[56]라고 하는 식물은 잎의 위쪽 부분이 단선형(團扇形)을 이루어 파리 따위가 여기에 닿으면 신속한 동작으로 이것을 사로잡을 수 있고, 또 말레이반도와 아울러 그 군도(群島)에 나는 네펜테스〔壺桂〕라고 하는 식물은 그 잎이 변화하여 술병 형상을 만들고 그 병 안에는 항상 액즙을 저축하고 각종의 작은 벌레를 이 속에 꾀어 들여 빠져 죽게 하여 이로써 양분을 흡수하는 것이다. 이 밖에도 뭍 위와 바닷속에 나는 식충식물이 우리나라에도 적지 않으나 우리나라는 아직 이러한 연구가 발전하지 못하여 이것을 발견하지 못하고 있는 것이다. 일반 식물은 뿌리를 사용해 물과 아울러 토양 속에 있는 광물질을 흡수하고 잎 표면으로는 대기 중에 존재하는 탄산가스

56　하에지고쿠 : 파리지옥을 가리키는 일본어이다.

를 흡입하여서 그 생활을 영위하지만 식충식물은 활동하며 살아가는 동물을 사로잡아 그 액즙을 잎으로 흡수해 생활하는 것이 식물계에 있어서 특이한 현상이라고 하겠다.

농업은 만사의 근본 (속) / 하정생(荷汀生) 김만규(金晩圭)

제2절 노력

자연에 공기·광선·물 등이 있어도 사람의 근로가 없으면 우리의 욕망을 충족하기 어려울 것이다. 이 효용을 창설해 증진하기 위해 사용하는 우리의 심력(心力) 및 체력을 활동과 노력이라고 하는 것이다. 바꾸어 말하면, 노력은 생산하기 위하여 사용하는 사람의 체력과 심의(心意)의 활동을 총괄하여 일컫는 것이다. 그러므로 생산의 작용을 못한다면 비록 신체를 움직이고 심력을 수고롭게 하더라도 노력이라 할 수는 없다.

노력은 그 관찰의 여하를 따라 여러 종류로 나눌 수 있지만 대개 정신적 노력·체력적 노력과 자유적 노력·부자유적 노력으로 나누는 것이 가장 편리하고 마땅하다. 정신적 노력은 정신을 활동하게 하는 노력으로, 농장을 설치하며 경지를 정리하고 비료-거름-를 개량하는 데에 속하였고, 체력적 노력은 손과 발을 활동하게 하는 노력으로, 모종을 심어 가꾸며 벼를 베어 거두며 나쁜 잡풀을 뽑아내는 것이 여기에 속하였으니, 원래 실제로는 정신적 노력에도 체력을 활동하게 하고 체력적 노력에도 정신을 수고롭게 하는 점이 있지만 그 활동의 중대한 부분은 체력과 정신에 있다고 하겠다. 자유적 노력은 그 의사를 속박하지 않고 자기의 자유의사를 따라 노동함을 말하는 것이고, 부자유적 노력은 노예 혹 반(半)노예의 노력과 같이 항상 다른 사람의 지시와 속박을 받는 노력을 말하는 것이다. 이 자유적 노력 가운데에 독립적 노력과 고용적 노력의 구별이 있으니, 독립적으로 자기의 농장에 대해 노력하는 사람은 이른바 '자작농부(自作農夫)'의 세력으로 전자에 속하고, 농부에게 사역된 일용인(日傭人)-품팔이꾼- 혹 비복(婢僕)의 노력은 후자에 속한다.

제3절 자본

자본이 어떠한 것이라는 것에 대해서는 학자들의 학설이 한결같지 않지만 가장 평이하게 해석하면 직접·간접으로 장래 수익의 방편이 되도록 사회에 공급하는 화물(貨物)인데 가격으로 파악할 만한 것이다. 그렇다면 어떠한 거만(巨萬)의 재산이라도 다만 곳간에 쌓아 두기만 하고 다른 수익의 방편으로 사용하지 않으면 이로 인해 자본의 지위를 얻지 못할 것이고, 또 재지(才智)와 예능(藝能)은 수익의 방편으로 필요할 뿐이고 가격으로 파악되지 못하여 자본의 지위를 얻지 못하는 것이다.

자본도 또 어떻게 관찰하느냐에 따라 여러 종류로 구별하겠으나 농업상에 보통의 구별은 고정자본과 유동자본이다. 고정자본은 화물을 생산하기 위하여 빈번하게 사용하고 또 그 보존이 장구하여 점차로 줄어드는 자본을 말한 것이니, 논밭을 갈고 김을 매는 기계와 마소 따위가 바로 이것이고, 유동자본은 한 차례 사용할 때마다 그 형태를 달라지게 하고 그 처소를 바꾸어서 빈번하게 사용하지 못하는 것을 말한 것이니, 비료-거름-와 노동자의 먹을거리이다.

자본은 실로 생산에 있어 기초가 되는 것인데 이로써 인력(人力)을 절감하고 노력을 유지하며 생산을 순환하여 잠시라도 그치거나 끊어짐이 없도록 해야 할 것이니, 만일 자본이 없으면 생산을 유지하기 어렵다. 일본은 미국에 비하면 자본이 매우 결핍되어 농업상에 대자본을 투입하기 어렵지만 비료의 매입과 기계의 제작과 토양의 개량이 발달하였으니, 이는 실로 농학(農學)의 발전에 말미암은 것이다.

우리의 생활을 어찌하면? / 김낙영(金洛泳)

벽 위에 걸린 저 목종(木鐘), 지구의 공전을 표방하여 똑똑똑 돌아가
는 대로 때와 날과 달과 해를 만들어 내어, 천만고(千萬古)에 떠나간
영웅의 강개한 눈물을 장송(葬送)하고 20세기 이래 천지 만유의 기틀을
빠르게 바꾸어 어제의 뽕밭이 오늘의 바다이고 오늘의 청년이 내일의
노인이다. 북망산 꼭대기 겹겹이 쌓인 무덤들도 한때에는 나와 같은
청춘이었건마는 공도(公道)인 백발은 피할 수가 없고[57] 하늘이 정한 생
사는 감히 어찌할 수가 없도다. 개세(蓋世)의 영웅 나폴레옹도 절도(絶
島)의 고혼이 됨을 면치 못하였고 발산(拔山)의 기력 초패왕도 오강(烏
江)의 원령이 됨을 달가워하였으니 오호라, 인생이 얼마나 되던가. 70
년을 스스로 기약하고 나이가 어리고 쇠약한 시기를 제거하면 25년간
이 바로 장년 시기인데, 이 가운데 수면 시간으로 3분의 1을 셈하여
덜어내니, 14만 6천 14시간이 우리의 활동할 시간이라.

이와 같이 근소한 시간에 넓고 멀어 끝없는 우리 욕망에 꼭 알맞게
하지 못하여, 혹자는 재산을 넉넉하고 많게 하는 것을 위주로 하여 아
침에는 동쪽, 저녁에는 서쪽으로 이리저리 다니며 황금색을 띤 한 물건
만 손에 넣느라 다른 일을 생각할 겨를이 없고, 혹자는 좋은 음식과
좋은 옷을 제일로 삼아 안동(安洞)의 상점과 만물전(萬物廛)에 오릉촉백
(吳綾蜀帛)[58] 구입하기와 서양 요리 팔선상(八仙床)에 용전록포(龍煎鹿
脯)[59] 실컷 먹느라 입맛을 길게 다시며 호리병 속 세상[60]에 얼굴을 푹

---

57 공도(公道)인……없고 : 세월이 흐르면 이 세상 모든 사람들이 공평하게 머리가 센
　다는 말이다. 두목(杜牧)의 「송은자(送隱者)」에 "세간의 공평한 도리는 오직 백발뿐
　이니, 귀인의 머리에도 일찍이 봐준 적이 없었네."라고 한 데서 온 말이다.

58 오릉촉백(吳綾蜀帛) : 촉금오릉(蜀錦吳綾)이라고도 하는바, 오(吳)와 촉(蜀) 지방
　에서 산출되는 중국의 대표적인 비단이다.

59 용전록포(龍煎鹿脯) : 용으로 지진 전과 사슴 고기를 말린 포라는 뜻으로 아주 맛있
　는 음식. 산해진미를 뜻한다.

파묻고, 혹자는 옥당(玉堂)과 금마문(金馬門)[61]에 크기가 말만 한 인(印)을 차고 최고의 영위(榮位)를 훔쳐 얻어 만민의 고혈로 자기 한 몸 살지게 하는 것으로 체면을 돌아보지 않고, 혹자는 원앙이 노니는 푸른 물 어느 때나 늘 봄과 같아 아리따운 여인과 함께 지내기를 일삼으며, 혹자는 덧없는 세상의 영욕(榮辱)은 귀를 더럽힌다고 하여 구름을 갈고 달을 낚으려는 하나의 좋은 계책으로 깊은 산속의 험한 골짜기 조수(鳥獸)의 무리에 백수건곤(白首乾坤)[62]을 자처하니, 오호라, 인생의 생활이 과연 어떠한가.

황금을 움켜쥐는 것을 위주로 하거든 벌과 개미의 생활을 자세히 보소. 여름날 일하고 겨울날 먹는 것이 그 아니며, 좋은 음식과 좋은 옷을 위주로 하거든 금의공자(錦衣公子)인 꾀꼬리의 깃과 천연 비단인 공작의 옷은 오릉촉백이 부럽지 않고, 매와 송골매와 독수리와 솔개와 사자와 범 등이 실컷 먹어 스스로 배부른 것은 신선한 그 맛의 취향이 서양 요리가 미칠 수 없으며, 아리따운 여인과 함께 지내기를 일삼으니 앵무새와 비둘기가 정답게 지저귀는 재미가 오히려 더 낫지 아니한가. 아아, 만물의 영장인 우리 인류의 귀중한 그 생애가 이와 같이 저렴하고 한심하도다. 그렇다면 우리는 어떠한 생활을 보내며 어떠한 사업을 경영하여야 진정한 생활이 될까. 이 문제가 꽤나 몹시도 곤란하지만 나는 대답하되 "저금·좋은 음식과 좋은 옷·양처(良妻)와 함께 지내는 것 등이 다 필요하나 이것 이외에 많은 노력과 온 마음으로 힘쓸 것이 있다."라고 하겠으니, 무엇인가? 말하면 다음과 같다. 무릇 사람은 자기가 낼 수 있는 모든 힘에 의하여 그 주위를 얼

---

60 호리병 속 세상 : 원문은 '호중천(壺中天)'인바, 별천지, 신선의 세계를 뜻한다.
61 옥당(玉堂)과 금마문(金馬門) : '옥당'은 한림(翰林)이나 문한(文翰)을 맡은 관서이다. '금마'는 금마문(金馬門)으로 한나라 무제(武帝) 때 대완(大宛)에서 바친 말의 형상을 구리로 주조하여 중관(中官), 즉 환관의 관서 문에 세운 데서 유래하였다.
62 백수건곤(白首乾坤) : 흰머리로 천지간에 있는 것을 뜻한다.

마간이라도 자기가 살아 있는 동안보다 개량해 진보하게 해야 할 것이다. 이를 가볍고 소홀하게 들으면 쉽사리 실행하지 못할 것으로 인식하기 쉬우나 할 만하고 이룰 만한 것으로 그 역량에 의하여 진행할 터이니, 그렇다면 결코 불가능한 일이 아니며, 또한 우리 인류가 다른 동물보다 특이한 점을 점검해 보면 다른 동물은 태곳적이나 오늘날이나 자못 동일한 생태를 유지하고 있어 진보의 효과와 흔적이 전혀 없거니와 우리 인류는 그렇지 아니하여 예로부터 지금까지 선조 중에 몇 분의 영웅이 있는 힘을 다한 것에 의하여 오늘날 세계의 문명을 받아 누리고 있으니, 우리 20세기의 인류도 각자의 주위를 개량해 진보시켜 후대의 자손에게 남겨 줄 것이다. 그러나 돌아보건대 오늘날 황해도 동쪽 방면에 사조(思潮)가 분등(奔騰)하여 비극적으로 현대의 수모(受侮)만 분해하여 보고 인류의 공공적인 생활의 진취를 잊어버리니, 이는 단군 조선과 기자 조선을 비롯한 4천 년의 역사상에 덕화(德化)를 찬미하고 장차 뒤로 억만년을 내려가며 영원하고 무궁할 대한 국민 정신계의 일대 결점이니, 바라건대 우리 동포여, 이 결점을 지워버리고 세계 인류적인 고상한 사상으로 현세 문명 이상의 발견과 참된 생활을 경영하시오. 이를 실행하려면 그 방면은 순식간에 전 세계 모든 국가에 보급이 되지 못하더라도 아무런 문제가 없으니, 다만 각자의 역량과 경우에 따라 한 촌리(村里), 한 군현(郡縣)을 개량하게 하든지 혹은 실업·기술·교육 등의 사업에 진취하게 하면 이는 그 주위가 개량해 진보되게 하는 것이고 참된 생활을 보내는 것인바, 그 누적된 것은 마침내 국가가 수만 년 동안 누릴 번영과 세계 인류의 행복이 될 것이라고 하겠다.

눈을 보고 감흥이 일어나다 漢 / 하산생(霞山生) 양치중(楊致中)

함박눈이 펄펄 날림이여, 객지의 탑상(榻床)이 차갑도다

雨雪霏兮旅榻寒

객지의 탑상이 차가움이여, 나그네 마음이 슬프도다　旅榻寒兮客心悽

나그네 마음이 슬픔이여, 고향 생각이 갑절이나 드는구나

客心悽兮鄕思倍

고향 생각이 갑절이나 듦이여, 미인을 그리워하도다　鄕思倍兮望美人

미인을 그리워함이여, 시름을 견디기 어렵도다　　望美人兮愁難禁

시름을 견디기 어려움이여, 꿈을 이루지 못하구나　愁難禁兮夢不成

꿈을 이루지 못함이여, 생각이 끊임없이 감도는구나 夢不成兮思綿縵

생각이 끊임없이 감돎이여, 고금을 헤아려보도다　思綿縵兮參古今

고금을 헤아려봄이여, 사물이 성하면 쇠하게 되도다

參古今兮物盛則衰

사물이 성하면 쇠하게 됨이여, 쇠하면 또한 반드시 성하게 되는구나

物盛則衰兮衰亦必盛

쇠하면 또한 반드시 성하게 됨이여, 이치가 순환하는구나

衰亦必盛兮理循環

이치가 순환함이여, 시절이 변하여 바뀌는구나　　理循環兮時變遷

시절이 변하여 바뀜이여, 사물이 각기 다르구나　　時變遷兮物各異

사물이 각기 다름이여, 봄에는 꽃이 피고 겨울에는 눈이 내리는구나

物各異兮春花冬雪

봄에는 꽃이 피고 겨울에는 눈이 내림이여, 상태가 똑같지 않구나

春花冬雪兮狀態不同

상태가 똑같지 않음이여, 보고 느낌이 다르도다　狀態不同兮觀感殊

보고 느낌이 다름이여, 즐거움과 슬픔이 다르도다　觀感殊兮興悲異

즐거움과 슬픔이 다름이여, 안주함과 분발함이 생겨나도다

興悲異兮安奮生

안주함과 분발함이 생겨남이여, 운명의 바뀜이 많도다

安奮生兮命道多遷

운명의 바뀜이 많음이여, 사람의 일도 따라서 변하는구나

命道多遷兮人事隨移

사람의 일이 따라서 변함이여, 잘 다스려진 세상과
어지러운 세상이 나뉘는구나　　　　　人事隨移兮治亂分

잘 다스려진 세상과 어지러운 세상이 나뉨이여, 안락함이 심하도다

治亂分兮安樂殊

안락함이 심함이여, 마땅히 떨쳐 일어나야 하도다　安樂殊兮當奮起

마땅히 떨쳐 일어나야 함이여, 저 차가운 눈과 같도다

當奮起兮如彼寒雪

저 차가운 눈과 같음이여, 양(陽)이 오면 곧바로 사라지도다

如彼寒雪兮陽來卽消

양이 오면 곧바로 사라짐이여, 강과 산이 깨어나도다

陽來卽消兮江山醒

강과 산이 깨어남이여, 꽃이 장차 피려고 하도다　江山醒兮花將發
꽃이 장차 피려고 함이여, 만물이 화창하도다　　花將發兮萬和暢
만물이 화창함이여, 행락(行樂)할 만하도다　　　萬和暢兮可行樂
행락할 만함이여, 근본을 잊어버리지 않도다　　可行樂兮不忘本
근본을 잊어버리지 않음이여, 양(陽)의 공(功)이로다

不忘本兮陽之功

양의 공이여, 공평하여 사사로움이 없도다　　陽之功兮公無私
공평하여 사사로움이 없음이여, 바르고 떳떳하며 반듯반듯하도다

公無私兮正正方方

바르고 떳떳하며 반듯반듯함이여, 어디 간들 이루지 못함이 없도다

正正方方兮 無往不遂

어디 간들 이루지 못함이 없음이여, 준칙으로 삼을 만하도다

無往不遂兮可準則

준칙으로 삼을 만함이여, 집안과 나라에 시행할 만하도다

可準則兮可施家國

집안과 나라에 시행할 만함이여,

집안이 화목하고 나라가 잘 다스려지도다　　可施家國兮家和國治

집안이 화목하고 나라가 잘 다스려짐이여, 사람의 공이로다

家和國治兮人之功

사람의 공이여, 이 밖에 다시 무엇을 구하리오　　人之功兮更何求

　글을 적고 난 다음에 잠깐 중정(中庭)을 걸으니, 양기가 심후(深厚)하여 눈이 모두 녹아 사라져 따뜻하기가 마치 봄날의 기상이 생겨난 듯하였다.

신년 축사 / 오석유(吳錫裕)

태극 처음 나뉜 뒤에
대한제국 생겼어라.
대한제국 교육부에
태극학회 엄연하다.
남풍훈(南風薰)[63] 설설 불어
태극기(太極旗) 펄펄 난다.
국기 대극 회명(會名) 태극
지극히 무극한 우리 제국
여기서 나고 자란

63　남풍훈(南風薰) : 훈훈하게 불어오는 따뜻한 남쪽 바람을 가리키는바, 태평성세를
　　상징한다. 순(舜)임금이 오현금(五絃琴)을 처음으로 만들어 「남풍가(南風歌)」를 지
　　어 불렀는데 그 가사에 "남풍의 훈훈함이여! 우리 백성의 성난 마음을 풀어줄 수 있겠구
　　나."라고 하였다. 『공자가어(孔子家語) 변악해(辯樂解)』『예기(禮記) 악기(樂記)』

우리 대한 국민이여.

오늘의 책임이 비상할새

어깨에 메고 등에 진 것이 무거워라.

흐르는 물과 같은 세월 나를 기다려 주지 않는지라,

흰 망아지가 벽의 틈을 지나가 버려[64] 또 일 년.

2천만 우리 동포

신년의 행복을 축하하노라.

새봄의 공기 쾌하게 마시고

새 정신 분발하여,

새 지식 연구하세

새 국민 새로 되네.

우리 동포 형제들아

국권 회복 어서어서.

앞날의 무한한 새해마다

무궁한 안락을 길이 누리세.

천의 천 배에 또 천 배를 축원하니, 무슨 일을 축원하는가.

우리 성상의 만만세(萬萬歲)를 축원하노라.

신년에 고인을 만나다 漢 / 해외 유람객

섬나라에서 3년이나 지내며 한 해 경색 새로우니	海國三霜歲色新
술 한 동이로 서로 마주한 이는 고향 사람이라	一樽相對故鄉人
매화 핀 작은 집에 다정한 달이요	梅花小屋多情月
교목 심긴 낮은 산에 득의한 봄이라	喬木殘山得意春

---

64 흰……지나가버려 : 세월이 순식간에 지나가는 것을 비유한 말인바. 『장자(莊子)』
「지북유(知北遊)」에 "사람이 천지간에 사는 시간이란 마치 흰 망아지가 벽의 틈을
지나는 것과 같아 잠깐일 뿐이다."라고 한 데서 유래하였다.

성패에 때 있나니 세상사 관망하고 　　　成敗有時觀世事
청한(淸閒)에 자족하니 내 속내 말한다오 　　淸閒自足道吾眞
우스워라, 요로(要路)에 분주한 저 나그네여 　笑他要路奔忙客
온 천지에 비바람 부는데 밤중에 나루터 묻다니[65] 　風雨乾坤夜問津

신년 기서 漢 / 해외로 낭군을 보낸 부인

수천 리 해도로 낭군을 떠나보냈는데 해가 또 바뀌니
　　　　　　　　　　　　海島數千里送郞歲又新
저 멀리 어여뻐라 에도의 달, 낙양의 봄을 헛되이 보내네
　　　　　　　　　　　　遙憐江戶月虛送洛陽春
듣자하니 세상이 개명하여 박학한 사람을 등용한다 하니
　　　　　　　　　　　　聞道開明世登庸博學人
장부가 이 날을 당하여 마땅히 진짜 장부가 되어야 한다네
　　　　　　　　　　　　丈夫當此日宜作丈夫眞
-에도는 도쿄의 옛 명칭이다.-

신년 학업 漢 / 해외 유학생

신년의 학업이 새로워짐을 삼가 축하하나니 　奉賀新年學業新
당당한 대한제국 사람이네 　　　　　　　　堂堂帝國大韓人
강산 바라보니 3천리요 　　　　　　　　　　江山一望三千里
초목 활발하니 이슬비 내리는 봄이로다 　　草木欣欣雨露春

---

65 나루터 묻다니 : 원문의 '문진(問津)'은 『논어(論語)』「미자(微子)」에 "장저와 걸닉
　　이 김매며 밭 갈고 있을 때 공자가 지나가다가 자로를 시켜 나루를 물어보게 하였다."
　　라고 한 말을 인용한 것이다.

다정다한(多情多恨) : 사실소설 / 백악춘사(白岳春史)

1.

시절은 대한 광무(光武) 5년 무렵인가. 흘러가는 가을빛은 대지를 포
용하여 나뭇가지 풀잎마다 누릇누릇 봉우리는 검은 구름 속에 싸였다
벗어졌다 하고 떨어지는 일륜(日輪)은 황해(黃海)의 수평면 위에 반쯤
걸려 위아래 하늘을 진홍으로 물들인 듯. 순풍에 돛을 달고 제물포(濟物
浦)로 돌아가는 어부의 노래, 울굴굴 밀어 오는 조수(潮水)의 소리, 떴
다 잠겼다 펄펄 날아드는 백구(白鷗)의 소리, 자연의 신비한 음악을 합
주하는 듯. 이때에 초초(草草)한 단기(單騎)에 경장(輕裝)으로 한 동자
를 따르게 하여 인천항(仁川港) 유현(柚峴)으로 내려오는 한 객자(客子)
가 있었는데 나이는 대략 40세가량에 용모가 빼어나고 풍채가 비범하
나 다년간 객지(客地)의 풍상(風霜)에 고초를 겪어서인지 인세(人世)의
풍파에 신산(辛酸)을 맛봐서인지 안색이 초췌한 채 창백하고 턱뼈가 조
금 높아 일종의 남모를 깊은 근심을 머금은 듯하였다.

2.

상편(上篇)에서 말한 객자의 종적을 조사해 보니, 경성 계동(桂洞)에
사는 삼성선생(三醒先生)이었다. 선생은 원래 품성이 탁월하고 지기(志
氣)가 활달하여 청년이었을 때에 항상 스스로 생각하되 "어찌하면 남자
가 이 세상에 태어나 살아가면서 녹록한 속된 사내가 되지 말고 불세출
의 위대한 사업을 이루어 일세(一世)의 이목을 경동(驚動)시키며 천추
에 높이 드러나 빛나는 명성을 남겨서 전할까?"라고 하여 가업을 포기
하고 신기한 법술을 공부하기 위하여, 인정과 풍토를 연구하기 위하여
팔도강산을 널리 돌아다녀 명산대천과 명승지 · 도회지를 차례로 들르
며 이른바 이인(異人) · 도승(道僧)과 기사(奇士) · 술객(術客)을 일일이

방문하니, 이인과 도승이 별반 다른 사람이 아니고 기사와 술객이 모두 헛된 명성에 불과한 것임을 확실히 알아차리고 속마음이 편치 않은 채로 돌아와 이후 일체 탁랑(濁浪)의 세계에 있어 명리(名利)에 대한 생각을 끊고 지금과 옛날의 살아 있는 학문과 외국의 신지식을 남몰래 스스로 닦는 것으로 무료한 세상을 살아가고 있었는데, 물 흐르듯 가는 세월, 머리 위에는 서리가 내리려 하는구나. 건양(建陽) 원년이 돌아와서 천운(天運)이 태회(泰回)[66]하게 되자 국운(國運)이 유신(維新)하여 경무국장(警務局長)이라는 영예로운 관직을 배명(拜命)하게 되었다……

* * * * * *

당시 독립협회(獨立協會)로 일변한 만민공동회(萬民共同會)가 정동(貞洞)에서 부상꾼[負商軍]의 큰 타격을 받고 재차 용산(龍山)의 혈전에서 실패를 당하게 되자 안팎의 인심이 끓는 물처럼 매우 세차게 일어나 크고 작은 각 학교의 학도는 일시에 동맹 휴학을 하며 각 상점은 철시하고 들고일어날 것을 동맹하여 수많은 사람들이 이구동성으로 민회에 가세하니, 이때에 민회는 본진을 종로에 두고 풍찬노숙으로 밤낮을 쉬지 아니하고, 한편으로 사람을 파견해 연설하여 인심을 고무하며……

* * * * * *

당국에서는 온갖 방법과 수단으로 민회를 해산시키고자 하였는데 민회에서는 당국의 처치에 대해 더욱더 분개하여 인민과 당국 사이에 알력이 날로 심해지니, 이때 성안의 광경은 괴운(怪雲)이 참담하고 살기가 등등하여 불식간·순식간에 피비린내 나는 전쟁터의 활극을 연출할 듯하였다. 하룻밤에 경무국장에게 통지가 급히 하달되었는데, "즉각으로 순검 수백 명을 거느리고 가서 민회를 도륙하라."라고 하거늘 선생이 깊이 생각하고 거부하여 말하기를 "구두로 전해진 분부는 결코 받아

---

66 태회(泰回) : '비극태회(否極泰回)'의 준말로, 나쁜 운이 끝나고 좋은 운이 돌아옴을 뜻한다.

들이지 못하겠다."라고 하니, 마침내 당국에서 국장을 소환하는 지경에
이르렀다. 선생이 정부(政府)에 들어가 이와 같이 잔학무도한 정령은
도저히 집행하지 못할 연유를 거침없이 항변하고 밖으로 나왔다.

당시 경무청 내 수백 명의 순검은 이 통지가 은밀하게 하달된 것을
탐문하고 눈물을 훔치며 서로 의논하되 "민회의 회원은 바로 우리 각자
의 부형이고 친척이다. 이들을 도륙하는 것은 우리의 부형과 친척을
도륙하는 것이니, 어찌 천리와 인도에 있어 행할 수 있는 것이겠는가.
만일 국장께서 상부의 명령에 항거하지 못하여 이와 같이 부도(不道)한
참사를 무리하게 수행하고자 하면 우리는 일제히 순검을 내어놓고 동
맹 퇴출하자."라고 결의하던 중에 선생이 항변하고 밖으로 나온 것을
듣고, 수백 명의 순검이 선생의 탁견에 대해 감읍하고 칭송하며 이로부
터 뒤로는 선생에게 신복하는 마음이 더욱 두터워지게 되었다. 선생이
경무국장을 배명한 이래로 몇 년 동안에 이와 같이 여러 사람의 의견을
물리치며 여러 사람의 비방을 돌아보지 않고, 일신을 국가에 바치며
성력(誠力)을 공사(公事)에 다하여 한평생 가슴속에 오랫동안 품어온
뜻을 만분의 일이라도 결단해 실행하는 기회가 있고자 하였는데, 오호
라. 황천(皇天)이 불쌍히 여겨 보살펴주지 않으시어 인사(人事)가 다단
(多端)하니, 외손뼉만으로는 소리가 울리지 아니하고 외바퀴만으로는
수레가 다니지 못하는 법이다. 선생의 고상한 사상과 강직하고 공평한
행사(行事)가 공사(公私) 간에 아주 조금이라도 세상에서 다 알도록 뚜
렷한 비난을 받을 부분은 없지만 여러 사람의 의심의 초점이 되고 여러
사람의 눈의 표적이 되어 지위를 보유하지 못하고 필연적으로 목포(木
浦) 경무관으로 이직되는 지경에 이르자 선생이 쾌연히 응낙한 뒤에
유람도 할 겸 도임(到任)하기 위하여 당일로 행장을 갖추어 차리고 길
을 떠나 윤선편(輪船便)을 기다리려고 인천항으로 내려온 것이었더라.

3.

각설(却說), 선생이 목포 경무관으로 부임한 지 며칠 뒤에 하루는 한 역부(役夫)의 등소(等訴)[67]를 들어보니 역부청(役夫廳)에서 역부패장(役夫牌長)이 한 역부를 태(笞) 60대에 처하여 거의 죽을 지경에 이르렀다 하거늘 순검을 즉시 파견하여 해당 패장을 붙잡아 와 문초하기를 "관헌이 엄연히 따로 있거늘 네가 무슨 명분으로 인민을 사사로운 형벌에 처하여 죽을 지경에 이르게 하였단 말이냐?"라고 하자, 패장이 "소인이 소인의 자의로 한 것이 아니오라 역군 중에 법을 어긴 자가 있으면 수시로 처벌하라고 감리(監理) 사또께오서 허락하여 주신 조문에 비추어 보아 태형에 처한 것이옵니다."라고 하였다. 선생이 "감리 사또께서 이러한 조문을 허락해 주었단 말이냐?"라고 하자, 패장이 "네- 과연 감리 사또께서 조문을 허락하여 내리셨습니다."라고 하였다. 선생이 "그러면 그 조문을 가져오너라."라고 하고, 패장을 구류한 뒤에 조문을 가져다가 보니 해당 조목 중에 '역부 중에 법을 어긴 자가 있거든 수시로 처벌하되 만약 중죄를 범하는 경우에는 태(笞) 20대에 처함을 허락한다.'라는 조건이 있었다. 이에 패장을 다시 문초하기를 "이놈, 들어라. 이 조목 중에 중죄를 범한 경우는 태 20대에 처하라 하였지 어디에 60대에 처하라는 법이 있단 말이냐?"라고 하자, 패장이 말하기를 "과연 해당 역군이 중대한 죄를 범하였사옵기에 이 율문(律文)에 의지하와 20대씩 세 번 처형하였습니다."라고 하였다. 선생이 이 패장의 대답을 다 듣고 개연히 탄식하기를 "이러한 관헌(官憲)과 이러한 행정이 모두 법령을 부패하게 하며 인민을 가혹하게 대하는 원인인 것이다."라고 하고, 즉시 감리와 교섭하여 해당 조문을 당일로 철폐하고 선생이 수많은 역부를 일제히 불러 모은 뒤에 자상하게 알아듣도록 타이르기를 "오늘 해당

---

67 등소(等訴) : 등장(等狀)이라고도 하는바, 여러 사람이 이름을 잇대어 써서 관청에 어떠한 요구를 하소연하는 일이나 그러한 내용을 적은 문서를 가리킨다.

조문은 이미 파기하였으니, 너희들은 다시 패장 따위가 행하는 법에 어긋난 고형(苦刑)을 받지 않을 뿐만 아니라 만일 패장 무리 중에 이전 대로 완악한 습관을 고치지 않아 불법 행위를 감행하는 자가 있거든 즉시 나에게 알려 하소연하라."라고 하고, 연래에 완명(頑冥)하고 협잡(挾雜)하는 패장 무리의 미끼를 면하지 못하던 역부 무리를 자유로 해방하니, 가엾어라 저 어리석고 굼뜬 역부꾼이 기뻐하고 즐거워하여 참새처럼 펄쩍펄쩍 뛰면서 만세를 다 같이 큰 소리로 외치며 태평을 구가하는 모양이 미국의 남북 전쟁 뒤에 자유해방된 흑인 노예의 그것과 흡사할 정도라고 하겠다. 또 선생은 자애심이 많고 동정이 깊었으므로 자기의 월급 돈을 다 흩어서 가련한 부하를 구제하며 그 뒤 한 경절(慶節)을 당하여 또 몇십 금을 순검청에 하급(下給)하여 한차례 연유(宴遊)를 내려 주자 순검들이 기뻐하고 즐거워하며 칭찬하여 기리는 것이 무엇에 견줄 바가 있겠는가. 이에 순검들이 경축 연회를 베풀고 선생의 넓고 큰 은혜에 대해 감사하여 축배를 바쳤다. 이때에 선생이 상석에 앉아 창틈으로 얼른 슬쩍 보니, 한 사람이 삶은 돼지를 큰 그릇에 담아 가지고 남북으로 순회하다가 대략 한 시간 뒤에야 주과(酒果)와 아울러 술자리에 내놓거늘 선생이 마음속에 스스로 생각하되 '틀림없이 우매한 인민들이 또 귀신이나 신당 따위를 숭배하는 것이겠구나.'라고 하고, 연회가 파하자 이에 돌아갔는데 그 뒤에 한 순검을 사사로이 불러서 은연히 묻기를 "일전에 연회할 적에 내가 잠깐 보니, 삶은 돼지를 가지고 이곳저곳 순회하던데 이것은 도대체 무슨 곡절인가?"라고 하자, 순검이 말하기를 "네- 이곳 이 산 아래에 수백 년 동안 위하는 신당이 있사온데 대단히 영검하고 엄하여 관민간에 무슨 음식이 생기면 반드시 먼저 이 신당에 봉헌하는 규례가 있사옵나이다."라고 하거늘, 선생이 허허거리며 크게 웃으며 말하기를 "저승과 이승은 그 땅이 이미 떨어져 있고 신과 사람은 위치가 이미 다르거늘 신과 사람이 함께 거주하는 것이 몹시도 편치 않은 것이로다."라고 하고, 즉시 순검 몇 사람을 불러 해당 신당을 처치하라고 하였다. 그러자 순검들이 크게 놀라 벌벌 떨며 말하기를 "이 신당은 수백 년 동안 유명하게 영검한 신령으로 만일 인간이 사소한 죄를 범하면 신벌(神罰)이 바로 그 즉시에 이르옵니다."라고 하거늘, 선생이 큰 소리로 부르짖으며 말하기를 "신벌은 내 스스로 감당할 것이다."라고 하고, 즉시 역군과 순검을 거느리고 가서 해당 신당을 불에 태워 없애 버리니 인민이 몹시 두려워서 벌벌 떨며 서로 눈짓하며 말하기를 "이번 경무관 영감은 천주교인이 아니면 예수교인이다."라고 하여 소문이 낭자하였다. 이와 같이 선생이 도임한 이래로 불과 달포에 부하를 어루만져 따르게 하며 구습을 일소(一掃)해 청신(淸新)하게 하고 인민 보호의 실제를 더욱 거행하였는데, 차홉다 목포 인민의 비운(否運)인지 시대 조류의 엄습한 바인지. 이러한 전에 없던 좋은 경무관이 하루아침에 본인이 원하는 바에 따라 본관(本官)의 직책에서 물러나게 되었다고.

4.

선생이 목포 경무관으로부터 면직하고 상경하자 가세는 청빈하여 마치 물로 씻은 듯하지만 어진 부인 강씨(姜氏)와 장남 유봉이 8세와 차남 하봉이 4세와 선생까지 모두 네 사람 사이의 화기애애한 가정에서 일체 정계의 종적을 끊어 세상 근심을 잊고, 오로지 아동 교육과 동포 개발로써 남은 반평생의 천직(天職)을 다하고자 하여 동네 안 아무아무 뜻 있는 인사와 서로 의논하여 소학교를 새로 지어 세우기로 결정하고 소학 아동을 일제히 불러 초석 하나씩 구해 오라고 하니, 아동들이 앞다 퉈 집으로 돌아가 각자의 주춧돌을 빼 오며 혹 좋지 못한 것을 가져오는 아이는 서로서로 책망하고 재촉하여 며칠이 걸리지 않는 동안에 터전을 정하고 새로 짓기에 착수하니, 이 사이에 무궁한 재미는 전날 풍운계(風雲界)에서 생활할 때에 도저히 꿈꾸거나 상상하지 못하였던 것이었다. 선생이 하루는 이른 아침에 일어나 연초를 피어 물고 느린 걸음으로 산책하며 소학교 터전으로 올라가니, 남산과 북악에 자욱이 잠긴 안개가 만상(萬象)의 비밀을 싸서 간직하고, 네거리 넓은 길에 물지게 장사의 물 긷는 소리만 짜걱짜걱.

한 골목에 다다르니 한 사람이 허리를 약간 굽히며 "안녕히 주무셨습니까?"라고 하자, 선생이 미처 생각하지 않았던 판에 바라보니 이전에 경무국장으로 있을 때에 익숙하게 알던 별순검이었다. 선생이 "하, 어떻게 여기에 왔나?"라고 하자, 별순검이 "아니올시다. 이 집은 누가 주장하여 새로 짓는 것이옵니까?"라고 하였다. 선생이 "이 집은 온- 동네 사람이 합동하여 짓는 소학교이다."라고 하자, 별순검이 "지금 경위 총관께서 영감을 좀 오시라고 하였습니다."라고 하며 첩지를 꺼내어 보이거늘 받아 보니 바로 체포장(逮捕狀)이었다. 선생이 의아해하며 좌우간 집으로 돌아오니, 이 골목에서 또 나오면서 "안녕히 주무셨습니까?"라고 하고, 저 골목에서도 또 나오면서 "안녕히 주무셨습니까?"라고 하며 이 골목 저 골목에서 불 일 듯 나오는 별순검이 거의 8·9명에 이르니, 틀림없이 새벽부터 줄지어서 선생의 거동을 경계하던 모양이었다. 선생이 집에 돌아와 의관을 바르게 입은 뒤에 조찬을 먹고 나아가니, 수많은 별순검이 선생을 좌우 전후로 옹위하고 나는 듯이 경무청으로 모셨다. 선생이 순검에게 옹위를 받아 경무청 문 안에 들어가니, 대죄인을 포박하였다고 수군수군하는 소리가 사면에서 들렸다. 선생은 어떠한 까닭인지를 알지 못하고 인도하는 대로 감옥 칸에 들어가니, 한 청년이 앞으로 달려와 읍례하며 말하기를 "영감께서 어찌하여 또 이곳에 들어오시옵나이까."라고 하고, 몹시도 비통해 하며 흐느껴 울거늘 자세히 바라보니 이 청년은 바로 4·5년 전에 선생이 국장으로 있을 때에 수하에 친히 부리던 사환이었다. 이 사환은 경무청 안의 크고 작은 중론을 들어서 알았으므로 선생이 붙잡히게 된 것을 듣고 이와 같이 몹시 애석해하며 슬프게 부르짖으니, 이는 바로 선생의 중죄를 은연중에 나타내 보인 것일레라. 한편으로 차꼬를 채우고 간수(看守)를 엄하게 하여 하루아침에 오예(汚穢)를 지극히 하고 몹시도 검고 어둑어둑한 감옥 안에 자유를 잃은 몸이 되니, 오호라, 흑운(黑雲)이 참담하고 앞길이 아득하다. 선생의 운명! (미완)

| 잡보 |

○ 비장하다 천도교 학생

두 손으로 두 줄기의 뜨거운 눈물을 뿌리며, 피가 있고 뼈가 있고 정이 있고 눈물이 있는 우리 2천만 동포에게 고하나이다. 손가락을 잘라 학업을 성취할 것을 함께 맹세하고 죽음을 각오한 마음을 굳게 정하여 조국에 헌신할 것을 함께 서약한 천도교 학생 21인의 혈성(血誠)이여! 약자로 하여금 마음을 강하게 하며 나부(懦夫)로 하여금 뜻을 세우게 하고 보는 사람의 눈물을 떨어뜨리게 하며 듣는 사람의 심정을 슬프게 하도다.

일본 도쿄에 유학하는 천도교 파견 학생 50여 인은 일본에 유학한 이래로 열심히 학문에 힘써 매 학년 시험에 성적이 거의 대부분 양호하므로 유학생계(留學生界)에 좋은 명성이 언제나 한결같이 뚜렷이 드러났었는데, 불행히도 해당 교회에서 지난가을 이래로 학비를 내어 주지 못하여 20여 인은 각자 먼저 귀국하고 잔류한 20여 인은 이러지도 저러지도 못하는 어려운 처지에 놓여 천신만고를 참고 해당 학생 감독 최정덕(崔正德) 씨가 열심히 주선한 덕분으로 혹 서적을 경매하며, 혹 의복이나 집물 따위를 전당(典當) 잡혀 근근이 살아갈 수 있었는데, 근일에는 기한(飢寒)이 한층 더 심해지고 곤란함이 엎친 데 덮친 격으로 중첩되어 여관에 쌓이고 쌓인 식채(食債)를 갚지 못하므로 지난달 그믐날 밤에 무정한 여관 주인에게 일체 쫓겨나 형세상 어쩔 수 없는 상황이어서 유학생 감독청에 일제히 가서 감독 한치유(韓致愈) 씨에게 사정을 이야기해 아뢰고 한 칸의 빈방을 빌려 얻어 20여 인이 적삼과 얇은 옷으로 엄동설한에 몸에는 소름이 돋고 다리를 떨며 변변치 못한 반찬과 밥으로 근근이 요기하여 마음속에 가득 찬 피맺힌 한으로 머리를 맞대고 가까이 모여 앉아 서로 울며 아침저녁을 보내고 있었는데, 지난 5일 새벽에 이구동성으로 크게 외치기를 "우리가 분묘를 버리며 친척을 떠나고 이 땅에 와서 공부하는 것은 훗날 조국을 위하여 헌신하고자 하는 것이다. 만일 학업을 이루지 못하고 고국에 부질없이 돌아가면 이는 되레 죽는 것만 못하다."라고 하고 21인이 일시에 손가락을 잘라 하늘에 맹세하고 동맹서(同盟書)를 쓰자 전폭에 혈흔이 얼룩얼룩하니, 사람으로 하여금 보게 하는 경우 모골이 송연하고 감회가 몹시도 비통하여 어느 누가 동정의 눈물을 흩뿌리지 않겠는가. 유학생 각 단체에서 우선 의연금을 모집하여 일시에 구급할 방책을 강구하나 지금부터 이후에 특별한 방책이 만약 없으면 오래 계속되도록 꾀하는 방책은 도저히 확신이 없도다.

손가락을 자른 사람의 성명이 다음과 같다.

최창조(崔昌祚) 이희철(李熙瓆) 이윤찬(李允燦) 최충호(崔忠昊) 박윤철(朴允喆) 김창하(金昌河) 백종흡(白宗洽) 안희정(安希貞) 김윤영(金潤英) 서윤경(徐允京) 이선경(李善暻) 양대경(梁大卿) 김치련(金致鍊) 함준호(咸俊灝) 한문언(韓文彦) 유영희(劉永熙) 장경락(張景洛) 한문선(韓文善) 정리태(鄭利泰) 장운룡(張雲龍) 민재현(閔在賢)

○ 우등 졸업

작년 12월 학기에 이규정(李圭正)·고영상(高永相) 2인이 경무 학교를 졸업하였는데, 이규정 씨는 특히 우등상을 받았으니 참으로 우리 유학생계의 명예라고 하겠다.

○ 유지흥학(有志興學)

근래에 새로 온 동포 학생이 날마다 증가하는데 코이시카와구(小石川

區)[68] 근방에 와서 머무는 동포의 편의를 위하여 유전(劉銓)·장홍식(張弘植)·한상기(韓相琦) 제씨가 발기하여 동인의숙(東寅義塾)을 새롭게 설립하고, 해당 몇 분이 상학(上學)하는 여가에 차례대로 돌아가며 교편을 잡아 일본어와 보통학(普通學)을 교수한다고 하였다.

ㅇ 학무(學務)의 도래

미국에 있는 우리 한인 공립협회(共立協會)[69]의 학무원(學務員) 안창호(安昌浩) 씨가 학생계를 시찰하기 위하여 지난달 30일에 일본 도쿄에 건너왔다.

• 회록요초(會錄要抄)

ㅇ 이달 6일 총회에서 전영작(全永爵) 씨가 토의할 안건을 제기하되 "바로 지금 천도교 파견 학생들의 학비가 궁핍하여 여관에서 쫓겨나게 된 것은 일반 학생이 이미 환하게 아는 바이거니와 어제 오후 12시 무렵에 해당 학생들이 그 헌신적 정신이 더욱더 견고하여 '만일 학업을 이루지 못하면 죽더라도 고국에 돌아가지 않겠다.'라고 하고 일시에 손가락을 잘라 혈판(血判)을 찍어 굳게 맹세하였다고 하니, 그 용기 있게 결단한 혈성(血誠)이 이와 같고, 기한(飢寒)이 뼈에까지 스민 동포에 대하여 인정간(人情間)에 어찌 예사롭게 모르는 체하고 그대로 넘어가겠는가. 우리 일반 회원은 한때 구급할 방책으로 각자의 힘에 따라 의연(義捐)하

---

68 코이시카와구(小石川區) : 도쿄도(東京都) 분쿄구(文京區)의 한 지구이다. 본래 도쿄시의 3구(區) 중에 하나로, 학문·주택 지구이다.

69 공립협회(共立協會) : 1905년에 미국의 샌프란시스코에서 안창호 등이 항일 독립운동을 위하여 조직한 단체이다. 미국 각지, 특히 서해안의 모든 도시에 지회(支會)를 세우고, 『공립신보(共立新報)』를 펴내어 교포에게 계몽·애국 사상을 고취시켰다. 1903년에 결성된 상항친목회(桑港親睦會)에서 바뀐 것이다.

자."라고 하자, 총회장에 가득 모인 회원들이 제기한 안건의 가결을 기다리지도 않고 앞다퉈 의연으로 낸 금액이 30여 원에 달하였는데, 즉시 총대(總代) 네 사람을 정하여 해당 의연금을 보내어 이르게 하였다.

○ 7일 오후 1시에 임시 총회를 열고 손가락을 자른 동포에 대한 구급 방책을 토의하였는데, 우선 내지(內地)의 각 신문사에 광고하여 의연금을 모집하는 것과 각 단체에 통지하는 것과 학부(學部)에 상서(上書)하는 것을 의논하여 결정하였다.

• 회원소식

○ 귀국하였던 본회의 회원 현희운(玄僖運) 씨는 이달 7일에 도쿄에 건너왔다.

○ 본회의 회원 상윤식(尙允植) 씨는 학업에 종사하던 도중에 불행히도 학비가 아예 끊겨서 이달 4일에 귀국하였다.

○ 본회의 회원 김종기(金琮基) 씨는 신병(身病)이 있어 물과 풍토를 바꿀 목적으로 이달 12일에 교토로 떠나갔다.

○ 본회의 회원 이상근(李尙根) 씨는 피부병으로 순천병원에서 치료하는 가운데 점점 예전의 상태로 회복되어 청쾌(淸快)하여 며칠 걸리지 아니하는 동안에 퇴원할 듯하다.

○ 본회의 회원 김연목(金淵穆)·박상락(朴相洛)·박인희(朴寅喜)·김형목(金瀅穆)·김재건(金載健) 여러분은 태극학교에서 어학(語學)과 보통(普通)을 수득(修得)한 뒤에 이번 달 학기에 정식 예비학교에 입학한다.

○ 본회의 회원 김재문(金載汶)·김용중(金溶重)·김형규(金泂奎) 여러분은 경무학교에 입학하였다.

○ 태극학교 갑반(甲班) 학원(學員)은 어학과 보통을 수료하여 각각 상당한 일본 학교로 입학하고, 지금까지 을반(乙班)은 갑반으로 승급하고

새 을반을 개설하였는데 갑·을반의 신입 학원(新入學員)이 다음과 같으니,

이승규(李承珪), 장순기(張舜基), 이돈구(李敦九), 심경섭(沈瓊燮), 유동진(柳東振), 이승현(李承鉉), 이원붕(李元鵬), 이창균(李昌均), 유정탁(柳正鐸), 안병각(安炳恪), 유성탁(柳成鐸), 심도례(沈導澧), 유갑길(柳甲吉), 김용진(金龍鎭) 여러분이다.

○ 신입 회원

이승근(李承瑾), 최린(崔麟), 김현준(金鉉俊), 유성탁(柳成鐸), 안병각(安炳恪), 이승현(李承鉉), 정운기(鄭雲騏), 양재하(楊在河), 김형규(金洞奎), 이승현(李承鉉), 이원붕(李元鵬), 이창균(李昌均) 여러분이 입회하였다.

○ 본회의 회원 고의환(高宜煥) 씨는 농과대학교에서 퇴학하여 메이지대학 법률과에 입학하였다.

○ 본회의 총무원(總務員) 김지간(金志侃) 씨는 지난달 29일에 도쿄에 건너왔다.

• 『태극학보』 제4회 의연금 출연자 명단

최용화(崔容化) 씨	3원
박용희(朴容喜) 씨	10원
박인희(朴寅喜) 씨	5원
이승근(李承瑾) 씨	3원
이훈영(李勳榮) 씨	10원
최영철(崔永澈) 씨	2원

• 투서주의

1. 학술(學術), 문예(文藝), 사조(詞藻) 등에 관한 온갖 투서를 다 환영합니다.
1. 직접 정치에 관한 기사(記事)는 접수하지 않습니다.
1. 투서는 반드시 원고지에 정서함을 요합니다.
1. 투서의 게재 여부는 편집인이 선정합니다.
1. 일차 투서는 반려하지 않습니다.
1. 투서에 당선되신 분께는 본 태극학보의 해당호 한 부를 무상으로 증정합니다.
1. 투서는 완결함을 요합니다.

• 광고

본 태극학보가 1호부터 4호까지 이미 전 수량이 다 발매되어 뜻 있으신 군자들의 청구에 부득이 응하여 드리지 못하여서 5호부터는 권수를 더 늘리겠으니 밝게 헤아려 주시기 바랍니다.

△본 태극학보 발행의 정기(定期)는 매월 24일입니다. 하지만 활판상 부득이한 사정으로 인하여 이와 같이 늦어지는 단서가 있사오니, 본보를 애독하시는 여러 군자들께서 부디 헤아려 주시기 바랍니다.

광무 11년 02월 16일 발행

메이지 40년 02월 16일 발행

• 대금과 우편료 모두 신화(新貨) 12전

일본 도쿄시 혼고구(本鄕區) 모토마치(元町) 2정목(丁目) 66번지 태극학회 내
편집 겸 발행인   장응진(張膺震)

일본 도쿄시 혼고구 모토마치 2정목 66번지 태극학회 내
인쇄인   김지간(金志侃)

일본 도쿄시 혼고구 모토마치 2정목 66번지
발행소   태극학회

일본 도쿄시 교바시구(京橋區) 긴자(銀座) 4정목 1번지
인쇄소   교문관인쇄소(敎文館印刷所)

메이지 39년 8월 24일 | 광무 10년 8월 24일 | 제3종우편물 허가

광무 11년 2월 24일 발행

태극학보

제7호

매월 1회 발행

목차
태극학보 제7호

학회에 고하는 설 (4) 漢 / 유학생감독 한치유(韓致愈)

우리나라 궁벽한 지역의 선비도 경제[1]의 방도를 걸핏하면 거론한다. 그러나 천도(天道)·인륜·행정·사법·군사·농업·공업·상업에서부터 기예와 곡예까지 단 하나도 경제의 범위에서 벗어나지 않으니 경제를 어찌 쉽게 논하겠는가. 아! 경제의 학문은 반드시 먼저 세 요소를 구해야 하니, 자연·노동·자본이라 한다. 자본에 고정자본과 유동자본이 있고 노동이 생산과 비생산으로 구분됨은 경제학자들이 모두 아는 것이다. 배우고 있는 여러분의 초급 과정으로 논해보겠으니 괜찮겠는가.

정치·법률·군사·농업에서 공업·상업·의약 등 학문과 기술을 여러분이 나누어 가졌는데 이것이 요소 중에 자연이다. 여러분은 정부의 보조나 가문의 유산으로 해외에 체류하는데 공부에 필요한 문구와 도구가 곧 고정자본이며 의식(衣食)의 비용은 곧 유동자본이다. 다만 여러분이 노력을 다한 바가 과연 어떠한지 알지 못하겠다. 세 요소 가운데 하나라도 빠지면 생산과 비생산을 막론하고 부유한 업을 성취하여 장래 그 성과를 누릴 수 있는 경우가 이제껏 있지 않았다.

우리나라는 농업국이니 청컨대 농사로 논하고자 한다. 토지와 강우, 일조량은 자연의 요소라 하겠고 우마와 농기계는 고정자본이고 고용인과 음식의 수요는 유동자본이다. 만약 소작인과 농부가 노동을 하지 않으면 토지와 자본이 있어도 가을에 한 섬의 수학도 없이 한 해를 마치게 될 것이 필연의 일이다. 지금 여러분들이 유학하는 곳에 다니는 학교가 있고 교사가 있어 보통과 전문으로 각각 주력한 바가 있어서 내 염려를 해소하지만, 내가 태양 아래에 밝혀 놓은 촛불처럼 췌언을 할

---

1 경제 : 이글에서 경제는 근대적 경제학에서 전통적인 경세제민(經世濟民)의 두 갈래를 두루 진술하고 있다.

수 밖에 없는 것은 바로 노동 두 글자이다. 지금 다시 감독하는 자의 경제로 말해보겠다. 황천(皇天)이 우리 인류를 내셔서 이목에 총명한 용(用)이 있고 수족을 운용함에 기틀이 있으며 영지와 영각의 오묘한 사상이 있으니, 이 몸을 말미암아 육체적 욕망이 있고 이 마음을 말미암아 정신적 욕망이 있음은 곧 우리 인류에게 동일한 바이다. 그러므로 교육받아 인재를 이룰 자질을 가지지 못한 이가 있을 수 없음이 자연스런 형세로 이것이 곧 감독의 토지이다. 감독의 직분으로 감독의 부서를 차지하여 날마다 달마다 셈하여 호구지책이 생기니 이것이 감독의 자본이다. 다만 노동을 다하여서 끝내 여러분이 진덕수업(進德修業)하는 가멸을 이룰 수 있을지 아직 스스로 알 수 없노라!

　서구인들의 속담에 "남에게 허물이 있으면 거둬들여서 눈앞의 자루에 담고 자신에게 허물이 있으면 거둬들여서 등 뒤의 자루에 담는다."고 하는데, 눈앞의 자루는 보기 쉽고 등 뒤의 자루는 보기 어려운바, 명언이로다. 내가 노동의 결실을 이루지 못한다면 등 뒤의 자루가 보기 어려운 것과 같을 것이다! 여러분은 부디 나의 부족함을 도와서 나의 뜻을 성취하게 하라. 아! 부지런함이 노동의 기틀이 되고 나태와 안일은 근면의 좀이며 절약과 검소는 저축의 바탕이며 부화와 사치는 절검(節儉)의 적이니 나는 여러분이 모두 근검한지 알 수 없노라! 나에게 눈앞의 자루가 있어서 잘 보이므로 숨기기 어렵다. 상학(上學) 때에 지각하거나 결석한다면 근면함이 아니고 수업 동안에 혼몽하여 존다면 근면함이 아니며 야습(夜習)을 빼먹고 한담으로 시간을 소비하며 운동이 과도하거나 체육을 제대로 하지 않으면 근면함이 아니다. 술집에서 몰래 가서 놀다 오면 이것이 바로 낭비이고 옷은 화려하게 입으려 하고 탈것을 타고 다니려 함도 낭비이며 친구를 끌고 무리 지어서 한식·일식·양식·청요리 집에 출입함도 낭비이다. 여러분이 이 가운데 만약 하나라도 범한다면 노동의 결실을 이루지 못하고 반드시 자본이 끊어지는 염려가 있을 터이니, 어찌 부유한 업적을 이루고 대가를 누리는 아름다움이 있겠는가!

천하의 일에서 입지(立志)가 근본이 되지 않을 수 없으니 뜻은 기(氣)를 거느리는 장수이며 기는 뜻을 따르는 병졸이다. 그래서 뜻을 세우면 기가 반드시 따르고 기가 생기면 힘이 반드시 나온다. 지금 우리 여러분들이 힘을 냄과 내지 못함은 오직 여러분의 입지가 굳은가 그렇지 못한가에 달려 있을 뿐이니 여러분은 힘쓸지어다!

또 내가 더하여 한마디 고할 바가 있다. 근래 후생들이 대개 서구의 신설을 좋아하고 공자・맹자의 구학(舊學)에 소홀하다. 내 소견으로 보건대 이는 몹시 옳지 않다. 대정치・대경제로는 공자・맹자만한 이가 없지만, 단지 주된 바가 도덕・윤리에 있고 정치・경제를 전문학으로 삼지 않았을 뿐이다. "백성의 생업을 제정하여 위로는 부모를 섬길 수 있도록 하고 아래로 처자를 키울 수 있도록 한다."[2]고 하고 "백성을 자식처럼 아끼면 백성이 권면하게 되고, 백공을 후대해 부르면 재용이 풍족해진다."[3]고 한 것은 경제의 일대 관건이다.

"하늘의 운행을 이용하고 땅의 이익에 의거하라"[4]고 한 것은 무엇인가. 강우량과 일조량, 더움과 추움, 바다와 육지, 고원과 습지 및 공기와 흡력(吸力) 등이 하늘의 운행과 땅의 이익이 아닌 것이 없으니 이것이 이른바 자연의 요소이다. "빨리 지붕을 이어야 내년 봄에 백곡을 심는다"[5]고 하고 "장인이 일을 잘하려면 먼저 반드시 연장을 잘 갈아야 한다"[6]고 하니 이 점은 바로 고정자본이다. "날마다 살펴보고 달마다

---

2   백성의…한다 : 『맹자』「양혜왕(梁惠王) 상」에 나오는 내용이다.
3   백성들을…풍족하다 : 『중용(中庸)』 20장에 나오는 내용이다.
4   하늘의……의거하라 : 『효경(孝經)』에 나오는 구절이다.
5   빨리……심는다 : 『시경(詩經)』「빈풍(豳風)」의 7월 7장에 나오는 구절이다.
6   장인이……한다 : 『논어』「위령공(衛靈公)」에 나온다.

시험하여 일의 성과에 맞게 급료를 준다"[7]고 하고 "물자를 교역하여 남는 것을 주고 부족한 것을 채우라"[8]고 하니 이 점은 바로 유동자본이다.

"생산하는 사람이 많고 만드는 사람은 빨라야 한다"[9]고 하고 "힘을 쓰는 사람도 있고 마음을 쓰는 사람도 있다"[10]고 하니 이 점은 바로 노동의 요소로서 육체와 정신의 노동이 여기에 포함된다. "사람은 신의가 없으면 존립할 수 없다"[11]고 하고 "천승(千乘)의 제후국을 다스릴 때에는 매사를 신중히 하고 백성에게 미덥게 한다"[12]고 하니 신용을 위주로 함이 과연 어떠한가. "몸을 삼가고 쓰임을 절약한다"[13]고 하고 "재정을 절약하고 백성을 사랑한다"[14]고 하며 "소비하는 사람은 적으며 쓰는 사람은 천천히 쓴다"[15]고 하니 그 근검과 면려를 주로 하여 저축의 바탕으로 삼은 것이 과연 어떠한가. 그러나 공맹은 쇄국의 세상에 나오셨었고 풍기(風氣)에 고금의 변천이 생겼으니 이 때문에 행정·사법·군사·농업·공업·상업 등의 천만 가지 조목에 진실로 전부 다 들지 못하는 바가 있다. 이렇다고 어찌 공맹이 남기신 바가 오늘의 여러분을 기다린 것이 아니라고 알겠는가! 여러분은 마땅히 더욱 노동을 다할 것을 생각해야 할 것이다.

---

7 날마다……준다 : 『중용(中庸)』 20장에 나온다.

8 물자를……채우라 : 『맹자』「등문공(滕文公) 하」에 나온다.

9 생산하는……한다 : 『대학(大學)』 10장에 나온다.

10 힘을……있다 : 『맹자』「등문공(滕文公) 상」에 나온다.

11 사람이……없다 : 『논어』「안연(顔淵)」에 나온다.

12 천승의……한다 : 『논어』「학이(學而)」에 나온다.

13 몸을……한다 : 『효경』에 나온다.

14 재정을……한다 : 『논어』「학이」에 나온다.

15 소비하는……쓴다 : 『대학』 10장에 나온다.

| 강단·학원 |

사회아(社會我)를 논함[16] / 편집인 장응진(張膺震)

우리는 통상 자아-나-와 타아는 전혀 관계가 없고 각각 특수한 것으로 사유하나 실제로 '아(我)'의 의의를 깊이 궁구하면 결코 그렇지 않다. 자아의 내용은 타아의 내용과 공통되고 연결되어 있음을 발견할 것이다. 대저 자아와 타아의 내용 관계는 우리가 일상적으로 사용하는 언어와 같으니 언어는 결코 일개인의 특유의 물건이 아니오, 공공한 사회에 속한 것이다. 그러므로 개개인의 특별한 성질로 인해 다소와 차이가 있지만 그 성질에 이르러서는 완전히 공통된다는 것을 알 수 있다. 오늘날 인간의 내용의 관계들을 공구(功究)하기 위해 먼저 소아의 마음상태 발달의 입문서를 보자. 유아는 처음에 '아(我)'라는 관념을 명백하게 자각하지 못한다. 물론 자각할 뇌력(腦力)이 있더라도 점차 성장 발달한 후에야 아(我)를 점차 자각하며 인격이라는 관념을 시인하게 된다. 이러한 순서에서 말하면, 유아에게는 최초로 자신과 가장 친밀한 관계가 있는 사람 즉 부모와 유모 등을 비로소 특별한 것으로 인지하는 감지(感知)가 있다. 이 감지가 인격이라 하는 것을 시인하는 요소이다. 이로부터 신체와 사상이 점차 발달하면 자기의 신체에 또한 일종의 다른 활동이 있는 것을 깨닫기 시작하여 결국 자기도 또한 부모와 유모 등과 동일한 자로 인지하기에 이른다. 그러므로 처음에는 타인에게서 발견한 인격을 후에는 자기에게서 인식하고 깨닫는 것이다. 즉 자아의 내용이 타인의 내용과 같은 것으로 해석한다. 이는 유아가 자각적으로 아(我)를 인지하는 시초다. 아동은 또 비상하게 타(他)를 모방하는 성질이 많다. 아동은 타인에게서 인식하는 내용을 자기의 내용으로 취입(取入)

---

16 본 기사의 원문은 단락이 구분되어 있지 않다. 문맥에 따라 임의로 나누었다.

하고 자기의 주장을 관철하고자 하는 마음이 강하다. 또 타인은 다 자기가 생각하는 것처럼 생각하는 걸로 추측해 자기의 마음으로 타인의 마음을 만들고자 하는 경향이 강하다. 그러므로 자기보다 연장자에게 대해서는 어떠한 효력을 미치지 못하지만 연하자에 대해서는 자기가 생각하는 주장을 압제적으로 실행한다. 이처럼 한편에서는 타인의 사상을 수입하고 다른 한편에서는 자기 사상의 일부분을 이끌어내어 타인에게 전해 준다. 그러므로 틀림없이 자기의 내용과 타인(他我)의 내용이 중간에 확연한 구별을 세우지 못하는 상황에 이른다. 따라서 완전히 고립되어 창조한 자아의 사상이 절대적으로 있을 수가 없고, 공통의 사상이 있는 소위 '사회아(社會我)'를 만들게 된다. 이 사이에 단지 사람들의 경우에 따라, 그리고 여러 원인으로 인해 발전의 차이가 있지만 일반 '사회아' 됨에 이르러서는 차별이 없다. 이는 사회 밖에 고립된 개인이 있지 못하는 이유다. 고로 개인과 사회는 별개의 것이 아니다.

개인의 정신은 즉 사회의 정신이며 또 우리의 마음 밖에 달리 사회심(社會心)이 달리 있는 것이 아니다. 통상 말하는바 우리 밖에 여론이라 하는 것도 역시 자아의 마음과 대동소이한 사회심을 가리키는 것이오, 또 우리가 이 조선정신이라 말하면 조선정신이라는 일단이 어느 곳에 특별히 존재하는 것이 아니다. 즉 조선국민 개개인이 소유한 공통정신을 말함이다.

이처럼 우리의 사회아의 내용은 다 공통된 성질을 가지나 각인(各人)의 내용 즉 마음이 전혀 일치하지 아니하는 것은 어떠한 원인 때문인가. 학자의 설을 따르면 물론 우리의 사회아는 점점 발달 진화하는 것이므로 이 진화가 발전의 극에 이르러 우리가 완전무결한 사회아에 도달하면 그때에 우리의 마음이 다 일치 동일할 것이지만—실은 공상— 오늘날 우리가 인식하는 사회아는 방금 발전 진화하는 길에 있음으로 현재 경우에 따라 다소의 차이를 면할 수 없다. 그러나 이 차이점은 매우 미소하고 그 대부분은 대략 일치한다. 이 일치 공통한 각 개인의 마음을 추상적으로 생각하면 이를 사회심(社會心)이라 말할 수 있다. 옛말에 인심여면(人心如面)[17]이라 하였으니 이는 실제로 적당한 비유다. 우리가 일상에서 경험하는 바 사람의 얼굴은 처음 보면 천만인이 천만 얼굴을 각기 갖고 있고 그 얼굴들 사이에 매우 차이가 있는 듯하다. 그렇지만 얼굴 전체의 구조 위에서 관찰하면 이목구비 제 기관의 배포와 기타 각 부위의 배열이 대략 공통적으로 일정해 그 대부분은 일치하고 우리의 눈 속에 어떤 비상한 차이가 있는 것처럼 비춰 보이는 그 면면이 사실 차이가 일치하는 부분의 수만 분의 일도 차지 못한다.

우리의 마음도 이와 같아 그 차이는 수만 분의 일에 불과하고 일치하는 것이 대부분을 차지한다. 고로 우리가 일상담화와 언론에 발표하는 우리의 사상이라 하는 것도 우리가 특별히 창조하고 발명한 것이 아니라 실은 일반 사회사상을 교환하고 토출(吐出)한 것이다. 그러므로 사회아가 발전함에 있어 두 가지 동작이 있다. 첫째 일반화요 둘째 특수화가 그것이다. 일반화란 의미는 사람이 이 세상에 태어나면 반드시 사회생활을 영위하는 결과로 주위의 감화를 받아 사회정신 즉 개인정신이 점차 자아를 발전시켜 사회 평균의 표준 즉 사회정신의 평균이라는 높은 수준으로 나가면 이때 그 사람이 비로소 일반화를 수료하였다 함이다. 저 교사와 양친(兩親)이 그 자제의 정신을 교육한다 하는 것도 그 진상은 이러한 사회생활이 아동의 사회정신을 조장하고 발전하게 함이다. 물론 이 사회의 생활은 각 개인에 따라 그 범위가 각기 다르다. 가령 한 가정 내에서 생장한 아동의 정신은 이 가정이라 하는 사회의 사회정신을 드러내는 것이다. 이 아동이 생활하는 사회생활의 범위가 가정 내로 구획되었음으로 자아를 발전시킨 사회정신도 역시 가정 정

---

17 인심여면(人心如面): 사람의 마음은 얼굴 생김새처럼 제각기 다르다.

신을 드러낼 것이오. 이 아동이 만일 성장 후에 가정 밖 한층 광활한 사회생활을 영위함에 이르면 그 사람이 가진 바의 사회정신은 다시 범위가 확장해 사회정신의 자아발전이 한 단계 더 진화할 것이오, 한층 더 나가 그 사람이 속한 국가의 정신으로 자아의 정신을 발전시켜 나가면 그때에 그 사람의 사회정신이 한층 고도로 나갈 것이다. 이와 같이 그 생활하는 사회 범위의 여하에 따라 각 개인의 특수한 의견이 일시에 출현하면 이에 상호 감화하여 소위 개혁을 주장함에 이른다. 그리고 이와 같이 각 개인의 특수한 의견이 일시에 출현하면 이에 서로 감화하여 전보다 한층 진보한 일반 사회정신의 새로운 표준이 성립한다. 이 새로운 표준이 다시 다음 대의 사회를 일반화하면 또 개인은 특수화를 행할 것이고, 이러한 작용이 끊임없이 연속되면 그 사이에 사회아의 발전이 진화하고 향상하는 것이다. 고로 우리가 일반화만을 수용하는 데 만족하고 특수화가 없으면 이는 소위 범인을 벗어나지 못하는 사람이요, 가장 넓고 가장 높은 사회정신으로 가장 완전한 발전을 이룬 개인은 소위 대인물이라 칭하는 것이다. 우리의 사회아가 오늘날과 같은 발전에 이른 것은 온전히 우리 인류에게 언어가 있음에서 유래한 것이다. 언어로써 자아의 내용을 스스로 이해하고 자아의 사상을 발표해 타인에게 알게 한다. 또 언어로 대표해서 사상을 전하고 통하게 하는 문자가 있어서 원근의 사상과 고금의 사상을 일일이 모집해 참작하는 방편이 있다. 인류 이외의 동물을 보면 감정을 표시하는 자연의 음성은 있지만 아직 언어가 발달하지 못해 다른 시대의 동물들 간의 사상을 서로 교통하는 것은 고사하고 동시대 동류간에도 각자의 사상을 충분히 상통하지 못한다. 그러므로 동물의 사상은 다소간의 유전과 각자 일평생 생활 속에 직접 경험으로 얻은 것 외에는 방편이 더 이상 없다. 그러나 우리의 사상은 그렇지 않아서 개인 개인이 일평생 직접 경험으로 얻는 범위에 그치지 않고 과거 및 현재 인류 전반 사회의 사상을 수입해 자아의 사상을 조성한다. 즉 동물의 경험은 개체의 경험이오, 사람의 경험은 사회의 경험이니 이는 언어문자의 유무에 따라 만들어진 차이다. 고로 동물은 개체 개체가 생존경쟁과 자연도태한 결과, 진화법칙상에서 미미한 진보가 있지만, 그 사상 상에서 전대 동물과 이번 대 동물 사이에 어떤 진보의 차이가 있는가를 알지 못하겠다. 이는 언어와 문자가 우리의 사회아 발전과 관련해 어떤 밀접하고 중대한 관계가 있는가를 생각하게 한다.

헌신적 정신 [한] / 여사 윤정원(尹貞媛)

대저 문명의 수준이 극도에 달한 지금, 20세기는 어떤 세계인가 하면 한편으로 석탄 세계라 하여도 좋을 것이다. 오늘 문명의 제일의 이기(利器)로 치는 기차·기선과 기타 허다한 공장 회사에 혹 석탄이 없다면 일 초 일 분을 움직일 수 없을 것이다. 혹시 하루라도 이 같은 날이 있다면 문명 세계가 변하여 암흑세계가 될 것이니 어찌 석탄이 귀중한 물건이라 아니하리오. 그런데 이 문명의 어머니 같은 귀중한 석탄이 어떻게 해서 생긴 것인가 하면, 이는 보통 지식이 있는 이는 누구나 알듯이 태고에 왕성하였던 일종의 식물이 매몰하여 수천만 년 동안 지하에서 압력을 받아 화석화된 것이 즉 금일의 석탄이다. 혹 왕년의 식물이 그 생명을 저버리고 매몰치 아니하였다면 어찌 금일 우리의 행복에 이를 수 있었으리오. 그러니 금일 20세기 문명의 어머니는 태고 식물의 희생의 결과라 하여도 좋을 것이다. 또한 무릇 어떤 곡식이든지 봄여름 때에 전답에서 청청히 생장할 때에 시험 삼아 아무거나 한 포기를 뽑아보면 반드시 그 씨가 썩고 말라서 형용만 남아 있으니, 그 연고는 새순을 내었기에 그 씨가 죽은 것이다. 만약 일개의 씨가 죽지 않았다면 어찌 수십 개나 수백 개의 새 곡식을 이룰 수 있으리오.

또한 이 세상 나라의 동서남북을 불문하고 대저 남의 부모된 자, 특별히 모친 된 자는 실로 그 자녀를 기르기 위하여 일평생을 저버린다 하여도 좋을 것이다. 태아의 모친은 태아 보호를 일시라도 잊지 아니하여 일동일정을 자기 임의대로 하지 못하고, 영아(嬰兒)의 모친은 영아를 위하여 한 번의 외출이 여의치 못하고, 병아(病兒)의 모친은 병아를 위하여 삼복염천과 엄동설한이라도 주야를 불고하고 진심으로 간병하느라 한숨도 달게 자지 못하며, 자녀를 먼 데에 보낸 모친은 출외자녀(出外子女)를 위하여 천지신명께 무사함을 축원하며 화조월석(花朝月夕)에 그 원정(遠情)을 생각하여 눈물을 떨군다. 이로 볼 때 모친 된 자는 자기 일신의 희로애락을 돌아보지 아니하고 다만 그 자녀를 위하여 생활한다 하여도 과언이 아닐 것이다. 그런고로 동서남북을 알지 못하는 아이들이 안연(晏然) 무사히 생장, 입신하여 각기 허다한 행복을 누리고 지내나니, 그 원인이 어찌 다 모친의 혈심 정성으로 인함이 아니리오. 그 외에 예수 그리스도가 천상신자(天上神子)라는 최고 최대의 광영을 버리시고 이 티끌세계에 내려오시어 적자창생(赤子蒼生)을 위하여 천추불멸의 도를 널리 전파하시다가 우리 인종의 죄악으로 인하여 십자가 위에 성혈(聖血)을 흘리심과, 석가여래께서 일국 왕자의 부귀와 금전옥루(金殿玉樓)의 환락을 버리시고 삼계(三界)의 중생을 구제하기 위하여 적막 고독한 일개 승려가 되심과, 공자께서 덧없는 세상 영광을 초개같이 여기시고 허다한 풍상과 고난 속에 흔연자락히 삼천 제자를 더불어 인도(仁道)를 강론하심이 다 이 헌신적 정신과 희생적 사업에 귀결될 터이며, 이외에 동서고금에 남을 위하여 내 몸을 버린 자의 수는 실로 부지기수여서 일일이 기록할 수 없고 또 필요도 없을 듯하다.

들은즉 근래에 본국의 뜻있는 여러분들의 혈성으로 부인학회(婦人學會)라 하는 것이 창립되었다 하니, 그 조직과 현상이 어떠한지는 자세히 알지 못하나, 어찌하였든지 금일 본국 여자사회에는 극히 필요하고 아름다운 일이라 하겠다. 그러나 대개 무슨 일이든지 그 목적이 아름다울수록 만일 불행으로 그 결과가 여의치 못하면 다른 심상한 일보다 백 배는 더 불미하게 보이는 것이라. 그러므로 우리 부인학회를 아무쪼록 명실(名實)이 같게 아름답게 하고자 한다면 이는 말할 것 없이 각각 회원들이 진심으로 진력하여 그 목적에 도달하게 하는 수밖에 없을 것이다. 그러나 대저 우리 대한 여자의 종래 습관이 다만 자기 집 좁은 안방에 들어앉아서만 세월을 보내고 사람 열 명이라도 모인 데에 나서서 교제한 일이 드물거나 혹은 없을 것이라. 그런 중 졸지에 크든 적든 일개 단체에 들어가 보면 허다히 난처한 일이 많을 것이요 또 어찌해야 회(會)를 위하여 실로 유익한 것인지 모르시는 이도 있을 듯하나, 단체에 들어간 자에게 가장 필요하고 아름다운 덕은 헌신적 정신이라 할 것이다. 무릇 무슨 회든지 학교든지 들어간 다음에는 자기는 즉 그 회나 학교의 한 분자(分子)이다. 자기의 언행, 동정과 품행 여부가 직접 그 회와 학교의 대표가 되고 또 명예, 성쇠(盛衰)와 관계됨을 꿈속에서라도 잊지 말고, 무릇 무슨 일을 하든지 자기를 중심으로 삼지 말고 그 단체를 중심으로 삼아야 한다. 그리하여 비록 자기에게는 괴롭고 해가 되는 일이라도 단체 전체를 위하여 해야 할 일이면 자기를 버리고 하는 수도 있을 터이요, 말 한마디, 기침 하나라도 타인에게 방해됨을 생각하여 하고 싶은 때 못 하는 경우도 있을 터이다. 이는 극히 사소한 것 같으나 그 결과는 실로 큰 고로, 만일 명심하여 주의하지 않으면 전체에게 큰 방해가 될 것이다. 외국 대학교에서는 수백 명 학도가 한 방에서 공부를 하여도 그 방문 밖에서 들으면 사람이 하나도 없는 것처럼 조용한 것을 하나의 명예로 삼으니, 이는 잠깐 듣기에는 거짓말 같으나 그다지 어려운 일이 아니다. 다만 각각 조심하여 책 한 장을 뒤적이더라도 소리가 아니 나게 하고 잡담 한마디를 아니 하기만 하면 자기 공부도 되고 남의 방해도 되지 아니하며 또한 학교의 아름다운 풍속도 되는 것이다. 이것이 작은 듯한 일이나 그 결과를 보면 어찌 크고 중대한 일이 아니리오. 그러나 혹여 그중의 하나라도 이 규칙을 가볍고 쓸데없는 일로 여기고 자기 하고 싶은 대로만 한다면 즉시 수백 명의 방해가 되고 자기는 그중에 용납되지 못할 사람이 될 것이니 어찌 애석한 일이 아니리오. 그러나 다만 이 원인이 되는 것은 남을 위하고 자기를 버리는 마음. 즉 크게 말하면 헌신적 정신이 없음으로 인함이다.

이로 미루어 생각하면 혹 일개 가정에 대소간 가솔이 다 각각 내 몸보다 남을 위하여 서로 사양하며 지낸다면 자연히 화기가 가득해질 것이요. 일국 정부와 사회의 남녀노소가 다 각자 자기의 몸을 비록 희생으로 바치는 한이 있더라도 국가와 사회를 위하여 매사를 결심, 단행한다면 그 나라의 기초가 확고부동해질 것이다. 이제 우리나라 국민 된 자가 이를 생각한다면 비록 힘이 미약하더라도 어찌 맹연히 활동치 아니할 수 있으리오. 그러나 이 같은 정신으로 무슨 일이든지 하고자 하는 정신은 비록 철썩같이 단단하더라도 실상으로 행하려 하면 극히 어려운 일이니, 혹 꿈속에서라도 같은 사람과 같은 국민이 되어 남은 남대로 하고 싶고 편한 일만 하는데 나 혼자만 천신만고하는 것이 실로 재미도 없고 원통한 일이라 하는 생각이 나거든, 그때는 예수교 신자라면 예수 그리스도의 한평생을 생각하며 스스로 위로하고, 불교 신자라면 석가의 몸이 되어 생각하며, 유교를 믿는 이라면 공자의 사업을 생각하며, 혹 이 세 가지 중 아무것도 모르시는 이라면 그 모친이 자기를 양육하시던 애정을 생각하여 대저 이 세상의 타인이라 하는 것은 결단코 없고 세상 모두가 다 동포형제요 부모자녀의 의가 있음을 깊이 생각하여 더욱더욱 열심으로 면려전진(勉勵前進)해야 할 것이다.

비록 금은보배와 능라금수와 산해진미가 있기로서니 집이 없으면 어디서 그 부귀영화를 누릴 수 있으며, 비록 집이 있다 하더라도 그 터전이 남의 손에 들어 있으면 어찌 하루를 안심하고 지낼 수 있으리오. 지금 본국의 정세는 잠깐 방심만 하면 집과 터전이 없어지려 하는 때라, 만일 자기도 한국 국민이라는 사상을 조금이라도 가진 자라면 개인 사정을 접어두고서라도 국가 전체의 시급한 재앙을 구하여야 하겠다는 생각이 있을 것이다. 하물며 밤낮 잊지 않고 국가의 성쇠를 우려하며 2천만 동포의 안위를 염려하여 눈물과 탄식을 마지않는 우리 동지 된 자가 어찌 국가와 동포를 위하여 이기(利己)의 정신 하나 버리기를 어려워하리오.

한국이 갈망하는 인물 / 최석하(崔錫夏)

나라가 혼란해지면 충신을 생각한다고 하였으니 한국은 충신을 애타게 그리워하는 시대를 맞이했고, 비상한 인물이 탄생한 뒤에야 비상한 사업을 성취한다고 하였으니 한국은 비상한 인물을 요구하는 시대에 접어들었다. 미국의 독립은 워싱턴을 기다린 뒤에 그 목적을 달성하였고 독일의 연합은 비스마르크를 기다린 뒤에 그 주의(主義)를 이루지 않았던가.

오호라! 우리 2천만 동포가 가장 아끼는 한국아. 무슨 연유로 지금까지 황은에 보답하고 창생(蒼生)을 널리 구제할 영웅 남아를 탄생시키지 못하고 있는가. 근래에 민충정(閔忠正)이라고 하는 예언자에게 들으니 영웅이 탄생할 날이 머지않은 듯하다. 우리 가슴속에 진심을 가득 안고 그 영웅 남아를 환영할 것이니 그 영웅 남아는 어떠한 성격을 갖춘 인물인가. 우리 2천만 동포가 찾아서 알아내기 위해 밤낮으로 연구를 게을리 하지 않을 것이다. 혹자는 말하기를 "그 인물은 나폴레옹 같은 군사 전략가이다. 공손히 부진한 민족을 일깨워 백 번 패해도 꺾이지 않는 용기를 두뇌에 주입하여 세계 열국을 일시에 정복하고 국기인 태극기를 다섯 대륙에 휘날리면 천하 제일의 강국이 될 것이니 어찌 구구하게 독립을 걱정하리오."라고 하니, 통쾌하도다. 이 말이여! 말은 장대하나 이치는 틀렸도다. 어째서 그러한가. 당시 유럽에는 나폴레옹 같은 인물이 한 명만 존재했기 때문에 일시에 열국이 그 무릎 아래로 굴복했지만 오늘날은 세계 군사 전략가 중에 무수한 나폴레옹이 존재하니 어찌 한 명의 나폴레옹이 무수한 나폴레옹을 대적할 수 있겠는가. 혹자는 말하기를 "그 인물은 제갈공명 같은 대 정치가이다. 오(吳)나라와 화친하고 위(魏)나라를 벌하여 국제상 정책을 재빨리 활발하게 하며 농업과 양잠을 권장하며 군대를 훈련시켜 남만(南蠻)을 일곱 번 사로잡고, 기산(祁山)을 여섯 번 출정하면 패업을 도모할 것인데 어찌 구구하게 국권 회복을 걱정하리오."라고 하였으니 틀렸도다. 이 말이여! 하나만 알고 둘은 모르는 말이로다. 당시 삼국 중에는 제갈공명 같은 대 정치가가 한 명만 존재했기 때문에 가장 작고 가장 약한 서촉(西蜀) 한 지방을 차지하고서 가장 크고 가장 강한 오·위 양국을 대적하고 능히 자국의 독립을 보전할 수 있었지만 오늘날 세계 정치가 중에는 무수한 제갈공명이 존재하니 한 명의 공명이 무수한 공명을 대적할 수 있겠는가. 그런즉 신출귀몰하는 군사 전략가도 아니요 천하를 체계적으로 잘 경영하는 정치가도 아니다. 그렇다면 천상천하에 어떠한 인물을 다시 구하리오. 예로부터 한 시대의 위대한 인물이 되어 일대 위업을 성취하는 자는 반드시 그 시대의 요구를 대표하며 그 인민의 희망을 대표하여 그 목적을 달성한 사람이었다. 그러므로 세상 사람들이 말하기를 "영웅은 시대의 산물이다."라고 하는 것이다. 오늘날 우리 2천만 동포의 이상(理想)은 어디에 있는가. 필시 삼척동자도 독립자유라고 말할 것이다. 그렇다면 독립자유는 우리 한국의 시대적 요구이자 국민적 희망이다. 이 이상을 관철시킬 자가 곧 우리 한국의 큰 인물이니 누가 이러한 큰 책임을 떠맡을 것인가. 내가 스스로 답하기를 "이는 별도의 인물이 아니라 곧 의무를 아는 국민이다."라고 말한다. 옛사람이 말하기를 "큰 영웅이 큰 국민만 못하다"라고 하였으니 지극하도다. 이 말이여! 천만년 동안 변치 않는 진리를 포함한 격언이로다. 동서양 고금의 역사를 살펴보더라도 영웅이 건설한 국가는 그 운명이 짧고 국민이 건설한 국가는 운명이 길었다. 내 말을 믿지 못하겠다면 한 번 실제 예를 보라. 진시황이 육국(六國)을 병합하고 판도를 확장하여 전무후무한 대제국을 창건하였으나 시황제가 죽은 뒤에 그 위업은 시황제를 따라 묘지 안에 매장되었고, 마케도니아의 알렉산더 대왕이 뛰어난 용병술로 일시에 유럽과 아시아 대부분을 정복하고 대제국을 창건하였으나 알렉산더 대왕이 죽은 뒤에 그 웅대한 계획이 물거품으로 돌아갔다. 그 이유는 무엇인가. 이는 다름이 아니라 시황제가 죽은 뒤에 시황제의 위업을 이어받을 국민이 나오지 않았고, 알렉산더 대왕이 죽은 뒤에 알렉산더 대왕의 웅대한 계획을 계승할 국민이 나오지 않은 데에서 연유한 것이다. 프랑스는 그렇지 않아서 건국 이래로 위태롭고 험난한 역사를 경험한 바 있다. 혹은 열강 연합군의 말발굽 밑에서 유린당한 참상을 겪은 바 있고, 혹은 괴상한 재주를 지닌 호걸의 농락 대상이 되어 혁명의 참혹한 화를 당하였다. 그러나 만 번 죽을 뻔한 상황에서 겨우 한 번 살아남아 오늘날에 이러한 부강국의 지위에 오른 것은 그 건국의 기초와 입국(立國)의 원동력이 국민에게 있었기 때문이다.

현재 우리 한국의 현상을 관찰하니 비상한 수단과 비상한 용기와 비상한 열심과 비상한 성심(誠心)이 아니면 결코 우리가 바라는 최후의 희망을 달성할 수 없다. 이는 한두 명의 영웅이 할 수 있는 바가 아니요 오직 무수한 영웅이 한마음으로 협력한 뒤에야 할 수 있는 것이다. 무수한 영웅이란 무엇을 말하는가. 즉 의무를 아는 국민 전체를 가리켜 말하는 것이다. 원컨대 우리 2천만 동포는 모두 무수한 영웅이 되어 국가에 몸과 마음을 바쳐 우리 조상들이 남겨주신 자유의 권리를 회복해 천추만세토록 빼어난 공훈을 세울지어다.

20세기의 생활 / 전영작(全永爵)

하루를 유쾌하게 지내고 일생을 행복으로 보내고자 함이 우리 인생의 공통된 원망(願望)이라고 하면, 어찌하여야 유쾌함을 얻을까 하는 문제가 반드시 제기될 것이다. 유쾌한 생활은 금전(金殿) 속에 있을까, 의돈(猗頓)[18]의 부유함에 있을까. 아니다. 어찌 여기에 한정하겠는가. 지위가 높거나 낮거나 부유하거나 가난하거나, 또 어떤 직업에 종사하는 사람이라도 유쾌함은 분명하고 균등하게 향수(享受)할 것이다. 유쾌함은 인생에게 흡사 태양이나 공기와 비슷하여 어떤 사람이라도 원하여 얻을 것이다. 그러나 사회의 실상을 관찰하면 유쾌하게 생활하는 사람은 반대로 적고 번민하고 고뇌하는 생활을 보내는 자가 그 다수를 차지하니, 이는 인생이 유쾌하지 않아서가 아니라 일생을 유쾌하게 하는 기술을 알지 못하기 때문이다.

1. 유쾌한 인생

인생은 분명 유쾌한 것이다.

인생은 원래 유쾌한 것이다. 옛 현인이 가르치기를 "이 세상에 만일 인생이 유쾌하지 않다고 탄식하는 이가 있다면, 이것은 그 사람의 잘못이다. 하늘이 사람을 유쾌하게 하기 위해 생명을 만들어 준 것이다."라고 하였다. 만일 인생을 유쾌하지 않은 것이라고 하면 인생은 처음부터

---

18 의돈(猗頓) : 중국 춘추시대의 거부(巨富)이다. 노(魯)나라 출신으로 범려(范蠡)에게 장사를 배워 소금 매매로 막대한 돈을 벌었다.

이 세상에 태어나지 않은 것만 못하다. 이미 이 세상에 태어난 이상은 어떤 유쾌한 것으로라도 선천적 약속이 없다고 하지 못할 것이니, 그렇다면 하늘이 사람을 괴롭고 쓰라리게 하려고 이 세상에 태어나게 한 것이 아님은 의심할 나위 없는 사실이 아니겠는가. 프랑스 문사(文士)가 말하기를 "사람의 천성은 자연의 생활로 행복을 삼고 죽음으로 불행을 삼는 데 있다. 그러면 인생 제일의 의무는 하늘에 대하여 사람이 이 세상에 태어난 것을 감사하는 데 있을 뿐이다."라고 하였다. 아름답구나! 이 말이여. 삶은 하늘이 베푼 일대 은전(恩典)이 아닌가.

인생을 유쾌하게 하는 방법

쾌락의 원칙은 자타의 행복을 헤아리는 데 달려 있고, 행복한 인생은 자기와 같이 타인을 잊지 않는 데 달려 있다. 이 원칙은 우리 일상의 경험에 의하여 증명되는 것이니 예를 들 필요가 없을 줄로 생각한다.

방 안의 사람과 방문 밖의 사람

옛날부터 시가(詩歌)에만 탐닉하는 사람은 인생을 비관한 이가 많았다. 생산 활동을 하지 않는 사람들도 또한 이 습벽(習癖)이 있으니 이것을 교정하는 방법은 어렵지 않다. 항상 밖으로 나가 살아 움직이는 세계에 서라. 미국 인민이 늘 유쾌하게 지내는 한 가지 일은 귀감이라고 할 만하다. 이 사실을 가지고 추측하면 방 안에 정좌(靜坐)한 사람은 대개 비관적 생각이 많고 방문 밖에서 살아 움직이는 세계에 선 사람은 낙관적으로 기우니 누가 이것을 부정하랴. 동양에 예부터 비관적 인생이 많은 것은 그 원인을 하나만 들어서 족할 바가 아니나, 저 허무와 적멸을 고취하는 종교의 영향은 주원인의 하나라고 이르지 않을 수가 없겠고, 실업을 천히 여기고 관위(官位)만 높이 여긴 것도 또한 적지 않은 영향을 미치게 하였다. 그러나 현재의 형세는 생존경쟁의 사회가 되었기에 활동하는 자 항상 승리를 쟁취하는 데 이르고, 여기에 반대로 하는 자는 심지어 자신의 국가와 일신을 망실하고 역사상 오랜 세월 한탄을 하던 폴란드, 이집트 등에 외로운 그림자를 서로 조문할 뿐이었다. 그러므로 인생의 이익은 요절이냐 장수냐에 있을 뿐 아니라, 인생을 잘 이용하여 살아가는 데 있다. 가령 백년의 수명을 보전한다 하여도 하는 것 없이 보내면 어떤 이익이 있겠는가. 젊은 시절에 요절하여도 능히 활동하고 그 재능을 잘 이용하여 생활하면 그 사람의 생활은 행복하다고 말할 것이다. 이것으로 결론지어 말하면, 인생의 이익은 그 기간에 있지 않고 자신과 타인에게 공헌함직한 이익과 행복의 분량에 달려 있을 뿐이라고 하겠다.

인간 세상의 재액을 피하는 방법

세상에 재난이 존재함은 부정하기 어려운 사실이나, 그것이 존재하는 이유가 있다. 야만스럽고 미개한 인민은 이것을 악귀의 소행으로 돌리고, 그리스인은 인생의 불행을 남녀신의 반정(反情)과 질투에 원인을 소급한다고 하며, 페르시아사람은 이원론(二元論)을 내어놓아 선의 근원과 악의 근원을 가정하고 인생을 행복하게 하는 선한 신과 또 사람이 숭배하는 악한 신이 있는 것처럼 관찰하고 이것을 태양의 길흉에 짝 지으며 이것을 운명의 좋고 나쁨에 돌리는 등의 일은 취하기 어려운 헛말이나. 인생의 행동에 자유설(自由說)이라 함은 확실히 재난의 존재를 해설하는 데는 충분하다고 할 것이다. 만일 사람에게 자유선택의 권한이 있으면 이 권한을 이용하여 가급적 악을 피할 것이다. 악을 피하면 화해는 스스로 소실될 것이니 자유행동은 하늘이 준 최고의 보물이다. 사람마다 이 지극한 보물을 이용할 방법을 잘 다루면 다른 사람의 구속을 면할 것이오, 스스로 재앙의 연못에 빠지지 않을 것이라고 우리는 단언하기를 꺼리지 않는다.

국문의 편리와 한문의 폐해의 설 (전호 속) / 강전(姜荃)

우리 한국이 열강 사이에 끼어서 오늘날 당한 위급한 상황은 차마 일일이 열거하여 말할 수가 없으나, 한 줄기 여망(餘望)이 실로 교육에 남아 있어 어느 정도의 개량안(改良案)이 점차 발현되고 있다. 그럼에도 지난날 한학(漢學)의 고질병을 면치 못하여 일반 인사(人士)는 비록 신문과 잡지 등을 보더라도 순수한 한문으로 기재(記載)한 것을 애독하고, 또 학교에 교과서도 사서(四書)와 기타 시문을 가르친다 하고, 또 그밖에 멀고 궁벽하여 학교도 만들지 못하는 마을은 전해오는 한학자(漢學者)의 도학(道學)과 문장의 옛 자취를 이어받으니 은거하여 결백하게 살고 세속을 피하여 달아나는 자를 지사(志士)라 칭할 만하겠는가. 옛 방법으로 능히 지금의 습속을 뒤집겠는가, 또 이 한학으로써 능히 인지(人智)를 개발하고 국권을 신장하겠는가. 실로 우리 한국의 학정(學政)이 밝지 못하므로 가난한 약소국이 되는 병폐를 가져왔고 존속하느냐 멸망하느냐 하는 위급한 때를 만났으니, 일어나지 않을 일이나 지위상 책임지지 않을 일을 쓸데없이 걱정함을 어찌 면하겠는가. 이에 수없이 생각해서 겨우 하나 얻은 어리석은 내 견해를 함부로 늘어놓으니, 글을 보시는 학식이 넓고 우아한 여러분께서는 이 망령되고 경솔함을 너그러이 용서하시고 나의 천박하고 못남을 굽어 어여삐 여기시길 간청한다.

첫째는 위로는 정부에서 시작하여 제고(制誥)나 칙어(勅語) 등의 사륜(絲綸)[19]과 또 조정 대신이 임금에게 아뢰는 상소문의 체제, 격식 및 구두를 번잡한 것을 생략하여 간단하게 만들고 옛 것을 버리고 새 것을 쓰며, 국한문(國漢文)을 반씩 삽입하여 면목을 다르게 열어 전국의 표준을 만들고 인민이 나아갈 방향을 정하는 것이다.

---

19 사륜(絲綸) : 황제나 왕의 명령문 또는 포고문을 통칭한 말을 이른다.

둘째는 학부(學部)에서 전국 각 학교의 교과 서적을 일체 국한문으로 개정하여 순수한 한문은 중학교 4·5학년생에게나 문장에 알맞은 한두 권의 책만을 편찬 선별하여 가르치고, 또 장래 대학을 건설하거든 문학부(文學部)에서나 특별히 쓸 것이다.

셋째는 여러 사회에서 응용하는 각종 장부, 문서와 유행하는 소설, 잡지라도 다 국한문을 혼용토록 할 것이다.

위 세 조항은 현시점에 본국에서 대략 행하는 일도 있으나, 지난 자취를 경계하고 장래의 공효를 거두려 한다면 오랜 습관을 용감하게 끊고 새로운 규정을 실천하여 상하가 서로 권하고 기상(氣象)을 크게 쇄신하면 자국의 정신을 증진하고 다른 종족의 침모(侵侮)를 벗어나는 비결과 승산을 모두 이것으로부터 얻을 것이라 하겠다.

시험 삼아 보건대, 국문과 한문의 예리하고 무딤, 빠르고 느림의 차이는 위에 진술한 것과 같거니와 무슨 까닭으로 우리 한국의 고유한 자국 국문은 배우기가 매우 쉽고 쓰기가 극히 편한 것을 암글이라 일컬으며 포기하고, 한문은 젊을 때부터 늙어서까지 열심히 연구해도 특효가 없는 것을 수글이라 일컬으며 힘써 연구하기 바쁘니 슬프고 불쌍하다. 우리 한국의 인의(仁義)를 함양하고 충효를 훈도(薰陶)하던 2천만 동포여! 불행하고 불행하다. 나라를 세운 지 4천여 년 만에 처음으로 오늘날 이러한 세계를 맞이하는 터에 어찌하여 옛 잘못을 맹렬히 반성하며 신학문을 수입하지 않고 인순고식(因循姑息)하면서 다만 지나(支那) 학문의 찌꺼기만 먹고 절문(節文)을 수식하는 데만 진력하니, 모르겠다. 큰 것이 작은 것을 겸병하고 약육강식하는 시대에 처하여 한문의 힘으로 강포한 나라의 강하고 많은 무기가 한데 모여 충돌하여 생기는 사납고 무서운 예기(銳氣)를 능히 막아서 쓸어낼 수 있겠는가. 생각이 여기에 미치자 온몸이 오싹함을 견디지 못하겠다.

만약 한문을 10년 동안 읽어 성취하는 정력(精力)을 사나흘 사이에 능통하는 국문으로 옮겨, 이로써 학문과 사업에 걸음을 내디디면 1년에 할 일은 2-3일에 마칠 것이요, 10년에 할 일은 20-30일에 완수할 것이다. 그렇다면 그 신속함은 지혜로운 이를 기다리지 않고도 알 것이다. 어떻든지 국문을 사용하더라도 그 사람이 현량(賢良)하기만 하고 그 나라가 부강하기만 하면, 사람은 충분히 철인(哲人)도 될 것이요 나라는 충분히 패자(覇者)가 될 것이니 어찌 녹록하고 구구하게 한문에 능하기만을 구하겠는가. 또 그 폐해는 제 한 몸에만 그칠 뿐 아니라 한 집안의 운명이 이 때문에 영락하고 한 나라의 세력이 이 때문에 떨쳐 일어나지 못하니 어찌 그 경중과 장단과 이해를 관찰하여 취사(取舍)의 뜻을 확정하지 않는가.

삼국의 종교(宗敎)를 간략히 논하다[20]

/ 선사(禪師) 일우(一愚) 김태은(金太垠)

문자가 생기기 전에는 정(情)이 순수하고 일이 간단하며 기(氣)는 완전하고 운수가 터져서 인물이 갖추어지지 않았어도 사람들이 각자 그 음식을 달게 여기고 그 땅을 살기 좋게 여겼다. 그러나 그 이후로 시대가 내려오면서 시운이 변천하니 참과 거짓이 그 사이에 뒤섞여 나와서 세속이 나날이 신속히 추락하는데도 자연히 그쳐질 겨를이 없었다. 이러한 까닭에 성인께서 근심하시어 마침내 설교하시니 이른바 유교(儒敎)가 이것이다. 성인 복희씨(伏羲氏)에서 시작하여 중니(仲尼)에서 흥하였다. 그러나 당시 오대륙의 여러 국가 간에 서로 통하는 길이 아직 넓게 열리지 않았다. 주(周)나라 목왕(穆王) 때 문수성사(文殊聖士)께서

---

20 본 기사의 원문은 단락 구분이 한번만 되어있으나, 문맥에 따라 임의로 단락을 구분하였다.

목왕의 요청을 받고서 청량산(淸凉山) 서쪽에서 설법하셨고, 한(漢)나라 명제(明帝) 영평(永平) 연간에는 가섭마등(迦葉摩騰)과 축법란(竺法蘭) 두 스님이 서쪽에서 동쪽으로 건너와 『사십이장경(四十二章經)』을 백마사(白馬寺)에서 번역하시니, 이에 비로소 불교의 학설이 생겼지만 심지법문(心地法門)은 아직 천명하지 못하였다. 양(梁)나라 무제(武帝) 보통(普通) 연간에는 달마조사가 갈댓잎을 타고 바다를 건너와 무제와 대화를 나누었으나 무제의 부처 봉양이 단지 사소한 결과와 외면의 형상에 집착했을 뿐 불법의 정수를 전혀 알지 못하였다. 그러므로 마침내 버려두고서 소림사에 은거하니[21] 본성을 보고 마음을 밝히는 설법의 근원이 또한 여기서 유래하였다. 당(唐)나라 헌종(憲宗) 때 중사(中使)[22] 두영기(杜英奇) 등이 불골(佛骨)을 봉안하여 대궐 안에 들이고 공양하는 일을 시행하였다. 당시 한문공(韓文公)[23]이 유교의 기강을 바로잡는 일을 자신의 임무로 삼아 분노를 품고 불평한 마음을 발하여 표문을 올려 극구 간언하더니 마침내 폄적되었다. 그러나 대개 당시에는 아직 기독교와 회교라는 명칭이 알려지지 않았다. 만약 이러한 종교들이 강성하였다면 한문공이 또 마땅히 어떻게 하였겠는가. 애석하도다! 한문공이 유교에 끼친 공로는 진실로 대우(大禹)[24]보다 작지 않지만 단지 그 도력(道力)이 글 솜씨보다 더 뛰어나지 못하였다. 어째서 그러한가. 한문공이 조주(潮州)에 있을 때 태전선사(太顚禪師)와 더불어 도를 논한 적이 있다. 당시 까치 소리의 유무를 질문함에 이르러서는 곧장 전혀 근거가 없다고 여겼지만 결국 선사를 시중드는 자의 자리에서 듣고 깨달을 수

---

21 그러므로……은거하니 : 달마대사는 양 무제와 만나 불법에 대해 대화를 했으나 뜻이 맞지 않자 소림사에 가서 9년 동안 면벽 참선을 했다고 한다.

22 중사(中使) : 궁전에서 임금의 명령을 전하는 내시를 말한다.

23 한문공(韓文公) : 768-824. 당(唐) 나라 때의 문장가이자 유학자인 한유(韓愈)를 가리킨다. 문공(文公)은 시호이다.

24 대우(大禹) : 중국 하(夏) 나라의 개국 군주인 우(禹)임금을 높여 부르는 말이다.

있었다. 어찌하여 「원도(原道)」, 「불골표(佛骨表)」를 지을 때는 그와 같이 강경하다가 조주에 있을 때는 반대로 태전선사의 방외 제자가 되었던가. 당시에는 그래도 도를 깨닫는 것이 혹 가능하였는지 몰라도 그가 재상들에게 올린 여러 문장을 보면서 짐작컨대 그 도력이 충분한지 그렇지 못한지 간파할 수 있을 것이다.

삼가 생각건대 우리 제국(帝國)의 유교와 불교 두 종교를 지나에 견주어 살펴보면 그 시작이 비록 전후의 차이가 있지만 그 의식은 그다지 차이가 없었다. 유교는 성인 기자(箕子) 때 시작되어 신라 때 성행하였고, 불교는 가락국(駕洛國) 수로왕(首露王) 때 왕비의 오빠인 장유화상(長遊和尙)이 보주(普州)에서 허씨(許氏) 왕후와 함께 와서 불모산(佛母山)에서 경전을 강론하니 그 당시는 지나의 한(漢)나라 광무제(光武帝) 건무(建武) 18년이었다. 그 이후에 아유타 도사(道士)가 가람(伽藍)[25]의 제도를 최초로 열었다. 그것이 이어져 신라 때 이르러서는 유교와 불교 두 종교가 동양에서 최고가 되었다. 또 논하건대 대 성인인 중니께서도 "부처는 서방의 성인이다."고 하고, 횡거 장재(張載), 회암 주희(朱熹), 구양수(歐陽脩), 동파 소식(蘇軾), 마힐 왕유(王維), 형공 왕안석(王安石) 및 우리나라 고운 최치원(崔致遠), 홍유 설총(薛聰), 퇴계 이황, 율곡 이이 등 여러 대인 선생(大人先生)도 다 불교에 정통하였고, 불교를 유교와 융화시켜 이하로 만세토록 혼미한 행로 위의 배와 다리가 되게 하였다. 그런데 어찌하여 지금 혹자는 둘이 아닌 저 이치를 알지 못하고 한갓 외면의 형상에 얽매여서 서로 모순되는가. 오호라, 애석하도다! 아직도 유교의 실제를 알지 못하고 있으니 어찌 불교에 온축된 뜻을 볼 수 있겠는가. 단지 문장 몇 개를 찾거나 구절 몇 개를 가려내는 습성으로 자아만 중시하고 타인을 경시하는 태도만 더 키워서 양 나라 무제

---

25 가람(伽藍) : '승가람마(僧伽藍摩)'의 줄임말로, 승려가 거처하는 사원을 가리킨다.

의 대성(臺城) 일화[26]와 한창려(韓昌藜)[27]가 「불골표(佛骨表)」를 올린 사
례를 자신의 화제 거리로 굳게 삼아서는 선을 숨기고 악을 드러내고
작은 터럭을 불어 흠을 찾아서 부처를 헐뜯고 스님을 욕하는 일이 끝이
없다. 중니 같은 대성인도 진(陳)과 채(蔡) 사이에서 식량이 끊겼고[28]
환퇴(桓魋)에게 모욕을 당했으며[29] 도척(盜妬)에게 말로 위축되었고[30]
노자(老子)에게 비웃음을 당했으며[31] 어린아이에게 질문으로 굴복을 당
했고[32] 광인(匡人)에게 포위당하였다.[33] 이뿐만이 아니다. 앉은 자리가
따뜻해질 겨를도 없이 수레를 타고 천하를 떠돌 적에 당시 제후들이
등용하지 않았다. 도가 잘못되어 그런 것인가. 그를 친애하지만 어쩔

---

26 양……일화 : 양 나라 무제가 처음에는 유교를 숭상했으나 뒤에 불교를 중시했는데,
   훗날 후경(後景)의 반란으로 대성(臺城)이 공격당하자 그곳에서 굶어 죽었다.
27 한창려(韓昌藜) : 한유(韓愈)를 가리킨다. 한유가 하북성(河北省) 창려(昌藜) 출신
   이기 때문에 '한창려(韓昌黎)'라고도 부른다.
28 진(陳)과……끊겼고 : 공자는 초나라로 가던 도중 진(陳)과 채(蔡) 땅 사이에서 진・
   채의 대부들이 보낸 하수인들에게 포위당하여 식량도 끊긴 채 7일 동안 고생을 한
   바 있다.
29 환퇴(桓魋)에게……당했으며 :『사기(史記)』「공자세가(孔子世家)」에는 공자가 제
   자들과 함께 송(宋)나라를 지날 때에 큰 나무 아래에서 예를 논하고 있었는데 송나라
   사마(司馬) 환퇴(桓魋)가 공자를 죽이려고 그 나무를 뽑자 제자들이 공자에게 빨리
   갈 것을 권했으나 공자는 '하늘이 나에게 덕을 주셨거늘 환퇴가 나를 어찌할 수 있겠
   는가.'라고 한 일화가 있다.
30 도척(盜妬)에게……위축되었고 :『장자(莊子)』「잡편(雜篇)・도척(盜跖)」에는 공
   자가 흉포한 도척(盜跖)을 설득하기 위해 그를 만나러 갔으나 도리어 도척에게 "그대
   보다 더 큰 도적이 없는데 천하 사람들은 어찌하여 그대를 도적 구(丘)라고 하지
   않고 도리어 나를 도척이라고 하는가."라는 질책을 받고 황급히 달아났다고 한다.
31 노자(老子)에게……당했으며 :『사기(史記)』「노자한비열전(老子·韓非列傳)」에 공
   자가 노자를 만나 예(禮)를 묻자 노자가 공자에게 교만과 탐욕, 허세와 욕망을 버리
   라고 충고하였고 공자가 이 말을 듣고 탄복했다는 일화가 있다.
32 어린 아이에게……당했고 :『회남자(淮南子)』「설림훈(說林訓)」에는 공자가 7세 아
   이인 항탁(項橐)을 스승으로 삼았다는 일화가 있다.
33 광인(匡人)에게 포위당하였다 :『사기(史記)』「공자세가(孔子世家)」에는, 공자가
   위(衛) 나라를 떠나 진(陳) 나라로 가는 도중에 광(匡) 땅에서 광인(匡人)들이 공자
   를 자신들에게 포학했던 노(魯) 나라 양호(陽虎)로 오인하여 5일 동안 구금당한 일
   화가 있다.

수 없었던 것이다.

우리 한국 풍속이 불교를 배척할 공력으로 유교를 널리 드러내어 국가를 반석 위에 올리고 백성들을 담장 내로 편안히 지내게 하였다면 이는 또한 가능하였을 것이다. 그런데 어떠한 이유로 불교를 쓸어버린 뒤 유교의 기강까지 아울러 무너뜨려서 4천여 년 동안 이어진 조국의 형세에 상심토록 하는 지경에 이르게 하였는가. 누구를 원망하고 누구를 탓할 것도 없이 시대의 운명이라는 한가한 소리나 하지 말자. 새로운 정신과 새로운 활기로 우리 동포를 떨쳐 일으키되 유교·불교·예수교 가운데 좋은 것을 가려 뽑아서 훈칙으로 본받고, 자신을 바르게 하고 가야할 방향을 확실히 정하여 법률·정치·농업·공업·상업 등의 학문에 대해 옛 것을 고쳐 새로운 데로 나아가는 일을 실제로 달성한다면 태극장(太極章)³⁴의 무극광(無極光)을 어느 나라가 우러러보지 않겠으며, 그 누가 감히 깔보겠는가.

일본의 유교와 불교 두 종교는 지금으로부터 1500년 전 응신황(應神皇) 때 처음으로 '유교'라는 명칭이 생겼고, 불교는 지금으로부터 1300년 전 흠명제(欽明帝) 때 처음으로 우리나라 백제의 승려인 혜관(慧灌) 승정(僧正)이 와서 유포한 것이다. 성덕태자(聖德太子) 이후로는 황제가 제위에 오를 때마다 불계(佛戒)를 받았다. 이러한 까닭에 '법황(法皇)'으로 불린 자가 많았다. 또 불교의 정치를 시행한 까닭에 전쟁에 나갈 때 대부분 가사(袈裟)를 입었고 전쟁의 깃발에 나무묘법연화경(南無妙法蓮華經) 등을 적은 전례가 있다. 그 이후로 또한 변천이 다양한 양상을 보이는데, 참선(參禪)과 염불(念佛) 두 부문은 오늘날 전국에서 중시하여 시행하는 것이다. 근래에 문학박사 이노우에 데쓰지로(井上哲次郎) 저술의 논의에 의하면 "일본의 정신문명은 전부 불교를 통해 연구하

---

34 태극장(太極章) : 1900년 4월 칙령으로 제정된 훈장이다.

여 얻은 것이고 물질문명은 서양으로부터 흘러들어와 성행한 것이다."
고 하니, 참으로 옳도다 이 말이여! 모두의 눈과 귀로 직접 확인한 바이
다. 예수교의 전말은 앞의 기사에서 대략 진술하였지만 글이 번잡한
탓에 제대로 논하지 못하였다. 절충적 관점에서 논하건대 하(夏)나라
책력과 은(殷)나라 수레와 주(周)나라 면류관을 적기에 맞게 변통하여
쓰지 않을 수 없다.[35] 2천만 우리 동포는 심기(心氣)를 바르게 하여 살펴
야 할 것이다.

제2장 헌법 (속) / 곽한탁(郭漢倬)

제1절 헌법의 의의

오늘날 통상 헌법이라고 일컫는 것은 입헌국의 근본을 가리키는 것
이니 즉 통치권 작용의 분류와 입헌국에 필요한 기관조직-가령 의회,
재판소, 국무대신과 같은 것-의 권한을 정하는 것을 말한다.

헌법을 크게 성문헌법(成文憲法)과 불문헌법(不文憲法)으로 구별한
다. 그러나 오늘날 많은 입헌국에서는 성문헌법을 가지고 있으니 성문
헌법을 제정한 절차에 의거하여 분류할 때에는 흠정헌법(欽定憲法)과
민정헌법(民政憲法)으로 구분할 수 있다. 흠정헌법은 군주가 제정한 헌
법을 가리키고, 민정헌법은 직접적이든 간접적이든 국민이 제정한 헌
법을 가리킨다.

성문헌법이라는 것은 명문(明文)으로 규정한 헌법을 말하니 일본이
이 경우에 해당한다. 불문헌법이라는 것은 명문의 규정이 없는 것을

---

35 하(夏)나라……없다 : 공자의 제자 안회(顔回)가 공자에게 나라 다스리는 법에 대해
묻자 공자가 '하나라(夏)의 책력을 시행하고 은(殷)나라의 수레를 타며 주(周)나라
의 면류관을 쓰겠다'고 답한 바 있다.

말하니-가령 관습, 조리(條理), 판결례, 약속 등- 영국이 이 경우에 해
당한다.

또 헌법을 개정하는 절차에 의거하여 구별할 때에는 고정헌법(固定憲
法)과 부정헌법(不定憲法)으로 구분할 수 있다. 고정헌법은 헌법 개정의
절차가 보통 법률의 개정 절차보다 더 복잡한 양상을 보이고, 부정헌법
은 보통 법률의 개정 절차와 동일한 절차로 개정하는 헌법을 말한다.

제2절 헌법의 개정

헌법의 다수는 고정헌법이기 때문에 그 개정 절차는 보통 법률의 개
정 절차와 다르니 이에 차이점 중에서 중대한 것을 예로 든다.

제1 발안(發案)의 제한

1. 군주국(君主國)

군주국에서 보통 법률의 발안권은 군주뿐 아니라 의회나 혹은 양의
원(兩議院)에 속하는 것이 통례이다. 그러나 헌법개정안의 발안은 군주
에게 전속(專屬)되고, 군주에게 전속되지 않는 나라의 경우 의원(議院)
에서 헌법 개정을 발안하고자 할 때에는 해당 사항에 대해 제한하는
것이 통례이다. 가령 바이에른(Bayern)에서는 신민(臣民)의 권리 의무
와 의회의 권한과 사법권의 행사, 이 세 가지 일에 대해서만 의회에서
이에 관한 헌법개정안을 제출하는 일을 할 수 있는 것과 같다.

2. 민주국(民主國)

민주국가인 프랑스와 북미합중국에서는 헌법 개정의 발안권을 어떻
게 하고 있는가. 북미합중국에서는 특별히 헌법개정회를 소집하여 그
개정회에서 발안하기로 정했다. 프랑스에서는 상원과 하원에서 헌법
개정의 필요를 의결한 뒤에 국민회의(國民會議)에서 발안하기로 정했
다. 또 스위스에서는 헌법 개정을 발안하는데 상원, 하원의 의론이 일

치하지 않을 때에 5만 명 이상 국민의 동의가 없으면 개정의 발안을
하지 못하게 되어 있다.

제2 의결의 정족수-일정한 사람 수-

1. 의결

헌법개정안을 의결하는 일은 보통 법률안을 의결하는 것과는 다르니
특별히 다수인의 출석과 동의를 필요로 한다.

(가) 4분의 3 이상 의원의 출석과 출석의원 3분의 1 이상의 동의를
필요로 하는 경우. 작센(Sachsen), 바이마르(Weimar), 룩셈부르크 등이
이 경우에 해당한다.

(나) 3분의 2 이상 의원의 출석과 출석의원 3분의 2 이상의 동의를
필요로 하는 경우. 벨기에, 와천보(瓦天堡)[36], 일본 등이 이 경우에 해당
한다.

(다) 일의 의논을 개시하는 정족수는 보통 법률안을 의논하는 것과
동일하나 이를 의결할 때에는 출석의원 3분의 2 이상의 동의를 필요로
하는 경우. 오스트리아, 네덜란드, 헤센(Hessen) 등이 이 경우에 해당
한다.

(라) 일의 의논을 개시하는 정족수는 보통 법률안을 의논하는 것과
동일해도 이를 의결할 때에는 출석인원 4분의 3 이상의 동의를 필요로
하는 경우. 그리스, 바푸루이[37], 브레멘 등이 이 경우에 해당한다.

(마) 독일에서는 연방의회에서 투표자 58명 중 14명의 반대가 있을
때에는 헌법을 개정하는 일을 할 수 없다.

2. 의결의 횟수

헌법개정안을 의결하는 데 2회의 회기에서 동일한 의결이 요구되는

---

36 와처보(瓦天堡): 미상이다.
37 바푸루이: 미상이다.

경우가 있으니 스웨덴, 작센이 바로 이 경우에 해당한다. 또 동일한 회기 중에도 일정한 기간을 사이에 두어 2회 혹은 3회의 의결이 요구되는 경우가 있으니, 가령 프로이센에서는 제1회 의결한 뒤에 20일 간격으로 다시 제2회의 의결이 요구되며 바이에른에서는 각각 8일 간격으로 3회의 의결이 요구되며 일본에서는 1회의 의결로 종료된다.

제3 개정의 시기

1. 섭정(攝政)을 두는 동안에는 절대적 또는 상대적으로 헌법을 개정하는 일을 할 수 없게 정한 나라가 많다. 일본은 절대적으로 금지하며 작센은 상대적으로 금지하니 곧 작센에서는 섭정 재임 중에 황족회의(皇族會議)의 상의를 거치지 않으면 헌법을 개정하는 일을 할 수 없게 정해놓았다.

절대적이라는 말은 다른 사물과 이것을 서로 대립시킬 수 없는 것, 다른 사물과 비교 또는 관계되는 사물이 없음을 가리키는 형용사요,

상대적이라는 말은 '절대적'이란 말의 반대를 가리키는 형용사이다.

2. 헌법 개정 후에 몇 년 동안은 재차 헌법을 개정하는 것이 금지된 나라가 있으니, 포르투갈에서는 한 번 헌법을 개정하고서 4년이 지나지 않으면 다시 헌법을 개정하는 일을 할 수 없다.

3. 의회의 발안에 의거하여 헌법을 개정한 지 20년 동안은 의회가 다시 헌법 개정안을 제출하는 일을 할 수 없는 나라가 있다.

역사담 제5회 : 비스마르크전 (속) / 박용희(朴容喜)

8월 4일 이래로 양국의 용맹한 군대가 동서에서 전쟁할 때, 비상부르(Wissembour)의 혈전과 리흐스호휀[38]의 오전(鏖戰)[39]과 비옹빌 대수

라장에서 서로 수십만의 전사를 참살했다. 다음 달 초하루에 양 군이 스당(Seden)에서 전투할 때 그 맹렬하고 참담함은 결코 거록(鉅鹿),[40] 요동벌판, 적벽, 안시성과 같은 류(類)가 아니었다. 2일에 프랑스 황제 나폴레옹 3세가 소거백마(素車白馬)[41]와 황악좌독(黃幄左纛)[42]으로 프로이센군 문 앞에 대령하고 스당성의 함락이 세계에 선포되었다.

9월 22일 독일군 본진을 베르사이유궁으로 옮기고 파리를 향해 포위하고 공격할 때, 수천 년 동안 이어 온 프랑크의 정신을 어찌 일조일석에 압도당하며, 18세기 말부터 19세기 초 유럽을 삼키고 뱉던 당당한 프랑스 호민(豪民)이 어찌 바람 앞의 낙엽이겠는가. 백만의 프로이센 군대를 성 아래에 두고 저항하면서 먹을 것이 다하면 말을 먹고 의복이 피폐해 지면 피부를 의복으로 삼는 이 광경이 어찌 저양(睢陽)의 장순(張巡)과 진주(晉州)의 황진(黃進)에 비교해 아래겠는가! 그러나 독하다! 비스마르크의 교활한 외교여! 신포서(申包胥)의 피눈물도 소용없고 계백의 맹세도 무익하며 아돌프 티에르(Adolphe Thiers)의 유세도 헛되이 끝나버렸을 뿐이다.

다음 해 1월 18일에 프로이센의 왕 빌헬름 1세는 의기양양하게 옛 프랑스 황제 루이 14세의 정궁 베르사이유궁에서 독일 남부 연방의 영세 동맹의 이름 아래 독일 황제 겸 대원수의 옥좌에 등극한다. 이 어찌 프랑스의 피 끓는 청년이 절치부심하지 않겠는가마는 대세가 이미 아니었다. 혈전 속에서 혼(魂)으로 막던 파리가 어찌 오랜 동안 지속할 수 있으리요? 성과 함께 가루가 되면 프랑스 장래를 누구에게 의탁할

---

38 리히스호훤: 미상이다.
39 오전(鏖戰): 많은 사상자를 낸 큰 싸움을 말한다.
40 거록(鉅鹿): 중국 허베이 남부 유적으로 항우와 진(秦)나라 군사의 싸움터이다.
41 소거백마(素車白馬): 흰 포장을 두른 수레와 백마를 이르는 말로, 적에게 항복할 때 사용했다.
42 황악좌독(黃幄左纛): 황제가 쓰던 수레와 깃발이다.

것이며, 악독한 프로이센에 대응하고자 하니 사기는 만장 높이의 무지개를 이루고 피는 끓어올라 가슴 속에 가득 차 있으나 조국의 종묘사직을 어찌할 것이며, 조국의 멸망을 어찌할 것인가. 이에 프랑스 국회는 -1월 20일- 독일에 대사를 파견해 강화 담판을 애걸한다.

다음날 국회는 행정장관 티에르와 그 외 두세명의 대신을 베르사이유 궁에 파견해 프로이센 수상 비스마르크와 회견에 담판하게 하니 전자는 프랑스의 제일류 정객이다. 조국의 운명을 두 손으로 끌어 잡고 보이는 신중하고 침착한 태도는 와룡선생 그 사람이 강동에 임한 것 같았다. 후자는 고금의 미증유의 철혈가요, 의기가 거리낌 없는 재상이다. 정(情)으로 말하면 화용도(華容道) 위의 조조(曹操) 같은 프랑크에 동정하지 않을 수 없지만, 이치로 추찰하면 백여 년간 와신상담하다가 많은 피로 산 프로이센의 승리를 피관적(皮觀的)으로 평론하기 어렵다. 여러분! 이때 이 광경을 따라가며 추측해 보라. 양국의 전권위원은 하나의 장방형 책상에 둘둘 쌍쌍이 마주 보고 앉아 한편에서 강화 조건을 제출하며 다른 편에서는 분노하지만 말을 할 수 없는 용모로 매우 근심하고 묵묵히 답이 없을 뿐이다.

이 같은 담판의 시작과 끝은 전승국의 국어로 시작된다.

조문을 이같이 강론할 때 프랑스 인민의 머리를 놀라고 어리둥절하게 할 조문이 아래와 같다.

제1은 프랑스령 알자스, 로렌 등 수 주를 프로이센으로 할양할 일
제2는 60억불-1불은 일본 돈으로 38전 정도다-의 보상금을 판출할 일이다.

이때 프랑스의 꽃 티에르가 물려받은 프랑크의 천성을 억제하고 분노를 억누르고 인내한 나머지 강도와 같은 비스마르크에게 말한다. "프랑스 인민 3천만이 자산을 모두 모으더라도 60억 불에 불과하다."

비스마르크 공이 말한다. "그러면 10억 불을 감하겠다."

티에르가 말한다. "그러더라도 영국정부 국채보다 3배에 해당한다."

이때 비스마르크 공이 은행가 헨켈(Henckel) 백작과 유태인 블라이회르더(Bleichroeder) 두 사람을 담판장으로 부른다. 후자는 즉 비스마르크공이 군비 확장을 주장하다가 국회에서 부결되어 진퇴 유곡할 때에 자기의 자본을 들여 정부를 부조(扶助)해 프로이센과 오스트리아의 개전 준비를 철두철미하게 한 사람이다. 양 은행가가 베르사이유 담판장에 출석해 프랑스의 50억의 보상금을 지출할만한 자력이 있음을 증명하였는데, 티에르는 시종 굽히지 않고 "프랑스는 20억 불의 보상금 이상을 낼 자력이 없다"고 한다.

이에 비스마르크 공이 책상을 치며 큰 소리로 말한다. "공들이 고집하는 바가 이 어찌 전쟁을 계속하고자 하는 바가 아닌가?" 티에르도 역시 분노를 이기지 못해 하늘을 보고 탄식하면 "이 어찌 부득이한 강략(强掠)이 아닌가?"라고 말하며 처연한 눈물 자국을 옷깃으로 닦는다.

비스마르크 공이 충분히 슬픈 감정을 느끼며 티에르에게 "내가 불어를 대략이나마 이해하는 지능이 오늘 공의 말에서 느낀 생각과 회포를 억제하기 어렵다"하고 이에 서로 간의 양보로 40억의 보상금과 알사스, 로렌 2개 주를 전승국에 할양하기로 26일 평화 가조약(假條約)을 체결하였다가 5월 10일 마인강 변 프랑크푸르트에서 확정조약을 교부한다. 프로이센 평화를 이미 극복하고 독일통일을 성취한 후로 독일 제국 빌헬름과 수상 비스마르크는 군신 일치로 내치외비(內治外備)를 더욱 연구하고 닦아 연방의회와 국회를 합병해 제국의회라 개칭한다. 상원-일본의 귀족원이다-, 하원-일본의 중의원이다-의 제도를 정하고 헌법을 반포한다. 비스마르크는 이미 독일황제를 보좌하여 굉대한 사업을 조성한 공으로 공작에 서임되고 상원의장을 겸대한다. 이것은 과연 과거의 예언과 부합한 것이다.

당시에 중부유럽의 형세가 이미 위와 같음에 국내의 진신(縉紳)들이 베를린에 복주(輻輳)한다. 정가의 변객들은 비스마르크를 정치외교라는 태양계의 중심으로 지정하고 자기들은 유성처럼 그 주위를 배회한다. 뿐만 아니라 러시아 황제는 베를린를 내방해 독일 황제와 예무궁[43]에서 한담하고 오스트리아 황제는 독일 수도에 행행(行幸)해 빌헬름과 잘츠부르크에서 담소한다. 지금까지 복수전쟁을 일으키고자 하던 프랑스 정당 일파의 강베타(Leon Gambetta)당도 비스마르크 공의 회유 정략과 외교 농단에 분노를 삼키고 칼집을 쥘 뿐이다. 1869년 11월 16일 스웨즈 운하의 개통식 거행 후 중유럽의 무대가 발칸반도로 이전해 동방문제는 구 동로마 국경 내에서 재연된다. 외교초점은 금일의 콘스탄티노플에서 다시 불붙어 머지않아 러시아-터키 간 전쟁의 참풍혈우(慘風血雨)가 임박하게 된다. 그 원인은 러시아, 오스트리아, 영국의 터키에 대한 이해에서 배태된 것이다. 이때 진퇴양난을 만난 나라는 독일이었다. 왜냐하면 왼쪽 편을 들면 러시아와 원수가 되고 오른 쪽 편을 들면 오스트리아와 원수가 되며 앞으로 나가면 이탈리아가 항의 하고 뒤로 물러나면 영국[44]의 습격을 당하는 시대이기 때문이다. 국력평등의 경보(警報)가 전 유럽을 뒤흔드는 듯. 1878년 6월 13일에 영국, 러시아, 프랑스, 오스트리아, 이탈리아, 터키, 그리스, 루마니아, 세르비아, 몬테네그로 10개국 정부는 재상 비스마르크의 통첩에 호응해 특사를 베를린에 파견해 러시아-터키 사이의 평화 극복을 위해 난상공의(爛商共議)를 한다. 이때 당시 유럽 굴지의 외교 정치가인 영국의 디즈레일리(Benjamin Disraeli), 러시아의 고르차코프(Aleksandr Mikhailovich Gorchakov), 오스트리아의 안드라스(Gyula Andrássy)도 참석했다.

비스마르크가 이 공전절후의 열강 평화 유지회의의 의장이 되어 영

---

43 예무궁: 미상이다.
44 영국 : 원문에는 '몿'으로 되어 있으나 문맥상 '英'자의 의미로 판단하였다.

국과 러시아의 충돌과 오스트리아와 러시아의 전쟁의 실마리를 극력으로 중재할 때, 러시아 외무대신과 영국 총리의 의견이 서로 어긋났다. 영국 총리 디즈레일리는 분기충천해 돌연 귀국하고자 했다. 비스마르크공이 매우 당황해 영국 총리의 결심을 간절히 만류하고 러시아 외상을 백방으로 종용해 양보를 간유 한 결과, 수라장의 대 파탄을 미봉했다. 그러나 러시아 외상은 불쾌한 기분으로 귀국해 즉시 프랑스를 방문해 동맹의 밀약을 체결해 독일에 대한 적개심이 한층 더 심해지게 된다. 비스마르크 공도 그 내용을 추찰하고 다음해 10월 오스트리아 외상 안드라스와 회견하고 독일, 오스트리아 동맹을 체결하고 또 프랑스와 친교를 개선하며 이탈리아와 은밀하게 계약을 맺어 1881년에 독일, 오스트리아, 이탈리아의 삼국동맹을 조직하고 1884년에 세 나라의 황제가 스키에르니에비체(Skierniewice)에서 회견한다. 전자는 즉 지금까지 계속된 러시아, 프랑스 동맹이요, 후자는 즉 독일, 오스트리아, 이탈리아 삼국동맹이다.

"새 사냥이 끝나면 좋은 활을 감춘다"는 격언이 과연 헛되지 않다. 평생지기인 전 황제 빌헬름 1세가 돌아가시고 지금의 천자 빌헬름 2세가 등극해 간신배 호엔로에(Hohenlohe)의 첨언에 미혹되어 1890년 3월 29일에 새로운 제국을 조성한 창설의 굉모(宏模)와 수성의 대임을 한 몸으로 떠맡은 희세(希世)의 공신을 프리드리히스르(Friedrichsruh)라 칭하는 한촌빈처로 쫓아냄에 베를린 시민 중 눈물을 흘리지 않은 사람이 없었다.

이와 같이 독일의 미증유의 인걸이 조잡한 마차에 노둔하고 지친 관단마(款段馬)를 달고 그 장소를 향해 갈 때 베를린을 훌쩍 떠나 함부르크주로 직행한다. 때는 춘삼월 호시절이다. 쫓겨난 외로운 신하의 간략한 행장으로 산을 지나고 골짜기를 뒤로하고 석양 행로 중에 이 고개 너머 저 산을 들어서니, 두견 소리 처량하고 성성이 소리 단장을 끊는다. 이때에 이 윤락한 영웅이 해진 모자와 짧은 지팡이로 풀을 밟고 지나다 세상을 떠날 때 곡중(曲中)에 울리는 평원군(平原君)의 방성통곡과 우산(牛山)에서 해질녘에 제 경공(齊景公)이 세상을 비감(悲感)하여 흘린 눈물[45]을 금할 수 없어 슬프게 탄식하니 하늘도 슬프고 귀신도 슬피 울 뿐.

비스마르크 공이 쫓겨난 장소에 이른 후로 낮에는 기이하고 비밀스러운 것을 찾으며 우유도일(優遊渡日)[46]하고 밤에는 두루 좋아하는 역사와 세정소설로 정을 느끼면서 적막함을 잊었다. 3년 후에 병에 걸려 자리에 눕더니 신고의 시간을 보낸 나머지 병마를 치료해 물러가게 했다. 황제도 깨달은 바가 있어 비스마르크 공을 베를린으로 돌아오게 해 예를 다해 대우했는데, 절세의 위인도 공도(公道)는 어쩔 수 없어, 84세의 고령에 달한, 1898년 7월 30일에 무정한 천사가 비스마르크 공을 백옥루 위로 인도해 지난날 웅대한 모습을 다시 찾을 수가 없고, 지금은 다만 키싱엔(Bad Kissingen)에 세운 높고 높은 동상뿐이다. 아아! 천명이여!

외국 지리 (속) / 한명수

해안과 해면 : 아시아주 서쪽 끝 밖에는 모두 해안가나 연안(沿岸)에 출입이 적고 해안선의 연장은 약 2만 천여 리나.

동해안 : 동해안 일대는 한 가닥 대화산에서부터 관통한 도맥(島脈)이 있으며 본 주 북동남변에 돌출한 캄차카 반도로부터 대륙의 지세를 따

---

45 우산(牛山)에서……눈물: 춘추시대 제 경공(齊景公)이 우산(牛山)에 올라가서 노닐다가 해가 서산에 질 무렵에 북쪽의 국성(國城)을 바라보면서 장차 나라를 두고 죽게 될 것을 한탄하여 눈물을 흘린 바 있다.
46 우유도일(優遊渡日): 하는 일 없이 한가롭게 보내는 것을 뜻한다.

라 잇달아 남쪽으로 달려 말레이군도까지 해안을 봉쇄하였다. 대륙 내해 중에 섬이 많으나 남부에 필리핀과 그 남쪽 섬들을 제외하고 모두 일본 영지요, 그 내해 중앙부에 반도 하나가 튀어나와 있으니 즉 우리 제국이다. 여기서 이북은 일본해요, 이남은 동해이며 동해 이남은 타이완섬이 있다. 이 이남에서부터 지나해이다. 본 주(洲)의 동해안은 동부에 대평원이 던져져 있고 또 일본의 나가시마(長島)가 있음으로써 본 주(洲) 중에 가장 요긴한 해안이요, 동양 무역의 요로이니, 홍콩, 상하이, 요코하마 등의 항구가 있고 또 북부에는 한난 해류가 있어 수산물이 풍부하다.

남해안 : 말레이반도, 데칸반도는 그 남쪽에 돌출해 뱅갈만과 아라비아해를 끼고 있다. 아라비아반도는 동으로 페르시아만, 서로는 홍해를 면(面)하고 있고, 말레이반도와 말레이군도 사이에 있는 말라카해협은 홍해 입구 바브엘만데부해협과 함께 유럽과 아시아가 교통하는 요로를 갖고 있다. 좋은 항구는 말라카해협의 싱가포르항과 홍해 입구 근방의 아덴항이다.

서해안 : 아나톨리아고원 서쪽에 돌출해 유럽 사이에 있는 에게해를 끼고 있으니 북은 흑해, 남은 지중해에 임한다. 이 지방은 유럽주와 협애한 해협이 막고 있는데 그 연안에 스밀라항이 있다.

북해안 : 북극양 연안에는 출입이 희소해 예니세이만과 오푸만 뿐이다. 또 연중 결빙해서 통항하기 어렵다.

기후 : 본 주(洲)의 대부분은 온대 지방이지만 북부는 북극권 안에 깊이 들어가 있어 매우 춥다. 남부는 도서 등이 적도 바로 밑에 있어 매우 뜨거우며 중앙은 해양이 멀어 대륙성 기후가 많아 한서의 차기 매우 두드러지고 비가 적다. 인도양과 지나해 연안(沿岸) 지방은 아리비아 지방을 제하고 모두 불볕더위이고 비가 많이 내리며 그 연안 섬들처럼 해양성 기후이다. 본 대륙의 북부 시베리아지방은 세계에서 가장 한랭

하며 남부 열대지방은 사계절의 구분이 없고 우기와 건기로 나뉘니 우기에는 다량의 비가 연속해서 내리고 건기는 날마다 파란 하늘에 혹독한 더위가 심하다.

방제(邦制) : 본 주(洲)는 아시아 계통 인민의 본거지다. 동부, 중앙부, 북부에는 황인종들이 주거하고 서부, 남부까지는 유럽과 아프리카 계통 인민이 주거한다. 세계 4대 종교의 교조인 예수, 석가, 공자, 마호메트도 모두 본 주(洲)에서 탄생했고, 또 중고(中古)에 2대 제국을 창건한 칭기즈칸(成吉汗), 티무르(帖木兒)는 본 주(洲)로부터 사방을 정복하였다. 지금에 이르러 구미인의 세력이 점차 침입해 본 주(洲)의 각처를 분할해 속지와 조차지가 별자리 같다. 대륙에서 가장 큰 방제 구획은 세 가지다. (1) 지나 본 주(洲) 동부 평원을 본거지로 하여 만저우, 몽골, 서장 등 지방을 포함한 대제국이요, (2) 러시아 영지 시베리아 평원과 중앙아시아를 영유하였고, (3) 영국 영지 본 주(洲) 남부 평원을 근거로 삼아 동으로 버마, 서로 뻬루지스텐[47] 등 지방을 점령하였다. 그외 본 주(洲)의 동단에 우리 제국이 있고 또 그 동에 일본국이 있고, 지나 남쪽에 태국과 프랑스 영지 인도차이나가 있고 또 본 주(洲) 서부에 페르시아국과 터키국의 영토가 있고 기타 히말라야 산하에 네팔국과 부탄국과 아리비아의 오만이 있으니 작은 독립국이다. 도서로는 동으로 일본과 북아메리카 합중국의 영지인 필리핀 군도가 있고 남동에는 네덜란드국의 영지인 말레이군도가 있다. (미완)

도량형(度量衡)을 논하다 : 기서 / 양재창(梁在昶)

도량형은 온갖 재화를 교역하는 데에 표준이 되는 것이니 한 나라의

---

47 뻬루지스텐: 미상이다.

교역이 이로 말미암아 흥하거나 망하고 한 나라의 성쇠 또한 이것에 기인한다고 말할 수 있다. 우리나라에서 예로부터 관습적으로 사용하던 제도를 보면 각 도(道)와 각 군(郡)은 우선 논할 필요 없이 놔두고, 면(面)마다 같지 않고 촌(村)마다 각각 다르며 심지어 집집마다 자신들 마음대로 제작하여 천차만별이다. 이와 같이 중대한 용기(用器)에도 일반 국민들이 가히 신빙할 만한 일정한 표준이 없으니, 심하도다. 교역 발달의 방해됨이여! 지극하도다. 농공업 발전의 부진이여! 이 또한 사회 부패에서 비롯된 결과가 아닌가. 우리나라가 각 국가와 통상 조약을 체결한 이후로 도처에 개항장이 생겼고 물품의 수출입이 빈번하여 농공상업이 번창하는 단서가 점차 열리게 되었으며 문명발달의 영역으로 점차 나아가는 광무(光武) 시대의 오늘날을 맞이하여 태극의 국광(國光)을 무극(無極)에 전하고자 한다면 이 도량형 제도를 한바탕 혁신하여 전국이 동일한 표준 기구를 사용하게 만드는 것이 정치 업무 중 급선무이다. 그러므로 지극히 자애롭고 현명하신 우리 대황제폐하께서 광무 9년 3월에 도량형법을 개정하시어 인민으로 하여금 만국에 통용되는 제도, 즉 미터제〔米突制〕를 아울러 사용케 하시고 백금(白金)으로 제조한 원기(原器)를 갖추어 도량형의 기초를 공고하게 하시니 참으로 국가의 행복이요, 2천만 국민의 행복이로다.

대저 '도(度)'는 길이를 말하고, '량(量)'은 길이, 넓이, 깊이를 말하고, '형(衡)'은 무게를 말하니, 이는 학술상 이론의 도량형이요 각국 법률상 제정한 도량형은 각기 그에 해당하는 표준 원기(原器)를 비치한 후에 통용하는 도량형 각 기구를 다 이 원기에 비교하여 제작한다. 도량형을 제조할 때에 만일 비교할 원기물이 없으면 기구를 다 일정하게 할 수 없고 또 이 원기가 만일 하나로 정해져 불변하는 물건이 아니면 또한 기구를 비교하여 일정하게 할 수 없다. 그러므로 이 원기는 대개 백금으로 제작한 후에 일정한 온도 속에 보관해두어 늘어나고 줄어두는 일이 없게 한다. 오늘날 세계에서 가장 널리 통용되는 것은 프랑스에서 창조한 미터법이니 1미터의 길이는 지구 자오선(子午線)의 4천만분의 1에 해당하고 또 오늘날 일본 제도와 같이 새롭게 만든 '척(尺)'으로 비교하면 1미터는 3척 3촌(寸)에 해당하니 1척은 곧 1미터의 33분의 10이다. '량(量)'은 '척'에 의거하여 64,827입방분(立方分)을 '승(升)'이라고 칭하니 경성시(京城市) 승의 7홉(合)[48] 5작(勺)[49]에 해당하고 각 군 평균 승의 2승과 대략 같다. '형(衡)'은 '냥(兩)'을 기본으로 하였는데 종래 사용하던 '냥'과 동일한 무게이니 1kg-1000g-의 400분의 15에 해당한다. 지금으로부터 33년 전 프랑스 수도 파리에서 17개국이 체결한 만국연합도량형회를 개최할 당시, 세계 통상상(通商上)에는 미터제 도량형을 통용하기로 결의하고 한 기계에서 제작한 백금 원기를 각기 맹약을 맺은 국가에 나누어 주고 보관토록 하여 비교의 표준을 삼게 하였으니 이는 미터제가 가장 정확하고 편리하기 때문이었다.

지금 우리나라의 도량형 기계 제조는 농상공부 도량형 제조소에서 제조하고 일체 사적인 제조를 허용치 않으니, 이는 물질 및 종류, 형상 및 구조를 전국이 동일하게 하려는 데에서 비롯된 것이지 결코 이익을 취하려 함이 아니다. 또 이렇게 제조한 기물도 다시 검정소에서 검정을 시행한 뒤에 그 기물이 합격 판정을 받아야 검인(檢印) 및 증인(證印)을 찍어주니 도량형 기물은 반드시 검인이 있은 뒤에야 신용할 수 있으며, 사용 중에도 임검원(臨檢員)이 항상 순회하며 현장 검증을 함에 부정확한 기구는 일체 사용할 수 없게 하고 또 실시 후에 매 5년마다 정기 검정을 받게 한다. 이렇게 하면 몇 년 지나지 않아 전국에 통일된 제도를 볼 수 있을 것이다. 작년 11월부터 우리나라 대도회(大都會)인 경성과 제일의 개항장인 인천에 실시한 결과를 대략 들면, 그 수입 가격이

---

48 홉(合) : 용량의 단위로, 1승(升)의 10분의 1이다.
49 작(勺) : 용량의 단위로, 1홉(合)의 10분의 1이다.

5천여 원에 불과하여 실로 예상액의 10분의 1도 채우지 못했다고 하니 그 외 각 중요한 해안 지역과 철도 길가 지방을 금년 중으로 실시한다고 하더라도 우리나라 농상공업의 발달 정도가 아직 유치하고 매우 낮은 수준임을 이것으로 미루어 알 수 있다. 그러나 쇠퇴한 뒤에 성대해지고 어린 아이가 성장함은 당연한 이치이다. 오늘날 새로운 제도의 실행이 머지않은 장래에 만족스런 결과를 만들어내면 부패한 상권(商權)도 회복할 수 있을 것이고 열등한 공업도 개량해나갈 수 있을 것이다. 농산물의 이익이 증가할 것이요 수출이 전보다 배가 되어 부강국의 기초가 확립될 것이다. 그렇게 되면 쇠약케 하려 한들 어찌 가능하겠으며 부강치 못하게 하려 한들 어찌 걱정할 바 있으리오.

경찰정탐(警察偵探) / 장계택(張啓澤)

우승열패(優勝劣敗)는 천연의 경쟁이요, 연마할수록 정밀해지는 것은 인사(人事)의 진보이다. 현시대 문명의 등급이 지극히 발달하고 지극히 정밀하여 정치·과학 및 각종 철학을 단지 일부분만을 들어서 표면을 보여주면 비록 작고 보잘 것 없지만 그 가운데 포함된 의의는 광대하고 정교하여 세계의 진화를 재촉할만한 것이 곧 현 세계 각국에 가장 발달한 경찰정탐학(警察偵探學)이다. 정탐학은 먼저 프랑스에서 기원한 뒤에 영국·미국·독일·러시아 등 여러 국가에서 성행하였으니, 이것은 학문이 아니라 기술의 일종이다. 그러나 이것 또한 배우지 않으면 그 기술을 다할 수가 없으므로 그것이 어떤 것인지를 개술하겠다. 일본 메이지유신 이전에 형사 사건을 담당하는 순사가 정탐의 수단을 사용하였고 비록 정탐의 연원과 규범을 저술한 책이 있었으나 아이들의 장난 같음을 면하지 못하였고, 그 뒤에 인정세태가 세계의 문명을 따라 천변만화함에 오늘날의 교묘한 속임수에 이르니 말하기는 쉬워도 행하기는 어렵다는 것이 이것이다. 그 정탐의 능함과 능하지 않음을 말한다면 먼저 이 세상의 교묘한 속임수를 쓰는 자로 하여금 나의 교묘한 속임수 속에 들어가도록 하며, 저 사람의 지혜와 상상력이 미치는 바로 하여금 먼저 내 마음속을 헤아려도 저 사람이 깨닫지 못하게 한 뒤에야 바야흐로 정탐의 기술을 다하였다고 할 수 있다. 이러한 까닭에 강도·절도·간음 등 온갖 어긋난 무리가 신귀(神鬼)의 기이한 술법을 잘 피할지언정 정탐하는 자의 시선에서 잘 달아나는 이가 없다는 것이 어찌 헛말이겠는가.

동서고금을 막론하고 경찰정탐이 발달하지 못하면 상하의 관리가 그 권한을 멋대로 사용하며 단지 문사(文辭)를 쓸데없이 꾸밈으로써 명성을 헛되이 낚아서 행정(行政)하는 데 사용하니 이것은 도적에게 도적을 잡게 하고 흉악한 자에게 남의 흉악한 일을 금하게 하는 것과 다름없다. 무고하게 죽은 슬프기 짝이 없는 백성이 얼마나 될지는 모르지만 큰 죄를 저지르고도 천지에서 한가로이 사는 자가 부지기수이니 이것은 나라에 경찰이 없는 까닭이다. 그러고도 나라가 다스려진 경우는 없었다.

오늘날 이 정탐의 기술을 연구하는 데 있어 먼저 용모를 가지고 사람이 삿된지 바른지를 헤아려 아는 일만 한 것이 없고, 마음속에 두고서 밖으로 드러나는 것은 눈빛에 드러나는 것만 한 것이 없다. 이러한 까닭에 맹자가 말하기를 "그 눈동자를 보면 어떤 사람인들 알지 못하겠는가?"라고 한 것이다. 혹시 많은 사람이 모인 가운데 시험 삼아 사람들의 눈동자를 보면 보통 사람은 남을 볼 때 반드시 그 얼굴을 보고 간사한 사람은 남을 볼 때 반드시 그 호주머니를 살핀다. 또 예컨대 전차 위에 남녀가 많이 타고 있는 가운데 보통 사람은 여자를 볼 때 무심하지만 간사한 사람은 여자의 의복과 언어, 행동이 어떠한지를 먼저 살피니, 이것은 보통 사람이 모두 알기 쉬운 것이다. 그러나 도둑질을 깊이 알지 못하는 자는 도둑의 정형(情形)을 알 수가 없고, 사기술을 알지 못하는 자는 또한 간사한 자가 하는 짓을 깨달을 수가 없으니 도둑의 암호를 먼저 살피어 안 뒤에 정탐하는 법이 어떠한지를 배울 수가 있다. 시계를 '만지유'라 하고 단련함을 '웅우즈'라 하고 비녀를 '오가루'라고 하는 것은 모두 도둑의 용어요, 동쪽을 서쪽이라 하고 북쪽을 남쪽이라 하고 미녀를 '다라'라고 하는 것은 모두 간음하는 자의 용어이다. 그러나 이러한 이야기를 알지만 주밀(周密)한 수단이 없고 용기와 담력이 없으면 정탐에 충분하지 않고, 만약 단지 용기와 담력만 있고 추측하는 생각이 없으면 또 반드시 정탐할 시기를 잃는다. 그러므로 반드시 용기와 담력을 함께 갖추고 임기응변하며 사기술에 정교한 뒤에야 바야흐로 정탐하는 이가 기술에 능하다고 할 수 있다. 이 일이 도덕과 더불어 서로 들어맞지 않는 것 같지만 정탐을 배우려고 한다면 이 기술에 신묘하고 밝게 알고 변통하는 방법이 아니면 목적을 달성할 수가 없다. 그러므로 현재 일본 경시청 내에 형사·순사강습회를 특설하고 정탐의 기술을 깊이 연구하는 것이 이 방법으로 응하는 것이다.

정탐하는 자들은 능한 기술이 각기 같지 않고 형체 없는 것을 보고 소리 없는 것을 듣는다. 그런데 보고 듣는 사이에 반드시 잠잠해야 하고 움직여서는 안 되며 고요해야 하고 시끄러워서는 안 되며 거리에 도는 소문에 반드시 주의해야 하되 형체와 자취를 드러내지 않고서 조용히 말해야 한다. 그리고 반드시 정탐되는 사람이 나를 믿어 의심이 없도록 만들면 어떤 사람이 갑자기 나에게 "누구누구는 도적, 누구누구는 간음한 자"라고 알려주지만, 이때에 거짓으로 그 사람이 도둑이 아니라고 응답하지 말고 알려주는 사람이 도둑인지 여부를 반드시 속히 살펴야 하고, 곧 살피어 도둑인 줄 알고도 역시 거짓으로 모르는 척하고 서로 친하게 교제하여 도둑들의 소식과 기관을 내 머리 속에 모두 넣으면, 이것은 도둑 하나를 유인하여 많은 도둑을 잡는 기술이다.

정탐하는 자가 도로에 걸어 다닐 때 주의해야 할 것이 있다. 눈이 오른쪽을 향함에 괴기한 것을 살피고 귀가 왼쪽을 향함에 이야기를 들으며, 더러는 보아도 보지 못하고 알아도 알지 못하며, 더러는 알지 못하면서 아는 척하며, 더러는 상인으로 가장하고 더러는 귀머거리가 되고 병자가 되고 거지가 되는 등 각종 변환(變幻)은 모두 정탐하는 자가 교묘하게 꾸며 속이는 기술에 능한 것이다. 도둑의 교묘한 속임수는 항상 보통사람의 지식을 넘어서는 까닭에 내가 잘 숨기지 못하면 도리어 도적에게 정탐을 당하여 제 목숨을 상하는 경우가 십중팔구요, 위험이 막심한 까닭에 시시각각 주의하여 잠시도 방심하면 안 된다.

몸소 정탐하는 자에게 또 가장 긴요한 방법이 있으니, 그것은 그림이다. 더러 큰 범죄가 발생할 때 반드시 그 장소에 다가가서 먼저 그 방향을 정하여 모든 물건과 발자취 및 다친 사람의 상태를 일일이 그리면 뒷날 이것으로 정범(正犯)을 찾을 수 있고, 또 재판관이 참고로 삼는다. 만약 그림이 없으면 단지 변호사의 변론에 기대어 그 안건을 궁구함에 반드시 정확할 수가 없다.

근래 각종 학문이 발달하는 가운데 살인자의 방법도 날로 진보하여 각종 괴상하고 의심스러운 일이 있다. 그 이치는 먼저 목 졸라 죽이고 전차궤도 위에 놓아서 전차가 그 시체를 치게 하여 살인죄에서 벗어나려는 경우가 있으며, 더러 전기를 써서 죽이거나 더러 독약을 써서 죽이면 이것은 모두 일반적인 사람이 한 번 보아서는 별로 증명할 만한 점이 없으나 정탐하는 기술도 진보 발달하여 더러 의학 이론으로 해부하여 살펴 깨닫는 경우가 간간이 있으며, 더러 최면술로 은밀하게 탐지하는 경우가 있다. 이러한 까닭에 정탐의 기술을 배우고자 하면 의학과 최면술이 가장 필요하다.

모든 일은 반드시 원인이 있는 뒤에 결과가 있으니 도둑질의 결과는 말을 기다릴 것도 없다. 그 원인을 보통의 경우로 말하면 반드시 가난해서라고 말하는 자가 다수이다. 그러나 세심하게 연구하면 모두 이익을 좋아하는 마음에서 나왔으니, 사람이 이와 같다면 가난한 이만 이익을 보고 도둑질할 마음을 일으키는 것이 아니라 종종 부자도 도둑질하는 경우가 있다. 이밖에 더러는 잡기, 색정, 음주, 부랑 등이 모두 가난한 이가 한 일은 아니나, 남의 재물을 보고 훔칠 생각을 하며 색정을 좋아하여 음란한 생각을 하는 것과 원래 같다. 그러므로 경찰관이 마땅히 도둑 따위를 조사하려고 한다면 먼저 직업이 없는 자, 가난한 자, 색정을 좋아하는 자, 술과 잡기를 좋아하는 자, 부랑자 등을 먼저 미루어 살피면 그 원인이 대개 이 밖으로 넘어가지 않는다. (미완)

광물 : 수정과 석영 / 박상락(朴相洛) 역술

수정은 도장을 만드는 재료와 옥 및 각색 장식품에 많이 사용된다. 외형을 보면 유리와 같으나 이를 입술에 대보면 유리보다 한층 더 차가운 느낌을 느낄 수 있다. 또 유리보다 단단한 까닭에 수정의 모서리로 유리면에 쉽게 상흔을 낼 수 있다. 수정의 천연형(天然形)은 6각형이고 그 끝이 송곳처럼 예리하다. 또 다수의 수정을 볼 때 그 형태가 혹 넓고 평평한 것도 있고, 혹 한 면이 넓고 다른 면이 좁은 것도 있으며, 때로는 길고 때로는 짧아 대개가 동일한 것이 없으나 그 면과 면이 교합한 각도를 재면 어떤 모습의 수정이라도 거의 차이가 없다. 이와 같은 광물이 일정한 각도로 천연의 형체를 이룬 것을 결정체라 말하니 유황, 식염, 명반(明礬)-백반-, 석고, 방해석(方解石) 등과 같이 일정한 형태를 이루는 것이 다 결정체이다.

수정의 성분은 순수 규산(硅酸)이라는 물질로 이루어진 것이니 그 결정은 암석의 간극 혹은 빈 곳에서 군생(群生)한다. 백반의 결정이 그 용액 중에서 만들어지는 것처럼 그 생성하는 상태는 물에 용해된 규산이 그 용액에서 분리되어 결정(結晶)으로 된다. 이처럼 결정이 될 때에 다른 물질이 그 속에 혼입하면 가지가지의 색이 출현한다. 즉 자수정, 흑수정이 그것이다. 또 다른 광물을 포함해 결정된 것도 있으니 초입수정(草入水晶) · 태입수정(苔入水晶) · 묘청석(猫睛石) · 호청석(虎睛石) 등이 이것이다. 수정의 산출지는 각처에 많으나 일본에서 가장 유명한 장소는 가이(甲斐) · 미노(美濃) · 오우미(近江) · 호키(伯耆) · 이와키(磐城) 등지니 가이에서는 무색투명한 수정과 초입수정 · 태입수정 등이 나오고, 호키와 이와키에서는 자수정이 나온다. 오우미와 미노에서는 흑수정을 생산한다. 이 중 이와키를 제외하고는 수정의 결정이 모두 화강석 간극에 만들어져 있었다.

규산으로 조성된 광물은 수정 이외에도 많으니 이를 총칭하면 석영(石英)이다. 수정은 즉 석영 중에서 가장 투명하고 잘 결정된 것이다. 석영은 그 색이 흰색 · 갈색 · 회색 · 흑색 등이 있고 경도는 수정과 대략 같고 결정은 많은 암극 사이에서 만들어지며, 혹 가지가지의 암석 중에 포함한 것도 있고 혹 석회석과 같은 큰 바위를 이룬 것도 있다. 또 하천의 밑바닥, 해변, 강변 등지의 흰 모래 속에 많은 양이 혼재한다.

석영의 주 사용처는 유리제조의 원료로 공급되는 것이다. 또 석영의 일종으로 마노(瑪瑙)라 말하는 것도 있으니 색은 적색 · 갈색 · 백색 · 녹색 · 흑색 등이 있고 혹 이러한 색들이 줄무니 모양으로 아름답고 짙은 광채를 냄에 장식품으로 많이 사용된다. 이 마노는 암석 속 틈에서 나며 흔히 혹과 같은 형태의 덩어리를 이룬다. 마노가 처음에 동굴의 내벽에서 침전한 다음에 내부에서 성장하기에 중심에 아직 틈이 남아 있는 덩어리도 있다.

양돈설(養豚說) / 김진초(金鎭初)

돼지는 동물학상 되새김질을 하지 않는 우제류(偶蹄類) 돈족(豚族)에 속하는 가축이다. 지나에서는 4,800년 전, 이집트에서는 3,500년 전에 이미 가축으로 길들였다는 증거가 있고 오늘날에는 세계에서 널리 사육하는 바이며 특히 온대 지방에서 더욱 번성한다. 우리나라 양돈(養豚)의 경우는 풍토가 적당하고 자고로 농업이 먼저 흥한 까닭에 양돈도 또한 흥하였으나 사육법이 미숙하고 이용법에 어두우며 투기적으로 양돈하는 자가 많아 장구히 호황을 보이는 데에 이르지 못하였다. 세계에서 양돈으로 가장 유명한 것은 미국과 오스트리아-헝가리 제국이다. 특히 미국은 세계 제일의 양돈국이라 불리는데, 사육하는 마릿수가 실로 4,700만 여를 상회하여 생산품의 수출이 영국의 경우만 매년 1억 5천만 원 이상에 달한다. 유럽 전체에 있는 돼지의 수는 총계 6천만 마리인데 그중 독일은 1,600만, 러시아는 1,400만, 오스트리아는 1,200만, 프랑스는 600만, 영국은 300만, 벨기에는 100만 마리다. 지나는 양돈이 매우 번성한 나라지만 마릿수가 분명치 않고, 일본은 원래 우리나라의 문화를 수입한 이후로 불교가 흥성하여 식육(食肉)은 소든 돼지든 알지 못하다가 근년 메이지 이래로 풍속이 변하여 식육의 정도가 증진하여 양돈도 하는데 21만 3천여 마리가량에 달한다.

돼지는 풍토 변화를 감당하는 성질이 강해서 한난습윤 어떤 데라도 잘 적응하고 또 사료를 별로 가리지 않고 동식물의 음식을 아울러 먹는 까닭에 부엌과 농장 등의 잔여물과 폐물을 이용하여 도처에서 임의로 사육할 수 있으며 또한 연수(年數)가 많거나 적거나를 막론하고 아무 때라도 육용(肉用)이 적당하고 고기 맛도 좋으며 고기의 저장이 용이하다. 또한 번식력이 대체로 왕성하여 생장이 매우 빠르고 살이 잘 찌는 까닭에 자본운용 상에 극히 편리할 뿐더러 소자본으로도 용이하게 사업을 시작할 수 있는 이점이 있다.

현재 우리나라의 형편을 살피건대 인구가 증가하고 문화가 점진하여 의식(衣食)의 정도가 크게 나아져 한편으로는 육류가 결핍되어 고깃값이 쓸데없이 오르고 한편으로는 농가 경제가 곤란하게 되니 이러한 때를 맞아 어찌 구제책을 취하지 아니하리오. 그 구제책은 즉 양돈의 책이니, 농업국의 인민 된 우리 동포는 천만 분발하여 농가의 부업으로 양돈업을 일으켜 한편으로는 육류의 결핍을 보충하고 한편으로는 농가의 곤란을 구제하여야 할 것이다.

돼지에는 유럽 돼지와 아시아 돼지 두 종류가 있으니, 유럽 돼지는 유럽의 멧돼지를 길들인 것이요 아시아 돼지는 인도의 멧돼지를 길들인 것이다. 유럽 멧돼지는 유럽 및 북아프리카 등지에 야생하는데, 머리는 좁고 길며 얼굴은 곧게 뻗으며 심히 길다란 송곳니가 있고 몸의 발육이 좋지 않다. 인도 멧돼지는 이에 반하여 머리는 짧고 넓으며 이마가 직립하고 코뼈와 송곳니는 심히 짧고 대개 우등한 체격을 지니고 있다. 원래의 종이 이미 이러하여 그 후종(後種)이 된 돼지의 체격도 자연히 우열이 생기니 아시아 돼지는 유럽 돼지에 비해 한참 우량한 성질을 지닌다.

북창예어(北牎囈語) / 대몽생(大夢生) 최남선(崔南善)

  △

"인물의 가치를 논정(論定)하는 일에 법칙이 있는가." "있다." "그 법칙이 무엇인가. 사업이 잘되는지 여부로 재는가. 아니면 공적의 크기로 재는가." "아! 대인은 일을 지음에 성패를 개의치 않으며 사업을 만듦에 크기를 차별하지 않으니, 만약 성패가 마음을 움직이고 크기가 눈에 어른거리면 저 사람은 위인이 아니라 범부(凡夫)요, 범부가 아니라 범부 중에서도 평범한 자이다. 먼저 그 사업이 실행될지 여부를 보고 다음으로 얼마나 어떻게 힘써야 하는지를 본다. 만일 그 경영하는 바가 천리(天理)의 바름에 맞으면서 온 마음과 힘을 다 써서 죽은 뒤에야 그친다면 비록 그 일이 실패하고 그 일신이 망가지더라도 그 훌륭하고 바른 기상과 그 탁월한 절조는 천지와 생명을 함께할 것이니 자잘한 성패야 어찌 논의할 만하겠는가! 만약 성패와 잘 되는지 여부로 인물을 평가한다면 카르타고의 한니발(Hannibal)과 송(宋) 말엽의 문천상(文天祥)은 모두 반 푼의 가치도 없지만, 탁월한 절조와 훌륭한 기상에 관해서라면 백대(百代)에도 그 짝을 보기 드물다. 그러니 만약 스키피오(Publius Cornelius Scipio)[50]와 장홍범(張弘範)[51]이 1냥의 가치가 있다고 하면 한니발과 문천상은 실로 수만 냥의 가치가 있는 것이요, 스키피오와 장홍범이 가령 한 푼의 가치도 없다 하더라도 한니발과 문천상은 실로 더없이 높은 가치를 가지고 있다. 인물을 해부하여 가치를 논정하는 데 기상과 절조로 할 수 있을지언정 사업의 성패와 공적의 크기로 해서는 안 되니, 만약 이처럼 비천한 사상으로 인물을 품평한다면 형산(荊山)의 옥이 기와장이나 자갈과 같은 값으로 매겨지고 대완(大宛)의 말이 대머리 당나귀와 같은 값에 팔릴까 적이 걱정된다."

△△

나는 언제나 박랑사(博浪沙)에서 부거(副車)를 잘못 맞추어 철퇴를 던져 버리고 하늘을 우러러 한탄하며 흐느끼던 포의의 장량(張良)이 세 치 혀로 제왕의 스승이 되어 매우 신임받고 공을 이루어 명성을 떨친

---

50 스키피오(Publius Cornelius Scipio) : B.C. 236-184. 로마의 정치가, 장군이다. 새 전술과 무기 개량 등으로 로마의 전법을 일신하였다. 202년 자마(Zama)에서 한니발을 물리쳤다.

51 장홍범(張弘範) : 1238-1280. 원나라의 장군으로서 남송을 멸망시키는 데 큰 공을 세웠다. 1278년 오파령(五坡嶺) 전투에서 문천상을 사로잡았다.

유후(留候) 장량보다 백 배 천 배 위대하다고 생각한다. 앞의 장량은 해와 별을 꿰뚫는 기개, 하늘과 땅을 가득 채우는 의기(意氣)로 찰나의 사이에 운명을 결정하고 험난한 가운데 공효를 거두어들이려 하는 깨끗한 마음을 가진 진실한 사내였는데, 뒤의 장량은 당연히 해야 할 일을 하고 이룰 만한 형편에서 이루어 전부 운수에 의지하고 전심전력은 무시하는 시대와 운명을 잘 만난 사람이다. 그러니 앞의 장량은 스스로 움직이는 인물이요 뒤의 장량은 남에 의해 움직이는 인물이며, 앞의 장량은 우직하지만 순박하고 뒤의 장량은 재빠르고 슬기로우나 기이하고 교묘하며, 앞의 장량은 그 가치가 고귀하여 더불어 논할 수가 없으나 뒤의 장량은 비천하지는 않지만 그다지 고귀하지도 않다. 앞의 장량은 그 위대한 인격과 열렬한 기개를 중대하게 여기며 숭배할 만하지만 뒤의 장량은 그 애호할 만한 점만 보이고 숭앙하고 사모할 만한 점은 보이지 않는다.

　△△△

썩은 동아줄은 사나운 말이 미처 날뛰는 것을 막을 수 없으며, 썩은 나무는 큰 집의 마룻대나 대들보로 이바지될 수 없다. 나는 부패한 국민은 개혁의 중대한 임무를 맡길 수 없음을 여기서 알았다.

　△△△△

나라를 흥하게 함이 비록 어려우나 나라를 망하게 함이 어려운 것만 못하고, 백성을 구제하기가 비록 어려우나 백성을 도탄에 빠뜨리기가 어려운 것만 못하다. 어찌하여 그러한가? 나라를 흥하게 하는 데 필요한 희생도 적지 않으나 나라를 망하게 하는 데 필요한 희생이 더 많으며, 백성을 구제하는 데 필요한 세월도 짧지 않으나 백성을 도탄에 빠뜨리는 데 필요한 세월은 더 길기 때문이다.

　△△△△△

수령은 임금의 근심을 나누어 중요한 지역을 지키고 백성을 가까이

하여 많은 공적을 다스리는 자이다. 한 번의 좋은 정치와 한 번의 나쁜 정치, 한 번의 밝은 정치와 한 번의 어두운 정치가 민생에 절실하게 느껴지지 않는 것이 없다. 그 임무의 중대함과 직책의 어려움이 보통의 관리와 더불어 동등한 기준으로 논해서는 안 되고 관리 선발을 맡은 자도 뽑아서 임용하는 것을 더욱 신중하게 하지 않아서는 안 되니, 만약 조금의 사사로움이라도 그 속에 끼어있다면 백성이 원망하는 소리가 하늘을 뚫고 땅에 가득할 것이다. 그런데 지금 장고관(掌考官)은 오로지 뇌물로 인물을 평정(評定)하고 돈으로 수령을 팔아서 귀머거리, 장님, 절름발이, 앉은뱅이가 뒤섞여 함께 벼슬하러 가니 수령이 날마다 바뀌는데 민생은 날마다 괴로워지고, 수령은 날마다 부임하는데 민생은 날마다 피폐해질 뿐이다. 어찌 일찍이 보리이삭이 두 개씩 달리는 풍년의 상서와 사람들이 바지 다섯 벌을 가졌다고 부유함을 자랑하는 선정이 있었을 것이며, 염교와 물을 닮는 현명함[52]을 깨달아 봄바람과 같은 어진 정사를 부쳤겠는가. 온 세상을 둘러보아도 백성의 고혈을 쥐어짜 땅 껍질을 물어뜯게 하여 언제나 다른 겨를이 없는 것은 모두가 다 그러하니 진실로 개탄스럽다. 어느 날에 저연(褚淵)[53] 같은 이가 내상(內相)이 되어 금을 물리쳐 남에게 돌려주며, 왕혜(王惠)[54] 같은 이가 내상이 되어 편지가 모여도 쳐다보지 않으며, 청렴하고 바른 선비를 등용하기를 모개(毛介)[55]처럼 하며, 빈곤하되 검소함을 지켜 이익을 구

---

52 염교와……현명함 : 지방 장관의 선정을 뜻한다.

53 저연(褚淵) : 435-482. 남조 송(宋)·제(齊) 교체기 때의 관리이다. 청렴하다는 칭송이 있었으나, 결국 송나라를 배신하고 제나라를 건국하였던 일로 많은 비난을 받았다.

54 왕혜(王惠) : 385-426. 남조 송나라 관리이다. 이부 상서(吏部尙書)로 있을 때 사람이 편지를 보내 관직을 청탁하면 보지 않고 대들보 위에 얹어두었는데, 이것이 퇴직할 때까지 그대로 있었다.

55 모개(毛介) : ?-? 삼국시대 위(魏)나라 관리이다. 조조가 승상이 되자 동조연(東曹掾)에 임명되어 관리 선발을 맡았는데, 청렴결백한 선비만 뽑고 청탁을 배제하여 당시의 사풍(士風)을 일신시켰다.

하지 않기를 강담(江湛)[56]처럼 하여, 바른 선비만을 등용하고 삿된 사람을 쫓아내어 백성의 생업을 편안하게 하고 백성의 생활을 바로잡을지 모르겠구나. 아아! 관리 선발을 맡은 자가 이미 적임자가 아니니 수령 중에 공수(龔遂)·황패(黃霸)·두시(杜詩)·소신신(召信臣)[57]처럼 선정을 베푸는 자가 없는 것이 어찌 괴상하겠는가!

△△△△△△

하늘이 사람을 태어나게 함에 어찌 가난과 부유함을 나눈 이치가 있겠는가! 인간에게 가난과 부유함의 차이가 있는 것은 필경 사회의 죄이니, 불공평과 불균등이 이보다 더 큰 것은 없다. 어떤 이는 창고에 재물이 가득하고 집 또한 황금과 보석으로 사치하게 꾸며놓고는 호화롭게 음식을 많이 차려서 시중드는 여종이 수십 명에 이르고, 어떤 이는 초가집에 살며 비바람도 가리지 못하고 누더기로 기운 삼베옷을 입고 주린 피부가 반나마 드러나며 하루 두 끼를 바라지만 쌀을 살 돈도 없고 밤에는 자려고 해도 편히 누울 자리가 없어 끝내 종이를 삼켜 요기하고 잣을 먹어 배를 채우니, 하늘이 어찌 저쪽에는 후대하고 이쪽에는 박대하며 저쪽에는 재앙을 내리고 이쪽에는 복을 내리겠는가? 이것은 명백하게 사회의 죄악이니, 이것도 참을 수 있다면 무엇을 참을 수 없겠는가. 누가 이 가련하고 허물없는 빈민을 위해 토지와 재산을 그들과 균등히 나누어 빈부 차이의 관문을 타파할 것이며, 온 천하의 빈민 부락을 영원히 없애서 이 세계를 행복과 즐거움이 가득 찬 극락정토로 만들 것인가.

---

56 강담(江湛) : 408-453. 남조 송나라 관리로, 이부 상서로 있을 때 각박하고 엄격하다는 비난이 있었지만 공평무사하게 업무를 처리했다.

57 공수(龔遂)·황패(黃霸)·두시(杜詩)·소신신(召信臣) : 선정을 베푼 지방관으로 유명하다. 공수와 황패, 소신신은 전한 때 사람이고, 두시는 후한 때 사람이다. 각각 공황(龔黃)과 소두(召杜)로 병칭된다.

파면종(破眠鐘) / 신상호(申相鎬)

○ 2천만 동포여. 항상 천하의 대세가 변천하는 양상을 주목하고 잘 살펴보라. 옛날 형제 같던 미·일 양국의 관계가 지금은 원수같이 갈등이 생기지 않았는가. 경쟁하는 이 시대의 국제관계는 아침저녁으로 바뀌니 실력 준비에만 주의할 것이요 현재 쇠퇴하는 국운을 쓸데없이 탄식하지 말라. 천제께서 영웅에게 시대의 형세를 만들어주실 것이다.

○ 세상 사람들이 말만하면 반드시 칭하기를 "비상한 시대에는 비상한 인물이 탄생하여 비상한 사업을 달성한다."라고 하니 비상한 인물은 어떠한 인물을 말하는가. 굳게 참고 견디어 마음이 흔들리지 않고 백 번 패해도 좌절하지 않는 인물이다. 현재 우리 한국의 현상을 관찰하니 최후의 승리는 결코 짧은 지식과 얕은 꾀로 인심을 농락하는 재주꾼의 머리 위로도 떨어지지 않고, 물 흐르듯 유창한 말솜씨로 한 시대를 놀라게 하여 탄복시키는 논객의 머리 위로도 떨어지지 않고, 넓은 학식과 많은 견문으로 탁상공론을 주창하는 학자의 머리 위로도 떨어지지 않는다. 다만 국민의 의무를 알아서 검수지옥(劍樹地獄)과 도산지옥(刀山地獄)[58]을 낙원으로 간주하여 한 번 패해도 또 하고 천 번 패해도 또 하는 위험을 무릅쓴 용기 있는 남아의 머리 위에 떨어질 것이니 이러한 자가 우리 한국의 비상한 인물이다.

○ 세상 사람들이 왕왕 현재의 한국을 말하면서 장래의 한국을 논하지 않으니 이는 무엇 때문인가. 아마도 미래의 일이 말한 바와 부합하지 않을까 두렵기 때문이리라. 그러나 이러한 문명 세계에 처하여 20세기 인류 호적 안에 자기의 성명을 기재한 우리 국민이 백년지계를 세우지 못하면 어찌 국가의 독립을 유지하는 국민이라고 할 수 있겠는가. 배운

---

58 검수지옥(劍樹地獄)과 도산지옥(刀山地獄) : 칼을 나무처럼 꽂아놓은 지옥과 온통 칼로 된 산으로 이루어진 지옥을 말한다.

것 없이 담력만 큰 일개 서생의 말을 좀 들어주시오. 우리 한국의 장래 대사업을 성취하려면 우선 몹시 강건하고 매우 활발한 국민을 새롭게 양성해야 그 목적을 달성할 것이 아닌가. 그러한즉 새롭게 양성하는 장소를 어떠한 지방으로 정하는 것이 적당하겠는가. 현인이 말하기를 "지극히 높은 사상을 함양하고자 하면 세속의 먼지를 허용하지 않는 세계 밖의 세계에서 노닐지 않으면 안 된다"라고 했으니 이와 같이 '독립 자유'의 국민을 만들고자 하면 반드시 독립 자유의 제조 장소가 많이 필요하다.

태극학회 찬축가(贊祝歌) / 팔십옹(八十翁) 채동제(蔡東濟)

태극이여 태극이여 일편청구(一片靑邱) 태극이로다
태극이여 무극(無極)이여 무극이 유극이로다
젊은 동포 학생분들 태극기 아래 단체로다
일심의 단체 열심으로 하는 일은 정신 연구의 학문이니
학문 발달 이룬 후에 신춘화기(新春和氣) 돌아와서
태극기를 높이 들면 사해 중에 빛이 나고
태평한 건곤일월(乾坤日月)에 뭇 생물도 초목도 즐거우리
여와 씨 몸이 되어 돌을 벼려 하늘을 떠받친 것 아닌가[59]
도탄에서 생명을 구하여 배 만들고 노를 저어 건넌 것이로다
우리 군주 요순(堯舜)에 이르러 절로 다스려지는 세상 볼지로다
어화 우리 태극회원 불원천리(不遠千里) 바다를 건넌 것은

---

59 여와 씨(女媧氏)……아닌가 : 여와(女媧)는 흙으로 인간을 빚어 만든 여신이다. 하늘을 떠받치는 4개의 기둥이 부러져 큰 혼란이 일어나자 오색의 돌을 벼려 뚫린 하늘을 메웠다는 신화가 『회남자(淮南子)』에 나온다.

일심 진보로 졸업 후에 소원 성취하려는 것 아닌가
대한의 건곤(乾坤) 태극학회여 만세 만세 억만세의 기초로다

제석만필(除夕漫筆) / 이승현(李承鉉)

고국산천 떠난 후에 세월은 물처럼 덧없이 흘러
대한 광무 11년이 어언간에 돌아왔네
돌아보건대 3천리 강토 동포들 무사한지
우리 학생 청년들 문명의 진보 첫걸음일세
정치 법률 경찰학과 의농공상(醫農工商) 실업 위에
부지런히 힘을 써서 국가의 대들보 되어보세
객창한등(客窓寒燈) 깊은 밤에 책을 펴고 잠 못 이루네
온고지신(溫故知新) 한 후에 서넛의 동지 문답할 제
사정없는 저 풍설(風雪)은 훌훌 불어 창을 치고
똑똑 가는 시계 소리 인생 백발 재촉한다
정좌하고 홀연 생각하니 음력 제석(除夕) 오늘일세
어화 우리 동포님네 이내 말씀 들어보소
양력 음력 새해 묵은해가 별안간에 다 지나니
우리 학업 진취함도 때를 맞춰 새롭게 해볼까
도소주(屠蘇酒) 수복병(壽福餅)과 무당에게 길흉 묻기
부귀공명 축원하기 허식(虛飾)과 의절(儀節) 그만두고
세배한 후 첫인사에 국민 의무 서로 권하여
2천만 인구 머릿속에 애국정신 가득 부어
비나이다 비나이다 일심 단체 비나이다

동유(東遊)하는 도중에[東遊途中] 漢 / 위재(爲齋) 이규영(李奎濚)

기적소리 한 번에 먼 길에 올라서니	汽笛一聲路遠登
한성 섣달 새벽 공기 차갑게 엉겼구나.	漢城臘月曉寒凝
추풍령 내려가니 하늘에서 첫눈 왔고	秋風嶺下天初雪
삼랑진 나루 가엔 강물 얼지 않았었지.	三浪津頭水不氷
일본 경역 들어와서 문화 진보 잘 알았고	入境儘諳文化進
바다를 건너오니 감회 한층 깊어졌다.	渡洋更覺感懷增
만리타향 신바시역(新橋驛)에서는	殊方萬里新橋驛
아직도 고국의 벗 환영하여 주는구나.	猶有歡迎故國朋

감흥이 일어나다[有感] 漢 / 정석내(鄭錫迺)

이역만리 산하라도 친해졌기 때문일까	關河萬里却相親
차츰차츰 가는 세월 새로워진 줄 몰랐네.	荏苒歲華不覺新
봄 또 와도 학문 무예 진보 없어 부끄럽고	春來不復憖書劍
하늘 바깥 옛 친구를 그 뉘라서 기억할까.	天外誰能憶故人
목놓아 노래해도 지음(知音)은 드문 외국	放歌殊域知音少
고향 땅 돌아보는 건 꿈속에나 빈번한 일.	回首鄉園入夢頻
이 시절에 와신상담 잊지 못하는 일은	嘗膽此時難忘事
공 이루어 보국함이지 내 몸 위함 아니라네.	功成報國不謀身

다정다한(多情多恨) : 사실소설 (전호 속) / 백악춘사(白岳春史)

5.

선생은 지금까지도 어떤 죄명으로 옥중에 이렇게 갇힌 것인지 알 길이 만무하여 가슴이 답답하고 심회가 분울(憤鬱)한 중에 창틈으로 저편을 바라보니 건너편 옥간(獄間)에도 이 방 저 방 죄인이 가득한 중에 어떤 5·6인의 동지 무리가 그 사이에 갇혔는지 또한 선생과 동일한 모양의 고초로 신음하더라. 피차간 서로 마음을 한마디도 말로 나누지 못하고 눈만 껌벅껌벅 서로 바라보며 일신의 운명을 하늘에 맡기고 다만 하늘의 해가 다시 밝기만을 밤낮 기다리더니, 하루는 중죄인 문초령(問招令)이 추상같이 내리자 저편으로 한 사람씩 잡아내어 수 시각을 문초한 후에 다시 옥간으로 내려보내니 이 사건이 전체 어떠한 사건인지 죄안(罪案)이 어떠한 명목인지 목전에 닥쳐온 대의옥(大疑獄)이 무엇인고? 선생의 타는 마음 실로 측량키 어렵구나!!! 이윽고 선생의 차례가 돌아와서 수많은 순검에게 옹위(擁衛)되어 제단에 나아가는 양같이 문초장에 들어가니 순검과 나졸이 좌우에 벌여 있고 '형구를 들여라' '바로 아뢰라' 하는 호령이 청천벽력이 떨어지는 듯 난데없는 일본협회 사건이며 또 근래 신축하는 학교를 어떻게 추측하였는지 가사건축사건(家舍建築事件)이니 백방으로 신문(訊問)하나 선생은 원래 조금도 죄지은 것이 없는지라 생각하면 우습고도 분하며 분하고도 가련하여 바른 사실대로 곧장 고하고 남은 동안에는 일절 입술을 다무니 당일 백방으로 문초한 결과가 끝났으나 요점을 얻지 못하고 다시 옥으로 내려보낸지라, 선생이 옥에 내려와 60일을 지내도록 한 차례도 신문이 다시 없더니 그후 중죄인을 모두 감옥서(監獄署)로 이송하라는 엄령이 한번 내려오니 이날부터는 이 중죄인 무리가 일변하여 감옥서의 객(客)이 되었다오. 다음 편부터는 어디 생전 지옥 이야기를 하여 봅시다.

6.

선생이 감옥서에 내려오니 이때는 여름철 염천이라, 돼지우리 같은 작은 방에 죄인은 가득하고 악취가 진동하여 코를 찌르며 이곳저곳에서 신음하는 소리, 상심하여 탄읍(嘆泣)하는 광경, 사람으로서 바로 보기 어렵고 사람으로서 두 번 듣지 못하겠더라. 선생은 원래 연약한 신체에 무겁고 무거운 차꼬를 이기지 못하여 길고 긴 낮에는 앉았다 누웠다 앞날을 묵상하며 길고 긴 밤에는 단꿈에 들지 못하고 허리가 끊어지는 듯하여 몸을 뒤척이며 스스로 탄식하기를 "허허, 사람이 스스로 경험하지 못하면 만사가 이렇구나. 내 전날 경무국장으로 재임시에 수백의 불행한 자들을 이같이 악형에 처하였던고. 허다한 원한을 세상에 쌓았도다." 잠시 후 생각이 또 일변하면 노기가 등등하여 통렬히 꾸짖기를 "죄 없는 사람에게 이 같은 악형이라니! 한 번 내 손에 권리만 돌아오면……"

이처럼 잠시 사이에도 생각이 천만으로 바뀌어 감회가 극에 달해 통읍(痛泣)하다가 노기가 극에 달해 통매(痛罵)하다가 아이구 허리야 신음하며 누울 때에, 어떤 한 사람이 앞쪽에서 앉고 눕는 대로 차꼬를 들어 선생의 고통을 친절히 위문(慰問)하는 이가 있거늘 선생이 놀라 일어나 친절한 동정과 불안한 마음으로 백배 감사한 후에 앞쪽 사람의 성명과 또 입옥(入獄)의 죄명을 물은즉 그가 개연(慨然)히 탄식하기를 "나는 본시 평양 사람으로 미국 갔다온 죄로 이곳에 들어온 지 이제 3년인데, 이번에 영감 등 몇 사람이 입옥된 것은 확실히 죄가 없음을 알겠고 또 영감께서 늙은 몸에 중형을 이기지 못하여 신음함을 목격하니 가슴속이 거북하고 정감이 간절하여 영감께서 조금이라도 편한 잠에 드실까 하여 차꼬를 들었습니다." 이같이 친밀한 정애(情愛)로 한 달 두 달 1년을 지냈더니 아아, 이 미국 갔다온 불쌍한 죄인은 철천(徹天)의 원통함을 씻지 못하고 이듬해 여름에 불행히 유행병에 걸려 흑암의 옥중에서 영원히 불귀의 혼이 되었소.

7.

이처럼 옥중 생활로 1년을 지낸 후에 이 뜻있는 무리는 옥관(獄官)의 후의로 5·6인이 한 방에 모이고 신체를 자유로 움직이게 되니 천조(千鈞)[60]의 무거운 짐을 벗어놓고 자유의 몸이 된 듯 이후로는 항상 5-6인이 모여앉아 고담(古談), 소화(笑話)와 신문 등으로 무료한 세월을 보내며 혹 재미있는 책자를 구하면 옥중의 소일거리가 될까 하였더니, 하루는 같은 시기 옥중에서 징역하는 모 지사의 인연으로 예수교책 수백 부를 들여왔단 말을 듣고 무료한 나머지 소설 보는 셈으로 혹 세상 근심을 잊을까 하여 친근한 부탁으로 『천로역정』 한 권을 구해오니, 이는 영국인 존 버니언이 눈먼 여식을 데리고 12년간 옥중에서 고생하며 저작한 것이었다. 선생은 같은 처지에 대해 동정의 눈물을 금치 못하여 밤낮 쉬지 않고 꾸준히 읽으니 은연중에 일종의 쾌미를 차차 느끼고, 또 글의 뜻 전체에 걸쳐 조금이라도 남을 원망하는 기색이 없으며 항상 자기의 운명을 자위자락(自慰自樂)하는 정신이 도저히 범상한 인사의 생각이 미칠 바 아니더라. 선생이 의아해하며 곰곰 생각하되 '저이도 사람이오 나도 사람이거늘 저이는 어떤 사상과 어떤 정신이 있어 저처럼 덧없는 세상의 고락을 냉시(冷視)하는가. 다만 들어본즉 저이는 예수교를 믿었다 하니 실로 예수교에 저러한 능력이 있는 것인가.' 이에 동지 몇 사람이 마음을 결단하고 신구약 몇 부를 구해와 이때부터 밤낮 여념 없이 점차로 읽어나가니, 그중에 천고의 난해한 진리가 감추어져 있고 말로 표현하기 어려운 일종의 쾌미를 감득하겠더라. 몇 달을 열심으로 파고들어 겨우 다 읽으니 심안(心眼)이 활짝 열려 일종의 활로를 새로 얻은 듯하여 상의 후에 모두 예수 믿기를 확정하고 한편으로는 각기 본가에 통지하여 예수 믿기를 간권(懇勸)하며 한편으로는 성경 연

---

60 천조(千鈞) : 1조(鈞)는 30근에 해당한다.

구 외에는 여념이 없더라. 선생이 하루는 한 책자를 구하여 한 편에 기재한 바를 보니, 미국 동부지방에 한 적빈(赤貧)한 가족이 있어 특별한 모책(謀策)이 없으면 도저히 전 가족의 생계를 유지할 가망이 없음을 보고 그 가장이 부인에게 말하기를 "내가 들은즉 서부지방 로키 산 밑에 황금이 많이 난다 하니 내 그곳에 가서 금을 많이 채집한 후에 통지하거든 부인은 저 귀여운 어린애를 데리고 옮겨오면 우리 가족의 살길이 되지 않겠는가." 하고, 그 가장이 바로 그날 길을 떠나 로키 산에 도달하여 천신만고를 견디고 밤낮 노동하여 과연 얼마큼의 황금을 채집한 후에 본가에 통지한즉, 부인이 그 가장의 성공을 듣고 뛸 듯이 기뻐하며 즉시 행장을 갖춘 후에 귀여운 어린애를 데리고 윤선(輪船)으로 그 가장을 찾아가는 길에 불의에 윤선에서 화재가 일어나매 도저히 전 인원을 다 구제하지 못할 지경이라 선객들이 상의하고 일가족 중에서 한 사람씩만 선출하여 종선(從船)으로 구출하자 하니 이때에 그 부인은 도저히 모자 두 사람의 생명을 다 구할 길이 만무함을 보고 부인이 황천(皇天)께 기도하며 선원들에게 애원 간청하고 그 어린애의 손을 잡고 울며 영별사(永別辭)를 주기를 "나는 오늘날 이 바다 가운데서 불행한 귀신이 되니 너는 부디부디 조심하여 아부지께 가서 내 말을 전하고 아부지 모시고 부디 잘 살아라." 하였다. 이 말을 마치고 종선이 떠나자 인류의 죄를 대속하여 십자가 위에 이슬로 사라져간 예수와 같이 이 어린애의 생명을 대신한 자비롭고 다정한 사랑의 어머니는 활활 타는 맹렬한 불의 포로가 되어 천 길 만 길 깊은 용궁으로……

선생이 읽기를 마친 후에 정감이 통절하여 잠잠히 말이 없고 뜨거운 눈물 두 줄기가 떨어지니 홀연 문밖에서 청지기가 들어오며 "두 동자객(童子客)이 영감을 방문하였나이다." 하거늘 선생이 들어오도록 허락하니 두 동자가 문을 열고 들어와 선생을 배알하니 이는 선생의 두 아드님이라. 전해 들은즉 그간 가세가 탕진하여 남은 것이 없음에 땔감과 식량을 살 길이 없어 기한(飢寒)이 막심하다더니 이제 과연 두 아드님이 이 같은 겨울날 추위에 남루한 단의(單衣)를 입고 수일간 음식을 굶어 기골이 초췌한 형상으로 접견하니 인정과 도리에 그 부친의 흉중이 과히 어떠할꼬. 장남 유봉이 울며 하는 말이 "어머니께서 이렇게 말씀하셨어요. '우리는 다 죄를 많이 지은 사람이라 어떤 벌을 받아 죽을 땅에 이르더라도 조금도 원망할 곳이 없거니와 이 죄 없는 두 어린 것은 어떻게 하면 살리겠습니까.' 하고 너의 아부지께 여쭈어라 하셔요." 유봉이가 이 말을 마치고 어린 마음에도 감정이 북받쳐 목을 놓아 우는 소리에 부친은 가족의 가련한 정세와 이 귀여운 자식의 결백한 전언을 듣고 가슴이 막히고 비감(悲感)이 솟아나 한마디를 낼 용기가 다시 없고 더운 눈물만 두 소매를 적시며 흐느끼니 좌중에서 이 광경을 참관하던 4-5인도 정감이 서로 북받쳐 한바탕 홀연 소리 내어 통곡하니 옥중 사람들이 이 말을 듣고 슬퍼하지 않는 자 없더라. 한바탕 운 후에 선생이 유봉의 손을 잡고 눈물을 씻겨주며 이르기를 "네가 집에 돌아가서 어머니께 이렇게 여쭈어라. '하나님이 우리 사람을 내실 때에 어찌 굶어 죽게 하실 이치가 있겠습니까. 예수 잘 믿으시고 안심하여 지내시면 자연 사는 도리가 있을 것입니다'……"

이후로는 무리 중에 예수를 신의(信依)하는 마음이 날로 두터워져 옥중에서 기도 찬미하며 세월을 보내더니, 인사(人事)가 다함이 있으면 반드시 변하고 괴로움이 끝나면 낙이 오는 것이라 청천백일 하에 무죄 방면되는 몸이 되어 3년 만에 옥문을 떠나 세상에 나와서도 이 뜻있는 무리는 옥중 서약을 변치 않고 상제의 뜻을 받들어 사회사업과 공공자선 등의 사업을 일심으로 경영하는데 선생은 지금도 일신을 스스로 구세(救世)에 맡겨 전도사업에 열심으로 종사합니다. 아멘.

| 잡록 |

○ 단지(斷指) 학생 소식

21인 학생의 단지사건(斷指事件)은 먼젓번에 기재하였거니와 다시 들으니, 해당 학생들이 천도교회 및 일진회에 거절 서한을 보내어 일절 관계를 단절하고 금후로는 자활(自活), 고학(苦學)하기로 결심하였다고 한다.

○ 북미 소식 : 공립협회의 성황

장하구나, 북미 우리 동포의 활기여. 아름답구나, 공립협회의 성황이여. 누가 우리 국민의 부패를 저 스스로 탄식하고 비하하며 누가 우리 동포의 무능을 거리낌 없이 떠벌리며 무위(無爲)의 민족이라 스스로 부르는가. 일차로 북미 우리 동포의 정황을 들으니 나약한 자로 하여금 피눈물을 흘리게 하고 살이 움직이게 하며, 뜻있는 자로 하여금 눈물을 훔치게 하고 팔을 걷어 올리게 할 만하도다. 아아 기쁘구나, 우리 민족의 대변화여. 감사하오, 만 리 태평양을 건너 북미에서 신한국을 이뤄 낸 우리 동포 형제의 고심과 혈성을.

여러분, 본보 제1호에 기재한바 재미공립협회의 개황은 아직 기억하시지요. 대저 우리 국민 중에 가장 먼저 북미에 도항한 것은 추측컨대 서도(西道)의 인삼 상인일 듯하도다. 지금으로부터 수십 년 전에 의주의 인삼 상인들이 청나라 동부에 유입하여 행상하다가, 절해(絶海) 속의 구금산(舊金山)-하와이섬-, 신금산(新金山)-샌프란시스코-이라 하는 등지에[61] 청인이 다수 이주해 사는데 황금이 많이 난다 함을 얻어듣고 몇몇

---

61 구금산(舊金山)……등지에 : 일반적으로는 구금산(舊金山)이 샌프란시스코를 가리키며 신금산(新金山)은 호주의 멜버른을 가리킨다.

의 대상(隊商)이 이에 모험심을 일으켜 일차로 배를 탔으니 과연 예상하였던 것 이상의 좋은 결과를 싣고 돌아왔다. 이후로는 인삼 상인의 내왕-물론 상하이로부터-이 빈번하여 끊이질 않으나 그 교제 통상하는 구역은 전적으로 청국인 사회에 국한되었고 혹 유학생이 건너간다고 하더라도 단지 몇 명에 불과하여 거론할 정도는 아니었다. 그 후에 학생도 점차 해를 따라 증가하고 또 3·4년 이래로는 하와이섬으로 이주하였던 우리 동포 중에서 전왕(轉往)하는 자가 날로 달로 증가하여 도시에서 반은 일하고 반은 공부하는 이도 있으며 혹 지방 농장에서 부락을 이루어 농업에 종사하는 자도 있고 혹 철도에서 노동하는 이도 있으나, 영락한 종적(蹤跡) 의지할 데도 보호받을 데도 없어 각자도생으로 그날그날의 생활을 영위하더니 이번에 뜻있는 인사들이 발기 창도하여 동포의 공통기관으로 한 회(會)를 조직하니 바로 공립협회가 이것이다. 회원은 칠팔백 명에 달하는데 그 본부는 샌프란시스코에 두고 각 적당한 지방에는 지회를 설립한 후 혈혈(孑孑)히 남은 족속들이 상호 단합하여 연락 소통하고 끌어주며 함께 나아가 환난을 서로 구하고 고초를 서로 위로하며 피땀 흘려 번 금전을 본국에 송부하여 가족을 부양하며 한편으로는 능력껏 갹출하여 그중에서 총명하고 뛰어난 청년을 뽑아 수학케 하며 한편으로는 신문을 발간한다. 이렇게 천신만고를 다하여 국가와 사회상에 막대한 이익을 공헌하니, 아, 장하다, 북미 동포의 열혈이여. 금일과 같은 험난한 시대를 당하여서도 아직 옛날의 완고한 꿈을 깨지 못하여 자기 일신의 구차한 영락(榮樂)만 도모하는 저 무신경 무염치한 양반 어르신들, 화주(花酒)에 취해 호탕히 노닐며 강개(慷慨)를 핑계 삼는 저 거짓 우국지사 부류, 그저 하잘것없이 외국인의 콧김이나 엿보며 동포의 고혈(膏血)을 빨아먹으려는 저 개화자 부류, 활기찬 정신으로 자립 용진하는 북미 우리 동포를 대하면 죽을 만큼 부끄럽지 아니할까. 아아, 감축하오 북미 동포, 건전하오 공립협회! 태평하오, 길이 태평하오.

○ 안창호씨 환영 및 김석환씨 송별회

이달 3일 오전 8시에 재미국공립협회 학무원 안창호 씨 환영과 본회 특별 찬성원(贊成員) 김석환 씨 송별회를 겸하여 개최하였는데 당일 출석 회원이 85명이었다. 회장 장응진(張膺震) 씨가 이날 개회의 취지를 설명한 후에 김석환 씨가 단에 올라 학생을 장려하는 뜻의 일장 통쾌한 연설과 유별사(留別辭)를 전하였다. 그다음 안창호 씨가 단에 올라 가볍게 인사하고 일반 우리 동포 형제를 금일 해외에서 이렇게 상면(相面)하여 약간의 정회를 주고받으니 이 사람의 기쁨과 영광을 비할 데가 없다고 예의의 말을 전한 후에, 먼저 우리 국민이 금일 어떠한 지위와 어떠한 경우에 처한 것인지에서부터 이야기하기 시작하여 우리 국민의 약점을 지적하고 다음으로 해외에 있는 우리 국민의 일대 각오와 미국[62]에 있는 우리 동포의 실황이며 또 이번 일본에 건너와 우리 유학생계를 시찰한 요점을 일일이 논거하고, 가장 끝으로 우리 청년의 분발과 학생계의 전진 방침을 그 웅장한 변설(辯說)과 일종의 열성적 정감을 포함한 설봉(舌鋒)으로 수천 마디 도도히 설왕설래하니, 듣는 이로 하여금 비장한 어세에 이르면 비감이 절로 일게 하여 부지불식간에 뜨거운 눈물을 흘리는 자도 많았으며 격렬한 부분에 달하면 만장의 무지개가 푸른 하늘에 높이 걸려 있는 듯했다. 이렇게 약 1시간의 연설을 마친 후에 부회장 최석하(崔錫夏) 씨의 답사와 유학생 감독 한치유(韓致愈) 씨 및 김정식(金貞植) 씨의 연설이 있었고 다음에 회장의 폐회사로 폐회 후에 당일 기념으로 일동이 촬영하였다.

○ 21인 단지(斷指) 학생에 대하여 서우학회(西友學會)에서 출연한 금액 200원과 대한매일신보사에서 모집한 의연금 22원, 총 222원을 이

---

62 미국 : 원문에는 '美神'으로 되어 있다. 오자로 판단되어 문맥에 따라 번역하였다.

번에 본회 총무원 김지간(金志侃) 씨 편에 부쳐 보냈는데, 바로 그날 본회에서 대표 4인을 파견하여 국내 동포의 다대한 동정을 설명, 위문하고 해당 금액을 전달하였다.

○ 지난달 29일 본 회원 김지간, 정윤교(鄭潤僑) 씨 2인이 건너올 때에 학생 6인이 동반하여 왔다.

○ 황성(皇城)에 사는 우경명(禹敬命) 씨는 해외 유학의 큰 뜻을 굳히고 지난달 말 도쿄로 건너왔다.

○ 본회 찬성원 김석환 씨는 유람 차로 도쿄에 건너왔다가 이달 2일 밤 10시 반에 신바시 발 열차로 환국하였다.

○ 재미국공립협회 학무원 안창호 씨는 이달 12일 밤 10시 반에 신바시 발 열차로 환국하였다.

○ 본 회원 채규병(蔡奎丙) 씨는 근친(觀親) 차로 환국하였다가 지난달 10일 경 도쿄로 건너왔다.

○ 본 회원 강전(姜荃) 씨는 귓병이 생겨 치료 차로 고지마치구(麴町區) 카이세이병원(回生病院)에 입원하였다.

○ 본 회원 강인우(姜麟祐) 씨는 각기(脚氣)병 치료 차로 치바현(千葉縣) 마츠오(松戶)에 지내러 갔다.

• 신입회원

　정석내(鄭錫迺), 최용화(崔容化), 이규영(李奎瀅), 우경명(禹敬命), 강한조(姜漢朝), 김영기(金榮起), 박정의(朴廷義) 제씨가 입회하였다.

• 태극학보 제4회 의연금 출연인 명단 (속)

이시영(李始榮) 씨	50원	김영진(金英鎭) 씨	30원

김관선(金寬善) 씨	20원	박기선(朴箕錫) 씨	20원
김석엽(金錫燁) 씨	3원	이우영(李宇榮) 씨	20원
박용관(朴容觀) 씨	20원	류석우(柳錫祐) 씨	20원
윤태흥(尹泰興) 씨	10원	장덕근(張惠根) 씨	10원
박승훈(朴承壎) 씨	5원	김형식(金瀅植) 씨	7원
홍석운(洪錫雲) 씨	5원	방흥주(方興周) 씨	20원
김준섭(金駿涉) 씨	2원	김기옥(金基玉) 씨	5원
오석태(吳錫泰) 씨	2원	한용설(韓用卨) 씨	50전
장흥식(張興植) 씨	3원	정성옥(鄭成玉) 씨	2원
이간재(李侃宰) 씨	3원	홍명희(洪明憙) 씨	5원
박학전(朴鶴銓) 씨	10원	전효순(全孝舜) 씨	5원
김리수(金履洙) 씨	5원	김능원(金能元) 씨	2원
배인숙(裴仁淑) 씨	1원	김경찬(金經燦) 씨	1원
김광근(金光根) 씨	1원	이병렬(李炳冽) 씨	1원
박명준(朴明濬) 씨	50전	김윤화(金允華) 씨	1원
정재명(鄭在命) 씨	1원	김윤기(金潤起) 씨	3원
이기찬(李基燦) 씨	3원	이희연(李禧淵) 씨	1원
정윤열(鄭允烈) 씨	50전	박남훈(朴南薰) 씨	1원
조상순(趙象淳) 씨	1원	신병균(申秉均) 씨	2원
안진초(安振初) 씨	1원	김정동(金正鍊) 씨	1원
백성기(白成驥) 씨	5원	김달연(金達淵) 씨	2원
전준구(田濬九) 씨	1원	김헌도(金憲燾) 씨	1원
안 림(安 淋) 씨	1원	김균석(金均錫) 씨	10원
최길준(崔吉俊) 씨	1원	한원근(韓元根) 씨	1원
계명기(桂命夔) 씨	5원	임태순(任泰順) 씨	5원
이용규(李容奎) 씨	2원	채수현(蔡洙鉉) 씨	3원

박진학(朴鎭學) 씨	50전	최응두(崔應斗) 씨	2원
차종호(車宗鎬) 씨	50전	김영건(金永鍵) 씨	1원
전덕룡(田德龍) 씨	1원	황석룡(黃錫龍) 씨	1원
박임철(朴任澈) 씨	5원	김일환(金日煥) 씨	3원
윤성운(尹聖運) 씨	10원	윤태중(尹泰中) 씨	10원
허 열(許 烈) 씨	1원	김석영(金錫英) 씨	3원
심상옥(沈商鈺) 씨	2원	추효선(秋孝善) 씨	10원
위용석(韋用錫) 씨	2원	강시정(康時禎) 씨	1원
한종섭(韓宗涉) 씨	1원	김용전(金龍田) 씨	1원
유세풍(劉世豊) 씨	3원	한경열(韓景烈) 씨	5원
이규영(李奎濚) 씨	2원	김광진(金光鎭) 씨	1원
안양식(安暘植) 씨	1원	이상옥(李相玉) 씨	1원
이해충(李海忠) 씨	20원		

이하는 미국에 있는 공립협회(共立協會) 회원.

임치정(林致淀) 씨	6원	이교담(李交倓) 씨	6원
류성숙(柳聖淑) 씨	4원	최춘흥(崔春興) 씨	4원
권영화(權永化) 씨	2원	박창선(朴昌先) 씨	2원
정창무(鄭昌武) 씨	2원	방화중(邦化重) 씨	2원
양주삼(梁柱三) 씨	2원	안창호(安昌浩) 씨	2원
송석준(宋錫俊) 씨	4원	장나득(張羅得) 씨	1원
허승원(許昇元) 씨	10원	박인원(朴仁元) 씨	10원
장문호(張文浩) 씨	4원		

로스앤젤레스 공립협회 지방회　35원 33전

광무(光武) 11년 03월 13일 발행
메이지(明治) 40년 03월 13일 발행

• 대금과 우편료 모두 신화(新貨) 12전

일본 도쿄시 혼고구(本鄕區) 모토마치(元町) 2정목(丁目) 66번지 태극학회 내
편집 겸 발행인   장응진(張膺震)

일본 도쿄시 혼고구 모토마치 2정목 66번지 태극학회 내
인쇄인   김지간(金志侃)

일본 도쿄시 혼고구 모토마치 2정목 66번지
발행소   태극학회

도쿄시 교바시구(京橋區) 긴자(銀座) 4정목 1번지
인쇄소   교문관인쇄소(敎文館印刷所)

광무 11년 3월 24일 발행

태극학보

제8호

매월 1회 발행

목차

태극학보 제8호

학회에 고하는 설 (5) 漢 / 유학생감독 한치유(韓致愈)

우리의 신사 정응설(鄭應卨)[1]이 지난번 동인회(同寅會)[2] 분들을 위해 대략 연설한 말이 있는데 지금 그 말을 엮어 여러분을 위해 고하는 것이 좋겠다. 그는 다음과 같이 말하였다.

러일전쟁이 끝나고서 통감부가 세워진 뒤에 우리나라의 인사들은 모두 구정(舊政)의 쇄신, 교육의 확장, 법률의 개정과 의업・농업・공업・상업을 실시하는 일을 제대로 시행하고자 단단히 마음을 먹을 수밖에 없게 되었다. 그런데 각 부서와 관청에서 사무를 보좌하는 관리는 일인(日人)이 아닌 경우가 없다. 우리 내외와 원근의 대소 관리가 된 이들이 실로 일본 학문에 통하지 못하고 일본어를 이해하지 못하고 일본 풍속에 익숙하지 못하면 치세를 이루는 사업을 행하지 못한다. 대관(大官)과 노리(老吏)로 말하면 이미 일본 학문의 소양이 없는데 갑자기 주요한 직무를 맡게 되면, 사정상 반드시 통역[舌人]을 써야만 한다. 그러므로 수도의 여항・은행・회사와 얼마 안 되는 상점들의 어디라 해도 일인과 사귀지 않음이 없다. 이러므로 우리나라에서 금일 중시하는 것은 일본유학이고 필요한 것이 일본의 졸업장이어서 운예(雲霓)와 같이 바라고 태산북두처럼 의지하는 것이다.

그러나 내가 보아하니, 대개 공경(公卿)의 문하에 출입하고 형편과 세력을 따라 분주하여, 노비의 얼굴과 무릎을 하고서 종기의 고름을 빨고 치질의 밑구멍을 닦는 자들이 곧 일본 학문에 통한다는 우리 동포들이다. 붓을 함부로 놀려 법을 농락하고 터무니없는 말로 모략하여

---

1 정응설(鄭應卨) : ?-1922. 박영효를 도와 일제에 부역하는 사업을 추진한 것으로 알려져 있으며, 1919년 부역 단체인 유민회(維民會)를 고희준(高羲駿)・김응두(金應斗)・이용태(李容泰) 등과 조직했다.

2 동인회(同寅會) : 1907년 결성된 일본유학생들의 단체이다. 1907년 7월 창간호를 발행하고 종간한 『동인학보』를 발행하였다. 동인은 『서경』「고요모(皐陶謨)」에 나온 말로 함께 노력한다는 의미이다.

동포를 죄에 빠트리고 이로움에 나아가고 해로움을 피하여, 쉬파리처럼 붕붕 날며 개처럼 추근거리는[3] 자들이 곧 일본어를 이해한다는 우리 동포이다. 대소 관리들이 서로 다투어 오직 득실만 견주고 권력만 다투어 예의 · 염치 · 국기 · 민사가 무엇인지 알지 못하니, 비록 범을 이끄는 창귀라는 기롱과 태산에서 사슴을 쫓는 소인[4]이라는 책망을 받아도 취한 정신과 혼란한 안목으로 다시는 꺼리낄 바 없는 자가 일본어를 이해하고 일본풍속에 능통한 부류로 그 매개가 되어서 그 사이에서 좌지우지한다. 이른바 원숭이가 장보(章甫)를 입고[5] 늪지의 사슴이 범 가죽을 뒤집어 쓴[6] 격인 이들을 불행히도 가까이하여 종사(宗社)를 공고하게 하려는 바람은 날마다 더 소홀해지고 국권을 만회하려는 기대도 날마다 멀어지고 있다.

지금 도쿄에 유학하는 여러분은 팔뚝을 부러뜨리고 뜨거운 국을 먹는 마음으로[7] 삼가서 동시효빈(東施效矉)[8] 하지 말라!

운운하니 아아! 내가 외국의 객이 된 지가 오래라 몸으로 겪거나 눈으로 보지 못했기에 정군이 말한 바가 호랑이가 나타났다 전하고 벌을

---

3 쉬파리처럼……추근거리는: 한유(韓愈)의 「송궁문(送窮文)」에 나오는 구절이다. 쉬파리나 개가 먹을 것을 구하여 쫓아내도 비굴하게 다시 달려드는 것을 묘사한 것이다.

4 태산에서……소인: 눈앞의 욕심에 빠져 장래를 생각하지 못하는 사람을 비꼬는 말이다.

5 원숭이가……입고: 『장자』 「천운(天運)」에 원숭이가 주공의 옷을 입으면 찢어버린다는 구절이 있으며 장보(章甫)는 유생의 의관을 이른다.

6 늪지의……쓴: 원문은 '澤麋之蒙虎皮'로 출전은 『사기(史記)』 「초세가(楚世家)」 등이다. 사람들이 호피(虎皮)를 얻으려 무서운 호랑이도 사냥하니 힘없는 사슴에게 호피가 있으면 더 심하게 사냥 당할 것이라는 말이다. 제후가 주제넘게 천자의 자리를 취하려 하면 사방에서 심한 공격을 받게 된다는 의미로 여기서는 유학생들의 허장성세를 비꼬는 맥락이다.

7 팔뚝을……마음으로: 원문은 '折臂懲羹'으로 여러 번 팔뚝이 부러져야 훌륭한 의사가 된다는 성어와 뜨거운 국에 입을 대면 찬 음식을 먹을 때도 조심하게 된다는 성어를 결합한 것이다. 고난을 견디면서 처신을 지극히 다스리라는 의미로 쓰였다.

8 동시효빈(東施效矉): 미녀로 유명한 서시(西施)가 살던 동쪽 마을에 같은 시(施)씨 여자가 서시의 표정과 몸짓을 따라하려다 효과를 보지 못했다는 의미이다.

쫓는⁹ 혐의가 있는지 알 수 없도다. 과연 정군의 말한 바와 같다면 어찌 "큰 집에 둥지 튼 제비가 화재를 모르고 갈기 속의 이가 닥쳐 죽임을 모른다"라 한 것이 아닐 수 있으랴! 다만 정군의 연설할 때 억양¹⁰이 너무 지나쳐서 잘 알아듣지 못한 자가 그 사이에 있을 수 있다. 이는 마땅히 참작하고 절충하여 자세히 취사선택할 방법을 구해야 할 것이다. 여러분은 힘써야만 할지어다!

천하의 일에 근본이 있고 말단이 있으며, 경(經)이 있고 위(緯)가 있으니 반드시 이를 먼저 알아야만 한다. 지금 집을 지으려는 이가 비록 들보를 준비해도 기반이 든든하지 않다면 어찌 거처의 편안함을 이루겠는가? 그물을 짜는 이가 비록 질긴 실이 있다 해도 벼리가 없이 만들었다면 어찌 낚시의 실효가 있겠는가? 형사·행정·의업·농업에서 공업과 상업에 이르기까지 백가(百家)의 사업에서 사람을 다스리고 나라를 지키는 도구인데, 이것이 바로 말단이고 위(緯)이다. 집 짓는 이의 들보와 그물 짜는 이의 질긴 실이 근본이 되고 경(經)이 되며 기초가 되고 벼리가 되는 것들이다. 이것들은 형사·행정·농업·공업 등 백가(百家)의 바깥에 세워지고 형사·행정·농업·공업 등 백가(百家)의 가운데에서 행해져 거처의 편안과 낚시의 실효를 거두게 된다. 한 번 여러분에게 묻노니 이것이 과연 어떤 물건인가?

그 물건 됨이 위로는 하늘을 떠받치고 아래로 땅에 서려서 종으로 고금을 관통하고 횡으로 육합(六合)을 싸서 만사(萬事)가 빠질 수 없고 백대(百代)에 고칠 수 없다. 이것이 과연 어떤 물건인가? 가로되, "사람은 인(仁)해야 하고 사랑이 인의 용(用)이니, 어버이를 사랑하고 임금을 사랑하며 동포를 사랑하고 조국을 사랑한다"고 한다. 진실로 이러한 인

9 호랑이가……쫓는 : 유언비어나 과도한 참소를 이르는 고사성어이다.
10 억양 : 문맥상 정응설의 사투리가 강하여 알아듣지 못하였다는 의미로 추정할 수 있다.

애의 마음을 근본과 경(經), 벼리와 기초로 삼지 않는다면 형률이 아무리 지극히 자세하다 해도 글재주로 법을 농간하여 사사로움을 이루는 자가 생기고, 의약이 아무리 지극히 발달했다 해도 빈자와 병자를 침탈하여 오직 재물만 탐하는 자가 생기며, 농업과 상업이 아무리 지극히 가멸하고 공업과 예술이 지극히 정교하다 해도 군주를 버리고 어버이를 뒤로 하고서 매국하는 재앙이 생기는 것이 필연적인 형세이다. 내 마음에 칠실(漆室)과 이부(嫠婦)의 근심[11]이 있어서 번거롭다는 비난을 피하지 않고 혀를 놀리며 붓을 잡아 여러분에게 고함은 이것이다.

대저 근래 일본어를 이해하고 일본 학문에 능통한 자는 공맹(孔孟)의 철학이 실로 대본·대경으로 만대의 기초·기강임을 알지 못하면서 말하기를 "이는 동양의 진부함이다."고 하고, "이는 고인의 찌꺼기다."고 하고, "여기서 곁가지가 나와서 쇠퇴의 근간이 되었다."고 한다. 사덕(四德)을 울타리 가에 놓아두고 오상(五常)을 썩은 흙으로 돌리니, 지난번 정군 연설에서 비판한 논의를 벗어나려 힘쓴다 해도 얻을 수 있겠는가? 근래 교육가들이 반드시 말하는 덕육과 지육이란 것이 과연 무엇을 이름인가? 곧 수레에 양 바퀴가 없으면 결국 다닐 수 없고 새는 양 날개가 있어야만 날 수 있음을 알겠으니, 여러분은 부디 힘쓸지어다.

그러나 내가 보기에, 정군은 단지 일본에서 배운 이들의 병폐만 보고 일본에서 배운 이들의 장점을 실로 보지 못했다. 사람들과 일을 논하려면 치우친 마음과 분노의 기운은 적당하지 않아 균형을 잃게 되니, 사랑하기만 하고 나쁜 점을 알지 못하거나 미워하기만 해서 좋은 점을 알지 못하는 책망을 범하게 될 것이다. 근래 의무교육의 설이 중추원의 의론에서 시작되어 대관의 상소로 발하니, 고대의 이른바 '왕궁과 국도

---

11 칠실(漆室)……근심 : 춘추시대 노나라 칠실(漆室) 고을의 처녀가 국가와 정치에 대한 근심을 가졌다고 한다. 이부(嫠婦)는 과부인데 춘추시대 베 짜는 과부가 천자의 나라인 주(周)가 멸망할 것을 걱정했다고 한다.

에서 시골 마을까지 학교가 없는 곳이 없다'[12]는 것을 장차 우리나라 3백 여 고을에서 보게 될 것이다. 이 논의를 격발시켜 효시가 된 것이 어찌 일본어를 이해하고 일본 학문에 능통한 자의 힘이 아닌가! 지방자치의 의론이 사회에서 발하고 중추원의 의제에 올라서 이로 말미암아 실시되어 그 문식이 거의 되지 않아서 민생이 장차 임석(袵席)의 편안함이 있을 것이고 종묘사직이 반드시 반석과 태산 같은 굳건함을 누릴 것이다. 이 논의를 격발시켜 표방이 된 것도 어찌 일본어를 이해하고 일본 학문에 능통한 자의 힘이 아닌가!

아아! 진한(秦漢) 이래로 천하가 얼마나 혼란하였던가. 임금이 된 자는 만승(萬乘)의 자리를 부귀의 밑천으로 삼아 가볍고 따듯한 옷과 기름지고 단 음식으로 몸을 키워야 만족하고 아름다운 색과 음악으로 마음을 즐겁게 해야 만족했다. 또한 상벌과 출척(黜陟)이 자신의 기쁨과 노여움을 바로 따라야만 만족하니 아첨하며 영합해서 그 뜻을 따르는 자들이 곧 좌우의 충실한 자들이고, 백성의 재산을 긁어내어 창고를 채우는 자들은 곧 여러 대부 중에 현명하다는 자들이다. 아사자들이 골짜기를 메우면 죄를 한해의 농사 탓으로 돌리고 훔치고 노상에서 강도질을 하면 그 허물을 백성에게 돌려서 난리의 싹이 그칠 수 없다. 그런즉 반드시 잔혹한 형벌로 따르게 하고 직언은 몹시 싫어하여 꼭 하극상의 규율로 제압하니, 여러 신하의 생명을 초개처럼 가벼이 여기고 생민을 개돼지처럼 심하게 천대한다. 상하 2천 년 왕도가 망가지고 어진 정치가 끊어져 드디어 요순의 오랜 유민에게 야만이란 누명을 뒤집어쓰게 만든 그 폐습의 원천을 한마디 말로 하자면 전제 군권(君權)의 주장이다.

아아! 하늘이 백성을 내리면서 임금을 정해주고 스승을 정해준다 함

---

12 왕궁과…없다… : 주자의 『대학장구(大學章句)』 서(序)에 나오는 구절이다. 이 구절에 이어 이상적인 교육과정과 내용을 제시하였다.

은 그가 상제를 도우리라 생각하여 사방의 어느 누구보다 총애한 것이
다.[13] 그렇다면 상제가 명하여 임금과 스승을 삼아 사방에서 총애를 받
으라 한 것이 과연 일인의 전제로 부귀를 누리라고 베푼 것인가! 지방
의 장관이 다스림을 분담하는데 백성이 치교(治教)를 받지 못한다면 장
관이 아니다. 부서와 성(省)의 대신은 정치와 기강을 정제하고 다스리
는 것인데 정사에 능하지 못하면 대신이 아니다. 군주된 자가 전제를
자신의 권리로 여기고 대신과 장관된 자가 압제를 자신의 사리로 여겨
서 위 아래가 서로 따라서 이를 갈고 피를 뽑으면서 횡포하고 방자한
기색을 키워서 감히 잔악하고 포악한 짓을 저지르니, 저 수억 명의 민
생으로 상제의 적자인 자들이 과연 무슨 죄인가! 이뿐 아니라, 위로는
관직에 가격을 매겨 물건으로 여기고 아래로는 봉록을 살 만한 재화로
여겨서, 뇌물을 공연히 주고받고 작위를 사고판다는 책망이 고금의 역
사에서 끊어지지 않았다. 하늘도 몽매한 나머지 그 도탄 그대로 버려둔
다. 그런즉 내 생각에 저 새파란 것도 바른 색이 아니다.

아아! 동양 2천년의 수억 명의 민생이 홍수의 재앙에 빠진 이유는
진실로 전제의 권력과 압제의 사리가 범람하여 그 흐름을 아무도 막을
수 없기 때문이다. 그러므로 신령한 우임금이 물길을 소통해 뚫음과
위대한 백익이 불로 태워 다스림이[14] 본디 없었다면 황천의 인애하신
뜻과 생민의 번식하는 도를 끝내 이를 수 없다. 그렇다면 우임금과 백
익의 공을 행하려면 어찌해야 하겠는가? 지방자치의 제도와 의무교육
의 법제로부터 의회에 나아가 헌정에 통하여 유럽국가들처럼 행한 연
후에 가까울 터이다. 이와 같다면 근래 우리나라의 일본 학문에 통하는

---

13 하늘이……것이니 : 『맹자』 「양혜왕 하(梁惠王 下)」에 나오는 구절로 맹자가 『서경』
에서 인용한 것이다.
14 위대한……다스림이 : 『맹자』 「등문공 상(縢文公 上)」에 순임금이 명신 백익(伯益)
을 시켜서 무성한 삼림을 불로 태워 짐승을 물리치고 사람을 살 수 있게 했다고 한다.

이들이 지방자치와 의무교육에 대한 의론은 단지 우리의 다행일 뿐 아니라 실로, 대동 2천 년 역사에 빛날 것이다. 어찌 애자(睚眦)의 잘못으로 견배(肩背)의 유익을 몰각할 수 있겠는가.[15] 여러분은 마땅히 정군의 연설에서 절충할 바를 알아야 한다.

---

15 어찌……있겠는가 : 이는 일에 있어서 선후를 잘 고려해야 함을 뜻하는 말이다. 애자 (睚眦)는 흘겨보는 눈초리이며 견배(肩背)는 어깨와 등이다. 『맹자』「고자 상」에 손가락 하나를 아끼면서 어깨와 등을 잃는다면 정상인이 아니라는 구절이 나온다.

| 강단·학원 |

무비론(武備論) : 기서(寄書) / 구자욱(具滋旭)

나라에 무비(武備)가 있음은 사람에게 손발이 있고 집에 울타리가 있는 것과 같다. 만약 사람에게 손발이 없으면 남에게 업신여김을 당함에 그 위해를 만나도 막을 길이 없고, 집에 울타리가 없으면 도적에게 엿보임을 당함에 그에게 절취의 마음을 일으켜 막을 수가 없으니, 나라에 전쟁의 준비가 없어서야 되겠는가.

가령 한 나라가 있어 국토가 넓고 비옥하며 기후와 물산이 적당, 풍족하고 주민이 많으면서 또한 그 성질이 아름답고 기력이 강하여 능히 문명한 법률과 선량한 제도로써 정치 조직을 건설하여 내치와 외교가 각각 그 마땅함을 얻으면 진실로 국가의 원소로서 결함이 없을 것이요 또한 국가 경영의 대도(大道)에 어김이 없을 것이니 이러한 나라를 허약하다고 말할 수는 없으나, 생각컨대 무비를 완전히 한 후에야 그 문명의 풍족한 복지(福祉)를 잃지 않고 웅대한 나라를 이루게 될 것이다. 대개 국가에 내우(內憂)나 외홍(外訌)이 있어 그 동기가 측량될 수 없는 경우에 능히 이를 제어할 강한 힘이 없으면, 그 나라가 비록 문명하더라도 패망을 피하기 어려움은 곧 당연한 이치다.

그러므로 국정을 꾀하는 자는 궂은 날에 대한 대비를 게을리하지 않아 평화 시에 그 위엄으로써 백성의 삶을 보듬고 소란 시에 그 힘으로써 적과 맞서 국가의 안녕을 유지해야 하며, 백성 된 자는 도리를 받들며 의기를 앙양하여 국가에 대하여 병역의 의무를 극진히 하지 않으면 안 되는 것이다.

그러나 머리를 들고 눈길을 멀리 두어 금일 열강의 태도를 관찰하건대, 그 정성을 쏟아붓고 그 힘을 다하여 급급히 경영하는 것이 해군

육군의 확장이다. 이러한 무비(武備)의 주의가 과연 내우·외홍을 방어하고자 하는 데에 머무는가. 한층 도약하여 가증가악(可憎可惡)한 소위 군사주의에 도달코자 함이다. 남의 이권을 빼앗으며 그 판도를 넓혀 그 야심과 만행을 벌여놓는 데에 질릴 줄을 모르니, 그 모질고 강폭한 세력을 고찰하건대 어찌 하늘을 치켜들고 땅을 뒤흔들지 않겠는가. 이러한 세상에 서서 이러한 때를 맞아 자위할 강한 힘이 없는 자가 남의 희생을 면하고자 한들 어찌 용이하리오.

아아, 생각해보고 궁구해보라. 우리나라는 어떤 원인이 있어서 어떤 결과를 거두었는가. 예로부터 완전한 무비가 없을 뿐 아니라 오랜 태평 세월에 한갓 문예만을 섬겨 국민의 무기(武氣)와 무습(武習)을 멸시하고 억제하여 마침내 허약하고 모양 없으며 치욕이 막심한 금일의 상황을 드러내었으니, 뉘우쳐봤자 어찌 좋아갈 것이며 탄식한들 다시 어찌 할 수 있으리오. 통렬히 반성하고 분발하며 시세를 헤아려 신속히 진흥을 도모해야 하니, 만약 진흥의 방책을 궁구한다면 병비(兵備)를 급하게 확장하는 것은 형세와 시기상 불가능할 뿐만 아니라 이치상으로도 실로 불필요하다.

생각컨대 무기(武氣)를 발휘하여 이로써 권리를 존중하며 의협을 숭상하여 무릇 우리 국민이 각각 그 뜻을 굳히고 그 기운을 일으켜 산악이 무너지더라도 태연자약하며 천둥이 치더라도 의연히 흔들림이 없어, 저들의 핍박과 압박을 받음에 핍박을 받을수록 더욱 격렬해지고 압박을 받을수록 더욱 격동하여 저들을 물리쳐 이기지 않으면 그치지 않고 나라를 위해 앞장섬에 나아감이 있고 물러남은 없어 눈앞의 죽음을 고향에 돌아가는 것처럼 여겨 목적을 이룬 후에야 그만하는 정신이 굳건하면 이것이 곧 우리나라의 진정 완전한 무비이다. 진실로 이러한 무비가 있다면, 저들이 비록 무력이 있어도 우리의 기운에 미치지 않을 것이요 저들이 비록 강한 무기가 있어도 우리의 피와 대적할 수 없을 것이다. 승리를 항상 얻을 자가 우리가 아니면 누구리요. 과장한 헛말이 아니니, 훗날 우리의 성공의 요점은 이에 있는 것이지 물질적 무비에 있는 것이 아니리로다.

옛날 임진왜란(龍蛇之役)으로 수군·육군이 대패하여 백성과 나라가 어지럽다가 마침내 대적을 다 멸하여 국위(國威)를 재정돈하니 이것이 어찌 권율 원수와 이순신 통제사의 병법과 지휘만으로 이루어진 것이리오. 조선 민족의 고유한 무기(武氣)의 신공(神功)이 있었기 때문이다.[16]

일찍이 들으니, 한 외국인이 우리 학생에게 "귀국(貴國)의 군함이 얼마나 되오."라고 묻자 "이미 있는 것은 말할 만한 게 없으나 다만 새로 만드는 것은 많아서 공사를 이미 시작한 것도 있고 막 진수(進水)하려는 것도 있소."라 하였다. 외국인이 문득 비웃으며 "당신은 내가 귀국의 일을 전혀 모른다고 여기는가. 터무니없는 거짓말 마시오."라고 말하자 그가 답하기를 "당신이 어떻게 아시오? 현재 우리나라 국민의 뇌수 안에는 각각 정신적 군함이 있어 어린이는 재주로써 공사를 이미 시작하였고 성인은 막 진수하려는 것이니 장차 완전해질 것을 기다려 태평양을 향해 쫓아나가면 누가 감히 대적할 것이며, 끝내 동양의 해상권을 장악하는 것이 한국이 아닐지를 당신이 어찌 안단 말이오?"라 하니 외국인이 이에 탄복해 마지않았다. 이것은 우리 스스로 기대하는 바일 뿐 아니라 또한 세상 사람이 꺼리는 바가 될 것이다.

이와 같이 막중하고 원대하니, 아아, 우리 동포여, 마음을 일으켜 분발 격려하며 더더욱 우리의 정신적 무비(武備)를 축양(蓄養)하여 성공을 이룸으로써 이 곤욕을 피하며 더욱 진일보하여 어찌 세상을 씩씩하게 바라보지 않을 것인가. 힘씁시다. 동포여.

---

16 신공(神功)이⋯⋯때문이다 : 원문에서는 '神功이며'로 끝난다. 뒤의 문장 일부가 누락된 것으로 추정된다.

자주적 자아 / 오석유(吳錫裕)

　사람은 만물의 영(靈)이다. 중리(衆理)를 갖춰 만사(萬事)에 응한다는 것은 옛사람도 말한 바이다. 우리 인류가 구비한 영능(靈能)의 제 1의 진가는 스스로 구별을 할 수 있다는 점에 있다. 분별이라는 것은 일을 맞아 그렇게 할까 그러지 말까, 이것을 취할까 저것을 버릴까 하는 데 있어 생각을 돌이켜 보고서 스스로 채용할 바를 선정하는 능력을 말함이다. 그러므로 이를 의사의 자유 또는 사람의 자유라 한다. 만일 이 자유가 없으면 사람은 완전한 활동기계와 다르지 않아 자아는 자연계의 노예가 되며 도의적 동물이라고 하는 값을 할 수 없을 것이다. 여기한 사람이 있는데 한 가지 두 가지를 타인의 지도를 따르다 다른 지도가 없으면 이 사람은 어두운 밤에 등을 잃고 한 걸음도 움직일 수 없게 되는 것처럼 된다. 또한 미숙한 바둑 두는 사람이 일거일동을 타인의 조언을 따라 말을 두다가 조언자가 없을 때에는 홀연 도로변에서 주저하다 다시 손을 쓸 수 없게 되는 것과 같다 할 것이다. 이를 '무골장부'라 하여 자주·독립할 수 없는 인물이라 말한다. 오늘날 우리나라의 어떤 사회에서나 이러한 자들이 적지 않은 것은 사람들이 모두 아는 바이다. 이 사람은 즉 사람이 가진 영능의 진가를 스스로 좋아서 없애버리는 무문별한 사람이니 결코 우리 사회상에 용납하기 어려운 사람이다. 대개 무분별에는 비굴이라는 것이 동반한다. 상업에 실패해 도중에 방황하다 결국 몸을 깊은 물에 던져 갑자기 죽고자 하는 사람이 있으니 이것이 어찌 비굴하고 무분별한 것이 아닌가. 그리고 어떤 부인의 얼굴에 미혹되어 부모와 자식을 버리고 몸을 망치도록 아직도 깨지 못하고 불의리에 불의리를 더해 그 멈추는 바를 알지 못하다가 양손을 마침내 펴고 도적에 빠져 들어가는 자가 세간에 그 수가 매우 많으니 이 어찌 비굴하고 무분별한 것이 아닌가. 또 부모의 재산으로 입고 먹어 소위 부모에게 업혀사는 환경에 몸이 편해 그것을 무안하고 부끄러워하지 않을 뿐이다. 스스로 움직이고 스스로 살아가는 각오가 없어 그 건전하고 당당한 7척을 하나의 점토상으로 만드는 사람이 종종 있으니 이 어찌 비굴하고 무분별한 것이 아닌가.

　내가 한 서적을 보니 에도-오늘날 도쿄-시대에 고스케(五助)라는 사람이 살았는데 매우 인색했다. 오랜 병으로 누워 혼이 저승에 가까웠는데 식사는 소염(燒鹽) 이외에 오히려 어떤 것도 없었다. 그 처가 그를 측은하게 여겨 도미 꼬리 하나를 사서 고스케가 먹도록 내놓으려 했다. 이때 고스케가 이를 보고 놀라 "어디에서 온 것이야?"라고 묻자 그 처가 "70문을 주고 샀다."고 답했다. 고스케가 "70문의 금전을 사용하면서 나에게 왜 묻지 않았어?"라고 질책하는 것을 이웃집 처자가 듣고 그 도미를 사서 일체를 대가 없이 보내줬다. 병세가 더욱 위중해 짐에 그 처가 도저히 살아나지 못할 것을 알고 의사를 맞아 진찰한 후 좋은 약을 사용하려고 했다. 이때 고스케가 천진난만하게 눈을 동그랗게 뜨고 눈동자를 멈추고 입을 씹고 벌리지 못한 채 병든 다리를 덜덜 떨었다. 그 처가 마침내 그 마음을 알고 귀에 대고 "이 약은 공짜다."라고 말한다. 고스케가 이에 입을 벌리고 약을 복용했다. 그러나 약을 계속해서 마시지 못한 해(害)로 영면에 이른다. 이에 과부가 고아를 대리고 유산 오백 금을 가지고 다른 가문으로 개가했다. 오호라 고스케여! 금전의 노예가 분명하다! 그 귀중한 생명을 잃었으니 이 얼마나 비굴하고 무분별한 것인가.

　비굴은 무분별에서 생기는 과실이다. 무분별은 즉 비굴의 근본이다. 대게 비굴이라는 것은 자아의 진정한 가치를 알지 못한다고 말하는 것에 다름 아닌 까닭에 비굴이 무분별과 서로 함께함은 당연한 이치다. 세간에 저와 같은 비굴과 무분별이 있음에 자주자존(自主自尊)은 과연 귀하게 여길 만하고 바랄 만하다. 또『비어-맥주- 박사 갑자기 금주하다』는 서적을 보니 자주의 발동이 일반이라 말할 수 있겠다. 씨는 일본의 모(某) 의학박사의 가명인데 주량이 바다처럼 커서 종일 소처럼 마시되 스스로 취하는 것을 몰랐고 오히려 고기 세 근 정도를 먹을 수 있는 배가 남아 있어서 비어 박사의 명성이 일대 지역에 퍼져 있었다.

그런데 씨가 유럽에서 일본으로 돌아온 뒤 몇몇 술친구가 우음회(牛飲會)를 크게 열고 씨를 환영할 때였다. 씨가 한 잔도 입에 대지 않아 자리에 가득 찬 사람들이 놀라고 괴이하게 생각해 그 이유를 들어보고자 했지만 기회를 얻지 못하였다. 그러다 후에 도쿄 가쿠슈인(學習院)의 대연설로 명료하게 되었다. 중요한 내용은 다음과 같다. "내가 유럽에서 조사한 결과에 의하면 열국(列國)의 군인과 죄수의 범죄의 원인은 대개 음주에서 유래함이 많았다. 정신을 차리지 못하게 취해 전후의 일을 망각한 자가 10에 7·8이었다. 다른 중범죄도 또한 술에 잔뜩 취한 것이 원인이 되어 대음(大飮)한 자가 과반수를 차지하는 것은 실로 놀라운 바이다. 원래 나의 주량이 타인에게 지지 않을 정도였다는 것을 지금은 스스로 매우 부끄럽게 여긴다. 나는 지금부터 곳곳에서 음주의 해를 설명해 일개의 금주국을 만들고자 함에 평소의 기호를 버리고 여러분보다 금주를 먼저 함은 진정한 나의 본분이다. 고로 나는 여러분 앞에서 완전한 금주인이 됨을 서약한다"고 하였다. 위대하다! 씨의 자동(自働), 자활(自活), 자주(自主), 자유(自由)여![17]

청컨대 우리는 어떤 일이든지 항상 자아가 고유한 분별의 자유를 성찰하도록 해야 한다. 이 분별력을 연구하면 어찌 지식과 학문을 얻지 못할 것이며, 이 분별력을 발휘하면 어찌 부국강병을 얻지 못할 것이며, 이 분별력을 추확(推擴)하면 어찌 천재지앙(天災地殃)을 구제하지 못할 것인가. 이 분별력은 안으로 일신 일가의 처분에서 천하, 국가, 일체만물의 명맥에 이르기까지 이를 좌지우지할 위덕(威德)을 갖고 있

---

17 본 기사는 처음부터 해당 부분까지 단락이 구분되어 있지 않다. 문맥에 따라 임의로 나누었다.

다. 『대학(大學)』에 "옛날 천하에 명덕을 밝히려는 사람은 먼저 그 나라를 다스리고, 그 나라를 다스리고 싶은 사람은 먼저 그 가(家)를 가지런히 하며, 그 가(家)를 가지런히 하고 싶은 사람은 먼저 그 몸을 닦고, 그 몸을 닦고자 한 사람은 먼저 그 마음을 바르게 하며, 그 마음을 바르게 하고 싶은 사람은 먼저 그 뜻을 성실하게 하며 그 뜻을 성실하게 하고 싶은 사람은 먼저 그 지(知)를 이룬다" 하였다. 지를 이룬다 함은 분별력을 추극(推極)함을 일컬음이오, 분별의 자유를 충분히 발휘함을 말함이다. 분별의 자유는 인생 책임에서 기인하는 바다. 또한 도덕에 의거하여 서는 것이다. 고로 자아의 자주의 근거는 변하지 않는다. 따라서 자아는 어디까지나 자주적으로 자유롭게 천지를 느끼고 이에 따라 반응하는 영능의 진가(眞價)를 지니고 있다.

사람의 강약과 나라의 성쇠는 시행의 여부에 있음

/ 이규영(李奎濚)

상천(上天)이 우리를 만드시매 그 내려주신 원래 소질-즉 성(性)-은 사해 만국에 둥근 머리와 모난 발을 지닌 우글우글 많은 15억 동포 인류가 똑같이 일치하는데, 어찌하여 어떤 국민은 날로 강하고 어떤 국민은 날로 약하며 어떤 나라의 국세는 날로 성하고 어떤 나라의 국세는 날로 쇠하여 그 진퇴와 흥망의 사이에 남북이 창과 방패를 서로 겨루며 동서가 능멸을 서로 더하여 지구 전체에 별처럼 바둑알처럼 펼쳐진 각국 사회상에 피비린내 나는 비바람이 가라앉아 맑고 온화하게 갤 날이 거의 없으니, 현 세계에 태어나 각기 국민 된 자는 이를 가히 심사숙고하지 아니할 수 없을 것이다. 나는 비록 학문이 일천하고 지식이 열리지 않았으나 역시 우리 대한제국의 한 분자라 조국의 형편을 두루 살피고 열강의 대세를 둘러보면, 이른바 저 강하고 성한 것의 결과가 과연 어디에서 유래함인지 이 주요점에 대하여 어찌 십분 주의하여 그 전진할 방침을 함께 도모하지 아니하리요. 이에 감히 한마디 글을 지어 우리 2천만 동포에게 고하노라.

선사(先師)가 경계하기를 "만 가지 일을 함이 하나를 제대로 하는 것만 못하다."라 하였으니, 참되구나, 이 말이여. 천지와 고금을 다 아울러 영웅과 보통사람, 지사와 일반백성의 명칭이 최초 유래된 원인을 상세히 살피면, 행하느냐 행하지 않느냐 사이에서 모두 분기됨이 확실하도다. 동서양 고래사(古來史)를 일일히 살펴보라. 독일의 비스마르크가 가슴 가득한 열성으로 60년 교육을 행하지 않아 프랑스와의 전쟁에 돌입하며 서적을 널리 보급하고 상금을 후히 내려 국치(國恥)를 깨끗이 씻어내는 결과가 없었더라면 누가 그 웅대한 지략을 칭송할 것인가. 아메리카의 워싱턴이 백절불요(百折不撓)의 인내심으로 7년 전쟁를 행하지 않아 영국의 굴레를 능히 벗고 일대 완전한 독립국이 된 결과가 없었더라면 누가 그 굉걸(宏傑)한 업적을 논하겠는가. 동양의 근래 역사로 말하더라도, 일본의 유신십걸(維新十傑) 여러 사람이 유래하던 봉건법을 폐지하여 황실에 대권(大權)을 집중케 하고 구미(歐美)의 문명 제도를 참조하여 헌법을 실행하지 않았다면 어찌 금일에 저처럼 진보한 결과에 이르렀으리요. 이로 말미암아 살피건대 이상 논한 사람들은 다 별종의 인물이 아니라 능히 그 행할 바를 행했을 따름이니, 이러한 사람의 나라는 날로 강하고 날로 성하여 열강의 반열에 서고, 이에 반하여 능히 그 행할 바를 행하지 아니하고 행운만 구하는 사람의 나라는 날로 약하고 날로 쇠하여 필연코 멸망에 빠질 것이도다.

대저 모든 일을 해나감에 십분 완전한 지경에 그 목적을 두고 이에 이르고자 할진대, 먼저 그 십분 완전치 못한 결점을 개량치 않아서는 안 될 것이다. 오늘날 우리나라 사람이 전진시켜야 할 관계에 대하여 가장 먼저 개량해야 하는 결점이 어디에 있느냐 하면 즉 기백 년 흘러 내려온, 의지하는 습관에 있다. 우리가 국민으로서 임금께 충성은 할지언정 의탁해서는 안 되고, 자식으로서 부모를 사랑은 할지언정 의지해서는 안 되며, 어린 사람으로서 손윗사람을 존경은 할지언정 의지해서는 안 되고, 친구로서 충고는 할지언정 의지해서는 안 되는데, 우리나라 사람은 지금도 이러한 의지하는 마음을 버리지 못하여 혹은 자기의 일신이 국가에 부속된 한 무기질·동물로 자처하며 혹은 자기의 일생 권한이 부모나 손윗사람에게 있는 줄로 생각하고 또 친구 간에도 권세나 재산이 많은 사람에게는 혹 그 권세나 재산을 의지하여 자기 세간의 영위를 그저 이 사람이 지휘하는 범위 안에 두고 이에 승복하려 한다. 심지어 천운을 논하며 앉아 이르기를 "장차 신인(神人)이 바다 가운데 섬에서 나면 일세를 널리 구제하여 외인이 자연 퇴거하고 전날과 같이 자국의 울타리 안에서 안일을 함께 누릴 것이다."라 하여 저 기선·기차·전신·경기구(輕氣球) 등과 같은 것은 필경 모두 무효로 돌아가리라 하는 사람도 있으며 혹은 서양인이나 일본인은 특이하게 신묘한 지혜가 있는 줄로 생각하기를 "우리나라 사람은 저들의 재능에 미칠 수 없다."고 하는 자도 있어 만사가 운수니 팔자니 하고 서로 포기하여 실제적인 것은 실천하지 않고 헛된 것만 요행히 바라니, 이는 다 자기의 평생사를 타인에게 의탁하려는 사상에서 나온 것이다. 이러한 습관을 버리지 않고 어찌 국보(國步)의 진전을 기대하리요. 참으로 심히 개탄스럽도다.

오늘의 시대는 예전과 다르다. 비록 관악(管樂)[18]의 지모(智謀)와 오확(烏獲)[19]의 용맹이 있다 한들 어찌 천지를 변천하여 전기, 증기, 공기

---

18 관악(管樂) : 춘추시대 제나라 제상 관중(管仲)과 전국시대 연나라 장수 악의(樂毅)를 아울러 이르는 말이다.
19 오확(烏獲) : 원문에는 '吳穫'으로 되어있으나 오자이다. '오획'은 전국시대 진(秦)나라 무왕(武王)의 역사(力士)이다.

등의 사용을 저지하며 수륙(水陸)을 봉쇄하여 배와 수레를 통하지 못하게 하고 국경을 홀로 지키며 안락을 스스로 꾀하리요. 일소(一笑)를 터트릴 만하도다. 지혜와 재능은 동서고금에 피아(彼我)의 인종을 막론하는 것으로, 행하고 또 행하면 능히 이루지 못할 일이 없으니 그저 저편은 행하고 행하는 사람의 나라요, 행하지 아니하면 한 가지도 능히 이루지 못하니 우리는 행하지 않는 땅에 있었을 뿐이다. 옛사람께서 "저들도 장부요 우리도 장부"라고 말씀하시지 않았는가. 안자(顔子)께서 "순임금은 어떤 사람이며 우리는 어떤 사람인가. 행하는 자라면 모두 그와 같다."라 말씀하시지 않았는가. 상황을 바꿔 보아도 모두 마찬가지다. 천리마는 능히 하루에 천 리를 가지만 걸음을 내딛지 않으면 느린 말의 둔한 걸음만 못하고, 대붕(大鵬)이 원대한 뜻을 지녔더라도 그 날개를 움직이지 않으면 어찌 자벌레가 한 자를 가는 것만 하겠는가. 둘러보고 생각컨대 우리 한국에도 영웅과 지사가 줄지어 나옴이 도리어 열국보다 나을지 누가 알리오만, 단 이러한 의지하는 습관이 고질병을 만들어 인권을 펼치지 못하며 자유 활동하는 사상이 없는 소치로 마땅히 행할 일을 능히 행하지 못하여, 오늘날까지 웅대한 지략을 칭송할 만한 비스마르크도 현재 없고 굉걸한 업적을 논할 만한 워싱턴도 여태 없으며 황실에 대권을 집중케 한 십걸(十傑)도 아직 없는 것이다. 지금 이후로는 우리 전국 동포가, 전날에 망상하던 의지의 습관이 우리의 천지를 함께 나누어서는 안 될 극독의 원수임을 알고 맹렬히 벗어나 구오(舊汚)을 상쾌히 씻어야 한다. 그리고 각기 자유권, 활동력으로 금일 국가의 세력과 동포의 정을 유념하여 공히 헌신적 정신으로 행하고 또 행하여 문명의 영역으로 진보하면, 이때에는 능히 프랑스와 전쟁을 벌여 국치를 깨끗이 씻은 비스마르크도 배출할 것이요 영국의 굴레를 능히 벗고 독립권을 완전케 한 워싱턴도 있을 것이요 구미의 문명제도를 참작하여 나라의 운명을 유신(維新)케 할 사람도 십걸이든 백걸이든

무더기로 일어날 것이니, 우리 국가와 인민의 강건함과 융성함을 어찌 동서 열강에 게 양보하리요. 해외에 외로이 책상에 앉아 차가운 등잔을 (寒燈)을 마주하고 세계사를 한창 읽던 와중에 고국에 대한 감회를 금할 수 없어서, 먼지 묻은 벼루를 닦고 얼어붙은 붓에 입김을 불어 넣어 관견(管見)을 잠시 펼치노라. 부디 우리 동포 여러분이 행할지어다, 행할지어다.

입법·사법·행정의 구별과 의의 / 전영작(全永爵)

국가의 작용은 통상 입법, 사법과 행정의 세 가지로 구별된다. 본고의 목적도 이 세 가지 구별이 어디서 비롯되어 생겼는지를 명확히 해명하고자 함에 있다.

국가의 작용을 입법·사법·행정 등 세 가지로 구별하는 것은 단순한 이론의 결과가 아니다. 또 어떤 시대와 어떤 국가에라도 적용되는 것이 아니다. 그 구별은 오늘날 입헌국(立憲國)의 국가조직과 밀접한 관계가 있는 것인데 그 기저를 이루는 것은 근세 입헌제도의 기초가 된 소위 삼종분립주의(三種分立主義)에 있다. 고로 우리는 먼저 삼종분립주의의 대요를 논하고 다음으로 이 세 가지의 작용에 관련해 각기 그 관념을 명확하게 하고자 한다.

제1 삼권분립주의

삼권분립이라 하는 것은 국가의 작용을 그 성질에 따라 입법, 사법 및 행정 세 가지로 구별하는 것인데 이러한 세 가지의 작용을 각각 특별하게 다른 기관에 속하게 하고자 함이다. 삼종분립주의가 근세 헌법에 영향을 미치게 된 것은 의심 없는 사실이다. 18세기에 프랑스 철학자

몽테스키외 씨의 학설에서 유래한 것이다. 그 저서 『법률정신론(法律精
神論)』은 당시 프랑스 왕권 전제의 폐가 극단에 이른 시대에 저술된 것
이다. 그는 자국의 전제정치와 영국의 자유정치를 비교해 자국의 폐정
(弊政)을 구하고자 영국의 제도를 그 모범으로 삼았다. 소위 삼권이라
는 것은 그의 분류에 의하면 입법권, 집행권 및 사법권의 세 가지이고,
국가의 권력으로써 이 세 가지의 권력을 구별할 수 있다 하며, 국민의
자유를 보호하고 유지하기 위해서 세 가지 권력은 각각 구별되는 단체
에 속하지 않게 할 수 없다고 말한다. 또 그의 말에 의하면 영국에서
이러한 세 가지의 권력이 분립됨은 세 가지 정체(政體)와 혼화(混和)하
고 상대(相待)하여 실행된다. 즉 집행권은 오로지 군주에 속하며, 사법
권은 국민이 선출한 재판집회에 속하고, 입법권은 귀족의 분자로 성립
된 상원과 국민으로부터 선출된 하원이라는 양원으로 조직된 의회에
속한다 하였다.

　몽테스키외 씨의 학설인 삼종분립설이 많은 점에서 오류를 포함한
것은 의심의 여지가 없는 고로 항상 학자들의 비난을 받았다. 그 비난
의 하나는 분류의 불완전함이다. 그가 분류한 집행권은 그 스스로 칭하
기를 국제법에 속한 사건의 집행권이라고 했다. 고로 그가 분류한 오늘
날 행정이라 말하는 관념은 그보다 전에 생겨난 것이다. 단지 국제법에
속한 사건에 그치지 않는 것은 물론이거니와 또 단지 법을 집행하는
데만 그치는 것도 아니다. 넓고 크게 법의 범위 내에서 자유로운 활동
을 포함한 것이다. 그 비난의 두 번째는 영국제도를 오해한 것에 있다.
그의 설과 같은 삼종분립은 영국에서 일찍이 실행된 사실이 없다. 그
당시 영국은 이미 의원 내각제가 그 형태를 드러냈다. 국회는 입법권의
주요한 세력일 뿐만 아니라 집행권의 최고 관부(官府)도 역시 국회 다
수당이 내어서 입법권과 집행권이 서로 조화를 이루게 했다. 그 비난의
세 번째는 실행하기 어려움에 있다. 그는 국권의 작용을 세 가지로 구

별하는 동시에 국가의 기관도 역시 이를 세 가지로 나누어 작용이 분류와 기관의 분립으로 하여금 완전히 일치하게 하려 하였다. 그러나 국가의 작용은 복잡하다. 내부에서 서로 연계되어 이러한 획연한 분리를 허용하기 어렵다. 따라서 기관의 구별과 작용의 구별을 완전히 일치하게 함은 단지 공상국가(空想國家)에서만 사고할 수 있을 것이오, 실제로 행하기 어렵다. 마지막으로 그의 학설에 대한 최대의 비난은 그의 설을 그대로 실행할 때 국가의 통일이 파괴될 것이라 한 것이다. 그는 국권의 작용을 세 가지 기관에 분리해 속하게 하고 이 세 가지 기관은 각각 독립된 대등한 지위를 갖고 있어야 할 것이라고 하고, 통일하려는 어떤 방법도 논하지 않았다. 만일 이러한 세 가지 기관이 오로지 독립된 지위를 갖고 있고, 각각 독립의사로 그 권력을 실행한다 하면 국가는 통일의 의사를 갖는 것이 아니라 세 가지 독립의사를 갖는 것이다. 그러면 국가는 통일된 인격이 아니오, 세 개의 각기 다른 인격으로 분할이 되는 데 이를 것이다.

  이상의 지점들에 대하여 독일 법학자가 그의 설에 가한 비난이 적당할 수 있지만 이러한 결점으로도 삼권분립의 기초가 된 정신의 진리를 가리기 어렵다. 그 근본 사상은 실제로 근세 입헌주의의 기초가 되었고 그 영향은 미국 및 프랑스 헌법에 드러났고 유럽대륙 국가들의 헌법은 어떤 것을 불문하고 그 주의를 채용하지 않음이 없다. 제반 이론상의 비난에도 불구하고 삼권분립은 근세 입헌국의 보통원칙이 되었다. 그러나 소위 삼권분립이라는 것은 국권을 대등하고 독립된 세 가지 권력으로 분할하는 것이 아니오, 세 가지의 작용도 역시 국권의 작용이다. 다만 이를 행하는 데 있어 유일한 국가기관에 속케 하는 것도 아니다. 세 가지 작용은 그 성질의 차이에 따라 다른 기관 권한에 속하게 된 것이다. 그러므로 삼종분립은 권력의 분할이 아니오, 권한의 분배다.

  권한의 분배는 군주국과 공화국이 서로 같지 않다. 공화국은 입헌군주국과 유사한 점이 적은 고로 잠시 이를 내버려 두고 오늘날 입헌군주 국에서 행하는 바는 다음과 같다. (미완)

유쾌한 처세법 / 이훈영(李勳榮)

o 남을 상대하는 법

유쾌한 생활을 보내려고 하면 일정한 방법이 있고 기술이 있으니 이 비결을 알고 행하면 기필코 처세 상에 성공하기가 어렵지 않을 것이다.

먼저 누구를 대하든지 친절을 극진히 베푼다면 이것이 곧 남의 마음을 거두어 잡는 데에 최고의 비법이다. 이렇게 하는 데에 요구되는 비용은 얼마 되지 않으나 그 소득은 매우 커서 금전으로 살 수 없는 것이라도 친절한 행위로 인하여 이를 획득하는 일이 생길 것이다.

타인을 설득해 굴복시키고자 한다면 강한 힘에 의존하지 말고 친절함에 의존하라. 강한 힘은 사람들이 두려워하고 어진 마음과 사랑은 사람들이 친숙하게 여긴다. 그러므로 폭력으로 사람들을 압박해 굴복시킨 자가 없지는 않으나 이것으로 사람들의 마음을 굴복시킨 자는 옛날부터 지금까지 한 명도 없었다.

o 말과 행동 상의 방법

남들의 신임을 깊게 얻는 길 또한 처세의 큰 방법이다. 어떠한 학식과 어떠한 재능을 가지고 있든지 간에 다른 사람의 신임이 깊지 못하면 세상에 용납되기 어렵다. 신용을 얻는 길은 정도(正道)를 걷는 데에 있다.

다른 사람들의 심사를 미루어 헤아리는 것도 처세에 활용할 수 있는 방법이다. 물론 다른 사람이 생각하지 못한 곳까지 미루어 헤아리라는 것이 아니다. 남들이 말하고 싶어도 하기 어려운 곳을 미루어 헤아리라는

말이다. 잘못 헤아리는 것은 처세의 큰 적이나 선의로 잘 헤아려 살핌은
처세의 친한 벗이다. 정리(正理)에 반하고 정도(正道)에 위배될 정도로
아무 이유 없이[20] 남들의 뜻에 어긋나는 말을 해서는 안 된다. 세상에서
사람을 만나 상대할 때마다 그 뜻에 어긋나는 말을 하는 자가 없지 않으나
이러한 자들은 처세술에 어두운 무리이다. 남의 뜻에 어긋나서 무슨
이익이 있겠는가. 결국 상호간에 불쾌한 감정만 품게 될 뿐이다.

ㅇ 남을 보는 방법

남을 경시하며 깔보는 것도 오만의 일종인데 남의 뜻을 해치는 점에
대해서는 스스로 이를 자랑하기보다 한층 더 꺼려야 할 것이다. 다른
사람들은 자신을 자랑하는 자에 대해서는 용서할 수 있어도 남을 경시하
며 모욕하는 자에 대해서는 용서하기 어렵다. 대개 후자는 직접적으로
타인의 명예에 관련되기 때문이다. 자기의 장점과 특별한 점을 자랑하는
권리는 있을 수 있어도 남을 경시하며 모욕하는 권리는 없지 않은가.

어떠한 사람을 보든지 자기의 친구로 단언하는 것이 착각인 것처럼
또 어떠한 사람을 보든지 원수로 생각하는 것도 잘못된 견해이다. 친구
라고 생각하는 이 중에도 원수가 있는 것처럼 원수라고 생각하는 이
중에도 친구가 있다. 어떠한 사람이든지 처음부터 원수로만 보면 타인
과 교유하기 어렵다.

ㅇ 교제상의 큰 금지사항

언쟁이라고 하는 것은 사교 상에 절대 해서는 안 되는 큰 금지사항이
다. 언쟁은 위험하고 과격한 발언을 하기 쉽고 앉은 자리의 흥을 깨기
쉽다. 사람들은 언쟁에서 항상 승리를 얻으려고 하여 논쟁에서 패배를

---

20 정리(正理)에……없이 : 원문에는 '正理에反ᄒ고正道에不背되ᄂ程度ᄭᅡ지ᄂ無端히'
    라고 되어있으나 문맥상 이와 같이 번역하였다.

당해도 그것에 대해 기꺼이 자백하지 않는다. 부득이 언쟁을 하게 될 때라도 가급적 간단명료한 말을 사용하고 상대방으로 하여금 말하고자 하는 바를 할 수 있게 하는 동시에 자기도 찬동할 만한 것은 찬동하기를 주저하지 말아야 할 것이다.

　o 타인과 담화할 때

　담화술은 사교 상에 가장 필요한 것이다. 그러나 그 비결을 아는 자는 실로 대단히 적다. 담화할 때에는 결코 스스로 판단해 결정하지 말고 타인의 의견을 경청하라. 타인이 말한 바를 일일이 비평하는 자가 있으나 이는 잘못이다. 자신은 단순히 같은 뜻을 지녔는지 여부를 표할 정도의 말을 하면 충분하고 시비의 평은 이를 타인에게 맡겨라. 설령 혹 타인이 비평을 요청하는 때라도 경솔하게 거동하지 말고 담화할 때에는 가급적 묵묵히 듣고 공경의 표시로 머리를 끄덕이는 것이 가장 좋은 방법이다.

　경청은 담화보다도 어려운 것으로 생각하라. 대저 사람은 홀로 자신의 말만 하고 타인의 말에 조금이라도 귀를 기울이는 자가 적다. 그리하여 타인에게 말할 여지조차 주지 않는 자가 있으나 이는 담화술에 서투른 자이다. 사소한 점이라도 타인의 악감정을 불러일으키지 말라. 어리석은 자를 대하여 어리석은 자라고 하며 학식 없는 자를 보고 이를 경시해 업신여기는 것은 예에 합당한 것이라고 할 수 없다. 분노한 사람을 대접하는 데에 분노로써 하면 분노한 사람은 점점 노기를 더할 것이니 온화한 말과 행동으로 저들을 대접하라.

　미국 제일의 대통령이자 건국의 시조인 조지 워싱턴은 무인(武人)이자 정치가로서 위대한 불후의 공적을 남겼을 뿐만 아니라 진정으로 세계 유수의 위인이요 청년들의 모범이 되는 인물이다. 그는 항상 자기 자신을 통제하는 데에는 몹시 엄격했으나 다른 사람을 대할 때에는 관대함을 잃지 않았고, 세상에 처해서는 원만했으나 일을 대해서는 용의주도함을 잃지 않았으니 과연 모범적인 인물로 거의 결점이 없다고 할 것이다. 우리는 지금 그의 생활 방법을 잘 설명한 좌우명을 얻었기에 아래에 게시한다. 미국에는 촌철 같은 교훈 중에서 금강석(金剛石) 같은 청년은 말할 것도 없거니와 정치가, 실업가라도 이를 보물처럼 여겨 비할 데 없이 진귀하고 소중하게 여긴다고 하니 우리나라 현대 청년 자제들에게도 번역해준다면 좋은 처세의 규잠(規箴)으로 삼는데 충분할 것이다.

○ 워싱턴의 일상생활 좌우명

1. 많은 사람 가운데 서 있을 때에는 동작 하나 움직임 하나도 현재 출석자 전체에 대하여 존경의 표시를 분명히 하라.

2. 타인 앞에서는 스스로 크게 소리 내어 노래하거나 혹 손이나 발로 상 위를 밟지 말라.

3. 타인이 현재 말하고 있을 때에는 졸지 말고 타인이 서있을 때에 자기만 혼자 앉지 말며, 타인이 침묵을 지키고 있을 때에 말하지 말고 타인이 멈추고 있을 때에 자기만 혼자 걷지 말라.

4. 타인이 말하는 때에 자기의 등이 타인에게 향하게 하지 말며 타인이 글을 읽거나 쓸 때에 책상을 흔들리게 하지 말라.

5. 아첨꾼이 되지 말며 유희를 좋아하지 않는 사람과 함께 놀지 말라.

6. 군중이 모인 곳에서 편지, 서적, 신문지 등을 읽지 말라. 부득이 읽지 않으면 안 될 필요가 있을 경우 즉시 그 자리를 떠나라. 또 타인의 요청이 있지도 않은데 타인의 서적이나 문서가 있는 곳에 와서 가까이하는 태도를 취하지 말라. 타인이 편지를 쓸 때에 그 곳에 가까이 가서 보지 말라.

7. 자신의 안색은 항상 쾌활하게 하며 참되고 올바른 장소에 있게 되면 엄격히 삼가라.

8. 가령 자기의 원수라고 하더라도 타인의 불행을 기뻐하는 안색은

보이지 말라.

9. 길에서 선배를 만나면 잠시 멈추고 뒤로 물러서며 특히 집 입구 같은 데서 선배를 마주하면 길을 양보하라.

10. 자기보다 선배인 분이면 그가 발언하기를 기다린 뒤에 대답하는 것이 좋은 대화 방법이다. 자기가 먼저 발언하지 말라.

11. 실무자와 담화할 때에는 간결하게 요령을 얻는 데에 힘쓰라.

12. 환자를 위문할 때에 즉시 의사를 논평하는 등의 일은 하지 말라.

13. 편지를 쓰거나 담화할 때에 상대방의 계급과 지역 풍습을 고려하여 그에 맞는 존칭을 사용하라.

14. 항변함으로써 선배와 다투지 말라. 항상 적절한 선을 지켜가며 자기의 판단을 타인에게 맡겨라.

15. 타인이 직업으로 하는 바에 대해서는 가령 대등한 위치에 있는 자라도 그에게 가르치는 것 같은 태도를 취하지 말라. (미완)

비스마르크전 : 부록 / 박용희(朴容喜)

1. 1870년 보불전쟁 전의 프로이센 대국민적(大國民的) 정신

앞서 1806년경에 프로이센 왕 프리드리히 대왕은 프랑스 황제 나폴레옹의 종횡무진과 물리지 않는 잠식에 분개하여 러시아, 오스트리아, 영국, 스웨덴과 제4차 연합군을 체결하여 프랑스에 대항하다가 아우스터리츠 평원 등지에서 이편의 연합군이 패배하였고, 동년 10월 16일의 아우어슈테트 대전에 프로이센군이 완패하여 대왕 및 왕후는 흰 수레에 흰 말을 타고 백기를 들고 총을 거꾸로 하여 나폴레옹 군문(軍門)에서 명을 기다리고 노소부녀(老少婦女)는 생명을 애걸하였다. 그러나 잔혹한 프랑스군의 약탈과 모욕이 이르지 않는 데가 없으며 위협과 공갈에 치가 떨리고 뼈가 움츠러들어 군민 일체로 진심갈력(盡心竭力)하여 부흥을 도모하며, 또 대왕 프리드리히는 희세의 인물이요 왕후도 대왕에 못지않는 현부인(賢夫人)이라 내외 일치로 국민교육- 특히 소학교 교육에 주목하여 매일 아침 등교 시에 7·8세 소학교 생도를 운동장에 취합하고 교사가 감격의 어조로 "너희들이 국적(國賊)을 아느냐"고 시험 삼아 물어본 후에 어느 년도에 프로이센이 프랑스군에 유린되었음과 베를린의 황락(荒落)함과 나폴레옹이 프로이센 상비병을 2만으로 한정함과 기타 제반 국무(國務)에 간섭함과 압제 보호를 시행함을 일일이 통절하게 깨우쳐, 프로이센 남아로 나이 8·9세만 되면 모두 팔을 걷어붙이고 피눈물을 흘리며 절치부심케 하여 일단 유사시에는 프로이센이 있음만을 알고 일신이 있음을 깨닫지 못하게 하니-눈여겨 주목-, 이 교육은 즉 프로이센 대국민적 정신의 근본이다-에 전력을 쏟아 유명한 교육가 슈타인을 천거하여 국정을 위임하며 교육을 장려함에 국세가 날로 왕성해졌다.

프랑스 황후가 대단히 절박해져 프로이센에 통첩하기를 만일 슈타인을 축출하지 않으면 곧 개전(開戰)하자 하는지라, 프로이센의 군신(君臣)이 손을 잡고 서로 울며 차마 서로 떨어지지 못하나 프랑스 황제의 압제를 이기지 못하여 슈타인은 러시아로 피해가니 알렉산드르 황제가 첫 만남에도 마음이 익숙히 통하기에 초빙하여 고문(顧問)으로 삼았다. 이리하여 러시아와 프랑스의 반목은 나날이 다달이 심하게 증가하고 프로이센 왕은 비록 양상(良相) 슈타인을 잃었으나-이른바 원동력이 한층 강해지면 반동력도 그만큼 더해진다는 정의에 의하여- 프로이센 대국민의 정신은 시시각각 절박하게 더해져, 나폴레옹이 모스크바에서 대패를 당한 후 1813년에 프로이센 왕이 독립 조칙을 국내에 선포함에 일시에 팔을 걷어붙이고 일어나는 자가 운집하여 불과 수개월 만에 병사 17만여 명을 얻었으니, 모두 8년간 장려한 학생 및 현재까지 출석하던 생도였다. 이에 러시아와 합종(合縱)하여 나폴레옹군과 격렬히 맞서 싸워 피로 비가 내리고 뼈가 탄알처럼 튀어도 백패불굴이었으나 저쪽은 수효가 많고 이쪽은 적어 도처에서 패배를 당하여 다시 가망이 없더니, 상제(上帝)는 지극히 자애로우사 가난한 자를 가련히 여기고 약한 자를 도우시는 상제이시라 지금까지 방관하며 머뭇거리던 오스트리아 황제가 홀연 소매 걷어 편을 들어 삼국 연합병이 프랑스군과 라이프치히에서 대전하여 아침부터 저녁까지 사상자가 서로 절반으로 승패가 결정되지 않더니, 프랑스군에 가맹하였던 작센, 네덜란드 병이 창을 거꾸로 겨눔으로써 프랑스군은 급속이 무너졌다. 이 어찌 상제가 프로이센의 국민적 정신을 굽어살피시어 그 독립을 성립케 함이 아니리요. 오호라, 망국 국민들아!!!

2. 1870년 보불전쟁 후의 프로이센 대국민적 행동

프로이센 국민이 이미 오래 간의 구적(仇敵) 프랑스를 대파한 후로 상하 일심이 되어 전승(戰勝)에 스스로 만족하지 않고 국민교육을 더욱 독려하여 갖가지 과목의 학문 발달을 빠짐없이 치밀히 하여 현재 세계 문학계의 태두가 되었다. 또 프랑스 국민에게는 회유의 수단을 활용하여 모종의 오랜 원한을 잊고 오늘날의 화목을 돈후하게 함으로, 비록 프랑스 정계에 감베타(Gambetta) 당 같은 격렬한 당파가 복수에 밤낮 진력하나 끝내 수포로 돌아가게 하고 지금은 내치에 주목하면서 외국의 빈틈을 찾아내어 혹 삼국동맹으로 랴오둥사건(遼東事件)에 대해 입을 놀리기도 하며 혹 영사(領事) 살상을 빙자하여 자오저우만(膠洲灣)을 점령하는 등 힘과 행동이 이러하니, 이 어찌 이 나라의 현금 극동에 대한 수단이 아닌가?

3. 1870년 보불전쟁 후의 프랑스 대국민적 정신

스당(Sedan)의 함락은 프랑스 공전(空前)의 치욕이요 프랑크푸르트 조약은 프랑스 국민의 더할 나위 없는 유한(遺恨)이라. 공분(公憤)을 일제히 일으키며 점심값을 스스로 아껴 그 저축한 금액으로 배상금을 갚아 파리에 주둔한 프로이센 병 5만을 앞당겨 초환(招還)케 하였다. 역시 소학교 교육에 주력함이 이전의 프로이센에 못지않을뿐더러 매년 한 차례씩 프랑크푸르트 조약으로 프로이센에 할양한 알자스-로렌 지역까지 전 학교 생도를 인솔해 가서 가리켜 말하기를 "이 토지는 어느 연도에 프로이센에 빼앗긴 것이니 너희들은 조국을 위하여 이를 수복할 것을 1분간이라도 잊지 마라." 하고, 또 그해 전쟁에 머리털을 깎인 장사(壯士)는 평시에 그 자손을 상 앞으로 불러들여 효유(曉諭)하기를 "이는 프로이센 노예의 칼자국이니, 너희들은 이 아비를 위하여 복수를 잊지 마라." 하고, 또 임종에 유언하기를 "나의 귀여운 아들아, 너희들의 이 아비에 대한 효성과 조국에 대한 의무는 프로이센을 분쇄함에 있음을 영구히 잊지 마라." 하는 고로, 지금까지 프랑스 국민의 일거일동은 모두 복수에 있으며 언필칭 '프로이센 노예'도 역시 그 염념불망(念念不忘)의 원인이니라.

　역자(譯者)는 말하려 한다. 프로이센과 프랑스 국민의 표한(慓悍)함과 용감함이 고구려 민족에 못잖으나, 오호라, 현재 세계의 망국 민족이여, 그대들은 저 양국 국민을 감히 본받으며 그 대국민 정신에 견줘 보아 수천 년 침체되어온 천성을 떨쳐 일으켜야 할 것이로다. 이는 내가 칼을 어루만지며 듣고자 하는 바이며, 또한 인생 일세에 잊고자 해도 잊히지 않는 것은 어린 시절의 견문이며 유년의 교훈이며 임종 때의 유훈이다.

　이에 더해 국민의 최대 난관은 음식의 절감이거늘, 저 프랑스 국민은 능히 과감하게 점심값을 아껴 나라의 재산에 보태었으니-한 사람의 하루 점심 평균액을 일본 화폐 10전으로 가정할진대 프랑스 전 국민이 하루에 아낀 비용이 약 300만 원이요, 우리나라 한 사람의 하루 점심 평균액을 5전으로 가정할진대 전국에서 하루 아낄 비용이 100만 원이며, 담배와 술의 평균액도 점심에 못지않아 만일 일단 결심만 하는 경우에는 하루에 약 200만 원의 국고 보조를 할 수 있으니 이 어찌 막대한 재원 구급 방책이 아닌가 참으로 과감한 정신을 지닌 국민이라 어찌 이 훌륭한 국민을 모범으로 여기지 않을쏘냐.

4. 1800년경 스페인 국민의 정신

1800년경에 프랑스 황제 나폴레옹 1세는 스페인 국왕 카를로스 4세가 폐신(嬖臣) 고도이(Manuel de Godoy)의 비방에 미혹되어 황태자 페르난도를 학대함에 대하여 국론이 떠들썩하고 내홍(內訌)이 비등함에 어부지리를 앉아서 기다리다가. 스페인 국민이 카를로스 4세를 축출하고 페르난도를 존칭하여 페르난도 7세라 이르는 때를 타서 매처럼 사나운 기세로 마드리드-스페인의 수도-에 내달려 들어 스페인 재래의 왕조를 폐하고 자신의 형 조제프-전(前) 나폴리 국왕-를 스페인의 왕좌에 앉혀 에스파냐 반도를 통치케 했다. 이에 스페인 상하 계층과 구교 신도가 일반으로 격앙하며 애국적 지사와 헌신적 의객(義客)이 절치부심하여 혹 칼자루를 쥔 채 일어서고 혹 원대한 계책을 세우기도 하여 프랑스인 배척이 있는 곳에서 봉기할 뿐만 아니라 국교-구교를 이른다- 신도와 국민정신 양성의 유지자들은 소학 시대의 아동을 아래의 문답으로 가르치고 깨우쳤다.

(문) 아동들아. 아동들아, 너희들은 무엇이냐?
(답) 상제(上帝)의 천혜 입은 스페인의 국민일세.
(문) 이 대답은 무슨 뜻인가?
(답) 애국적 국민이라는 뜻일세.
(문) 어화, 우리 국적(國敵)을 아나?
(답) 나폴레옹이 나의 공적(公敵).

(문) 그의 성질은 어떠한가?

(답) 수심(獸心)과 마욕(魔慾) 이 두 가지.

(문) 악마의 졸개는 몇인가?

(답) 조제프, 수라, 고도이일세.

(문) 셋 중 가장 악한 자는?

(답) 피차 일반이네.

(문) 나폴레옹보다 나은 것은?

(답) 죄와 악, 이 둘.

(문) 수라는 누구이뇨?

(답) 나폴레옹을 선동한 자.

(문) 고도이는 무엇이뇨?

(답) 두 사람을 연결한 자.

(문) 첫 번째 성질은 어떠하뇨?

(답) 오만과 압제일세.

(문) 두 번째 성질은 어떠하뇨?

(답) 약탈과 잔인일세.

(문) 세 번째 성질은 어떠하뇨?

(답) 효심(梟心)[21]과 수욕(獸慾)일세.

(문) 프랑스인은 무엇이뇨?

(답) 전에는 기독교도, 지금은 이단일세.

(문) 프랑스인을 살멸(殺滅)하는 것은 죄악일까?

(답) 아니요, 아니요, 저 이단의 오랑캐를 살육하는 이는 신의 은혜를 입으리라.

(문) 만일 스페인 국민이 의무를 소홀히 하는 때에는?

---

21 효심(梟心) : '올빼미(梟)'는 자신의 어미를 잡아먹는 새로 알려져 왔다. 배은망덕하고 흉측한 마음을 일컫는다.

(답) 성신(聖神)의 명벌(冥罰)과 정신의 사형을 입으리라.

(문) 적 중에도 우리를 구제하고자 하는 자는 어찌할까?

(답) 믿지 말게, 믿지 말게!!

(문) 태산같이 믿을 것은?

(답) 애국의 우리와 충국(忠國)의 혼일세!! 나아가세, 나아가세, 애국의 방패와 독립의 창에, 불복종의 투구와 정신의 갑옷으로 나아가세!!!

지나 지리 (전호 속) / 한명수(韓明洙)

지세(地勢)

지나는 우리나라 평안도와 함경도에 근접한 청(淸)나라이니, 세계 가운데 인민이 가장 많고 그 면적도 광대하다. 그 지세는 아시아의 중앙 고원지대(高原地帶)와 동부 평원의 대부분을 포함하였다. 중앙 고원지대는 티벳과 몽골 두 고원으로 나뉘어 있다. 티벳은 지세가 점점 동남쪽으로 기울었고 경역(境域) 내에 호수가 많으니 황허(黃河)와 양쯔강(楊子江) 등 여러 큰 강의 근원이 된다. 몽골은 그 동부에 고비사막이 가로로 뻗어 있어 그 서부까지 사막성 토지가 많다. 동부 평원은 그 북부에 만저우가 있어 북으로 쑹화강(松花江)과 남으로 랴오허(遼河)와 압록강(鴨綠江)의 유역이 되었다. 중앙의 지나평원은 지나 본부(本部)의 중요한 지방이니 쿤룬산맥(崑崙山脈)의 지맥(支脈)이 지세를 삼분하였다. 베이링(北嶺) 이북은 북지나로 황허와 바이허(白河)의 두 유역에 속하였으니 경역 내에 톈진(天津)과 베이징(北京)이 있다. 베이링 이남은 중부 지나이니 양쯔강의 유역이 되어 하구(河口) 부근에 상하이(上海)가 있고 중류에 한커우(漢口)가 있다. 남지나는 주강(珠江)과 민강(閩

江)의 유역이니 주장커우(珠江口)에 광둥(廣東)이 있다. 지나 방제(邦制)에 지나 본부, 만저우, 몽골, 신장(新疆), 티벳, 칭하이(靑海)로 크게 구분하고, 지나 본부를 또 18성(省)으로 나누어 즈리(直隷), 산둥(山東), 장시(江西), 허난(河南), 산시(陝西), 간쑤(甘肅), 장쑤(江蘇), 안후이(安徽), 산시(山西), 후베이(湖北), 후난(湖南), 쓰촨(四川), 윈난(雲南), 구이저우(貴州), 광둥, 광시, 푸젠(福建), 저장(浙江)을 두었다.

해안(海岸)

해안의 전체 길이가 약 1,000리이니, 그 면적에 비하면 매우 짧다. 북부에 보하이만(渤海灣)이 있어 랴오둥(遼東), 산둥(山東) 두 반도 좌우에서 문호가 되어 그 입구를 에워쌌으니 즈리해협(直隷海峽)이라 칭하였다. 이 해협으로부터 수부(首府)인 베이징(北京)으로 통하는 수로(水路)가 있는데, 그 동쪽의 남해협(南海峽)과 함께 항로교통〔航通〕과 국방에 있어서 중요한 해면(海面)인 까닭에 그 해안에 좋은 항구가 많았다. 산둥 반도 이남의 연안은 사빈(砂濱)이 많아 교통의 출입이 희소하나, 양쯔강 입구 이남에는 타이완해협(臺灣海峽) 부근에 좋은 항구가 많아 교통이 번성하고, 남지나해의 연안에는 광둥만(廣東灣), 레이저우반도(雷州半島), 둥징만(東京灣)이 있어 교통이 편하고, 레이저우반도는 하이난다오(海南島) 사이에 있는 까닭에 하이난해협(海南海峽)이라 부른다.

지나 본부

즉 한(漢), 당(唐)의 본토이다. 전 중국에서 중요한 지방인 까닭에 전국 총인구의 9할 9푼이 이 지역 내에 모여 사는 가운데 한족(漢族)이 많이 거주한다. 한족은 근검절약을 중시하고 재화(財貨)의 증식을 천시하여 사회를 위하는 일을 할 줄 모르는 풍조가 있고, 여자는 집 안에 틀어박혀 외람되이 밖으로 나가지 않으며 발이 작은 것을 귀중히 여겨 전족(纏足)하는 폐습이 있다.

북지나

북부 일대는 인산산맥(陰山山脈)이 이어져있고 남부 일대는 베이링(北嶺)의 여러 산맥이 서쪽에서 가로로 뻗어 황허(黃河)와 양쯔강(揚子江)의 분수계(分水界)가 되었고, 동부는 산둥반도(山東半島)의 산지가 특출하다. 이상의 지방은 황허와 바이사(白沙)의 유역이 되어 광대한 평야가 많고, 황허가 칭하이(靑海) 지방으로부터 종횡으로 관류(貫流)하여 보하이만(渤海灣)까지 흘러 들어간다. 기후는 대륙성이니 비가 적고 여름철은 지독히 덥고 겨울철은 하천에 얼음이 언다.

즈리(直隷)

왕기지방(王畿地方)이니 동으로 보하이(渤海)에 임하고 바이허(白河)의 유역이 된다. 그 관개(灌漑)하는 지방은 땅이 비옥하고 농산물이 풍부하며 바이허는 상업상에 긴요한 수로(水路)가 되었으니, 그 유역으로 북지나의 2대 도시 베이징(北京)과 텐진(天津)이 있고 그 하구(河口)에 타이구(太沽)가 있다. 여기서부터 동북쪽으로 보하이 연안에 만저우의 요로 산하이관(山海關)이 있다. 유명한 만리장성이 이 지역으로부터 일어나 서쪽으로 8천여 리를 달려 간쑤성(甘肅省) 서북부까지 이르고 산하이관 부근 만(灣)에 가장 좋은 항구 친황다오(秦皇島)가 있다. 철도는 텐진에서 시작하여 한 줄은 베이징과 바오딩(保定)을 지나 남쪽으로 나아가고, 또 한 줄은 보하이만의 끝과 석회(石炭)로 유명한 카이핑(開平)을 경유하며 산하이관을 관통하여 북쪽으로 나아간다.

국도(國都) 베이징(北京)

즉, 순천부(順天府)이니 요(遼), 금(金), 원(元), 명(明)의 옛 수도이다

-또한 옌징(燕京)이 이곳이니, 즈리성(直隷省) 지역이 옛날 연(燕)의 땅이기 때문이라고 한다. 바이허(白河) 북쪽 연안에 평야가 있고, 사방으로 장방형 성곽을 둘러서 쌓고 외성 안에 내외 두 성을 견고하게 쌓았다. 성 안에 황궁(皇宮)과 여러 관아(官衙)와 각국의 공사관(公使館) 등이 있고 시가(市街)는 광활하지만 청결하지 않으며 무역장(貿易場)이 있어 국내 통상(通商)이 성행한다. 톈진은 바이허에 임하고 대운하(大運河)의 종점을 차지하였으니 철도로 베이징과 운하로 황허(黃河)와 양쯔강 연안 지방에 통하므로, 수륙의 운수편(運輸便)이 번다하여 북지나의 가장 큰 시장인 까닭에 인구가 백여 만 명을 넘는다. 타이구(太沽)는 톈진과 베이징을 통행하는 요진(要津)이 된다.

황허(黃河) 유역

이 유역에 다섯 개의 성(省)이 있으니, 상류 유역에 간쑤(甘肅)가 있고 중류 유역 서쪽에 산시(陝西)와 동쪽에 산시(山西)와 남쪽에 허난성(河南省)이 있다. 그 연안의 평야는 흙이 황색(黃色)이고 비옥하다. 그 하류 삼각주 지방도 땅의 성질이 비옥하여 농산물이 극히 풍부하나, 홍수의 참혹한 피해를 간간이 입어 하상(河狀)이 변하는 까닭에 항행(航行)하기 곤란하다. 란저우(蘭州)-간쑤(甘肅)의 수도-와 카이펑(開封)-허난(河南)의 수도-과 허난-옛 뤄양(洛陽)-과 지난(濟南)-산둥(山東)의 수도-과 타이위안(太原)-산시(山西)의 수도-, 시안(西安)-산시(陝西)의 수도- 등이 경역(境域) 내의 대도회이며, 본류와 지류에 임하여 각지에 각종 광맥이 많은 가운데 탄전(炭田)이 가장 많다. 시안은 한(漢), 당(唐)의 옛 도읍인 장안(長安)이니 유명한 관중평원(關中平原)의 중앙에 있으며 황허의 지류와 웨이수이(渭水)의 남쪽 가에 있다. 사방에 견고한 성벽이 둘러싸고 있어 지세가 험하고 주요한 거리는 그 가운데 중첩되었다. 서북쪽은 진시황(秦始皇)의 옛 도읍인 셴양(咸陽)이니 아방궁(阿房宮) 유적이 아직 남아 있다. 산둥은 랴오둥(遼東)과 마주하여 보하이만의 출입구가 되었으며 서부로 황허 하류의 대평야가 이어져 인구가 밀집하고 석탄과 금, 철 등 광산이 풍부하고 산이 많은 반도이니, 그 동쪽 끝을 산둥자오(山東角)라고 일컫는다. 이곳으로부터 서쪽은 황해(黃海) 연안이니 즈푸(芝罘)와 웨이하이웨이(威海衛)가 있고, 남쪽도 황해의 연안이니 자우저우만(膠州灣)이 있다. 즈푸-즉 옌타이(煙臺)-는 기후가 위생 상 좋고 항구 내에 큰 함선을 정박할 만한 넓은 물가가 많다. 콩과 견주(繭紬)를 수출하며 바이허(白河)에 얼음이 얼면 육지로 옮기는 수송품과 화물이 톈진(天津)으로부터 이곳에 와서 모인다. 웨이하이웨이는 보하이 남쪽 연안의 주요 항구요, 그 전면(前面)에 류궁다오(劉公島)가 있으니 청일전쟁 뒤에-광무 원년- 영국 조차지가 되었다. 자우저우만은 황해를 마주하여 만(灣) 안이 광활한데 광무 원년에 독일 조차지가 된 뒤로 이 항구로부터 반도를 관통하여 지난부(濟南府)까지 철도가 이어졌다. 중부 지나는 베이링(北嶺)과 난링(南嶺) 사이에 있는 양쯔강(楊子江) 유역이니 지나 본부 가운데 중요한 지방이다. 베이링은 쓰촨과 호(湖)의 북부로부터 동남쪽으로 달리고, 난링은 구이저우 남부로부터 몇 줄기 산맥으로 나뉘어 동북쪽으로 달려 저장 해안까지 이른다. 양쯔강은 티벳 동부에 있는 형돤산맥(橫斷山脈) 사이로 분류(奔流)하여 쓰촨 남부로 나와 후베이 평야(湖北平野)를 관통하였으니, 이창(宜昌)으로부터 하구(河口)까지 8백여 리 사이는 물결이 평평하고 완만하여 큰 증기선이 통행하며 소형 선박으로 충칭(重慶)까지 연이어 거슬러오를 수 있다. 그 지류에서 중요한 것은 북으로는 한수이(漢水)가 있어 북지나의 관계를 보호하고 남으로는 샹수이(湘水)가 있어 남지나 교통의 요새이다. 샹수이는 둥팅후(洞庭湖)로 흘러 들어가는 본류와 회합(會合)하였으니 중부 지나의 대도회지가 이 본류에 임한 까닭에 창강(長江) 유역의 비옥한 들판이 천 리요, 물산이 풍부하고 무역이 번창하고 기후도 온화하다. (미완)

위생 문답 / 박상락(朴相洛) 역술

(문) 신체의 건강 여부와 오관(五官)의 관계는 어떠한지요-오관(五官)은 시각·청각·촉각·후각·미각의 다섯 가지 감각 기관을 총칭하는 말이다.

(답) 아름답도다. 좋은 질문이여! 옛사람이 말하기를 "사회 최후의 승리는 신체가 건강한 사람에게 돌아간다."고 하였으니 어찌 나의 생각을 아는 대로 설명하지 않으리오. 보잘것없는 내 생각을 아래와 같이 분류하여 보이겠다.

1. 흉곽(胸廓)의 관계

가슴둘레는 유두의 주위를 자로 재서 그 폭의 길이가 신장의 절반 이상이면 건강한 체격이요 절반 이하이면 허약한 체격이다. 그 이유는 건강한 자는 폐의 활동이 민첩하고 활발하여 매우 발달했기 때문에 가슴둘레가 시원하고 넓은 것이요 허약한 자는 발달이 덜 되었기 때문이다. 통상 성년-만 20세가 된 자를 성년 또는 정년(丁年)이라 말함-의 건강한 자는 가슴둘레가 9센티미터[22]-보통 '선미돌(仙米突)'이라 번역하니 1선미돌은 곧 현재 우리나라 척도(尺度)로 3푼(分) 3리(厘) 정도에 해당함- 이상이며 신장은 5척 5촌을 표준으로 함-.

흉곽의 형체가 비둘기머리[鳩惱] 모양이거나 납작하고 평평한[扁平] 모양이거나 깔때기[漏斗] 모양이거나-명치 부분이 심하게 움푹 들어간 것이다- 마비(痲痺)된 모양이거나-흉부가 가늘고 길며 둥글고 좁은 것이다- 척추 골격이 바르고 곧지 못한 채 굽어 있는 자와 근육, 뼈대를 세어 알 수 있을 만한 자는 다 불완전한 골격이니 폐병, 전염병 예방에 주의할 것이다. 또 폐활량-폐활량이란 것은 공기를 충분히 흡입한 뒤에

---

22 9센티미터 : 90센티미터의 오류로 보인다.

호흡 용적(容積)을 측량기에 불어넣을 때의 용량을 말한다-의 용량이 많고 큰 자는 건장한 체격이니 남자는 평균 3천에서 3천 6·7백 입방 센티미터이며 여자는 2천 5백에서 3천 입방센티미터이다.

2. 시력

시력 검사는 대개 헤르만 스넬렌(Hermann Snellen)[23] 씨의 시력표를 약 20척 되는 거리에 걸어두고 검사받는 자에게 그 자획의 모양을 말하도록 한다. 시력표를 보고서 다 구분한 자는 보통 시력이요 이상 되는 자는 상등시력이요-단 문명이 미개한 인종일수록 시력과 후각이 민첩함-. 이하 되는 자는 시력이 먼 곳만 볼 수 있거나 가까운 곳만 볼 수 있으니 곧 원시나 근시이다.

3. 청력

청력은 회중시계(懷中時計)를 6척 되는 거리에 두고 측정하는데 양쪽 귀로 능히 그 발성을 듣고 감지하는 자는 보통청력이요 이외에 8·9척 되는 거리까지 능히 듣고 감지하는 자는 상등청력이며 6척 이내에서만 겨우 듣고 감지하는 자는 부족한 청력이다.

기타 신체에 장애가 있는 자는 다 불완전한 체격이라고 칭한다.

(문) 체육법은 어떻게 해야 하는지요.

(답) 지령(地靈)으로 인한 체격의 발육[24]은 만 20세만 되면 대체로 근본적 발육이 끝나니 이는 모든 사람이 공통적으로 아는 바이다. 그러므로 사회 경쟁 무대에서 우승의 월계관을 얻기 위해 큰일을 하고자 하는 청년은 아무쪼록 소년 시절에 적당한 체육법과 운동을 게을리하지 말

---

23 헤르만 스넬렌(Hermann Snellen) : 1834-1908. 네덜란드의 안과의사이다.
24 지령(地靈)으로……발육 : 땅의 신령스러움으로 인해 체격이 크게 성장함을 말하는 듯하다. 당나라 왕발(王勃)의 「등왕각서(滕王閣序)」에 "사람이 걸출해지는 것은 땅이 신령스럽기 때문이다[人傑地靈]"라고 하는 말이 나온다.

아야 할 것이요 그 부모도 열심히 장려하는 것이 좋다. 그 체육법의 종류는 아래와 같다.

병식체조(兵式體操)·유술(柔術)·검술·베이스볼·보트·경조(競漕)·궁술(弓術)·기계체조·이른 아침 신선한 공기 호흡 운동. 승마술·테니스·여름철의 해수욕·평생 냉수 목욕 등 각종 운동을 적당히 힘써 행하는 것이 가장 좋다.

(문) 이미 육체적 위생을 분명히 가르쳐주셔서 이루 말할 수 없이 감사드립니다만 겸하여 정신적-즉 심령적- 위생을 듣고 싶습니다.

(답) 서양 속담에, "건강한 신체는 건강한 정신이 있음을 대표한다."라고 한 것은 여러분들이 아는 바이다. 그러므로 신체 위생은 곧 정신 위생이다. 바꾸어 말하건대 비록 육체는 건장한 듯하나 굳세고 완전하여 남에게 빼앗기지 않는 국민적·사회적·박애적 정신을 크게 기르지 않는다면 현재 이 격렬한 생존경쟁 우승열패 적자생존의 무대 속에서 결코 독립하여 안락한 생활을 얻지 못할 것이다. 또 육체 위생이 심령 위생에 간접적으로 영향을 끼치기는 하지만 심령적으로 굳세고 완전하여 남에게 빼앗기지 않는 정신적 위생은 별도의 수단을 마련하여 행하지 않으면 안 된다.

이러한 정신을 크게 함양하자면 자기 마음을 극복하고 욕심을 제어하는 학문의 연구와 위대하고 걸출한 인물 전기의 열독(閱讀)과 종교를 숭배하여 신앙심을 견고하게 하는 것이 제일이요. 한층 더 나아가 심리학·윤리학·철학·과학 등을 연마하여 정신병의 근원을 제거하면 육체적 발육과 함께 안팎이 함께 증진하여 더할 나위 없는 행복을 누릴 수 있다. 그러므로 여기에 가장 적당한 석가모니의 철학상 진리의 하나를 게재하여 여러분의 주의를 끌고자 하노라. 석문(釋門)의 법요는 우주의 진리를 완전히 깨닫게 하는 데에 있으니 만일 지령(地靈)을 통해 이 우주의 진리만 끝까지 추구하면 사물에 처하여 오해 과실이 없을 것이니 가히 인과응보 안심낙생(安心樂生)의 진리를 분명히 열 것이다.

한 세상을 살아가는 사람의 삶은 참된 이치와 덧없는 습속 속에 있어 앉음과 누움, 대화와 웃음, 슬픔과 기쁨, 사랑과 증오, 삶과 죽음에서 벗어나지 못하고 그 속에 있다. 그러므로

참된 이치와 덧없는 세상을 나무로 비유하고 일생을 나무에 오르는 것으로 표현하면 참된 이치는 뿌리요 세속의 일은 꼭대기이다. 뿌리를 분명히 알아야 꼭대기를 알 수 있는 법이다. 그러므로 원인을 분명히 알아야 결과를 알 수 있음은 싹의 원인을 알아야 열매의 실제를 헤아릴 수 있는 것과 같다. 그러므로 뿌리를 분명히 아는 것이 안락(安樂)이요 꼭대기를 추구하는 것이 번뇌이자 고통임은 정해진 이치이다. 그렇다면 인생에서 가장 큰 원수인 질병을 고치고자 하는 자-여기서의 질병은 육체적 병이 아니요 곧 형체 없이 온 세상에 존재하는 번민병이다-는 먼저 정신적 질병을 제거하지 않으면 안 된다. 사대(四大)[25]는 병의 그릇이요 오관(五官)은 병이 의거하는 곳이다. 그렇다면 육체적 질병을 고치고자 하는 자가 먼저 심령의 여섯 가지 병폐를 제거하고자 힘쓰지 않을 수 있겠는가. 여섯 가지 병폐는 무엇인가.

첫째 '간탐(慳貪)'이다. 일단 병에 걸린 자는 쉽게 분노하여 뛰어난 의사를 버려두고 용렬한 자의 집으로 달려가 옛날 방식의 임시방편적인 치료만 받고 세월을 낭비하여 도리어 병세를 위태롭게 하며, 간혹 의원의 명령을 따르지 않고 함부로 탐내고 함부로 음식을 마구 먹는데 이를 '간탐'이라고 한다.

둘째 '훼금(毁禁)'이다. 환자가 자포자기 상태에서 섭생(攝生), 음식물 섭취, 운동을 의원이 명한 대로 하지 않아 스스로 멸망을 초래하는데 이를 '훼금'이라고 한다.

셋째 '신환(愼患)'이다. 환자가 의원의 명령대로 하는 데서 오는 고통

---

25 사대(四大) : 불교에서 주장하는 세상 만물을 구성하는 요소로 땅, 물, 불, 바람을 가리킨다.

에 화가 나서 크게 분노하고 살짝 미치광이가 되기도 하는데 세상에 그 사례가 많으니 이는 곧 통제하기 어려운 마음의 병이다. 이를 '신환'이라고 한다.

넷째, '해태(懈怠)'이다. 환자가 의원의 명령을 따르지 않고 운동을 게을리 하고 약 복용을 제대로 하지 않아 아주 작은 차이가 결국 천리만큼 어긋나게 됨을 알지 못하는데 이를 '해태'라고 한다.

다섯째, '동란(動亂)'이다. 환자가 경거망동하여 정신착란이 일고 마음 속 생각이 혼란스러워 예측하기 어려운 위험을 초래하는데 이를 '동란'이라고 한다.

여섯째, '우치(愚痴)'이다. 속언에 '바보천치에게는 좋은 약도 소용없다'라고 하지 않았던가. 의원의 약 처방 이치를 알지 못하고 곡해하여 희망을 잃는 것을 '우치'라고 한다.

이 여섯 가지 병폐를 고치고자 한다면 저 육바라밀(六波羅密)에 의지하지 않을 수 없으니-바라밀(波羅密)은 인도어 '파라미(Parami)'의 음차이니 곧 지력이 약방(藥方)이라는 것이 이것이다.- 육바라밀은 무엇인가.

첫째 바라밀은 널리 베풀고 널리 사랑함으로써 베풂에 인색하지 않은 것이 그것이다.

둘째 바라밀은 오직 엄격하고 삼감으로써 자신을 잘 지켜 죄를 범하지 않는 것이 그것이다.

셋째 바라밀은 백 번 참고 천 번 견딤으로써 견고하여 마음을 빼앗기지 않는 것이 그것이다.

넷째 바라밀은 용맹하게 정진함으로써 전진할 뿐 후퇴하지 않는 것이 그것이다.

다섯째 바라밀은 조용히 생각하고 크게 고려함으로써 안정되어 동요치 않는 것이 그것이다.

여섯째 바라밀은 널리 구하고 넓게 앎으로써 유식하여 어리석지 않은 것이 그것이다.

주의

선(禪)이라는 것은 인도어-또는 범어(梵語)라고 함- '디야나(dhyana)'
의 음차이니 조용히 생각한다는 뜻이요,

반야(般若)는 인도어-또는 범어(梵語)라고 함- '프리즈나(Prajna)'의
음차이니 지혜라는 뜻이다.

그렇다면 이 글을 애독하는 여러분. 여러분이 오묘한 진리를 생각하
지 않고 단지 겉으로 보이는 것만 보고 넘긴다면 그만이겠지만 만약
이치를 꿰뚫는 안목과 진리를 통찰하는 눈동자로 정밀하고 상세하게
살핀다면 어찌 황금과 옥처럼 귀중한 권계의 말이 아니겠는가. 이것이
이른 바 석가모니가 이 여섯 계율을 마친 뒤에 다시 다음 가르침으로
일깨웠다고 하는 것이다. 그 가르침은 다음과 같다.

육체의 질병을 고치려면 정신의 질병을 먼저 고쳐야 하니 이를 근본
치료라고 일컫는다. 육체의 질병은 의사에게 맡길 것이나 정신의 치료
는 자기 자신의 공부로 치료하지 않을 수 없으니 어째서 그러한가. 정
신의 치료에 대해서는 자기 자신 이외에는 좋은 의사가 없기 때문이다.

그러므로 여섯 병폐를 제거하려면 육바라밀반야(六波羅密般若)의 신
명한 세력을 빌려 자기 자신의 공부에 의지해야 할 것이다.

춘몽(春夢) / 백악춘사(白岳春史)

돌아왔네, 돌아왔네, 양춘(陽春)이 돌아왔네. 동제(冬帝)의 한기가 몸
에 스며드는 듯한 위세를 이기지 못하여 맥없는 경색(景色)으로 오랫동

안 걱정스러운 얼굴을 피지 못하던 만물, 자애하신 춘신(春神)의 무량한 은총을 입어서 각자 특수한 진상(眞相)을 발현하고자 동원(東園) 서원(西園)에 늙은 매화와 젊은 매화, 홍백으로 어지럽게 단장해 연미(姸美)를 서로 다투고, 화평(和平)한 둥근 해는 상하귀천의 얼굴에 차별 없이 평등한 광선으로 하계에 답하여……

* * * * * * *

근일 춘기(春期) 시험에 밤낮으로 골몰해 신체도 피로하고 심신이 편안하지 않으니 어디 산책이나 할까! 짧은 지팡이를 덜덜 끌며 정처 없이 떠나가니, 건너 산 정상에 태양 빛을 반사하는 빛나는 한 점의 흰색은 백옥(白玉)인가, 깨끗한 유리인가, 다져진 잔설(殘雪)인가! 밭 사이 언덕 머리에서 졸졸하는 종달새, 아 네 신세 화평하구나! 너는 어떤 생각으로 자그마한 목이 터질 듯이 그다지 부르는가? 죄악 중에 분주해서 정신을 못 차리는 우리 인간사회를 조롱하는가? 우주의 대 비밀 열쇠를 장차 나에게 계시하고자 하느냐? 흰 돌 위를 선회하며 소리 내는 수정 같은 맑은 샘아, 주야(晝夜)를 그만두지 않고 흘러가는 너, 어디에서 와서 어디로 가느냐? 준령(峻嶺)을 넘어 층암절벽을 잡고 올라서 천신만고에 절정에 올라서니 참 좋구나! 서쪽을 바라보면 대지 평야 속에 한 가닥 실개천 은색 뱀이 구불구불, 한 치의 사람과 말 머리의 왕래가 아름아름, 동쪽을 바라보면 망망(茫茫)한 태평양물, 조화신이 하나의 크고 파란 유리 거울을 운제(雲際)[26]에 걸어 놓은 듯, 저게, 저게, 물과 하늘이 서로 만나는 곳에 한 줄기 검은 연기, 구름인지 윤선(輪船)인지, 발밑을 내려 보면 천 길 만 길 절벽 아래에 태평양에서 밀려오는 미친 듯한 파도, 앞 물결이 쿵, 뒷 물결이 쿵, 그다음 물결 또 쿵, 그다음 물결, 또 그다음 물결……… 이와 같이 앞뒤 파도가 서로 연속해서 암

---

26 운제(雲際): 높은 하늘을 일컫는다.

벽에 충격을 가하면 무수한 은빛 꽃을 공제(空際)[27]에 그려내는 장관!!!
아아, 이 미묘한 절경을 누구와 함께 토론하며, 이 천지간의 절장(絶壯)
한 위대한 경관을 누구와 같이 감탄하고 칭찬할까! 아아 인생!!! 유한
이 무한을 사모하여 중간에 도항하지 못할 대양의 횡단을 발견할 때에,
아아 인생!!!

　사람은 어디에서 와서 어디로 가는가. 옴은 꿈과 같아서 소리가 없
고, 감은 그림자와 같아서 흔적이 없다. 삶과 죽음 사이에서 방황하는
이 인생!!! 생을 이 세계에 맡긴 자, 이 땅에서 생각하면 누가 번민이
없으며, 누가 고통이 없으며, 누가 비애를 금하며, 누가 근심과 한을
억누르랴만은, 다수의 세인(世人)은 이를 부귀로 잊고, 이를 명리(名利)
로 잊고, 이를 성예(聲譽)로 잊고, 이를 주색으로 잊고, 이를 뜬 세상의
영예와 환락으로 잊을 뿐이다. 4천 년 역사상에 누가 우주의 절대적
진상을 밝히고 깨트렸으며, 인생의 비밀 관문을 활짝 열어놓은 자가
누구인가! 아아 사람은 어떤 물건이며, 나는 어떤 물건인가? 지상에서
포복(匍匐)하는 한 마리 벌레인가, 우주의 근원과 관련한 하나의 신령
한 샘인가. 문득 웃고, 문득 탄식하고, 문득 울고, 머리를 들어 사면을
바라보니, 지금까지 광명하던 세계는 어디인지로 사라져버리고, 전후
좌우에 운무가 자욱해서 천지는 어둡고 만상(萬象)은 고요한데, 악마가
분투하는 소리만 이따금 귓불을 때린다. 아아 적막하구나! 나는 어디로
향할까? 한 걸음을 전진하고자 짧은 지팡이로 앞길을 더듬으니 홀연
배후에서 한 소리가 있다. "쾌락하라, 육신의 쾌락을 구하라, 이 세상의
쾌락을 쾌락할 뿐이다." 아아 쾌락! 쾌락은 내 평생 바라는 바이다. 미
의미식(美衣美食)과 미색미주(美色美酒)와 온갖 세간의 쾌락을 모르는
것은 아니나, 자못 이로써 나의 한 조각 영심(靈心)을 만족하게 위로하

27　공제(空際): 하늘과 땅이 맞닿은 곳을 가리킨다.

지 못할 것은 어찌할까? 돌아보니, 칠흑 같고 묘연하게 흔적이 없다. 또 한 걸음 앞으로 나갈 때에 또 배후에서 소리가 있다. "용기를 내라 그렇지 않으면 악마의 굴에 떨어질 것이다." 아아, 용기! 용기는 내 평생 주장하는 바이지만, 원천이 있는 용기가……? 돌아보니 칠흑 같고 고요해서 소리가 없다. 또 한 걸음 앞으로 나가니 또 배후에서 소리가 있다. "활동하라. 활동은 너의 생명이다. 세계는 활동하는 자의 무대이다." 아아 활동! 활동은 내가 일생 갈망하는 바이지만, 위로가 있는 활동을……? 돌아보니 또 막연하게 소식이 없다. 다시 한 걸음을 전진하자 배후에서 또 큰 소리로 부르는 소리가 있다. "신앙하라, 신앙하는 자는 행복하다." 아아 신앙! 신앙은 내 일생의 소망이지마는 정(情)에서 나온 신앙보다 내 이성을 만족시키는 신앙이 있으면……? 돌아보니 또 잠잠하고 답이 없다. 할 수 없어, 짧은 지팡이로 유일한 벗을 삼고 이 길 저 길 더듬어서 광명계를 찾아간다.

짧은 지팡이 삐끗하자 왼발이 허전. 으악, 한 소리에 천 길 만 길 되는 깎아지른 절벽 깊은 계곡으로 추락하여 핑핑핑……, 깜짝 놀라 깨어보니 밤하늘은 고요한데 등불 하나는 작은 빛을 네 벽에 비추고, 몸은 도쿄의 벽촌 방 한 칸 차가운 이불 속에 누워 있는데, 이마와 얼굴에 차가운 땀이 축축하고 두 눈에 뜨거운 눈물이 가득하여 심장의 고동소리만 뚝뚝뚝, 동쪽 창을 바라보면 창살이 푸릇푸릇, 우에노(上野)산 외로운 절에 슬피 우는 새벽 종소리, 티끌 많은 세계의 헛된 꿈을 깨트리려고, 쿵쿵, 아아, 내 가슴 속에 일종의 무량한 비밀스러운 생각을 환기한다.

면암(勉庵) 최선생을 추모하고 애도하다 漢 / 회원 이창균(李昌均)

대마도에서 충의를 온전히 하였으니　　　　對馬島中忠義全

들보 앞 새벽 달빛은 몽롱했네	朦朧月色曉樑前
움집에서 눈을 집어 먹을 만큼 굶주림 심했어도	嚙雪窖中飢何甚
누각에 난초 그린 뜻은 오히려 굳세었네	畵蘭樓上志猶堅
당시에 위험 무릅쓴 말 하는 자 없었으니	當世危言無人進
사문의 한 가닥 맥을 누가 있어 전하리오	斯文一脈有誰傳
국권이 회복되기 전에 먼저 세상 떠나셨으니	國權未復身先沒
우리들로 하여금 눈물 줄줄 흐르게 하네	却使吾生淚潸然

어업소일가(漁業消日歌) / 최창열(崔昌烈)

머리 꼬리 등뼈 없는 물고기를 무엇이라 이름할까.
이러한 이름 없는 물고기가 망망한 대해 속에서
몇 천 년을 보냈는지, 몇 만 마리나 되는지 알 수 없소.
이렇게 수가 많으니 용궁이라 하리로다.
어종이라 하는 것은 어느 물고기를 막론하고
눈동자가 안 움직여 보는 데만 항상 보고
천성이 한결같아 한 번 정한 마음 바꾸지 않으니
삼경 한밤중에 잘 때마다 북두성을 향해 섰네.
이 말은 지어낸 말이 아니요 옛글에 쓰여 있소.
무수히 많은 무명의 물고기도 천성이 일정하여
행동거지 할 때마다 목성[28]을 향해 응하니
천성으로 말할 것 같으면 사람 무리보다 뛰어나나
지식으로 말할 것 같으면 사람의 공부를 어찌 헤아리랴.
이때 용궁 서쪽에서 자라가 찾아와서

---

28 목성 : 이 별이 비치는 곳은 모두 복을 받는다 하여 '복성(福星)'이라고도 한다.

스스로 일컬어 하는 말이 나는 본래 의사로서

네 나라를 관찰하니 종족 무리는 많으나

의사가 전혀 없어 횡사하는 자가 적지 않으니

나는 본래 애정이 많은 자로 당신네 나라에 처음 왔소.

무지한 이 물고기들이 이 말에 감동 받아

서로 서로 말을 전해 전국이 달가워하니

이 말을 온전히 따르며 상객으로 대접하나

자라라고 하는 어족은 물고기를 먹고 사는 무리로다.

굶주려도 무사할까. 흐리멍덩한 이 물고기들.

어화! 우리 청년들아. 졸린 눈을 한 번 떠서

용궁을 살펴보소. 용궁을 살펴보소.

이때에 할 일은 어업이 제일이요,

입과 배 채울 영양식도 물고기와 자라가 제일이니

물고기와 자라를 얻으려면 강태공의 조수가(釣水歌) 부르며

오랜 세월을 꺼려 말고 곧은 바늘을 연구하소.

곽삭(郭索)과 구인(蚯蚓)을 보라 / 이원붕(李元鵬)

  곽삭-게-은 수중동물 중에서 유명한 갑충으로, 견고한 갑옷을 입고 날카로운 창을 좌우에 달아 사방 바다를 거리낌 없이 다니는 용맹한 동물이요, 구인-지렁이-[地龍]-은 토양 안 굴 속에 사는 보잘 것 없고 뼈도 없이 꿈틀대는 한 작은 벌레에 불과하다. 그 강약대소는 실로 동일하게 말할 바가 아니겠지만 지금에 와서 지층을 뚫어 살 집을 짓는 것으로 볼 때, 구인은 위로는 마른 흙을 먹고 아래로는 지하 샘물을 마신 뒤에 그치는데 곽삭은 여기서 허비적거리고-긁어 헤침- 저기에서 허비

적거리다가 결국에는 1촌의 흙구덩이도 파내지 못하고 남의 소굴을 빌려서 거처하니 이는 다른 이유가 아니다. 곧 곽삭의 거칠고 조잡함으로 인한 산만한 성질이 능히 구인의 오로지 정결한 일심(一心)에 미치지 못하기 때문이다.

저 일반 하등의 충류(蟲類)도 이와 같거늘 더구나 우리는 온 천하의 고등 동물이다. 모든 일을 영위함에 각기 일정한 목적을 구인의 오로지 정결한 일심으로 해나가면 충분히 만족스런 극점에 도달할 날이 있겠지만. 만일에 걸출한 인물이니 달통한 선비니 하면서 웅대한 변론으로 천하의 일을 앉아서 이야기하여 족히 온 세계를 뒤흔들고 6대주를 압박할 만한 권모술수가 자기 손안에 있는 듯이 하면서 실제 일은 닦지 않고 고원히 엽등(躐等)하려는 생각만 헛되이 품어 이 일에도 이럭저럭 저 일에도 이럭저럭 하다가 저 곽삭의 거칠고 조잡함으로 인한 산만한 성질과 같은 결과를 면치 못해 장차 집 짓고 살 땅조차 없어지면 이때에는 다시 누구의 힘을 빌리리오. 우리는 학생이다. 미래로 한 걸음 더 나아갈 방법을 밤낮으로 강구하던 차에 우연히 곽삭과 구인을 보고 취할 바가 있었기에 그 때문에 이에 잠시 논하노라.

해저여행(海底旅行)[29] 기담(奇譚) 제1회

/ 프랑스인 쥘 베른(Jules Verne)[30] 원저(原著)·박용희(朴容喜) 역술

해저여행 역술(譯述)

나는 일찍이 패사(稗史)와 야설(野說)을 애호하여 열독한 바 있다. 한적

---

29 해저여행(海底旅行) : 쥘 베른의 1870년 작 소설로.『해저 2만 리』라는 이름으로 널리 알려져 있다.

30 쥘 베른(Jules Verne) : 1828-1905. 『해저 2만 리』와 『80일간의 세계 일주』와 같은 과학모험소설을 주로 쓴 소설가이다.

(漢籍)과 양서(洋書)는 그 수가 상당히 많다. 하지만 대체로 허황된 수식으로 잘못되거나 공허한 상상으로 치달리거나 음란하지 않으면 저속하기까지 한 탓에 세속을 만회할 도리에 진실로 자료로 삼을 만한 것이 없으니, 참으로 안타까웠다. 근래 프랑스 문사(文士) 쥘 베른 씨가 지은 『해저여행』을 읽어보니 그 언론(言論)이 영롱하고 찬란하며 기이하고 교묘하여 속된 틀에서 벗어날 뿐 아니라 이목(耳目)을 즐겁게 하여 또한 사람들이 얻는 바가 있게 한다. 한가한 이야기에서 시작하여 진리(眞理)로 유도하고 또 범상한 논의에서 시작하여 철학으로 인도하니 헛된 것 같으면서 참되고 텅 비지 않으면서 완전하다. 또 그 선악(善惡)과 사정(邪正)의 결과를 분명히 구별하고, 사이에 이학(理學)의 깊은 지취(旨趣) 및 박물(博物)의 실제 이야기를 인용하되 낱낱이 분석하여 모두 정아(正雅)로 귀결시키니, 그 세상의 부정을 바로잡는 데도 만에 하나의 효험이 있을 것이다. 그러므로 이에 다른 사람의 반절 밖에 안 되는 식견이지만 한 줌이나마 일조하리라 마음먹어 그 요점을 취하고 그 의미를 번역하여 여러분의 눈에 갖추어 드리나니 혹시라도 나무라지 않으시면 참으로 다행이겠다.

보시는 분은 주의하시오

1. 본문 중에 설명을 보탤 필요가 있을 때에는 괄호 ( )와 「 」를 사용함.
2. 학문상의 도움을 받는 설명을 요할 때는 ＊, ○, ＋ 등의 표점을 그 학명(學名) 및 물명(物名) 오른편 가에 부가하고 그 설명은 다른 줄[他桁]에 쓰되, 단 본문보다 한 글자를 내려 써서 본문 및 설명과 구별을 함.[31]
3. 지명, 산명 및 국명에는 그 오른편 가에 부호[符票] '='를, 인종 및 인명에는 부호 '__'를 부가함.

---

31 이 번역본에서는 이와 같은 방식으로 『해저여행』에 부가된 설명을 원주로 판단하여 각주로 돌리고 【원주】를 붙여 구분하였다.

4. 본문 중에 '一八〇〇—一八九三'를 쓴 것은 서기 1800년에서 1893년을 대신 표기함이니, 다른 것은 이를 본떴음.
5. 본문 중에 '北三〇—東八三'이나 '南七二-西二八'은 곧 어떤 나라 또는 어떤 물건이 북위 38도와 동경 83도 사이나 남위 72도와 서경 28도 사이에 있음을 표시한 것이니, 다른 것은 이를 본떴음.

제1회 바다요괴가 출몰하고 파도가 배를 전복시키니 호걸도 고생하고 큰 바다를 집으로 삼다

천지가 개벽하자 해와 달이 하늘에 매달리고, 강과 산이 나눠자 물과 뭍이 정해졌다. 하늘이 낳고 땅이 신령하여 이에 사람이 만물을 맡으니, 우주 안의 이르는 곳마다 그 자취가 없는 데가 드물다. 지금 문명이 배로 진보함에 지리상 발견이 부지기수로, 19세기 말에 생각 밖의 굉장한 일이 있다.

이야기하자면, 인도 남방에 오세아니아라 불리는 큰 육지 하나가 있는데 사면이 바다로 둘러싸여 있다. 아득한 푸른 바다는 수만 리 창공과 잇닿아 끝이 무한한 듯하고, 용솟음치는 파도는 암초에 부딪쳐 온갖 우레가 모두 울림에 천신이 노하여 소리치는 듯하다. 그 가운데 용맹한 수리와 사나운 솔개가 새를 낚아채거나 물고기를 잡자 공중으로 빙 돌았다가 벼랑에 깃들고, 고래 떼나 상어 무리가 이리 달리고 저리 쫓아가자 산이 무너지고 냇물이 싸우는 듯하다. 또 한편으로는 대기(大氣)가 조용하고 따듯함에 부드러운 기운이 하늘에 가득하며 물이 허공에 이어지고 달빛이 물에 내림에 금화동천(金華洞天)[32] 은세계(銀世界)에 우뚝 선 듯하다가도 갑자기 검은빛 아득하게 구름이 날고 푸른빛 어둡게 바다가 용솟음치자 기운이 울부짖음에 폭풍이 문득 일어나고 폭우

---

32 금화동천(金華洞天) : 중국 진화시(金華市) 진화산(金華山) 아래에 있는 도교의 유명한 동천이자 명승지의 하나이다.

가 갑자기 일어 심신이 아비지옥에 떨어진 듯하니, 이곳 자연계의 광경을 참 표현하기 어렵다.

이 대륙이 한번 포르투갈 사람에게 발견된 이래로 백인들의 출입이 부단히 이어졌다. 그러다가 1866년 7월 10일경에 한 무리의 어부가 해안에 운집하여 어구(漁具)를 정비하고 만(灣) 밖에 노 저어 나가려고 할 때, 홀연 해상에 괴물 하나가 출현하였다. 움직임은 물고기 같고 내달림은 길짐승 같지만 물고기도 아니요 길짐승도 아니며, 머리와 꼬리가 뾰족한데 형태는 철침과 같고 앞뒤 좌우로 움직이는 것이 마치 화살이나 별똥별처럼 빨라서 가리키기도 어려웠고, 또 섬광이 깜빡하고 빛나는데 번개도 아니요 도깨비불도 아니었다. 어부들은 놀라면서 괴이하게 여겨 멍하니 지켜보거나 좌우를 돌아볼 뿐이었다. 그 가운데 연로한 어부가 말하기를 "우리가 일찍이 들으니 옛날 유럽 북단 노르웨이 해안에 기이한 백사(白蛇) 하나가 출현했는데 길이가 수백 척이요 꼬리 힘의 강하기는 5・6백 톤의 선박이라도 쉽게 뒤집는다고 하였고, 또 들으니 인도의 본토 사람은 이것을 경외하여 우신(雨神)이라 일컫고 건조하고 가문 이것에게 기우(祈雨)를 한다고 합니다." 하였다. 이 괴물이 그 백사가 아닌가 하니, 뭇 어부가 모두 "네. 네."라고 하였다. 이후로 그 괴물이 태평양 상과 대서양-오세아니아 근해- 해변에 출몰하여 폐를 끼침이 아주 심하니 유럽과 미국 여러 나라 사이에 풍문이 분분하여 선원과 승객이 멀리 동양으로 항해함을 두려워하며 박학(博學)한 선비의 논평이 일치하지 않아 누구는 떠다니는 암초라고 누구는 물고기라고 누구는 짐승이라고 서로 주장하여, 모두 괴물을 찾아내고자 열망할 때 1867년 2월 상순에 또 비보(飛報) 하나가 유럽에 이르렀다. 그 보고는 다음과 같았다.

"영국 선박 스코샤가 대서양을 통과할 때 별안간 한 괴물이 충돌하더니 천행(天幸)으로 침몰되는 지경은 면하였으나, 배 바닥에 직경 약 2 '야드'의 구멍이 나서 천신만고로 겨우 본국에 도달할 수 있었다." 이 보고가 한번 전해진 뒤로 물고기인가 짐승인가 하는 설이 한 번 변하여, 이것은 잠수정의 소행이라고 하며 모두 제해(除害)를 연구하였으나 세월이 오래되어 피해가 더욱 심하여 뒤집힌 선박이 이미 수천 척에 달하자 아메리카 인사(人士)들이 매우 격앙하여 가득 쌓아놓은 금과 은을 탕진하더라도 자취를 쫓아가서 없애버리기로 결정하였다.

각설하고, 이때 프랑스에 한 수재가 있었으니 이름은 아로낙스였다. 타고난 총명함이 보통사람을 초월하여 명성이 온 나라에 진동하고 특히 박물학에 유명하여 파리박물관장으로서 본국 정부의 명령을 받고 미리 아메리카에 가서 신세계의 동물, 식물, 광물 등을 수집하는 데 종사하였다. 심산유곡을 돌아다닌 지 반 년여 뒤에 1867년 3월 하순경에 뉴욕시에 이르러 귀국선을 고대할 때 당시 뉴욕시 도처에 괴물의 풍문이 낭자하였다. 그가 곰곰이 생각하더니 말했다. "내가 관장 초임 시절에 『해저비밀(海底秘密)』 한 권을 저술한 뒤로 박학다식하다는 명성이 온 세상에 진동하였으니, 이번에 본국에 돌아간 뒤로는 그 사건에 대하여 와서 묻는 이도 적지 않을 것이며 이 괴물이 범상치 않은 속력이 있다는 여론에 근거한다면 떠다니는 암초라는 설은 믿을 수 없고, 선박이라는 설이 믿을 만하나 지금 열강이 힘을 합하여 토벌하여 없애기를 갈망하지 않는 나라가 없는 것으로 미루어 살피건대 그 비밀이 또한 의아한 것이다. 그러므로 내 소견으로는 광활한 대양에 어떠한 동물과 어떠한 물고기가 서식하는지 실로 알기 어려우며 첫 번째는 동물계의 이상과 두 번째는 학리상(學理上) 실제로 추측컨대 이것은 무소 무리가 한 것에 지나지 않는다." 이 한 가지 설을 같은 대륙 어느 신문의 요청에 의해 한번 기재함에 미합중국 인사가 칭찬하고 감탄하며 믿어 따르지 않는 이가 없었고, 미국 정부도 그의 설을 믿고 즉시로 먼저 토벌하여 없애는 일에 종사하려고 하여 같은 나라 제1등 군함 에이브러햄 링컨호를 파견하기로 결정하였더니 이후로 괴물이 출몰한다는 보고가 갑자기 끊어져 약 2개월간 소식이 없다가 6월 2일 샌프란시스코 발 상하이행 아무개호가 그 괴물을 태평양 상에서 발견하였다는 보고가 날아오매 같은 달 10일까지 출범하기로 결정하고 석탄, 양식 및 그 밖의 무기를 갖추어 싣지 않은 것이 없었다. 이때 아로낙스 씨가 괴물의 소식에 대해 정말 궁금해했는데, 6월 7일 미국 해군경(海軍卿) 모씨에게서 한 통의 서한이 왔다. 그 안을 열어보니 다음과 같았다.

　저는 귀공(貴公)에게 한 통의 서한을 드리게 되어 영광스럽게 생각합니다. 현재 우리 정부에서 바닷속 괴물을 토벌하여 없애고 온 세계 국민의 환난을 구제하고자 하여 군함 링컨호를 파견하오니, 귀하도 학술상의 연마에 대하여 이 토벌하여 없애는 일의 한 부분을 담당하셔서 힘듦을 잊고 도와주시면 저희 나라는 함장 패러것에게 명령하여 귀하를 대리관(代理官)으로 모시겠으니 밝게 헤아려주시기 바랍니다.

미합중국 해군경 J. B. 홉슨 돈수(頓首)

파리박물관장 아로낙스 각하

　편지를 다 읽고 곰곰이 생각하기를 "내가 나라의 명령을 받들고 천연물(天然物)을 수집하기 위해 아메리카에 왔다가 나라의 명령을 기다리지 않고 경솔하게 움직이는 것도 안 되지만 천 년 만에 한 번 만날 기회이니, 알맞은 때구나! 알맞은 때야! 다시는 오지 않을 것이다."라 하고 즉시 답장 한 통을 쓴 뒤에 다년간 수족과 같이 부리던 콩세유를 불러 말하였다. "나는 지금 미국 조정의 조회(照會)에 응하여 장차 먼 바다를 표류할 터이니 너는 내가 여러 달 노심초사한바 수집 표본을 가지고 귀국하여 박물관에 전달하여 보내라." 말이 끝나기 전에 콩세유는 뜨거운 눈물이 눈동자에 가득하고 목이 메어 대답하기를 "제가 관장님을 좇아서 일한 지 이미 10여 년이 되었지만 지금까지 헤어진 일이 없거늘, 지금 관장님이 아득히 큰 바다와 토벌하여 없애는 위험한 일로 항해하는 때를 맞이하여 목석이 아니라면 어찌 저버리겠습니까?" 하고 따라가기를 간청하였다.-저 사람이 한 노비로서도 오히려 이와 같은데, 하물며 대대로 나라의 녹봉을 받은 자임에랴! 만약 동서고금에 대대로 나라의 녹봉을 받고서도 오히려 임금을 속이고 나라를 팔고 백성을 해치기를 싫증 내지 않는 자가 있다면 눈으로 이것을 보라. 반드시 이승에서든 저승에서든 부끄러워 죽거나 거꾸러지거나를 면치 못할 것이다 - 아로낙스 씨가 콩세유의 충정을 살펴보고 하는 수 없이 허락하니 콩세유가 하늘땅 끝까지 기뻐하였다.

또 이야기하자면, 아로낙스가 수집한 표본을 우편선(郵便船)에 맡기고 주인과 종 두 사람이 부두에 이르러 함장 패러것에 면회를 청하니 함장 이하가 아로닉스 씨와 그 종을 환영하여 극진하게 대우하였다.

이야기하자면, 링컨호가 허드슨 만을 출발할 적에 때는 비갠 날 서산(西山)에 안개와 노을은 서서히 일어나고 옅은 구름이 하늘을 덮으니 청량함이 손에 잡힐 듯하였다. 기적 소리가 '뚜뚜' 하더니 산천이 진동하고 파문이 일어나며 부두의 만세 소리는 이미 들리지 않았고, 배는 벌써 만 밖에 이르렀다. 아로낙스 씨가 콩세유와 갑판 위에서 오가며 조망하다가 콩세유에게 말하기를 "이 군함에 준비한 기구를 관찰해보니 갖추지 않은 것이 없으나, 아깝다! 물속에는 대포 천 방(放)이 장사 한 명의 천 균(鈞)의 작살에 미치지 못하는데 어찌하겠는가." 하고 뱃머리를 돌아보니 함장 패러겄 주변에 용모가 헌걸찬 장사 하나가 섰는데 위풍이 늠름하고 완력의 발달이 맹분(孟賁)과 오획(烏獲)[33]을 넘을 듯하였다. 콩세유를 시켜 선원에게 물어보니, 그 사내의 이름은 네드 랜드

---

33 맹분(孟賁)과 오획(烏獲) : 두 사람 모두 중국 고대의 역사(力士) 이름이다.

니 캐나다 사람이었다. 힘은 산을 뽑을 수 있고 성품은 본래 호방하고
의협심이 강하며 또 고기잡이와 사냥에 재주가 있어 무기를 한 번만
쓰면 큰 고래를 쓰러뜨릴 수 있는 장사인데 이번에 자원하였기 때문에
동승하였다고 하니 아로낙스 씨가 매우 기뻐하였다. 이때 함선에 탄
모든 이가 다 기뻐하며 말하기를 "학자는 임기응변하고 나아가 공격하
고 물러나 방어할 계책을 강구할 아로낙스 씨가 있고, 용사는 힘이 산
을 뽑을 수 있고 한 번 던져 고래를 쓰러뜨릴 네드 랜드 씨가 있고,
함장은 항해술에 정통하여 뜻대로 진퇴하는 패러컷 씨가 있으니, 이
세 호걸이 배에 탄 이상 비록 그 괴물이 하늘로 오르고 땅으로 들어가
만 염려할 것이 없다."라 하고 각자 용기가 고무되어 그 괴물을 발견하
기만 시시각각 기다렸다.

경찰정탐 (전호 속) / 장계택(張啓澤)

제1장 도로 위에서의 관찰법

(1) 사체(死體) 유기장소

유기하는 장소는 곧 사체가 있는 곳이다. 혹은 인근 산, 옆의 숲, 인
근 물, 혹은 절과 사당, 촌락, 도로, 가옥 등을 도면에 상세히 기록하면
이것은 단지 상세히 보여주는 기호일 뿐 아니라 뒷날 재판의 확정에
대비할 수 있다. 그러니 정탐가(偵探家)가 된 사람은 나무 한 그루 바위
하나도 소홀히 대해서는 안 되고, 또 사체의 변형 및 이동의 유무를
모두 밝힌 연후에 정범(正犯)을 찾고 그 목적을 이룰 수 있다.

(2) 사체의 장소가 어느 방위에 있는가

방위라는 것은 곧 동서남북이니, 사체의 방위를 반드시 머리가 향하

는 곳으로 정하되 머리가 동쪽을 향하면 그림 또한 동쪽을 향하는 것이 옳다. 그 방위를 상세히 기록하면 살해한 자가 온 방향도 탐지할 수 있다.

(3) 사체의 상태가 엎드렸는가 누웠는가

사체는 본래 일정함이 없으니, 사체가 엎드렸으면 그림 또한 그렇게 하고 사체가 누웠으면 그림 또한 그렇게 하되 사체의 형식에 주의할 것이 아니라 반드시 피살자의 사망 원인 및 피살된 까닭에 주의해야 하니, 사람이 까닭 없이 피살될 수 없으며, 또한 이유 없이 사람을 죽일 수 없음은 지혜로운 이를 기다리지 않아도 알 수 있다. 이러한 까닭에 그 사체가 엎드렸는지 누웠는지를 상세히 그리면 죽인 행위가 정당한 상황에서 나왔는지 긴급한 상황에서 나왔는지 등 그 밖의 온갖 정황을 알 수 있고, 또 범인이 도주를 멀리 했는지 가까이 했는지 혹은 도둑질과 관련이 있는지 혹은 원한이나 원수인지 등을 증명할 수 있다. 이러면 정탐의 기술이 거의 무궁할 것이다.

(4) 길을 가던 사람, 혹은 인근에 사는 사람

만약 사체가 도로 위에 있으면 이것은 반드시 강도를 당해 죽은 것이요, 만약 그렇지 않으면 인근 마을 사람의 원한, 치정 및 잡기(雜技) 등의 일 때문에 생기는 것이 늘 많고 청년학생은 간음으로 인해 나오는 것이 많으니, 대개 사람을 죽인 원인을 살피건대 간음이 다수를 차지한다.

젊은 남녀가 정분이 극히 밀접해져 부모와 다른 사람의 이목을 꺼리면 살기 싫어하고 죽기를 바라게 되어, 두 사람이 서로 다투어 칼을 쥐고서는 피차 죽이게 되는 것이 현재 사회에 여자가 가장 좋아하는 것이다. 세속에서 이르기를 "부녀자에게 사랑받는 자는 그 운이 다하였다."라고 하니, 이것은 천고불변의 참된 이야기이다. 다만 부부간의 애

정은 별도의 문제라서 형사에게는 관여할 바가 없으나, 그러나 형사가
정탐할 때에 간음한 남자와 간음한 여자가 관계했는지 여부를 먼저 자
세히 조사한 뒤에 그 죽은 자가 상류의 인물인지 중류, 하류의 인물인
지 검사하여 살펴야 하니, 이것은 한 번 보아도 모두 알 수 있는 것이다.
학생 신분이면 반드시 그 휴대품 및 모발과 피부의 꾸밈을 보아야 하며,
부인이라면 그 손발 및 옷과 머리 등에서 상류와 하류의 차이를 훤하게
알 수 있다. 이 가운데 특이한 것은 천정(天庭)[34]에 검은 점과 흰 점이
있는지 없는지를 가지고 그 여자가 매독(梅毒)이 있는지 없는지를 바로
알 수 있고, 여러 가지 상태를 정탐할 수 있다.

(5) 출혈 및 격투의 상태

시체의 사망 원인을 밝히려 하면 그 출혈 및 격투에 주의해야 하니,
무엇 때문인가. 출혈이 많았는지를 알려고 하면 상처가 많은지를 검증
해야 하고 격투의 상태는 시체의 상흔을 살펴보아야 한다. 그 시체의
왼쪽이나 오른쪽, 손발이나 머리 그리고 칼, 도끼, 장검(杖劍)의 흉기로
좌우로 베었는지 한쪽만 찔렀는지를 보면 피살될 때의 정황을 추측하
여 알 수 있고, 살해된 원인도 분명히 알 수 있다. 정탐의 방법이 이
때문에 일어난 것이다.

(6) 신발의 종류와 본인 혹은 범인의 유류품

사체가 어떤 사람인지 만약 불분명하다면 그 신발을 보면 그 대개를
알 수 있다. 그 신발 밑에 반드시 평평한지 기울었는지, 넓은지 좁은지
의 같지 않은 점이 있다.

대체로 보통 사람과 고등 상류 사람의 신발 바닥은 반드시 좁고 평평

---

34 천정(天庭) : 이마 가운데 부위이다. 이 부분의 색으로 머리와 얼굴에 생긴 병을
   진단하였다고 한다.

하며, 노동자와 힘들게 일하는 사람의 신발 바닥은 반드시 넓고 기울었다. 또 그 사람의 유물이 무엇에 관계된 물건인지를 먼저 알면 그 물건을 말미암아 어떤 사람인지 알 수가 있고 범인의 유물도 역시 그러하니, 만약 이와 같으면 살인의 원인을 대략 알게 된다.

(7) 베어 죽임, 목 졸라 죽임, 때려 죽임 등

사체의 피살이 베임 때문인지 목 조름 때문인지 때림 때문인지는 모두 한 번 보면 분명히 알 것이다. 그러나 이것은 겨우 보통의 피살자에 대하여 말하는 것이다. 혹은 때때로 특별한 피살자가 있으니 깊이 연구하지 않으면 알 수가 없다. 먼저 목 졸라 죽인 뒤에 철길 위에 두어 기차가 그 시체를 치게 한 일이나, 혹은 독약을 쓰거나 혹은 최면술로 혹은 전기를 써서 죽인 뒤에 개천이나 호수 등에 던진 일은 정탐가가 비록 그 혈액이 묻거나 덩어리진 것을 그렸더라도 혹은 여전히 그 원인을 모두 알 수 없는 점이 있으므로 근래 정탐하는 이가 반드시 의학의 원리에도 겸하여 통달해야 하는 것은 실로 까닭이 있다.

(8) 사체가 살인 현장에 있거나 혹은 옮겨졌거나

이와 같은 장소에 관해서는 정밀하게 관찰해야만 한다. 시체가 옮겨지지 않았으면 반드시 확실한 흔적이 있으니, 예컨대 피가 남긴 싸움의 상태, 발자국, 지문 및 신체가 땅에 닿은 곳은 모두 뚜렷한 증거가 있다. 다른 곳에서 옮겨온 경우는 또한 반드시 의심할 만한 증거가 있으니, 이것은 담당자가 익숙하게 살펴보고 아는 것이다. 그러나 만약 너무 늦으면 흔적이 비바람에 점점 묻혀버리며 혹은 다른 것 때문에 없어져 정탐이 쉽지 않으며, 또 사체 조사는 3주 사이를 넘을 수가 없으니 만약 이 일수(日數)를 넘기면 증거가 소멸될 뿐 아니라 범인을 또한 찾을 수가 없다. 어째서인가? 무릇 사람이 범죄를 한 지 35일 안에는 그

심기가 반드시 평상과 다르므로 정탐가가 기색을 살펴서 알 수 있는 것이다. 이하에 정탐하는 이가 알아야 하는 학문을 대략 적겠다.

여러 학문 법률·지리·사회학·통계학·인상학(人相學)·의학·심리학·성리학(性理學)·화학(畵學), 기타 상등·중등·하등의 사회 상태, 매춘부 사회·도둑의 사회·잡기 등의 사회를 만일 알지 못하면 할 수가 없다. 또 익숙히 알더라도 만약 임기응변, 표리부동, 교묘한 사기술, 견고한 정신 등을 가진 마음이 없으면 또 그 목적을 이룰 수가 없다. (미완)

북한 귀머거리와 장님 두 사람의 자평

/ 소소생(笑笑生) 소암(小菴) 기록

귀머거리: 우리 대한제국 13도(道)에서 어느 도나 어느 읍이 제일인가?

맹인: 허허 이 사람, 제 국가와 제 자유를 잃은 국민이 어데 제일이 있나

귀머거리: 그렇게 할 말이 아닐세. 지나 간 것은 논할 것 없고 장래 희망으로 말이네

맹인: 근세 신지식을 다수 흡수하고 외국에 학생을 많이 파송해서 학문을 연구하는 곳은 기호(畿湖) 아닌가?

귀머거리: 그러므로 기호가 제일이란 말이지요

맹인: 전국의 중앙은 말할 것도 없고 수도가 있는 곳인데 두말할 것 있나.

귀머거리: 나는 함경북도가 13성(省)에 제일 이라고 하고 싶네.

맹인: 왜 그렇게 말하는가? 모(某)관찰사, 모국장, 모주사, 모참봉이 많아서 제1이며, 협잡흉계가 신출귀몰해서 제1이라 하는가?

귀머거리: (냉소하며) 자네가 남을 너무 경홀히 생각하네. 오늘날 형편

이 어찌 주사, 참봉과 협잡흉계를 제1이라 할 수 있나? 나는 사람의 자질(人質)이 용강하고 나라를 위해 헌신하는 정신여부를 말함이다.

맹인: 그러므로 귀머거리 군이 평안도란 말을 함경도라 하였나 보오. 함경도는 4천년 동안 문화(文化)가 없었을 뿐이 아니다. 오늘날 그 중에 방향도 없다.

귀머거리: 그러한가. 나는 고향을 떠난 지 8,9년에 남으로 갔다 북으로 갔다 해서 소식도 듣지 못하고 옛 친구(故人)도 상봉하지 못하니 알 수 없지마는 그러할 수가 있나?

맹인: 나도 도쿄에 온 지 수삼년이지만 귀가 있어서 듣고 아네. 귀머거리군은 귀가 없어 듣지 못하는 모양이지요. 근일에도 주사, 참봉 증서를 얻으려고 하는 사람은 함경도 사람밖에 없다네.

귀머거리: 정녕 그러하면 정말이 아닐세.

맹인: 자네도 들어보게. 작년인가, 재작년인가, 한일 신조약(新造藥)인지, 협약(協約)인지, 있지 않았나?

귀머거리: 그래서?

맹인: 허허 기가 막히네. 오늘날까지 태평세계인 줄 알고 다수 왜인이 어찌해서 도래하는 줄 모르는가.

귀머거리: 진실이 이와 같으면 대한인종이 아니라고 해도 가하네. 또 내가 맹인군에게 질문할 것이 있으니 정말 진실하게 말하게. 자네 말한 바와 같으면, 우리나라 민충정공(閔忠正公) 순절한 것이며 그 외 육충신과 이번 절사(節死)하신 최면암 선생 사적여부를 알았겠나.

맹인: 자네 꿈에 취해 있네. 8도에서 다 기념추조(紀念追吊) 한다는 말은 들어도 함경도에서 하였다는 말은 못 들었네.

귀머거리: 추조 여부를 가지고 평론을 어찌하겠나?

맹인: 하아! 모르는 말일세. 가령 자네의 선량한 친구가 있는데, 밤낮으로 그 친구를 앙모하는 것은 그 좋은 친구의 언행과 동정을 본받으려 함이 아닌가?

맹인: 다른 일 다 제쳐 놓고 수 년만에 해외에서 상봉하였으니 여유있는 한담이나 하고 포도주나 한 잔 먹세.

귀머거리: (크게 꾸짖고 호령하며) 군과 나는 오늘 절교하세. 군은 국가도 모르고 동포도 모르는 사람일세. 우리가 일시일각(一時一刻)인들 방심하고 한담할 시기를 맞을 것인가? 또한 근일에 우리 2천만 동포가 국채 1300만원 상환할 일로 일제히 분발해서 금연 동맹하고 담뱃값으로 남녀노소가 다투어 먼저 의연한다는 말, 위에서 통촉하시어 우리 대황제폐하께서 연초를 진어하지 않으신다는 말 못 들었는지. 어찌 우리가 술과 담배를 할 수 있단 말인가?

귀머거리: 그런 중 맹인군에게서 더욱 함경도 소식을 들으니 나의 가슴 속이 냉각하네.

맹인: 고향 말은 한 입으로 말하기 어려우니 그만 그치세.

귀머거리: 비록 그렇지만 원근의 소치로 누누이 생각이 나는 까닭에 말일세만 그런즉 외국 유학생도 없는 모양이네.

맹인: 자네 정신없네, 함경도 사람은 견인불발(堅忍不拔)한다는 말 못 들었나?

귀머거리: 이 사람 견인불발도 유분수지. 저 강토는 저 생명이 없어지는데도 견인불발하는가?

맹인: 그러게 갑갑하다지요. 귀머거리군이 그간 사정을 전혀 모르는 모양이니 내가 차제로 말하겠네. 학교는 소학교가 몇 개가 있다는데 그것이 중학, 대학, 농·공·상학교를 겸한 모양이고, 개화군으로 말하면 좌담하는 우국지사가 몇 사람이오, 신지식으로 말하면 청국 무술정변기나 미국독립사나 파란말년사(波蘭末年史)

몇 종과 산술사칙이나 알게 되면 일등 개명인이라 하고, 재산은
엽전 만 냥만 있으면 그 자녀와 조카를 내 쫓는 수전노가 있는데
공부를 시켜? 또 그뿐 아니라 자포자기하는 성질이 많아 '나는
나이 30이니 공부할 수 없다네' 하네.

귀머거리: 정말 그러하면 할 수 없는 견인불발.

맹인: 그런 연고로 웃고 탄식할 뿐일세.

귀머거리: 그럴지라도 후일에 학문을 연구하고 인재를 탁마하면 한국
에서 제일 인종일 걸.

맹인: 음식을 먹고 배부르지 않을 사람이 어디 있나?

귀머거리: 근자에 한북동포(韓北同胞)들 소식을 들었나?

맹인: 들었지만 기쁜 소식을 못 들었네.

귀머거리: 향자에 도쿄에 21명 학생의 참보(慘報)에 대하여 다소간 의
연금이나마 있었나?

맹인: 이 사람 꿈을 깨게. 동포가 무엇인지 좋고 나쁨을 모르는군.

귀머거리: 그러면 이번 공채상환에 대해서도 아무런 보고할 바가 없을
터인지 그것은 아직 알 수 없네.

맹인: 이 사람 함경도 관원도 역시 그런데 작년에 도쿄에 있는 모 회(會)를
위해 다소간 의연(義捐)한다고 하더니 적적하게 들리는 바가 없다.

맹인: 우리는 공부 잘해서 귀국한 그 날에 사업해 보세.

귀머거리: 자네 말에 험담이 태반일 터이니 일일이 믿고 들을 수도 없을
뿐 아니라 그 같이 '명고이공지(鳴鼓而攻之)'[35]하는 법도 있나.

맹인: "오늘날의 공공사회에서는 지공무사(至公無私)해야 하네.

---

35 명고이공지(鳴鼓而攻之): 사람의 죄상을 공개적으로 폭로하면서 성토하는 것을 말
한다. 『논어』의 「선진편」 "계씨가 주공보다 부유했는데 염구(冉求)는 세금을 더 거두
어 그를 더욱 부유하게 했다. 공자께서 말씀하시길 '그는 나의 제자가 아니다. 너희들
은 북을 울리며 그를 공격해도 좋다'"고 한 것에서 유래했다.

| 잡보 |

○ 면암 최선생을 애도하다

세상 사람들 모두가 취해도 나 홀로 깨어서 취한 사람을 일깨우고 세상 사람들 모두가 탁해도 나 홀로 맑아서 탁한 자를 맹렬히 꾸짖던 면암 최선생은 충군과 애국의 평소 뜻을 달성치 못하고 작년 12월 31일에 푸른 물결이 흐느끼는 외로운 대마도 섬에서 저세상 사람이 되었도다. 오호라! 선생이 살아계실 적에는 청구 강산에 한줄기 밝은 빛이 온 세상을 두루 비추더니 선생이 떠난 뒤에는 한반도가 어둡고 컴컴한 바위굴이 되었고, 선생이 살아계실 적에는 2천만 동포가 충군 애국하는 열사의 직언을 들을 수 있었으나 선생이 떠난 뒤에는 우리나라 백성의 귓불에 충직한 말을 전해주러 오는 자가 없도다. 우리나라 백성은 무슨 말로 선생을 추모하고 애도할 것인가. 한마디 말로 애도하기를 "선생의 사업은 선생과 더불어 사라졌으나 선생의 충군애국의 일편단심과 독립정신은 우리나라 백성의 뇌리에 주입되어 천만 년이 지나도록 썩지 않으리라." 하노라.

○ 기서(寄書)

삼가 아뢰노니, 의롭도다

여러분께서 부모를 떠나 고향을 버리고 멀리 험난한 바다를 건너 무한한 고달픔을 다 겪으며 학문에 스스로 힘쓰는 것은 개인적인 자기수양의 취지뿐 아니라 실로 우리 2천만 공중(公衆)을 대표하기 때문이니, 그 의로움에서 무엇이 이보다 크리오. 또한 무릇 이 생존경쟁의 세상에 태어나 단체의 온 힘을 함께 하지 않으면 유학의 목적을 달성할 수 없으니, 이에 이 학회를 결성하여 충애(忠愛)의 일념이 미상불 조국에 있는 고로 학습 여가에 학보를 출간하여 원대한 논조에 큰 목소리로 우리 동포를 긴 밤의 혼몽에서 일깨워 문명의 영역으로 함께 나아가려 하니, 참으로 의롭도다.

　여러분, 이 몸이 비록 우둔하나 역시 2천만 중 한 분자라, 갖춘 바 곧은 성품에 저절로 감회가 일어 삼가 이 편지로 경하하며 1원 지폐를 감히 동봉하니, 부디 이 작은 정성을 기꺼이 여겨 찻값으로 한 번 보태시길 간곡히 바람.

　평안남도 개천(价川), 안양식(安暘植)

○ 회사요록

○ 영유군(永柔郡) 이화학교(梨花學校) 총대(總代) 이치노(李治魯) 씨가 지회조직을 청원한 사안을 지난 달 17일 총회에 공포함에 총회에서 이를 임원회에 일임하여 조사결처하라 함으로 임회원에서 그 형편을 조사한 후 허가하고 동(同) 24일 총회에 보고하였다.

○ 이번 달은 본회임원의 임기가 만료된 까닭에 9일 총회에서 임원총선거식을 거행하였다. 선임된 제씨는 다음과 같다.

　회　장　장응진(張膺震)
　부회장　최석하(崔錫夏)
　총임원　김지간(金志侃)
　평의원　전영작(全永爵)　김진초(金鎭初)　김연목(金淵穆)
　　　　　김낙영(金洛泳)　신상호(申相鎬)　강인우(姜麟祐)
　　　　　이윤주(李潤柱)　박용희(朴容喜)

　당일 임원회의에서 사무원·회계원·서기원·사찰원을 선정하였다. 선임된 제씨는 다음과 같다.

사무원	김용진(金龍鎭) 이승근(李承瑾) 고의환(高宜煥)
	양치중(楊致中) 유목(劉睦) 김응율(金應律)
회계원	김연목(金淵穆) 김진초(金鎭初) 박용희(朴容喜)
서기원	박상락(朴相洛) 오석유(吳錫裕)
사찰원	정인하(鄭寅河) 채규병(蔡奎丙) 장계택(張啓澤)

○ 당일 총선거를 마친 후에 전영작씨가 의견을 제출하기를 "근일 본국의 유지한 제씨가 국채보상을 하기 위해 기성회를 조직하고, 단연동맹(斷煙同盟)한 사실과 일반국민이 피를 흘리며 격분함에 만구일성(萬口一聲)으로 누적되어 내려온 습관이 된 연초를 하루아침에 용단하고, 앞을 다투어 의연금을 낸다 함은 일반적으로 모두 아는 바이다. 우리 학생도 금일부터 시작해 무익한 연초를 용단하고 비록 동전 한 닢이라고 모아서 국채보상의 만분의 일이라도 보충함으로써 국민의 의무를 다하자" 하니, 장내에 가득한 회원들이 일제히 다 반응해 단연하기로 동맹하고 당장에 혹은 국채보상일까지 매달 몇십 원씩 혹은 1차 몇 원씩 의연금을 낸 후 모금위원 3인을 선정해 매달 수습하기로 하였다.

• 신입회원

남궁영(南宮營)・곽한칠(郭漢七)・김재희(金載熙)・이해충(李海忠)・양대경(梁大卿)・이선경(李善暻)・김진영(金鎭韺)・김상돈(金相敦) 장원태(莊源台) 제씨가 입회하였다.

○ 본 회원 양병호(楊炳鎬)・박정의(朴廷義)・박상락(朴相洛) 3인은 츠키지(築地)[36] 공수학교(工手學校)에 입학하였다.

○ 본 회원 이도희(李道熙)씨는 부모님을 뵙기 위해 금번 18일 오후 3시

---

36 츠키지(築地): 도쿄도 츄우구(中央區)의 한 지역으로 긴좌 남동으로 이어지는 일대이다.

반에 신바시(新橋)발 열차로 환국하였다.

○ 영유군 이치노(李治魯) 씨가 본회 지회를 조직하고 임원을 선정한 일로 보고했는데 회원과 임원은 아래와 같다.

• **회원명부**

이기찬(李基燦) 김신곤(金信坤) 이문재(李文宰) 이치노(李治魯)

김연호(金淵祜) 김정빈(金正彬) 정일온(鄭日溫) 송주순(宋柱淳)

정용하(鄭龍河) 탁성철(卓成喆) 한승현(韓承賢) 라의곤(羅義坤)

라신곤(羅信坤) 김용식(金用植) 김봉식(金鳳植) 김관식(金寬植)

김봉천(金鳳天) 김용선(金用善) 김영진(金永鎭) 백규복(白圭復)

송효순(宋孝淳) 이응모(李應模) 백낙선(白樂善) 이규찬(李圭燦)

한승준(韓承俊) 전원삼(田元三) 김원옥(金元玉) 장흥열(鄭興烈)

임상빈(任相彬) 임관도(任觀道) 장지한(張志翰) 김봉하(金鳳河)

김영동(金永鍊) 강국관(康國觀) 김적연(金迪淵) 이병호(李炳鎬)

• **임원록**

회 장 이치노(李治魯)

부회장 김신곤(金信坤)

총무원 이기찬(李基燦)

평의원 이문재(李文宰) 라의곤(羅義坤) 김용선(金用善)

김관식(金寬植) 김봉천(金鳳天) 라신곤(羅信坤)

김연호(金淵祜) 송주순(宋柱淳)

사무원 정용하(鄭龍河) 김영진(金永鎭) 김정빈(金正彬) 한승현(韓承賢) 김용식(金用植) 백락선(白樂善)

회계원	김봉식(金鳳植) 전원삼(田元三)
서기원	정일온(鄭日溫) 송효순(宋孝淳)
사찰원	백규복(白圭復) 임관도(任觀道) 탁성철(卓成喆)

• 학계소식

○ 공수학회(共修學會)에서 발간하는 『공수학보』 제1호가 지난달 말에 출간되었는데 3개월에 1회씩 정기 발행하고, 대학유학생회에서는 이 달 초에 학보 제1호를 출판하였는데 월간으로 출간한다고 한다.

○ 미국인 이스틀넥[37] 씨가 우리나라 학생을 위하여 의협심으로 학교를 자비 설립하고 우리 유학생 중에 군인을 목표로 하는 이를 모집하여 열심히 교육하는데, 현재 입학 인원이 20여 명에 달하였고 또한 조만간 일대 완비한 기숙사를 설립하고 해당 학교 생도를 일체 수용하여 수학에 한층 편리를 기하고 또 규율을 엄수케 하여 군인 자격을 양성하기에 열심히 진력한다 하니, 그의 높은 뜻은 참으로 사람을 감복케 하는 바다.

○ 내국(內國)에서 담배를 끊고 의연금을 출연하여 국채 보상을 한다는 설이 일차로 전달됨에, 근래 도쿄에 있는 우리 유학생 중에서도 담배 끊기에 가담하는 자가 점차 증가하여 지금은 친구를 방문할 때에도 연초를 서로 권하는 예는 일절 없어진 모양이다.

○ 본 회원 이원붕(李元鵬), 이창균(李昌均) 씨 2인은 수학(受學)의 사정으로 인하여 지난달 말에 교토로 떠났다.

---

37 이스틀넥: 미상이다.

• 태극학보 제4회 의연금 출연자 명단 (속)

상원(祥原) 군수	이익룡(李翼龍) 씨	20원
사인(士人)	여승룡(呂升龍) 씨	2원
평양 군수	백악균(白樂均) 씨	20원
사인	노영식(盧永軾) 씨	1원
자산(慈山) 군수	홍순구(洪淳九) 씨	20원
숙천군(肅川郡) 주사	안창일(安昌一) 씨	20원
회원	박정의(朴廷義) 씨	5원
	심도례(沈導澧) 씨	3원
	안창호(安昌浩) 씨	4원 두 번 째
	민준호(閔濬鎬) 씨	5원

○ 부회장 최석하(崔錫夏) 씨는 신체가 건강치 못하여 몇 달간 요양 차로 이달 18일에 사이타마현(埼玉縣)으로 내려갔다.

○ 본 회원 방원근(方元根) 씨는 작년 10월에 귀국하였다가 이달 20일에 도쿄로 건너왔다.

○ 도쿄로 건너와 유학생계에 열심으로 전도하던 황성기독청년회 총무 김정식(金貞植) 씨는 달포 전에 귀국하였다가 이번에 도쿄에서 열리는 만국기독청년회 연합회에 참가할 황성기독청년회 의사원(議事員) 민준호(閔濬鎬) 씨와 동반으로 이달 22일에 가족을 데리고 건너왔다고 한다.

• 특별광고

○ 학교용품 판매

-배달 우편료의 불필요는 독자의 경제-

황성 중서(中署) 파조교(罷朝橋) 건너편

본점-중앙서관(中央書館)- 주한영(朱翰榮)

평안북도(平安北道) 선천읍(宣川邑) 냇가

지점-신민서회(新民書會)- 안준(安濬)

광무 11년 04월 05일 발행
메이지 40년 04월 05일 발행

• 대금과 우편료 모두 신화(新貨) 12전

일본 도쿄시 혼고구(本鄕區) 모토마치(元町) 2정목(丁目) 66번지 태극학회 내
편집 겸 발행인   장응진(張膺震)

일본 도쿄시 혼고구 모토마치 2정목 66번지 태극학회 내
인쇄인   김지간(金志侃)

일본 도쿄시 혼고구 모토마치 2정목 66번지
발행소   태극학회

도쿄시 교바시구(京橋區) 긴자(銀座) 4정목 1번지
인쇄소   교문관인쇄소(敎文館印刷所)

광무 11년 4월 24일 발행

태극학보

제9호

매월 24일 1회 발행
매월 1회 발행

목차

태극학보 제9호

| 강단 · 학원 |

심리학의 측면에서 관찰한 언어 / 장응진(張膺震)

통상 우리가 언어라 하면 언어의 의의는 설명을 기다리지 않고도 명료한 것이요, 언어의 효능으로 논하면 이로 인하여 남과 나의 의사를 상호 소통하며 광의의 언어 즉 문자의 작용으로써 고금 전반 인류 사회의 사상을 참작하여 지식을 발달시키며 사회정신을 발전 향상하는 것으로, 이는 우리 인류가 다른 동물사회를 뛰어넘는 특성이다. 그러나 내가 이에 연구하고자 하는 것은 여기에 그치지 않고 한발 더 나아가 언어의 특성 및 기원이며 언어가 당초 어떠한 계제를 거쳐 오늘날과 같은 완전한 경지에 달하였는지를 심리학상으로 관찰하고자 한다.

1. 언어의 의미 및 효능

우리가 어떤 새로운 사물 하나를 타인에게 전달하고자 할 때에는 먼저 그 사람이 이전 경험으로 숙지하는 사물 중에서 여러 가지 요소를 끌어와 조직함과 같이, 우리가 어떤 새로운 사물의 이름을 알리고자 할 때에 만일 그 사람에게 직접 그 이름을 발음하여 알아듣게 하지 못할 경우-그 사람이 농인(聾人)이든지 혹 먼 거리에 있을 때-에 우리는 그 사람이 이전부터 지각(知覺)하여 십분 숙지하는 문자 등의 도움을 빌려 이를 결합함으로써 그 새로운 발음을 생성시키는 것 외에는 다른 방법이 없다. 즉 우리의 사상 교환은 지각상에 나타난 사물을 이미 알고있는 일정한 요소로 분해하여 이를 여러 가지로 결합한 것을 말함이요, 이와 같이 언어의 사용은 사물을 공통되는 요소로 분해하여 이 공통 요소로 자유로운 조합을 만드는 것이다. 가령 우리가 '가리비아'라는 한 새로운 사물 이름을 타인에게 전달하고자 할 때에는 그 사람이 만일 언문을 이미 알고 있으면 그중에서 '가'·'리'·'비'·'아' 등과 같은 각 요소로 조직하여 문자를 만들어 새로운 발음을 생성케 하는 것이다.

그러므로 언어는 사상 활동에 따라 생긴 것이나 또한 사상 발전의 긴요한 기계요 감관상(感官上)에 지각된 것을 사상상에 표현할 때에 주의를 두게 하는 가장 적당한 수단이며, 그 사상상 표현이 추상적인 것일수록 언어의 필요를 한층 절감하게 된다. 그래서 언어는 말하는 사람 자신의 마음속에서는 그 사람이 자기 사상상에 주의를 향하게 하는 수단이 되고, 말을 듣는 이에 대하여서는 말하는 사람의 사상에 표현된 사물에 주의를 두게 하는 수단이 된다.

2. 언어의 기원

언어의 기원에 대하여서는 예로부터 여러 가지 설이 많으나 우리가 이를 역사적으로 추지(推知)하기는 불가능하다. 그러나 언어가 오늘날에도 점점 발전하는 경향이 있는 것을 보면 이 법칙을 궁구하여 그 기원을 추정하는 데에 이용할 수 있으니, 이러한 근거로 볼 때 우리의 사상적 재현상에 운동 요소가 있는 것이 즉 언어의 기원인 듯하다.

사상적 재현상의 운동 요소라 함은 무엇을 가리키는가. 우리가 감관-오관-으로 사물을 지각할 때에는 항상 운동의 필요가 있으니, 즉 우리의 감각기관이 지각하기에 편리한 상태를 보유하도록 하는 것이다. 가령 우리가 소리를 들을 때에는 귀를 기울여 지각하기 편리하게 하며 사물을 볼 때에는 눈을 긴장시키는 것과 같다. 또한 사상 활동이 이전에 지각한 것을 머릿속에 재현할 때에는 그때 지각 작용에서 일어났던 운동도 겸하여 재현하고자 하는 경향이 있다. 지금 우리가 이전에 지각하였던 어떤 물체의 형상을 사상상으로 재현하고자 할 때는 마음속에서 그 물체의 윤곽을 눈으로 뒤따라가는 듯이 생각하니 이는 즉 시각상 운동을 사상상으로 재현하고자 함이요, 또 이전에 들은 음향을 마음

속에 떠올리고자 할 때 우리는 귀기울여 듣는 모습의 상태를 띠며 또 그때 이 음향을 내던 운동도 마음속에 모방하고자 하니 이는 우리가 보통 담화상에서도 인식하는 현상이다.

재현되는 이 운동 요소는 우리의 마음을 자유로이 지배하며 유지, 혹은 변경하는 데에 필요한 것이요, 또 이를 반복하게 하는 것은 심상 (心象)의 운동적 부분을 지배하는 우리의 뇌력(腦力)이다. 그러므로 우리의 일정한 경험이 현저한 운동과 친밀히 결합할수록 사상상 표현에 대하여 이를 지배하는 우리의 능력은 증대할 것이라. 심상의 운동적 요소 및 이 요소가 전 심상을 지배하는 점에 있어서 발표적 표시(發表的 表示), 즉 광의의 언어의 기원을 볼 수 있다.

주의 : 심상이라는 것은 이전에 감관으로 지각한 사물을 사상상으로 재현하는 것이므로 그 성질에 있어서는 지각과 일치한다. 적색 물체를 지각하였으면 사상상으로도 또한 마찬가지의 적색 물체의 심상을 생성하며, 또 어떠한 형체를 지각하였으면 그 후에 이를 사상상으로 재현할 때에도 또한 마찬가지의 형체를 표출한다. 그러므로 지각이라는 것은 우리가 실물을 직접 대하여 오관으로 지각하는 것이요 심상이라는 것은 우리가 그 실물과 떨어져서 이전에 지각하였던 것을 다만 사상상으로 재현하는 것임에, 그 정확도는 재현력의 크고 작음에 따라 개인적 차이를 발생시킨다.

그렇다면 심상과 관념의 차이는 어디에 있는가. 일례를 들어 말하자면, 가령 우리가 책상을 볼 때 책상의 형체는 상부에 평판이 있고 밑에는 다리가 네 개 있는 어떠어떠한 형체라고만 머릿속에 기억, 재현할 때 이를 '심상'이라 칭하고, 한층 더 들어가 책상이라는 것은 어떠어떠한 형체의 사물인데 그 용도는 책을 올려놓는 기구라든지 하는 식으로 심상에다 그 사물의 의미를 첨가한 것을 '관념'이라 칭한다.

언어는 실제의 지각과 구별하여 사상을 표현하는 것으로 우리의 주의가 머무는 가장 적당한 수단이다. 따라서 우리의 사상상 표현을 지배하는 수단을 심상의 운동적 부분으로 볼 때 언어의 기원도 또한 운동상에서 발견하게 된다. 일반적으로 우리는 사상상으로 표현할 것이 있으면 이를 실지 운동에서 출발시키고자 하는 경향이 있다. 사상이 최고로 발달한 사람은 뇌에서 생각하는 일, 즉 사상상의 진행을 타인에게 통지할 필요가 없을 때는 이를 특별한 운동으로 나타내려 하지 않는다. 그러나 어린이 및 원시 단계에 있는 인류 즉 완전한 미개인은 이에 반해 그 사상상 활동이 아직 지각 활동의 성질을 띠는 까닭에, 뇌에 하나의 사상이 있을 때는 이를 백방의 수단으로 실지 운동상에 발현한 후에야 비로소 이에 대하여 주의가 머문다.

그중 사상을 외부 운동으로 발현하고자 하는 경향은 타인과 교통하는 경우에 특히 많다. 가령 언어를 지니지 못하여 사상을 서로 교통하지 못하는 원시적 인류 갑과 을 두 사람이 있어 공동으로 어떤 일에 종사할 때에, 을이 만일 갑의 의견에 맞지 않는 행동을 할 때 갑은 어떠한 충고를 을에게 주고자 하되 언어가 없으므로 자기 뇌 안에서 생각한 바를 도저히 견디 참지 못하고 자기 사상을 어떤 운동으로 발현하여 의견을 을에게 전하고자 할 것이다. 손으로 사물의 형용을 만들고 물체를 타격하는 형용도 만들고 눈과 입 등으로 여러 가지 동작을 표시하여 의사소통을 하고자 할 것이니, 이는 즉 내부 관념이 실지 운동으로 발동한 것인데 이 모방적 형용이 우리 언어의 가장 원시적 형태이다.

저러한 벙어리들은 스스로 공부하여 자연적 표시로 의사소통을 십분 수행하니 이 자연적 표시는 어떻게 성립되는가. 이는 사물의 형체나 그 사물을 생기게 하는 방법, 또 그 사물의 특별한 작용과 상태며 그 사물의 속성 등으로 성립하나, 이 자연적 기호가 다만 어떤 사물을 모방-흉내-함에 그칠 때 이 모방은 언어가 아니요, 이 모방으로써 그 모방

하는 사물의 의미를 타인에게 통지할 때 비로소 언어의 효용을 일으킨
다. 우리가 언어가 통하지 않는 외국에 가면 이 자연적 기호의 모방은
사상을 통하게 하는 유일한 방법이다. 아프리카 야만인은 아직 우리와
같은 완전한 언어가 없고 다만 위와 같은 모방적 언어로 유일하게 사상
을 소통하는 까닭에, 어두운 밤에는 시각 기관으로 직접 마주 보지 못
하여 불완전하게라도 서로 의사소통을 하지 못한다는 기담이 있으니,
이로 보자면 언어의 기원은 불가불 운동에 있다고 하겠다.

3. 합의적(合意的) 언어

이상 설명한 바와 같이 모방으로 서로 의사소통하는 자연적 기호는
물형(物形)의 가장 현저한 점을 들어 표시하나 일정하게 공통된 규칙이
없어 어디서나 동일할 수 없다. 어떤 사람은 '사슴'이라는 의사를 표시
할 때에 손으로 그 뿔 형태를 모방하는데 다른 사람은 그 뛰어가는 거동
을 모방함과 같다. 또 어떤 집단에서는 점차 약호를 사용하는 경향이
있으니, 가령 집단 중 한 사람이 소를 직접 지시하며 손으로는 뿔 형태
를 모방하고 다리로는 흙을 차는 형태를 만들어 그 모방이 소라는 뜻을
무리에게 일차로 표시하면, 그 후에 그 집단의 사람은 직접 소를 보지
않더라도 모방하는 뿔 형태와 흙을 차는 형태를 보고 이 모방이 소를
의미하는 것으로 이해하게 된다. 이렇게 점점 발달하여 간략한 자연적
기호가 한 집단 안에서 쓰이게 되면 다른 집단에서는 이 모방적 약호의
의미를 이해할 수 없는 데에 이를 것이다. 이렇게 모방적 언어는 점점
발달하여 다소의 합의적 언어로 이동하는 경향이 있으나, 다만 이러한
방법으로는 모방적 언어가 순전한 합의적 언어로 변환되기는 도저히
불가능하다. 따라서 이럴 때 어떠한 요소가 가장 유력하고 편리하게
필요한가 하면, 즉 우리의 음성이 그것이다.

음성으로서 서로 의사소통을 하는 것은 그 개개의 음성이 표시하는

부호, 즉 문자가 발견되기 이전에 이미 사용된 것이 적확한 사실이다. 절조(節調)가 있는 이 음성은 완전한 한 전체의 의미를 구성하며 개개의 음이 그 발성과 의미 간의 관계를 명료히 표현한다. 이 음성으로써 의사를 교환하는 것은 자연 기호가 모방적 형용으로 하는 것과 크게 다르다. 모방적 형용으로 의사소통을 할 때는 이 모방이 표시하고자 하는 사물과 직접 결합하나-가령 '사슴'을 표시할 때 뿔 형태를 모방하는 것 같이-, 순전한 합의적 언어에 이르면 이 직접 결합의 필요가 없다. 또 음성과 이 음성이 표시하고자 하는 사물 간의 유사점을 떠나서도 음성상 관계와 의미상 관계를 연관 표시하는 것이 합의적 언어의 특징이다.

　그러나 이에 한 가지 의문이 일어나는 것은, 당초 음성이 자연 표시를 대표할 때 그 개개의 음성이 어떻게 하여 어떤 종류의 음성은 어떤 종류의 사물의 의미를 표시하게 되었는지 하는 것이다. 이 의문에 대하여는 여러 가지 설이 있으나 여기서 그 두세 가지를 들어본다.

　제1설 : 우리는 내부에 어떤 종류의 정서-희 · 노 · 애 · 락 · 질투 · 원한 · 비방 등을 심리학상으로 통칭하는 정서-가 있을 때는 이에 응하여 표출을 한다. 공포의 경우 울부짖는 소리를 내어 이를 이용하여 타인에게 공포의 정서를 전달하며, 쾌락의 사물을 대할 때는 웃음소리와 환희의 음성을 내고 비애의 경우 비애로운 음성을 내어 목표한 사물의 실정을 남에게 전달하는 경향이 있다. 즉 이러한 감탄사적 음성이 점차 발달하여 개개의 음성이 오늘날과 같이 개개의 의미를 지니게 변천되었다는 것이다.

　제2설 : 이 설은 가령 우리가 '고양이'의 의미를 타인에게 전달하고자 할 때는-물론 원시적 시대에 아직 언어가 없는 사람- 고양이가 우는 소리를 모방하며 '닭'의 의미를 전달하고자 할 때는 닭이 우는 소리를 모방하여 표시하였는데, 이러한 자연적 형용이 점차 발달하여 오늘날과 같은 음성의 언어로 변하였다 하는 것이다.

　제3설 : 이 설은 당초 사물의 특별한 종류는 원시적 인류로 하여금 특별한 표출을 만들게 감동시켰는데, 가장 원시적 원어는 최초에 사람이 하나의 사상에 감동되었을 때 그 사람이 천연으로 낸 음성과 흡사하니, 저 문학의 시가(詩歌) 등은 소리 낸 음성과 그 음성이 표시하는 사물의 근접성으로써 성립하였다는 것이다.

　이상 세 가지 설 중에 제3설은 제1설 및 제2설과 대동소이하다. 세 가지 전체의 대체적 의미는 언어의 시초가 자연적 모방에 있다는 데서 일치한다. 이상 여러 설은 모두 우리의 합의적 언어가 발달한 경로이니, 자연적 모방의 음성이 일단 시작되면 점차 발달하고 변천할 것은 추측 가능한 바이다.

금주하라 빚 갚으세 : 기서 / 태극혼(太極魂) 안헌(安憲)

　들자하니 마음 불평한 지사와 선비들이 이집트·폴란드·베트남의 멸망 원인을 미루어 깨닫고 용감히 떨쳐 일어나 금연·절식(節食)하고 지극정성으로 주선하여 나라 빚을 말끔히 갚고 우환을 씻기로 결의하고 모임을 조직하자 남녀노소 아동 할 것 없이 자기 빚처럼 출연(出捐)한 자가 계속 이어지니 통쾌하도다. 이 말이여! 아름답도다. 이 거사여! 이렇게 한걸음씩 나아간다면 말할 나위가 있겠는가. 부흥의 기회가 될 것을 확신한다. 그러니 전날 뼛속까지 스며든 근심이 얼음 풀리고 눈 녹듯 거의 해결되지 않겠는가.

　무릇 한 마리 물고기가 물을 흐리고 작은 결점이 옥을 깨뜨리게 만드는 것은 사람들이 모두 꺼리는 바이다. 우리 동포 중 술을 마셔 실성하고 재산을 탕진해 집안을 망친 자가 전후로 어찌 끝이 있겠는가. 이로 말미암아 선량한 심성이 우매하고 완고한 모습으로 바뀌고 아름다운 기질이 위태로운 양상으로 변화하니 아, 어찌 독실하게 하지 않을 수 있으랴. 아. 우리 동포여! 술을 경계할지어다.

옛날에 세종대왕께서 말씀하기를 "술로 인한 화가 어찌 곡물을 없애고 재물을 허비한 것뿐이겠는가. 안으로 심지(心志)를 어지럽히고 밖으로 위의(威儀)를 잃게 하며 혹은 부모 봉양을 폐하고 혹은 남녀의 분별을 문란하게 하여 크게는 나라를 잃거나 집안을 망하게 하고 작게는 성품을 해치거나 생명을 잃게 한다."라 하셨다. 또 말씀하기를 "너희들 안팎의 대소 인민들아. 나의 지극한 생각을 체득하라. 앞 시대 사람들의 득실을 보고서 오늘날의 권계로 삼아라. 그렇게 하여 술을 좋아하여 일을 폐하지 말고 지나치게 마셔서 병을 만들지 말라. 각기 너희들의 행동을 신중히 하고 무이(無彝)[1]의 가르침을 준수하여 강하게 술을 억제하면 거의 오변(於變)[2]의 풍속에 이르게 될 것이다."라 하셨다.

혼돈 상태의 순방(淳厖)한 기풍을 바꾸어 신선한 문명개화의 영역에 이르고자 한다면 금주를 급선무로 삼아 옳지 못한 악을 제거해야 한다. 지금 국고가 불에 탄 듯이 고갈되었는데 단지 술 한 잔의 대금으로도 저마다 국채보상에 도움이 될 수 있으니 그렇게 한다면 어찌 악을 세거함과 아울러 국가의 근본에 충성하는 일이 아니겠는가.

영국 의학박사 리차드슨 씨가 말하기를 "술을 파는 것은 가난을 파는 것이요 병을 파는 것이요 범죄를 파는 것이요 말다툼을 파는 것이다." 라고 하니 참으로 격언이로다. 이에 나는 말하기를 "누룩은 술의 어머니요 술은 악의 중매자이다."라고 하겠다. 중매를 하여 결혼하면 반드시 아이를 낳을 것이니 그 아이는 수백 대에 걸쳐 수없이 나올 것이요

---

1 무이(無彝) : '무이주(無彝酒)'의 줄임말로 항상 술에 빠져 지내지는 말라는 뜻이다.
2 오변(於變) : '오(於)'는 감탄사이다. '오변'은 백성들이 교화되어 세상이 잘 다스려지게 됨을 말한다.

만세토록 금할 수 없을 것이니 아, 슬프도다! 그렇다면 온갖 악이 세상에 가득하거늘 어찌 감히 선으로 나아가길 바라겠는가.

매미라는 동물은 더러운 곳으로부터 자연의 화육으로 허물을 벗는데 조금이라도 미진함이 있으면 어떻게 바람과 이슬을 마시며 버드나무와 홰나무에서 시끄럽게 울 수 있겠는가. 생각이 여기에 미치니 사람으로서 악을 제거하여 쇄신하지 못하면 더러운 벌레가 매미로 변화하는 것만도 못한 것이다. 그러므로 오늘날에 경제적 비용을 근검절약하여 국채보상에 전념하려면 술을 금지하지 않을 수 없으니 그런 뒤에야 허물을 벗는 데에 막힘이 없고 마침내 뜻을 이룰 수 있을 것이다. 그러니 아, 우리 2천만 동포여! 이러한 때에 깊이 생각하여 영원한 안녕과 행복을 도모하기 위해 한마음 한뜻으로 협력해야 할 것이다.

태극기를 짊어지고 충의의 혼을 헌신하라!

○ 편집자는 말한다. 금연 보상(報償)의 설이 한번 전파되자 전국 상하의 인심이 샘이 솟고 물이 끓듯하여 각 지역에 금연회를 설립하고 남녀노소가 앞다퉈 의연금을 내었는데 마치 실행하지 못할까 두려워하듯이 했고 우리 국민이 이러한 결심을 한 사실이 있음은 세상 사람들로 하여금 깜짝 놀라게 할 만하니 장하긴 장하다. 그러나 경제상으로 논하든지 위생상으로 보든지 담배의 해롭고 독함보다 몇 배 더 심한 금주회가 흥기하지 않는 것을 이상하게 여겨 탄식했는데 지금 이 기서(寄書)를 삼가 절하고 읽으니 참으로 정문일침(頂門一針)이로다.

술은 오늘날 세계 각국에서 마시지 않는 곳이 없으나 술은 원래 우리 생활상 필요한 물건이 아니요, 또 술은 이를 화학적으로 분석하면 알코올-소주(燒酒)-과 물의 혼합물이다. 알코올이라고 하는 것이 위에 들어가면 음식물을 응고시켜 소화를 방해하여 신체의 건강을 해치는 것이요-이를 시험하고 싶으면 계란 1개의 백즙(白汁) 즉 흰자위를 그릇 안에 넣은 뒤에 알코올을 주입하면 백즙이 즉시 응고함을 볼 수 있다. 또 일반적으로 술을 적당히 마시면 건강을 증진시키며 정신을 활발하게 한다고 말하기도 하나 이는 피상적인 관찰이다. 술을 마시면 자양분은 없는데 정신이 일시적으로 흥분함으로써 잠시 동안은 활발한 것 같으나 술에서 깬 뒤에는 비상한 괴로움과 피곤을 느끼게 되니 이는 술이 신체를 해치는 증거이다. 또 술은 그 외에 경제상, 품행상 각종 방면으로 관찰하더라도 한 가지 이익이 있으면 백 가지 해로움이 따라 나온다.

그러므로 오늘날 각 문명국에서도 점차 술을 없애고자 하는 경향이 있다. 저 프랑스 인민은 전국이 중식(中食)을 끊음으로써 국가 빚을 갚았는데 우리 국민이 오늘날과 같은 처지를 맞아 조금의 결심만 있으면 금주 금연에 무슨 어려움이 있겠는가. 우리 동포는 이것을 자못 한때 유행하는 열기로 삼지 말고 침착한 태도로 시작이 있으면 끝맺음이 있기를 간절히 기원하노라.

자아의 자활 의무 / 오석유(吳錫裕)

무릇 인생으로 이 세상에서 생존하기를 희망하는 이는 가장 먼저 스스로 움직여 그 생활을 스스로 이루어낼 감각을 결정해야 한다. 이는 인생에서 당연히 노력해야 할 것이다. 그러므로 이를 자활 의무라고 하니 그 정의를 시도해 보겠다. 자활이란 의식주에 필요한 물건을 타인의 은혜에 의존하지 않고 자기의 성실한 노동에 의지해 지급함으로써 그 생명을 유지하고 양성하는 것을 의미한다.

천지자연의 정리(定理)로 관찰하더라도 사람이 자활하지 않을 수 없음을 확실히 보여주는 증거가 다음과 같이 역력하니 진실로 부인할 수 없다.

(1) 우리 인류가 의식주 각각의 필요한 물건을 얻는 경우 어떻게 해서라도 이를 획득할 능력을 여지없이 지니고 있었다. 보아라. 걷는 발이 있고, 쥐는 손이 있으며, 말하는 입이 있고, 냄새 맡는 코가 있으며 보는 눈이 있고, 생각하는 마음이 있으니 어떠한 깊은 산과 큰 못이라도 이 능력을 가질 때 모두 개척할 수 있을 것이요, 어떠한 맹수와 독사라도 이 능력으로써 모두 길들일 수 있을 것이요, 어떠한 하늘의 천둥과 벼락이라도 이 능력을 가질 때 그 번개를 취해서 우리의 등을 밝히는 데 공여할 것이요, 어떠한 지하의 금·은·동·철광이라도 이 능력으로써 모두 이를 풀어 놓아 우리가 쓰는 데 이바지하게 할 것이다. 기타 산에는 산산(山産)이 있고, 바다에는 해산(海産)이 있다. 이 능력을 가지고 할 때 우리 소유로 돌아가지 않는 것이 없으니 우리의 능력과 공덕이 역시 크지 않나! 이러한 능력이 우리에게 갖춰진 것은 바로 자활 의무가 있음을 증명함이다. 비유하건대 평소 칼을 갖고 말에 올라타고, 전술을 담론하며, 군략을 연구해서 용기가 왕성하여 언제라도 전쟁에 적용할 군인이 군주와 국가를 위해 생명을 아끼지 않을 헌신의 의무가 있는 것처럼, 우리가 이 세상에 생존함에 이른바 생존경쟁의 전장에 처해 있다. 이 생활에 적용할 능력을 갖춤이 역시 마땅하지 않나!

(2) 정직하게 노동하는 사람에게 반드시 이에 상당하는 성공이 있다. 이는 우리가 자활하지 않을 수 없음을 단정하는 제 2의 증거다.

대개 많이 일하는 사람은 임금을 많이 갖고 적게 일하는 사람은 임금을 적게 가지며 선을 힘쓰는 사람은 선한 보수를 받고, 악을 힘쓰는 사람은 악한 보수를 받는 것은 천지자연의 약속이다. 세간에 잡기군이 적지 않다. 노력하지 않고 일확천금의 이익을 거두려고 하는 것이 정말로 심하게 이치에 맞지 않지만, 혹 어떻게 되어 남을 속이는 간사한 꾀에 공교롭게 가담해 하룻밤 사이에 대부호가 되는 요행수 역시 없지 않다.

속담에 "악전은 몸에 붙어 있지 않는다〔惡錢不帶身〕"[3]라고 하였으니, 이 무리들이 곤궁으로 추락하는 것은 빠름과 늦음만 있을 뿐 불을 보듯 명확하다. 농업가가 거름을 충분히 주고 노동을 아끼지 않는다. 성실히 경작에 종사하는 농민이 더울 때 게으르고 추울 때 태만해서 밭 갈고 씨 뿌리는 것을 제때에 하지 않고 거름 주는 일을 도외시하는 농민보다 많은 추수를 거둘 것임은 당연하고 지극한 사실이 아니겠는가!

내가 유년 시절 글방에 다닐 때 선생님에게 들은 이야기가 다음과 같았다. 옛날에 전지(田地)를 나누어 세 아들에게 주었는데, 두 형은 경작하는 데에 게으르기 짝이 없어 매년 조세를 내지 못했다. 막내 동생은 밭 갈고 씨 뿌리기를 부지런히 하고 피 뽑고 북돋우기를 근면히 해서 조세 등의 납부에 관이 재촉할 필요가 없을뿐더러 부모를 자기의 집에서 기쁘게 봉양하고 오히려 저축도 했다. 하루는 두 형이 막내 동생에게 와서 말하기를 "부모님의 자식 사랑이 조금 치우쳐 좋은 밭을 너에게 주고 척박한 땅을 우리에게 주셔서 입과 몸을 부양하는 것은 고사하고 오히려 해마다 바치는 공물이 미납되기에 이르니 지금부터 네가 영유하고 있는 땅을 우리가 소유한 것과 바꾸는 것이 맞다."라고 말했다. 이에 막내 동생은 마음에 어떤 한을 남기지 않고서 기쁘게 응낙했다. 그리고 경작을 한층 더 열심히 힘써 마침내 거두는 바를 선과 같이 회복했다. 그러나 형들은 한결같이 게을러서 밭 갈고 씨 뿌리고 피 뽑고 북돋우기를 제때 하지 못하니 아무리 좋은 전답을 갖고 있다 한들 근면하지 않으면 어찌 하리오? 어느 해 홍수로 많은 전지(田地)가 흘러내려 마을마다 크게 손해를 봤는데 오직 이 막내 동생이 영유하는 곳만은 어떠한 흠도 없어 줄기가 비옥하고 이삭이 많음이 예년보다 더 뛰어났다. 이때 어사가 순회하다 그 일을 듣고 "부모에 대한 효도와 형

---

3 악전은……않는다: 일본어 속담 "惡錢身に付かず"의 번역어이다. 부정하게 번 돈은 낭비하게 되어 오래가지 못하는 것을 이르는 말이다.

제에 대한 우애에 힘을 다해서 하늘이 준 도움이다."라 하고 나라에 주청해 특별히 국전(國田)으로 포상하였다 하니 이 막내 동생의 효도와 우애는 진실로 상을 주고 남을 만하다. 그가 근실하고 정직하게 노동한 결과 땅의 지력에 구애되지 않고 오곡을 풍성하게 산출해서 부모를 봉양하고 형들의 부족을 보충한 것은 진실로 포상하지 않을 수 없다. 형은 자신의 게으름을 생각하지 않고 지질의 비옥함 여부만을 원망하고 한탄해서 동생이 소유한 땅과 교환한 후에도 오히려 수확량이 오르지 않음을 하소연하여 시종 곤궁하니 이는 근면함과 태만함 중 어느 것에 기인하는 것인가? 고로 정직하게 노동하는 사람에게는 그에 상당한 성공이 반드시 이르는 것을 볼 수 있을 것이다.

(3) 이에 반해서 노동하지 않을 때에는 빈곤의 고통이 도처에서 습격해와 이 생명을 위난(危難)하게 하니, 이 역시 우리가 자활하지 않을 수 없음을 명시하는 제 3의 증거이다.

게으르게 처신하는 사람은 종종 나쁜 마음을 내어, 혹 여색을 생각하고, 혹 유흥을 생각하며, 혹 미식진찬(美食珍饌)을 생각해도 근면하지 않은 결과 한 푼의 돈이 없어 마침내 사기, 절도, 강도 등 기타 죄악들을 범하게 된다. 노동에 처신하는 사람은 거친 음식과 음료라도 달게 먹고 낮에는 일을 하느라 바쁘고 밤에는 낮의 피로에 피곤해서 전후를 알지 못하고 숙면하니 나쁜 생각이 어디에서부터 싹이 트겠는가? 고로 노동하지 않으면 빈곤의 고통이 습격해서 그 생명을 유지할 수 없음은 자연의 법칙이다. 그러므로 피할 수 없다.

이상 세 가지 점은 변하지 않은 천칙이기에 일하지 않으면 먹지 못한다는 금언을 확증한다. 대개 노동은 물건을 얻는 데 필수적인 조건이다. 어떤 사람이던지 노동의 길을 밟지 않고서는 필요한 물건을 구할 권리가 없으니, 노동으로 노동을 바꿀지언정 노동하지 않음으로 노동을 결코 바꿀 수 없다. 저 금전으로 노동을 교환하는 것은 금전이 즉 노동을 대표함이오. 물품으로 노동을 교환함은 물품이 즉 노동을 대표함이다. 쌀은 물품이기에 낟알 낟알이 농민의 신고(辛苦)한 노동을 표현함이 아니겠으며 금은동화는 금전이니 한 개 한 개가 우리의 근면한 노동력을 표현함이 아니겠는가. 고로 천하의 어떤 사람이던지 그의 불노동(不勞働)으로써 나의 노동을 요구할 권리가 없으며 나 역시 나의 불노동(不勞働)으로써 그의 노동을 요구할 권리가 없다. 그러나 예외가 있으니 즉 노동을 감당하지 못하는 사람이 그렇다. 병들거나 혹 체격이 불완전해서 장애가 되어 도저히 자활할 수 없는 사람은 자활의 의무를 지지 못할 것이다. 발 없는 사람에게 보행을 강요할 수 없으며 맹아에게 보고 듣는 것을 억지로 하게 하지 못함과 같다.

대체로 자활에 필요조건이 둘이 있으니 '근면'과 '절검'이다. 부지런하지 않고 자활하고자 하는 것은 누워서 가을바람에 자연스럽게 떨어지는 과실을 기다림과 같다. 천하가 어떻게 이러한 이치를 허용하겠는가. 절검이라는 것은 자기와 타인을 위해 재물을 유익한 일에만 쓰는 것이어서 비록 푼돈이라도 낭비하지 않는 것을 말함인데, 대개 근면으로 어떻게든 금전을 저축해도 이를 한편에서 낭비할 때는 근면의 여공(餘功)이 거의 없는 것이다. 서양 철학에서 "가장 적게 쌓은 사람이라고 하여 가장 가난할 이치는 없고, 가장 많이 축적한 자라고 하여 가장 부유할 도리는 없다."라 하였으니 어찌 지극한 말이 아닌가.

동서양을 비교해서 관찰하면 나라의 풍속이 같지 않지만 그로 인해 국가와 관계됨이 역시 경미한 것은 아니다. 서양인은 남녀노소를 불구하고 각각 그 일에 근면해서 실로 불구이거나 몹쓸 병에 걸리지 않는 한에는 모두 스스로 노동(自勞)하고 자활(自活)해서 타인에게 의지해 놀고먹는 사람이 없다. 그런데 우리 대한인은 이에 반대로 서로 의뢰하니 부자가 서로 의지하며 형제가 서로 의뢰해서 한 집은 고사하고 친구와 친척까지도 타인이 보내주는 식량에 의지하고자 하니, 전국 인구가 비록 2천만이라 하더라도 실제 생업에 따라 힘쓰는 사람은 4백만이나 5백만 인에 불과하고 그 나머지는 맨손으로 놀고먹고 소비하기를 일삼지 않음이 없다. 그러므로 일가(一家)의 번창은 말할 것도 없고, 일국의 발달도 용이하게 바랄 수 없다.

무릇 국가라는 것은 인민단합에 의거해서 성립된 것이다. 인민이 약하면 국가가 약하고 인민이 강하면 국가가 강함은 사물의 근본 원리이므로 국가의 부빈강약(富貧强弱)이 실제 인민에게 관계된다. 고로 한 사람이 자활독립하면 한 집이 자활독립하고, 한 집이 자활독립하면 한 나라가 자활독립하니 한 개인의 영향이 국가에 관계됨이 어떻다 하겠는가. 저 자활사항이 극단에 치달아서 자기의 부모까지 돌아보지 않음과 같은 것은 우리가 결코 취할 바 아니거니와 한 사람 몫의 사람이 되려 하는데 있어 부자형제 사이라도 생활상에서는 각자 독립하여 타인을 속박하지 않는 것을 각자 마음에 새겨서 그 몸이 처할 감각을 정하지 않을 수 없다.

발흥시대의 적극주의 / 양대경(梁大卿)

유사 이래로 한 나라의 흥망성쇠는 어떠한 국가를 막론하고 성대한 시대를 맞이해서는 경제상에 이렇게 심한 공황이 일어나고 외교상에 이렇게 큰 압박을 당해도 이를 물리치고 한걸음씩 전진할 수 있다. 비유컨대 우리가 어린 시절부터 신체와 정신이 점점 발달하여 장년 시절에 이르면 비록 수많은 곤경이 앞길에 종횡하더라도 이를 밀쳐내고 완성의 영역으로 쉼 없이 발전해 나아가는 것과 같다. 국가 진흥의 상태도 이와 같으나 그 생명의 경우에는 우리의 생명과 국가의 생명이 전혀 같지 않다. 우리의 육체적 생명은 한번 죽어 사라지면 형체와 냄새가 없어지거니와 국가의 생명은 이와 반대로 성대한 운수를 맞으면 쇠망함을 경계하고 쇠퇴한 운수를 맞으면 발흥을 꾀하려고 하니 국가의 생명은 그것을 끝없이 영속시키는 것이 가능하다.

역사를 참고하건대, 저 로마 전성시대와 스페인이 서력 1500년경에 사라센인에게 극심한 압박을 받았으나 국민의 공동 일치된 정신으로 국세를 만회하였다. 그 후에 사라센인을 국외로 쫓아낼 당시에 국토가 광대하지 못하고 인민들도 매우 적었으나 날카로운 기세가 뻗어가자 사라센인을 한번 격파하여 쫓아내고 그 뒤로 전쟁의 승기를 타고서 각종 신사업이 성대히 발흥하여 이에 아메리카를 발견하고 남쪽 북쪽에 영토를 많이 소유하여 엄연한 일대 강국을 성립시켰다. 독일 연방을 보더라도 프로이센이란 한 나라가 떨쳐 일어나 유럽에서 패권을 장악한 것도 한때 발흥의 성대한 운수를 타고서 적극적 행동으로 대단히 큰 장애를 물리친 데에서 말미암았다.

그리스는 유럽에서 아주 미미한 한 소국이다. 서력 1454년에 터키에 병탄되어 수없이 많은 잔학함을 당한 것이 400년이더니 1850년에 이르러 그리스의 애국당이 비밀회를 조직하여 의거(義擧)를 도모하다가 터키군에게 체포되었으나 애국자의 뜨거운 피가 가슴에 가득하여 더욱 더 분발해 국회 의회를 열고 정부를 설립하고 헌법을 제정하고 잔학무도한 터키와 혈전을 벌인 7·8년 동안 그리스의 독립군이 거의 다 사망했으나 그 국민의 독립사상은 만 번의 패배에도 꺾이지 않았다. 이에 영국과 프랑스 두 나라가 그 국민의 지조와 절개에 크게 탄복하여 그리스의 독립을 공인함에 이르렀다. 이를 통해 보면 애국의 의사가 가시밭길 속에서 분기하여 온갖 어려움에도 굽히지 않는 정신으로 독립을 다시 회복함은 그 원인이 어디에 있는가. 필시 적극주의로 인문(人文)이 망하지 않고 그 나라가 망하지 않은 것이다.

한번 보라. 예로부터 나라가 흥하는 원인을 탐구해보면 모두 흥하는 것도 흥할 원인이 있고 쇠하는 것도 쇠할 원인이 있다.

대저 흥할 원인은 무엇인가. 적극주의라고 말할 수 있다. 지금 시대에는 적군의 무력(武力)과 정치경계의 침탈과 재정상 빈궁과 문학상 열등으로 인해 심상치 않은 공황 상태가 생기더라도 비할 데 없이 강렬한 공공국체(公共國體)의 정신이 국내에 충만하면 이를 적극 발흥시대라 말할 수 있을 것이다.

장하도다. 오늘 우리 한국의 애국 의사(義士)가 발기한 국채보상 운동이여! 과연 성공하고 성공할 것이며 상환하고 상환할 수 있을 것이로다. 여기서 보상의 책임이 누가 가볍고 누가 무거운가. 우리 2천만이 동일한 책임과 동등한 의무를 각자 부담하고 적극주의로 헌신적 정신을 환기하여 지금의 큰 기회를 잃지 않고 성공을 힘껏 기약하려 하니 이는 실로 우리나라 발흥시대의 적극주의라 말할 수 있다.

인격의 수양과 의지의 견고 / 곽한칠(郭漢七)

본 주제를 표면상으로 잠깐 보면 평범해서 취미(趣味)가 하나도 없는 듯하지만 이를 깊이 생각하면 결코 그렇지 않아서 우리 청년 학생이 이를 깊이 연구하지 않을 수 없다. 우리 청년시내에 가장 요긴한 의무로 내가 생각하는 것은 인격의 수양이다. 만일 자기의 본심이 공정하지 못하고 품격이 비열해 방정하지 못하면 학문을 닦아서 어디에 사용하며 지식을 얻어서 어떤 목적을 이루겠는가. 지식이나 이해력이 어중간해 쓸모없는 무리가 소위 학문이니 지식이니 하고 쥐꼬리만큼만 배우면 세상 이치를 다 혼자 아는 듯이 안하무인이요, 입으로는 대언장담을 마치 찬 음식을 먹는 것처럼 해서 영웅이니 호걸이니 유지자니 애국이니 국권회복이니 무엇이니 하는 등의 말로 세인을 놀라자빠지게 할 만하지만 기실 심장을 뚫어 보면 일정한 주지(主志)가 없어 마음속에 가득 찬 경륜이 모두 사욕의 노예일 뿐이요, 실지 행동을 보면 타인의 모범되기는 고사하고 모두 일시적으로 사람을 속이는 수단에 불과하다. 이와 같아서 능히 진면목이 드러나지 않음을 오래도록 바라만 보게 될 것이며, 사업의 성취를 기대할 수 있겠는가. 나는 이와 같은 지기(志氣)와 언행을 비난하고자 하는 것이 아니다. 나는 이러한 지기와 언행이 종종 가면(假面) 속에서 나오는 것을 개탄한다.

오호라! 우리 동포 청년들아! 분기하지 못할까? 가면을 빨리 벗어버리고 진면(眞面)으로 활동을 기쁘게 시도하지 못할까? 오늘날 우리 청년은 국가의 후속자(後續者)요, 뒷날에는 선도자(先導者)이다. 타인을 지도하고자 하면 먼저 타인의 모범될 만한 인격을 수양하고 주지(主旨)를 확립하며 일정한 목적을 향해 가야 한다. 그렇지 않으면 키 없는 풍선(風船)이 태평양에서 표류해 향할 바를 알지 못함과 같다. 어찌 이로써 지식이 지식의 역무(役務)를 다하며 학문이 학문의 효능을 낼 수 있겠는가? 내가 학문과 지식을 결정하지 않는 것이 아니다. 우리 청년은 더구나 오늘날과 같은 시대에 태어났으니 학문과 지식을 한층 주의해서 근면하게 발달시키지 않으면 안 된다. 그러나 인격과 학문을 일가(一家)에 비유하면 인격은 기초와 동량에 해당하고 학문은 실내 장식품에 해당하니 우리 청년은 어찌 이에 주의치 않아서 기본은 잊고 다만 그 말단만을 추구하겠는가. 고로 나는 큰 소리로 품격수양이 청년이 가장 먼저 할 의무라고 부르짖는다.

우리 동포가 해외 각국에 배우러 나가기를 시작한 지 10년에 이른다. 그 사이에 어떤 좋은 결과를 얼마쯤 본국으로 가지고 돌아왔으며, 몇 가지의 좋은 모범이 그 사이에 나왔는가. 앞 수레가 이미 전복됨에 뒤에 오는 수레가 다시 달려 앞뒤 수레가 서로 이어지는 것을 조금도 깨닫지 못하니 오호라! 우리 청년동포야! 정신이 있느냐 없느냐! 이 사실이 오늘날의 사람으로 하여금 앞선 사람들을 탄석하게 하며 뒤에 오는 사람으로 하여금 또 오늘날 사람을 탄석하게 할 것이다. 운운(云云)하지 말라. 우리가 실로 나라를 사랑하고 동포를 위하여 훗날 큰 뜻을 세워 민멸(泯滅)에 처한 2천만 동포를 물과 불 속에서 구출한다고!! 일신의 계획을 세우지 못하고 어찌 일국의 계획을 도모하며 작은 일을 헤아리지 못하는 사람이 어찌 큰일을 할 자격이 있겠는가. 옛날 성인이 말하지 않았던가. "문(文)과 질(質)이 잘 조화된 연후에 군자다"[4]라고.

생각해 보면 청년시대는 인생의 한평생을 결정하는 시대요, 만반의 준비를 저축하는 시대이니 세상을 살아가는 데 가장 긴요한 관문이다. 또 청년시대의 우리의 심경은 봄날 꽃동산에 꽃을 찾는 벌과 나비와 흡사해서 동풍을 타면 동으로 향하고, 서풍을 타면 서로 향한다. 또 말하지 말라, 장부의 지기가 철석같다고!! 평일에 굳세고 강한 듯하던 남자의 지기도 일차 격랑이 내습해서 역경에 말려 들어가면 봄비와 동풍에 잔설이 녹듯이 하지 않는가?

그러므로 품격수양의 요소(要素)는 어디에 있는가? 나는 지의를 견고하게 함에 있다고 말하겠다. 고금과 세계를 통틀어 위인이라 말하는 인물은 어떤 지점이 보통사람과 다른가 하면 다름이 아니라 의지의 견고에 있다. 비상한 위험을 당해도 심사(心事)를 태연자약하게 처리하며 보통사람이 미치지 못하는 곤란을 당해도 마음이 향하는 바가 천신만고를 인내해 최후의 대승리를 얻게 된다. 기독교의 조종(祖宗)인 상제의 독생자 예수를 보라. 완고하고 미욱하며 무지한 중생을 죄악 속에서 구출하고자 풍찬노숙을 주야로 그치지 않았고, 천만가지 곤란을 다 맛

---

4 문(文)과……군자다 : 외면의 아름다움과 본바탕이 조화를 이루어야 한다는 의미이다. 『논어』「옹야(雍也)」에 보인다.

보며 진리를 전파하다가 빌라도 재판소로 끌어내어져 십자가 위에 보혈(寶血)을 흘렸으나 그 무궁한 생명과 불후의 사업은 오늘 20세기 천하만국이 모두 숭봉하고 감사하며 칭송하고 찬미하는 대 종교의 주인이 되었으니 위대하구나![5]

예수의 의지의 견고함이 어떻게 여기에 이르렀으며 자신처럼 타인을 사랑함이 얼마나 지극했는가? 오호라! 우리 국민이 오늘날 이와 같은 세계에 태어나 인간된 사업을 성취하고자 하면 견고한 의지와 비상한 결심을 가진 연후에야 겨우 도달할 수 있을 텐데 왜 본원을 버리고 말류만 취하는가? 나의 경애하는 학생들이여, 이와 같이 흔들리지 않는 지기를 학문계에서만 구하고자 하는가? 이와 같은 흔들리지 않는 지기가 필요하지 않다고 인정하는가? 왜 여기에 이르렀는가? 나는 다만 한마디 말로써 고한다. 영웅의 본색은 공선(公善)에 복종하는 데 있고, 인격 수양의 본원은 진리를 신앙함에 있다.

불학무식한 집안싸움을 구경하다 : 기서 / 회원 이원붕 모친 백씨

나는 본래 무식한 여인이라 세월이 가고 오는 것도 알지 못하고 시골에 묻혀 농사나 짓고 물 긷고 밥 지으며 간간이 바느질이나 하여 입고 그럭저럭 60년을 지내어 오매, 그사이에 다른 일도 많이 지내보았거니와 한 날은 손에 꾸리를 잡고 이웃집을 가니 그 집주인 여인의 얼굴에 불편한 기색이 가득하였기에 내 묻기를 "요즘 몸이 편치 않으시오" 한즉, 대답하기를 "여편네가 되어 그 집안일이나 그 가장의 험담을 다른 사람에게 말하는 것이 참 아름답지 못하나 슬프고 하 기막힌 일을 누구

---

5 우리……위대하구나 : 이상 세 단락도 단락 구분이 되어 있지 않으나 문맥에 따라 임의로 나누었다.

에게 다 말하리까. 참지 못하여 두어 말씀 하겠소이다.

소위 가장이라는 이가 평생 술주정과 노름만 일삼고 집안일은 조금도 돌아보지 아니함에 밥 지을 땔감 떨어진 지 벌써 석 달이 되었으되 여편네의 수단으로는 도시 할 수가 없어서 울타리와 바자를 뜯어 때고 쌀 떨어진 지도 벌써 넉 달 동안이라 차마 굶어 죽지는 못해서 이 댁 저 댁 한 되 두 되씩 빌어다가 그림자가 어른어른하는 죽물이나마 지어 배알에 풀칠이나 겨우 하여오매 이제는 다시 구구한 사정도 할 곳이 별로 없어 할 수 없이 연사흘 번듯이 누워 있던 차에, 하 오래간만에 남편이 들어왔기로 세세한 사정을 다 고한즉 들은 체 만 체 침목 베고 눕고 말기로 너무 답답하여서 두어 마디 말로 한탄한즉 이때 남편은 누워서 오지도 않는 잠을 자는 체하고 아직도 생각하는 것이 누구를 속이고 돈을 빼앗으며 어찌하면 투전 본전을 얻을까 하는 것뿐이라, 그 거동을 봄에 가슴이 더욱 답답하여 걱정하는 소리를 종종히 하였더니 펄쩍 일어나면서 눈을 부릅뜨고 하는 말이 귀 아프고 소란스럽게 압제로 말을 하기에 여편네를 아무리 짐승같이 대접하고 죽은 물건같이 여겼으나 이 경황에 대해서야 잠잠히 참을 수가 없기로 두어 말로 대답하였더니 대답한다고 큰 목침을 들어 사정없이 치기로 할 수 없이 매만 맞고 있었소." 하기에, 나도 두어 말로 위로하고 집에 돌아와 잠잠히 생각한즉, 여자라는 것은 왜 그리 천한 물건이 되었는고.

당초 일을 생각하면 이 세상 생겨나서 나이 20세가 다 되도록 친부모의 양육을 받아 거의 조금이나마 부모를 도와 갚을 만하면 일평생에 한 번 보지도 알지도 못하던 시부모와 남편을 섬기게 되며, 불행히 세상살이에 빈한한 집안을 만나면 약한 몸에 각색 일은 남편들보다도 더 무겁게 맡아 살피고 그중에도 남편이나 불행히 잘못 만나면 오늘 저 여인과 같이 끼니는 혼자 굶고 일평생 괴로움 속에 한세상을 보낼 터이니, 아깝도다. 이를 위하여 세상에 생겼단 말인고? 생각하면 조금도 살 마음이 없지마는 그렇지 못할 까닭이 있으니, 태초에 하늘이 만민 (萬民)을 낼 때는 남녀를 등급 있게 내신 것이 아니요 다 같은 생명과 인격을 주심에 한때 재미있는 세상은 정녕코 있을 것이라. 그 이치를 밝게 아는 저 영국·미국과 그밖에 서양의 문명한 각 나라는 남녀의 동등권을 완전히 하고 학문과 교육을 같은 정도로 가르쳐서 각 사람이 문명함에 자연히 그 집안이 화목하고 사회가 문명하며 나라가 부강하였다. 다만 돌아보건대 우리나라 사람은 우물 속의 개구리 같은 소견으로 기왕에 없던 것은 덮어놓고 오랑캐 무리라 하여 전해오는 누천년 습관을 조금도 고치지 못하고, 무식하기 짝이 없되 배울 생각은 하나도 없고 다른 사람이 선한 일 하는 것을 보면 시기와 미움만 가득하여 어떤 흉계로든지 방해나 하려고 하고 다만 알기 쉽고 행하기 쉬운 남 속이기와 도적질하는 일에나 손이 빨라서 소위 나랏일에도 참례하는 경우가 중중하니, 슬프다, 저 불학무식한 자에게 나랏일을 맡기면 나라를 결딴낼 터이요 사회를 주장하면 사회를 멸망시킬 것이라. 그런 고로 명명한 하늘이 대한을 돌아보사 나라 가운데 총준(聰俊)하신 청년 유학생을 일본과 미국에 보내었으니 불원간에 문명한 빛이 대한반도 상에 비출 것을 짐작하고 손가락을 꼽아 그날을 기다리거니와, 다만 먼저 할 말은 미국과 일본에 계신 유학생 여러분께 묻노니, 여러분이 문명한 공기 중에 각종 학문을 배워 뛰어난 사상들을 많이 얻어가지고 본국에 돌아와 전국 동포에게 문명을 전달하여 부강 발달한 후에는 술 먹고 잡기하는 자도 없어질 터이요 남녀의 동등권도 완전해지겠지요? 밝은 영광의 태극기를 육대주 위에 가장 높이 매달고 대한제국 만세 억만세로 만세가를 불러봅시다.

　-조그마한 정성을 표하기 위하여 찬성금(贊成金) 1원을 동봉하오니 지필(紙筆)의 비용에나 보태어 쓰시옵소서.

편자(編著)는 적는다. 우리나라가 수천 년 이래로 위에 있는 자는 아래 있는 자를 압제하고 권력 있는 자는 권력 없는 자를 압제하며 돈 있는 자는 가난한 자를 압제하고 남자는 여자를 압제하는 풍속이 사람마다 골수에 젖어, 압제를 가하는 자는 으레 나만 못한 자에게는 압제를 가하는 줄로 생각하며 압제 받는 자도 으레 받는 것으로 생각하여 심지어 아래 있는 자는 입이 있어도 말하지 못한다는 속담이 있으니 참 가탄할 일이로다. 당초에 하나님이 우리 사람을 내실 때에 남녀의 구별은 있을지언정 일반 사람 되는 자격에야 어찌 높고 낮은 차별이 있었으리오.

또 부부가 조화로운 연후에야 한 집안이 온전히 조화롭고 한 집안이 조화로운 후에야 한 나라가 온전히 조화롭겠거늘, 우리나라는 어떠냐 하면 여자는 다만 남자에게 매인 물건으로 생각하여 여자에게는 교육도 안 시키고 만사를 남자가 다 압제로 명령하되 연약하고 불쌍한 여자는 남자에게 대하여 조금도 항거할 힘이 없어 일평생을 남자의 종노릇을 하고 지내는데, 불학무식한 사람의 집안은 오히려 말할 것 없거니와 소위 세상에 나와 좀 학문 있다 하는 사람들 중에도 첩을 얻어 본처를 무수히 박대하는 일이 있으며 가사는 돌아보지 않고 주색잡기로 인생을 마치되 불쌍한 여자는 호소할 곳이 없어 혹 심하면 자살하는 부인도 있으며 자살하지 않더라도 일평생을 슬픈 가운데 눈물로 보내는 여자가 우리나라에 몇 백만인가. 이 같은 여자에 대하여 나는 만 곡(斛) 동정의 눈물을 금치 못하노라.

이 세상에 같은 사람으로 생겨나서 어찌 영광이 남자에게 많고 여자에게 적으며, 같은 여자로 이 세상에 생겨나서 어찌 서양에는 영광이 저렇듯 많은데 동양에는 이렇듯 심한고. 혹은 말하기를 '여자는 완력이 남자에 미치지 못함에 불가불 남자의 종노릇을 할 수밖에 없다'고 하니 이것이 만물의 영장이라는 사람의 말이리오. 저 쌍쌍이 짝을 지어 일생을 유쾌히 지내는 새와 짐승을 볼지어다. 이것은 말하자면 다 우리나라 옛날 도덕과 학문의 완전치 못함으로 인한 것이라 지금 하루아침에 다 바꾸기는 어려우나, 국민의 교육과 여자의 교육을 발달시키면 옛날 악한 풍속은 점점 스러져 없어지고 남녀동등권과 부부 간의 화락한 가정을 조직하는 새 운수가 불원간 오리라 하노라.

평화회의에 대한 내 느낌과 생각 / 우양생 최석하(崔錫夏)

동서의 각 언론기관이 말한 바에 의거한즉 올해 네덜란드 헤이그에서 제2 평화회의를 연다고 한다. 우리가 마음을 가라앉히고 생각해 보니 현재 세계는 사기꾼의 활동시대다. 왜일까? 국제공법이 발달하도록 불인(不仁)하고 불의(不義)한 침략행위는 각국 사이에 한층 증가하고, 평화주의가 널리 전파하도록 잔인하고 포악한 약육강식의 정략은 한층 심해지니 슬프다! 누가 이 세계에 인도(人道)가 있다고 말하겠는가. 이로 말미암아 보건대 이번 평화회의도 역시 2·3 강국의 정략 속에서 나온 것이라고 단언할 수 있다. 그러나 재삼 이를 생각해 봐야 한다. 우리는 우주 사이에서 발생한 사람이다. 어찌 사회 원리와 천하 풍조를 탈출할 수 있겠는가. 생존경쟁은 사회원리가 아니며 민족제국주의는 천하풍조가 아닌가. 자기 한 개인이 이 원리에 저항하지만 사회가 허락하지 않으면 어찌하며 자기 한 개인이 이 주의를 포기하지만 천하대세가 허용하지 않으면 어찌하겠는가. 그러므로 이 원리와 원칙을 이용하는 사람은 이 시대에서 생존을 보전할 수 있는 사람이며, 이용하지 못하고 한갓 시세를 욕하는 사람은 인위도태(人爲淘汰)를 벗어나지 못하는 사람이다. 고로 나는 침략하는 자를 밉게 보는 것보다 더 한층 침략당하는 약한 벌레에게 침을 뱉고 꾸짖어 "너도 동일한 인류요, 저들도 동일한 인류인데 왜 저들의 노복과 신망(臣僕)이 되어 저들의 다리 밑에서 한 세상을 마치는가"라고 말하겠다.

세계문명이 진보함에 따라 열강의 침략방법도 한층 진보해서 "경제", "보호"를 말하며 타인의 나라를 절도한다. 그 기기묘묘한 방법을 일일이 거론하기 어렵다. 이번 회 평화회의도 그 명의(名義)는 우아하고 아름다워서 세계로 하여금 탄복하게 하지만 사실은 멸국신법(滅國新法)을 발명하기 위해 모이는 것이니, 인도의 방면에서 관찰하면 한 푼의 가치가 없다 말할 수 있다. 그러나 천하대세의 방면에서 관찰하면 필연의 산물이다. 그러므로 이 사회를 이용하는 자는 강자(强者)요, 능자(能者)며, 적자(適者)다. 방관하는 자는 약자(弱者)요, 열자(劣者)며, 우자(愚者)이다.

오호라! 2천만 동포여! 이번 회 평화회의에 대해 어떠한 느낌과 생각을 품었는가? 기억해야 한다! 이태리 건국 영웅 카부르가 파리 열국대표자 회의 자리에서 어떤 열언장담(烈言壯談)을 해서 오스트리아 수상의 혼담을 놀라 움직이게 하고, 열국의 동정을 얻어서 결국 자국의 독립을 회복하였는가를. "오스트리아는 우리의 쇠사슬이요, 자유의 공적이요, 독립의 원수요, 명예로운 역사를 가진 전 이탈리아 자유 민족을 좀 먹는 적이다." 훌륭하다 이 말이여! 어떠한 기개이며 어떠한 담량(膽量)인가. 당시는 오스트리아가 야만스러운 힘으로써 이탈리아를 압제하고 정복하던 시대이다. 카부르는 절대적 외교가요, 희세의 애국가이다. 그가 이러한 모욕을 어찌 묵시할 수 있었겠는가. 이 회의를 이용해서 열국대표자 앞에서 오스트리아의 만행을 일일이 거론함에 따라 오스트리아 수상이 항의하며 "이는 국제상 예의에 맞는 말이 아니다"라고 말한다. 그러나 열국 대표자 중 누구도 오스트리아 수상의 말을 경청하지 않고 카부르에게 동정을 표하며 서로 말을 나누며 "이탈리아에 이러한 인걸이 있다는 것을 생각하지 못했다"라고 했다. 그 후에 이탈리아가 자주독립의 대 목적을 이룬 것은 이 회의에서 열국의 동정을 얻어서 유럽 여론을 환기한 것에게 기인한 바가 크다. 슬프다! 2천만 동포여! 한밤에 닭이 우는 것이 나쁜 소리가 아니다. 3천리 강산 속에 한 사람의 카부르가 있는가 없는가!

인류의 보배는 정신과 지기(志氣)

: **기서** / 당악석릉생(唐岳石菱生)

대체로 물이나 불에 빠진 사람도 기슭을 붙잡거나 화염을 쳐낼 정신을 가지고 있으면 그 삶을 되돌릴 수 있는 방법이 있고, 치욕을 받은 사람도 와신상담할 지기(志氣)를 가지고서 키우면 그 모멸을 막을 수 있는 날이 있을 것이다. 저 종과 같은 비굴한 표정과 몸가짐으로 구차하게 아첨하며 제 살점을 베어 남에게 먹이고서도 스스로 득의양양하게 여겨 부끄러운 줄 모르고 편안히 여기는 자는 이야기할 것도 없거니와, 현재 허둥지둥 불안한 전국의 우리 동포는 각자 자신의 정신과 지기를 잃지 말지어다. 만일 이 정신과 지기를 하루아침에 뺏기면 그 사람이 비록 세계의 학문에 통달하지 못하는 것이 없다 하더라도 또한 다른 사람의 영리한 노예 하나에 지나지 않을 것이다. 그러니 생동하고도 의무적인 사업을 어떻게 실행하여야 국가의 치욕을 씻을 수 있으며, 가족을 재난에서 구원할 수 있는 희망을 갖겠는가.

그러므로 우리가 오늘날 가장 급선무로 해야 할 것은 바로 동포 전체의 정신과 지기를 고취하고 진작하여 먼저 그 취향의 목적을 확립하는 일이다. 그런 뒤에 각종 학문이 낳은 문명의 이기(利器)와 세계 여러 나라의 좋은 법률과 아름다운 규칙을 참고하여 교육하는 것이 가능할 것이니, 독일 비스마르크가 큰 공을 수립한 뒤에 소학교 교사에게 절하며 감사한 일과 일본 유신의 기초가 후쿠자와 유키치(福澤諭吉) 씨를 말미암아 시작하였다고 하는 것도 역시 저간의 소식을 대략 가리킨 것이다.

　지금 외양(外洋)에 나가서 유람하는 여러분이 열심히 한 결과 성립된, 일본에 있는 태극학회(太極學會)와 미국에 있는 공립협회(共立協會)는 바로 추양(秋陽)[6]의 정신과 동백나무의 지기로 단합한 모임이니 누가 함부로 이 정신을 뺏으며 그 지기를 억누르겠는가. 그 영향의 힘이 국내 교육자의 모범이 될 수 있어 장차 독일과 일본 문명의 실효를 우리나라에 선보일 날이 머지않을 줄 확신하므로, 한마디 말을 특히 서술하며 여기서 축하한다.

헌법 (속) / 곽한탁(郭漢倬)

제3절 헌법과 국민

　영토 밖에 거주하는 국민이라도 본국의 헌법을 적용할 것인지를 묻는다면, 아무리 영토 밖에 거주하더라도 헌법을 적용할 수 있다고 할 것이다. 대개 국민 되는 자는 영토 내에 거주하는지 여부를 따지지 않을 것이다.

제4절 헌법과 영토

　새 영토를 통치권 하에 두려면 헌법이나 법률의 규정을 필요로 하는데 일본에는 이러한 명문(明文)이 없기 때문에 새로 예속시킨 영토라도 다 통치권의 사용 범위, 즉 헌법 적용의 구역이라 해석할 것이다. 지난번에 타이완이 일본의 영토가 될 때에 헌법이 즉시 이 새 영토에 사용될 수 있는지 여부에 대하여 의문이 있었으나 메이지 29년 법률 제63호가 발포된 지금에는 헌법이 그 새 영토에 대하여 사용될 수 있음은 명백하다.

6　추양(秋陽) : 뜨거운 가을 햇볕이라는 의미로, 높은 도덕과 기상을 형용한 말이다. 『맹자(孟子)』「등문공 상(滕文公上)」에서 증자(曾子)가 스승인 공자(孔子)의 도덕을 칭송하며 한 말에서 유래하였다.

제3장 통치권

제1절 통치권과 주권의 구별

국가란 것은 일정한 토지 위에 통일적으로 조직된 인민의 단체를 말하고, 그 조직하는 권력을 통치권이라 칭한다. 즉 통치권은 통치자가 통치 받는 자를 다스리는 권한을 가리키는 것이니, 즉 명령을 내렸으나 명령에 복종치 않는 자가 있을 시에는 강제로 따르고 받들게 할 수 있는 권한을 가리킨다. 그러므로 이 통치권이 없을 때에는 국가가 성립할 수 없으니 통치권은 국가의 생명이라 말할 수 있다. 간혹 통치권과 주권을 혼동하는 자가 있다. 그러나 주권과 통치권은 그 성질이 판이하게 다르니 이 둘의 성질이 동일하다고 생각해서는 안 된다.

이른바 통치권이라고 하는 것은 다스리는 권력이지만 주권이라고 하는 것은 최상·최고의 권력을 가리킨다. 그러므로 만일 통치권이 가장 높을 때에 이를 주권이라 말하는 것은 가능하겠지만 만일 통치권이 가장 높지 않은 때에도 이를 주권이라고 말하여 그 나라의 통치자를 주권자라고 하는 것은 매우 큰 오류이다.

또한 통치권이 가진 특별한 점을 거론하면 다음과 같다.

첫째, 통치권은 분할하지 못하는 것이다.-예증은 생략한다-

둘째, 통치권은 고유한 권한이다.

이 점에 대해서는 지방단체에서 소유하는 자치권과 그 성질이 서로 다르니 지방단체에서 소유하는 자치권은 그 단체의 고유한 권력이 아니라 통치자로부터 위임을 받은 권력이기 때문에 통치자가 임의로 이 권한을 회수하는 일이 가능하다. 그러나 통치권은 고유한 것이요 다른 곳에서 이를 이어받은 것이 아니기 때문에 그 국가가 멸망하지만 않으면 다른 곳에서 이를 회수하는 것은 불가하다.[7]

---

7 이를……불가하다 : 원문에는 '此를回收ᄒᄂᆫ 것'까지만 나오는데 문맥상 '불가하다'는 말로 연결하였다.

셋째, 통치권은 대등하지 않은 자들 간에 행해지는 권력이다.

통치권은 이상 누차 설명한 바와 같이 다스리는 권력이므로 명령자와 복종자 간에 행해지는 것이다.

역사담 제7회 : 비스마르크전 부록 (속) / 박용희(朴容喜)

5. 철혈정략(鐵血政略)의 출발점

소위 철혈정략은 무슨 의미인가. 혹 무단정략(武斷政略)을 이르는 것인가. 또는 전쟁정략을 이르는 것인가. 만일 무단정략의 의미라면 이미 천여 년 전에 알렉산더-마케도니아국 대왕 알렉산드로스 대왕이 그다-와 아틸라-흉노아(匈奴牙)국 선대 영웅군주의 이름이다-와 테무진-원(元)나라 태조 징기스칸이 그다-이 번롱(翻弄)한 바이며, 만약 전쟁정략의 의미라 할진대 이 역시 시저와 아우구스투스- 전자는 후자의 숙부로다 로마의 명장(名將), 패왕(覇王)이다- 및 지무일[8]-몽골 제국의 선조다-이 운용한 바요, 결코 비스마르크 공의 시초가 아니다. 그런데 후세에서 비스마르크 공의 정략을 특히 철혈정략이라 칭함은 어떤 연유인가. 즉 비스마르크 공이 1862년에 대왕 빌헬름 1세의 상인(相印)을 받고 아비뇽 여행 중에서 베를린으로 회향(回向)하여 국회에 임할 때에 프로이센 상하 계층이 수백 년간의 전쟁에 지긋지긋하여 다 안식을 희망하는지라 비스마르크 공이 여행 중에 꺾어온 감람나무 가지 하나를 국회에 바치며 고함쳐 말하였다.

"진보당 여러분, 나는 여러분과 같이 평화 유지에 대하여 이 감람나무 가지를 기준으로 정하고자 하나 아직 평화시대는 도달하지 않았음

---

8 지무일: 미상이다.

을 확신한다."

국회의 일동이 잠시 들은 후에 모두 껄껄대며 크게 웃는지라 비스마르크 공이 다시 언성을 높이며 노하여 말하였다.

"오늘 당장의 급선무는 결코 의원의 의결과 통과로 충족되기 어렵고 오직 유일하게 피와 철로써만 운명을 결정할 수 있다."

후대인이 철혈정략이라는 문자를 통용함은 곧 1862년 9월 29일 당시 비스마르크 공의 연설에서 유래함이니, 때로 강경하게 때로 부드럽게 혹 외교술을 발휘하기도 하고 혹 전쟁으로 압박도 한다는 의미이다. 바꿔 말하면 앞의 저 여럿은 비록 막대한 판도와 절세의 위업을 잠시 이루었으나 앞뒤 분별없이 영토의 확대에만 뜻을 두었고 비스마르크 공은 그렇지 않아 한편으로는 독일제국을 창성하며 다른 면으로는 조국의 영구한 평화를 도모하여 만세의 기초를 정함에 있었으니 어찌 위대하지 아니한가. 앞의 저 여럿은 단지 판도 확대에만 열중하여 사람과 말을 헛되이 죽였고 비스마르크 공은 그렇지 않아 생명을 보호하며 재산을 안보케 하기 위하여 부득이할 때에만 사람과 말을 희생으로 바쳤으니 어찌 피차간 정략이 상이하지 아니한가. 프랑스 황제 나폴레옹 3세의 신임을 받는 신하 베네딕트 백작은 일찍이 비스마르크 공을 평화의 원수이며 문명의 적이라 평론하였으니, 그 평론의 합당함 여부는 어떠하든지 비스마르크 공을 평지풍파라 지목한 한마디는 무의미하다고 할 수 없을 것이다. 왜냐하면 비스마르크 공이 독일제국 창립과 게르만 연방 통일을 위해 덴마크, 오스트리아, 프랑스를 희생으로 바쳤고 수십만의 용맹한 병사를 백골로 돌아가게 한 까닭이다.

그러나 국민이 되어 국민의 의무에 몸과 마음을 바치는 자가 어찌 조국의 영광과 아버지 나라의 부강을 위한 부득이한 희생에 구애될까. 뿐만 아니라 더구나 우승열패는 사회의 일반적 이치며 무장(武裝)의 평화는 인세(人世)의 상식인 세태를 맞아 외교의 기선을 잡으며 무단의 기미를 예단한 자를 어찌 평화의 원수이며 문명의 적이라 함부로 평하겠는가. 그러므로 평지풍파가 일어난 것은 시세로 인한 것이요 공이 알 바는 아닐 것이다.

지진설(地震說) / 박상낙(朴相洛) 역술

지진은 지각 안의 조산력(造山力) 즉 지구의 수축으로 생기는 힘과 크게 관계된다. 한 지방에 지진이 생기면 그 전체 대륙에 파급될 뿐만이 아니다. 근래 발명한 정밀한 기계로 시험해보면 우리 동아시아에서 일어난 지진이 유럽 서쪽 해안 지방까지 감지된다고 하니 그 영향의 대단함을 예상해볼 수 있다.

지진 기록은 아주 오랜 역사에도 왕왕 기재되어 있으나 이러한 기록들은 지진 중에서 가장 큰 것으로 한정될 뿐이요, 작은 지진의 경우는 말할 것도 없이 태고인이 감지할 수 없는 것이었다. 오늘날은 치밀한 기계로 측정하면 사람들이 통상 느끼지 못하는 작은 진동도 알 수 있다. 우리가 보통 진동하지 않는다고 생각하는 지반(地盤)은 항상 크고 작은 진동을 쉬지 않는다.

큰 지진은 천재(天災) 중에서 가장 두려워할 바이다. 대지진만큼 단시간에 큰 면적의 땅에 큰 피해를 일으키는 것이 없고 또한 이 지구 표면에는 작은 지진이라도 지진이 전혀 일어나지 않는 지역은 없다. 그러므로 우리는 이느 날 어느 때 어떤 지방이 격렬한 지진을 당하여 눌리고 무너지는 참혹한 해를 입게 될지 예측하기 어렵다. 그러나 다행히 수백 년 동안 대지진을 겪지 않은 지방이 적지 않았다. 남미와 일본 등과 같이 섬나라 지방에 지진이 가장 많았으니 이러한 지진 발생 국가에서는 큰 건축물과 여러 층의 집 등을 지을 때에 1층에 주의를 요하여 견고하게 짓지 않으면 보통의 지진에도 기울고 넘어지는 화를 면하지 못할 것이다.

땅이 흔들릴 때에 지반의 흔들림은 우리의 신체가 이를 감지하고 상상하는 것처럼 크지는 않다. 근래 일본에서 사용하는 지진 기계를 통해 측정해보면 지반이 상하로 1밀리미터-3리(里) 3모(毛)-를 흔들리면 사람의 신체에 느껴지기로는 대단히 깜짝 놀랄 만한 대지진이다. 그러므로 20에서 30밀리미터-6푼 6리에서 9푼 9리- 흔들리는 지진은 시 전체 가옥을 일시에 다 전복시킬 정도이다. 또 지반이 흔들리는 방면도 예전에는 자못 가로 진동과 세로 진동의 두 종류에만 속하는 것으로 알고 있었다. 그러나 오늘날에 와서 지진은 이 두 종류 외에 각 종류가 뒤섞인 방향이 있음을 발견하였는데 그 중 세로로 흔들림이 많으면 우리는 상하로 진동을 느끼고 가로로 흔들림이 많으면 수평으로 진동을 느끼니 위쪽 방향으로 뛰어 오르는 진동은 어떤 때에는 맹렬한 결과를 일으킨다.

서력 1883년 7월 28일 이탈리아 이스키아 섬에서 대지진이 일어날 당시, 먼저 땅 밑에서 요란한 울림이 있은 뒤에 맹렬한 진동이 바로 그 아래에서 갑자기 뛰어 올랐다. 그때 그 뛰어 오르는 기세와 힘은 몇 만 톤 되는 폭발약을 지하에서 폭발하는 기세로 일격에 같은 섬 카시마촐라라고 하는 시 전체를 파괴하였는데 가옥과 기타 물건을 공중에 던져 올렸다. 또 서력 1783년 이탈리아 칼라브리아 지진 때에도 화강암의 산 정상은 가옥 및 사람과 함께 공중에 높이 던져졌고 저잣거리에 깔아놓은 돌 역시 공중에 포탄과 같이 날아 다녔다고 한다. 그 외에 1885년 1월 25일 아이슬란드 대지진 때에도 지면에 크게 갈라진 틈이 매우 많이 생겨 그 안에서 진흙물이 분출하고 모래와 자갈을 날리며 산악을 무너뜨린 것이 무수히 많았다. 그밖에 대지진의 예는 다 일일이 거론하기 어려우나 작년 봄에 미국 샌프란시스코에 대지진이 일어나 화려함이 극에 달하던 샌프란시스코 시 전체를 하루아침에 초토화시켜 몇 백 명이 참혹한 화를 당한 것과 타이완에도 대지진이 일어나 매우 심각한 재해를 입은 것은 당시 국내외 신문에 크게 실린 바이다. 또 일본은 세계 최고의 지진 발생 국가이니 예로부터 대지진으로 상처를 입은 인명과 손해는 대륙 사람들이 상상할 수 없는 바이다.

지진이 해저 혹은 해안 지방에서 일어나 그 흔들림이 물에 전달되면 해수는 심상치 않은 격동을 받아 거센 파도를 일으키거나 혹은 끓어오르는 상태로 10여 척을 공중에 격하게 솟구쳐 선박을 침몰시키는 예 또한 적지 않다. 근래의 학설에 따르면, 해일은 해저 혹은 해안에서 일어나는 지진과 혹 해저의 화산 폭발과 기압의 격변 혹은 강풍의 원인 등으로 일어난다고 하니 세계에서 해일로 입은 재해도 이를 일일이 열거하기 어려우나 근세에 현저히 크게 일어난 것은 일본 메이지 29년 6월 15일 산리쿠(三陸) 지역의 대해일이다. 이날 오후에 이 지방에 작은 지진이 있었고 밤 8시경에 동쪽 지방에서 시끄러운 소리가 처음 발생하여 이 소리가 점점 가까이 다가왔는데 최후에는 벼락이 내리치는 요란한 소리를 내며 심상치 않은 높은 파도가 저잣거리를 세 번에 걸쳐 침습하였다. 처음에는 격렬한 파도의 높이가 2장 정도에 달했고 다음에는 3장 정도 되었다가 세 번째에는 5장 혹은 7장에 달한 곳이 있었는데 그 피해 구역은 리쿠젠(陸前) 해안으로부터 리쿠츄우(陸中)를 경유하여 무츠(陸奧) 해안에 이르렀다. 이때 몇 분 사이에 사망한 사람이 2만 7천 명이요, 파괴된 가옥이 1만 2천 채이다. 19척의 선박을 다 육지로 끌어올렸는데 그 중 수백 톤 되는 한 척은 해안으로부터 1천 5백 척 거리 떨어진 보리밭에 표류해 들어왔으나 특별한 손해는 없었다고 한다.

지진의 원인

지진이 일어나는 원인에 대해서는 학자들의 설이 일치하지 않으나 그 원인이 한 가지가 아니요 여러 가지가 복합적인 관계로 생기는 것은 확실한 사실이다. 일본과 남미 서쪽 해안 적도 바로 아래 부근은 세계에서 지진이 가장 많이 발생하는 지방이니 이러한 지방의 지진은 화산 폭발과 관계가 있으나 가장 격렬한 지진의 경우는 대개 화산 폭발과 직접적인 관계가 없는 것 같다. 미국 미시시피강 평원은 화산이 하나도 없는데 가끔씩 대지진이 일어나고 유럽 이탈리아의 가라브리아, 오스트리아, 그리스 등지에도 화산이 없으나 지진이 자주 발생한다. 이에 지진을 일으키는 서너 가지 원인을 간략히 들어본다.

1. 화산이 분화할 때에 이 부근 지방에 지진을 일으키는 경우가 있으니 화산은 곧 지진의 한 가지 원인이다. 그러므로 이를 '화산지진' 이라고 부르는데 이 지진은 지진 발생 구역이 매우 협소하여 지구 전체를 울리고 흔들만한 기세와 힘이 없다.

2. 대지진의 절반 이상은 산맥의 성립과 관계가 있다. 즉 산맥이 성립할 때에는 지면에 단층(斷層)을 만들어 지반의 커다란 부분이 상하 혹은 종횡으로 움푹 떨어지며 또는 지구의 내부가 점차 냉각됨으로써 그 표면이 점점 수축하여 땅속에 틈이 벌어지면 지층이 함락하여 지진을 불러일으키니 이러한 지진을 '단층지진'이라 부른다.

3. 지상의 물은 항상 땅속에 스며드는데 지층의 벌어진 틈을 통해 흘러 들어가 내부에 스며들 때에 그 통로에 있는 물질을 용해하여 이에 커다란 텅 빈 동굴을 만들면 지반이 함락하여 지진을 일으키니 이를 '함락지진'이라 부른다.

이밖에도 지진의 기원은 달과 직접적인 관계가 있다는 설이 있다. 조석(潮汐)의 원인은 오늘날 학설에서 설명하는 바, 달과 태양의 인력(引力) 때문이다. 바닷물이 이 인력의 영향을 받아 오르내리는 것처럼 지각도 어느 정도 이 인력으로 인하여 변화가 생긴다는 것이다. 바

댓물이 정기적으로 오르내리는 것처럼 지각이 어느 정도 달과 태양 인력의 영향을 받으면 땅속에 단층을 만들어 단층지진을 일으킨다고 하나 아직 확실한 증거는 발견되지 않았다.

동물의 지정(智情) / 김낙영(金洛泳)

원후류(猿猴類)

대저 우리 인류와 다른 동물이 분별되는 것이 다만 하나의 기준에 있다고 하니, 무엇을 이르는 것인가. 세계 인류에는 어떠한 야만의 민족을 막론하고 종교심(宗敎心)을 가지지 않은 자가 없거니와 다른 동물에는 이 존경할 만한 마음이 적다고 한다. 실상 종교심은 순결한 감정에 비교적 고등한 지식을 가미한 것인데, 동물의 감정과 인류의 감정의 차이를 막론하고 동물은 아무리 인간과 동일한 고등지식이 있다고 하더라도 곧 종교심의 유무로 관찰하면 쉽게 관해(觀解)할 것이다. 그리고 속담에 이르기를 원숭이는 사람보다 머리카락과 칠모(七毛)가 적은 까닭에 사람이 완전히 되지 못하였다고 하니, 이것도 일면의 진리를 설명한 것이라고 하겠다.

지금으로부터 8·9년 전에 영국인 포-을딴쪼이[9]라고 불리는 이가 동지 두셋과 함께 인도차이나 내륙지역을 탐험한 일이 있었다. 하루는 우연히 북위 12도 동경 104도 지역에 이르자 산은 깊고 골짜기는 으슥하며 나무그늘이 어두컴컴한 속에 어떤 괴이한 비명소리가 들렸다. 일행이 발걸음을 일제히 멈추고 소리가 난 곳을 엿보니 한 무리의 원숭이가 가지에서 가지로 옮겨 다니며 도약하면서 시끄럽게 하는 것이었다. 그 동정을 한층 상세히 관찰하니 저들은 보통 원숭이보다 기이한 점이

---

9 포-을 딴쪼이: 미상이다.

많았다. 때문에 일행이 호기심을 강하게 발동하여 어찌하면 좋을까 하여 방황할 때 그 중에서 평생 용감하다고 자부하던 딴쪼이가 분연히 엽총을 휘두르며 원숭이 무리를 쫓아 뒤떨어진 한 마리를 포획함에 붙잡힌 원숭이가 딴조이를 우러러보며 애걸하는 소리를 내어 "목숨은 살려주십시오." 하고 몹시 빈번하게 소리치는 것이었다. 원숭이인 줄만 생각하였던 이 동물이 안남 지방어를 통용하는 인류이므로 일행 중에 놀라 괴상히 여기지 않은 자가 없었다. 그리고 요행히 일행 중에 안남 말을 이해할 수 있는 자가 있어 여러 가지 문답을 해보고서야 비로소 인류인 줄을 의심 없이 헤아려 정하였다고 한다.

원래 이 원류(猿類)와 흡사한 인류는 모아라 불리는 인종인데, 이 지방의 깊은 산에 한 부락을 이루어 거주하여 항상 안남 지방에 출입하며 무역을 하는데 무엇이든지 안남 말을 쓴다고 하고, 또 저들이 어느 정도 단결심이 있어서 일종의 사회와 같은 체재를 갖추었다고 하니, 요컨대 인류와 차이가 없다. 그러나 그 골격의 형태와 태도와 행동거지가 도저히 원류에 속할 수밖에 없으니, 즉 일행 중에 안남 말을 꿰뚫어 이해한 자가 없었다면 저 모아 인종은 도저히 인간의 자격이나 가치를 얻지 못하였을 것이다.

이 세상에 이와 같이 사람과 원숭이 중간의 인종이 많이 있으니, 만일 저들을 한 걸음 옮기게 하면 동물도 되고 사람도 될 터이다. 원류는 그 진화 계통이 우리 인류와 가장 가까운 까닭에 인류로 진화할 만한 동물이라고도 할 수 있고, 동물로 퇴화할 만한 인종이라고도 할 수 있다. 그 가운데 성성이와 비비는 너무 진화한 지식을 가지고 있어 몽(모아)과 근사한 것이 많고, 원류와는 도리어 먼 것이 많다.

몇 해 전에 한 여행객이 아라비아산(産) 사냥개를 거느리고 한 곳에 가서 한 무리의 비비가 평원에 소요(逍遙)하며 노는 것을 만났다. 끌고 간 사냥개는 평소 맹악한 육식수(肉食獸)이자 싸움에 익숙한 놈이라 이 비비를 한 번 보고 즉시 달려가 습격할 태세를 보였다. 그러자 암컷 비비는 이 형세를 두려워하며 도망가고 수컷 비비는 갑자기 움직이지 않아 으르렁거리고 끙끙거리는 소리를 내며 어금니를 꽉 물고 손으로 땅을 쳐서 적이 오기만을 기다리는 모양을 만들어 보였으니, 아무리 맹악한 야수라도 함부로 전진할 수 없을 터였다. 이 때문에 평소 악전 (惡戰)에 익숙하던 맹견들이 함부로 얼핏 나아가 습격하지 못할 즈음에 늙은 비비가 이 기회를 타서 생후 겨우 만 5·6개월의 어린 비비를 남겨두고 높은 절벽 위로 도망하거늘, 그때에야 사냥개들이 형세를 타서 쫓아가 바위 위에 홀로 남은 어린 비비를 포위하였다. 그때 여행객의 생각에는 더 가련한 어린 비비가 반드시 사냥개의 먹잇감이 되겠다고 생각하였는데, 홀연 한 늙은 비비가 나는 새처럼 절벽에서 뛰어내려 온몸을 크게 진동하며 처량하게 부르짖는 소리를 한번 내며 개떼 가운데로 가르며 들어가 위기일발 순간에 있던 어린 비비를 붙들어 가지고 무리를 큰 파도같이 물리쳐 흩어버리고 순식간에 절벽 위로 데리고 가 구출하였으니, 개떼는 다만 어금니를 드러내며 미친 듯 짖어댈 뿐이요, 비비 떼는 손뼉을 치며 크게 웃었다고 하더라.

원래 이 늙은 비비가 한 일은 두 가지 큰 의미가 있다. 첫째는 저들이 많거나 적거나를 물론하고 일치단결하는 마음으로 사회를 조직할 줄을 아는 것이고, 둘째는 어려운 상황에서 서로 구원하며 급한 일에 서로 돕는 것이다. 그리하여 그 정(情)만 사람과 같을 뿐 아니라 그 지식 면으로 도 가슴 속에 얕보지 못할 견식(見識)을 지니어 있고, 정당히 방어하는 점에 추호도 흠잡을 것이 없고 일정한 법칙을 따라 진퇴하며 종종 우리가 미치지 못하는 지식을 증명한 적이 많다. 그러니 사람과 기타 동물 사이의 구별점은 과연 종교심이 오직 하나의 기준이 될 것이라는 의문이 생긴다. 만일 이 원류(猿類)가 모아와 같이 안남 말을 이해하는 시기에 이르면, 어쩌면 스스로 종교심이 있다고 말할지도 모르겠다. 우리 사람은 비비의

언어를 이해하지 못하니 이와 같은 일은 쉽게 단정하지 못하겠다. (미완)

오늘 / 우고생(友古生)

천지의 억만 겁 무량한 시간 가운데 잠깐 동안의 인생 100년이 있고 이 100년 중에 우리가 생존 경쟁하는 오늘이 있으니 오늘은 곧 100년의 작은 것이요 100년은 곧 오늘의 큰 것이다. 오늘이 없으면 어제와 작년을 탐구할 수 없고 오늘이 없으면 내일과 내년을 기대할 수 없다. 그러므로 오늘이 있은 뒤에 우리의 일생이 있고 오늘이 있은 뒤에 우리의 모든 일이 있을 것이니 우리의 삶과 오늘의 밀접한 관계가 어찌 대단히 중요하지 않겠는가.

슬프도다! 사물이 바뀌고 별이 이동하는 사이에 오고 가는 것이 하늘이요, 안개가 생기고 구름이 흩어지는 중에 보내고 맞이하는 것은 사람이다. 이 유한한 생명으로 그 무한한 시일에 생존하여 이 작은 심력으로 그 원대한 공업을 이룩하고자 한다면 꽃 찾고 버들 따라 다니는 걸음걸이와 바람 마시고 달빛에 취하는 인생살이로 어찌 가능할 수 있겠는가. 대저 인생의 천만 가지 사업이 때로 인해 망하고 때로 인해 흥함은 자연스런 이치이자 법칙이다. 그러므로 우리의 생활과 사업이 과거·현재·미래에 속하여 과거의 선악이 현재의 화복(禍福)을 빚어내고 현재의 노고가 미래의 안락(安樂)을 조성하여 이것과 저것이 서로 인과(因果)로 관계됨은 말을 많이 할 필요가 없다.

오호라! 산 높고 물 고운 동방의 반도는 우리 대한의 제국이요 성자(聖子)와 신손(神孫)이 계승한 오백 년은 대한의 황실이로다. 아! 우리 동포 형제들아. 오늘이 무슨 날인가. 거친 바람과 성난 파도에 일행이 노를 잃었어도 마른 풀과 병든 잎에 은택의 이슬이 아직 남아있다. 캄캄한 휴식 공간 속에서 취한 꿈을 어서 깨어 지극한 정성과 강철같은 의지로 자유의 성(城)을 건축하세. 떨쳐 일어나라, 동포들아. 오늘이 무슨 날인가.

4천 년의 오랜 역사를 지닌 우리나라와 2천만의 우리 생령(生靈)이 폐허가 되고 재가 되어 영원히 사라져 소생하지 못함도 오직 오늘이요, 신성한 우리 대한제국은 충성스럽고 선량한 우리 대한 신민의 대한제국이 되고 충성스럽고 선량한 우리 대한 신민은 신성한 우리 대한제국의 대한 신민이 되어 광무(光武)의 해와 달 아래에서 태극기를 높이 달고 천년만년 세월 동안 자유로 살아 숨쉬고 독립으로 왕래함도 오직 오늘이요, 망국의 천한 종족으로 소처럼 말처럼 노예의 대오에 속하게 됨도 오직 오늘이요, 중흥(中興)의 공신으로 나가서는 장수이고 들어와서는 재상이 되어 세계를 쥐락펴락함도 오직 오늘이다. 오늘이여, 오늘이여!

오늘은 우리의 생명이요 오늘은 우리의 재산이다. 우리는 오늘과 생사를 같이 하고 흥망을 함께 하여 오늘부터 우리의 독립 체제를 만들고 자유를 마음껏 사용하기 위하여 천추만대에 오늘로 하여금 자유독립의 우리 대기념일을 정하게 해야 할 것이다. 오늘이여, 오늘이여!

에도(江戶) 15경 : 부(附) 광고 漢 / 발견인(發見人) 이승근(李承瑾)

에도라는 것은 도쿄의 옛 이름이다. 내가 유학 온 지 몇 년에 시내 15구(區)의 명소를 두루 보고서 최고 기이한 광경 15경을 하루아침에 새롭게 발견하여, 이에 무료로 배포하니 뜻 있는 동포는 불원천리하고 와서 기이한 광경을 마주하시기를 바랍니다. 참 기이하고 '재미'있소. 자세히 보십시오.

고지마치구(麴町區) 야스쿠니신사(靖國神社)

높은 언덕 구단(九段)에 신사가 자리 잡아	坂高九段有神社
나라를 편안히 한 충신, 열사의 혼이 있네.	靖國忠臣烈士魂
만약 그 당시에 공을 이루지 못했다면	若使當年功未捷
오천만 일본 대중 어찌 생존하였으랴?	五千萬衆敢生存

간다구(神田區) 대도회(大都會)

갖가지 물화(物貨)가 모인 대도회	百般物貨大都會
미쓰이 은행과 고호쿠 상점 있네.	三井銀行吳服商
천연과 인공의 것 모두를 자족하니	天造人工皆自足
서양사람 모두 우리 동양을 찬송하네.	西人咸頌我東洋

혼고구(本鄕區) 태극학교(太極學校)

하늘 높이 펄럭이는 태극기의 문장은	天高飄太極旗章
한국의 영재들을 교육하는 마당이라.	韓國英才敎育場
시야 속에서 장안은 어디에 있는가?	望裏長安何處是
문명은 예서부터 서양에 떨치리라.	文明從此振西洋

시바구(芝區) 신바시역(新橋驛)

아타고 산 꼭대기에 달이 가로 걸려 있고	愛宕山頭月半橫
신바시의 기적소리 한 줄기 지나간다.	新橋汽笛一聲行
가련하다, 여기 흘린 홍안의 눈물이여	可憐此地紅顔淚
천리 밖으로 낭군이 밤 출정을 하였구나.	千里阿郞夜出征

시타야구(下谷區) 우에노공원(上野公園)

우에노 공원은 시타야 구에 자리 잡고	上野公園下谷區

사이고[10]의 동상은 천추토록 서 있구나.   西鄕銅像立千秋
도쿠가와 옛 자취[11]는 지금 어디 있는가,   德川古跡今安在
에도 성 가운데 물은 절로 흐르는데.   江戶城中水自流

아사쿠사구(淺草區) 료운가쿠(凌雲閣)

누각 하나 구름 위로 12층을 솟아 있어   一閣凌雲十二層
봄바람에 손 보내고 밤에 높이 올랐더니   東風送客夜高登
멀리 보니 홍등 켜진 요시와라 거리에서는   紅燈遙望芳原路
여자들이 재능대로 노래 연주 하는구나.   兒女笙歌各所能

아카사카구(赤坂區) 아오야마묘지(靑山墓地)

서풍에 말을 달려 아오야마 들렀더니   西風策馬過靑山
옛 무덤들 사이에 비석이 겹겹이라.   立石重々古墓間
아름다운 왕손들이 돌아가고 난 뒤에   芳艸王孫歸去後
뜬구름과 흐르는 물만 백 년 동안 한가롭네.   浮雲流水百年間

요쓰야구(四谷區) 육군연병장(陸軍練兵場)

칼과 창이 하늘에 비낀 채로 대낮은 길어   釖戟橫天白日長
연병장은 성안 가득 장관을 펼쳤구나.   滿城壯觀練兵場
개선하던 그날에 다투어 가무할 제   凱旋當日爭歌舞
도고 헤이하치로[12]는 높이 앉아 있었지.   高坐東鄕平八郎

---

10 사이고 : 사이고 다카모리(西鄕隆盛, 1827-1877). 유신삼걸(維新三傑)의 한 명으로, 정한론(征韓論)을 주장하였다. 그의 호를 따서 사이고 난슈(西鄕南洲)라 불리기도 한다. 우에노공원에는 자신의 개와 함께 서 있는 그의 조각상이 있다.
11 도쿠가와 옛 자취 : 우에노공원은 칸에이지라는 절의 옛 터에 세워졌는데, 이 절은 도쿠가와 막부 시절 에도성을 방어하기 위해 세워졌다고 한다.
12 도고 헤이하치로 : 1848-1934. 일본의 해군 제독이다. 청일전쟁 때는 함장으로서, 러일전쟁 때는 연합함대사령관으로서 일본의 승전에 공을 세웠다. 1913년 원수에

우시고메구(牛込區) 육군대학교(陸軍大學校) 정치대학교(政治大學校)

육군학교는 하치만 죠에 있고	陸軍學校八幡町
정치대가는 와세다에 있지.	政治大家早稻田
이곳의 동창생인 다소의 나그네는	此地同窓多少客
대한의 하늘 함께 이고 갈 두뇌들일세.	腦頭咸戴大韓天

코이시카와구(小石川區) 포병공창(砲兵工廠)

맑은 날도 천둥소리 하늘에 진동하고	白日雷霆震動天
포병공창 굴뚝에선 연기가 나는구나.	砲兵工廠火筒烟
구름 안개 모두 걷힌 도쿄시는	烟光一霽東京市
천지가 까마득한 해도 가에 있는데.	漠漠乾坤海島邊

교바시구(京橋區) 상전(商廛)

긴자는 교바시의 큰 길거리에 있으니	銀座京橋大路通
한양의 성시와 대체로 같구나.	漢陽城市一般同
배로 오는 물품들은 다투어 교역하고	舶來物品爭交易
박람회는 3월 중에 개최한다네.	博覽會開三月中

니혼바시구(日本橋區) 어물전(魚物廛)

귀갑과 금빛 비늘 배에 가득 실렸으니	龜甲金鱗滿載船
상인들의 생업은 아침저녁 날씨에 달렸네.	賈人生業暮朝天
큰길의 이익 다툼엔 성쇠도 잦으니	通衢爭利多消息
어제는 어느 집이 또 백전을 벌었을까.	昨日誰家又百錢

올랐고, 동궁학문소(東宮學問所) 총재로 있었으나 정치에는 입문하지 않았다.

혼쇼구(本所區) 료고쿠바시(兩國橋)

천 길 높은 철제 시렁 하늘에 비껴 있어	千尋鐵架半天橫
다섯 개 대교 중에 가장 유명하다네.	五大橋中最有名
다리 너머 스미다 강 위로 뜬 달에	橋外隅田川上月
뱃노래 서로 답해 두세 번씩 울리네.	漁歌互答兩三聲

후카가와구(深川區) 상선학교(商船學校)

후카가와에 있는 상선학교는	商船學校在深川
군함과 병사 양성 40년을 해왔다네.	戰艦養兵四十年
미시마의 무위는 여기서 떨쳐져서	三島武威從此振
발틱함대를 동해바다에서 함락했구나	波羅陷落海東天

아자부구(麻布區) 화족저(華族邸)

늘그막에 산속의 노재상이 되어서는	晚作山中老宰相
두문불출 손님 사절 정신수양 하였다오.	杜門謝客養精神
공명의 계책을 당년에 이미 다했기에	當年已盡功名計
흰 머리로 낙향하여 수춘에서 은거했네.	白首歸來臥壽春

한성에서 중춘(仲春)에 다시 도쿄로 건너가다

[漢城仲春再渡東京] 漢 / 일우(一愚) 김태은(金太垠)

11년 전 떠돌던 나그네는	十一年前羈旅客
대한문 밖에서 춘풍에 기대었더니	大韓門外倚春風
만국이 다 바라본 충정공의 대나무와	萬國俱瞻忠正竹
천추토록 썩지 않을 면암의 무지개[13]에도	千秋不朽勉庵虹
부로들은 무슨 마음으로 어쩔 수 없다고 하는가	何心父老言無奈

인자한 하늘은 극한의 상황에도 이치가 통하건만　極處仁天理有通
다행히도 잘 먹고 잘 입으려는 평소의 뜻 버리고서 幸負平生溫飽志
샛별 아래 동해 건너 또 동쪽으로 가는구나.　　　　曉星鯨海又征東

농원(農園) ： 양돈설(養豚說) / 김진초(金鎭初)

△ 돼지의 발육

돼지의 연령은 다른 동물과 같이 치아[年齒]로 판별할 수 있으나 소, 말, 양 등처럼 상세히 알기는 어렵다. 그러나 종돈(種豚) 외에는 4세 이상은 사육할 필요가 없다. 일반적으로 돼지는 1세에 그 발육이 대개 완성하는 고로 2-3세에 이르면 다 도살하므로 그 연령 판별의 필요가 없으며, 또 수컷은 코 위에 주름이 생기고 암컷은 아랫배가 늘어지면 이로써 돼지가 노령임을 알 수 있다.

돼지의 치아 수는 총 44개로 상하악(上下顎)에 공히 동일하며, 앞니는 12개, 송곳니는 4개, 어금니는 28개이다. 송곳니의 형상과 위치는[14] 돼지의 연령 및 종류에 따라 다르니, 수퇘지는 아랫턱의 송곳니가 대단히 발달하였고 거세한 돼지는 치아를 탈환(脫換)하지 않는다.

돼지의 체중은 그 종류와 연령 및 사육에 따라 일정치 아니하나 대개 소형 종은 200근 이상, 대형 종은 800근 이상에 달하니 평균하면 400근의 생체를 지닌다.

번식 연령은 9개월이면 번식용으로 쓸 수 있으나 일반적으로는 만 1세의 돼지를 종용(種用)으로 한다.

---

13 면암의 무지개 : 대마도에서 순국한 최익현(崔益鉉, 1833-1906)의 운구가 동래항에 도착하자 멀건 대낮에 갑자기 비가 내린 뒤 쌍무지개가 물가에서 일어났다고 한다.
14 위치는 : 원문에는 해당 부분이 '위는'으로 표기되어 있다. 오탈자가 있었던 것으로 추측되어 맥락에 따라 번역하였다.

교미기는 2주마다 한 번씩 돌아오는데 대략 3일가량 연속되고 젖먹일 새끼가 없으면 분만 후 3-9일에 교미기가 다시 온다.

임신 일수는 16-17주간에 이르니 곧 120-130일인데 평균 120일이며, 분만 회수는 야생종, 곧 멧돼지는 1년에 1회씩이나 집에서 사육하는 종, 곧 집돼지는 1년에 2회나 3회씩 번식하고 1회의 산아 수는 4마리, 8마리, 12마리, 20마리가량 분만한다.

돼지의 사료는 식물질 및 동물질인데 대개 그 몇 종류를 들면 근채류(根菜類), 엽채류(葉菜類), 곡류(穀類), 곡분(穀粉), 겨〔糠〕, 목실(木實), 과실(果實), 채소 부스러기〔蔬菜殘物〕, 낙농(酪農) 찌꺼기, 농산물 제조 찌꺼기, 육류(肉類) 등이다.

돼지우리는 청결히 하여 건조한 풀을 깔아주며 목욕물을 주어야 돼지의 발육을 촉진할 수 있다.

△돼지의 종 : 돼지의 종류는 아래와 같이 대중소 3종으로 나눈다.

갑) 대형 종

(1) **체스터 화이트(Chester White) 종**

체스터 화이트 종은 미국 펜실베니아 주에서 개량한 것인데 오늘날은 아메리카 전체 주에 널리 산포되어 있다. 1818년에 영국 베드퍼드셔(Bedfordshire)에서 한 쌍의 흰 돼지를 펜실베니아에 수입하여 이곳 재래종과 교배하여 얻은 것이다. 머리가 작고 코가 뾰족하여 볼살이 잘 발달하였고 귀는 약간 접혀 있으며 사지는 약간 작으나 번식력이 매우 강해 한 번에 통상 8-16마리를 낳는다.

(2) **대 요크셔(Yorkshire) 종**

대 요크셔 종은 대이종(大耳種)과 영국 소형종을 교배하여 얻은 것이다. 머리가 약간 길고 코는 적당히 길며 이마는 넓고 큰 귀가 있으니, 큰 귀는 직립하여 전방으로 기울었고 이마뼈는 코뼈 위에 둔각으로 서 있다. 볼과 목이 충실하며 가슴과 등은 넓고 곧게 뻗어 있고 꼬리의 상부는 강대하나 하부는 이와 반대로 가늘다. 어깨는 비스듬하여 늑골이 넓고 크며 배는 아래로 처지지 않고 사지는 짧고 가늘다. 체격만 이러할 뿐 아니라 또 번식력도 심히 좋아 한 번 출산에 12마리나 14마리 이상을 낳아 젖으로 키우니 생후 10-12개월이 지나면 살찐 정도가 적당하여 250-445근에 달하고 충분히 성장하면 500-625근에 달할뿐더러 육질도 다른 것에 비하면 단단하여 저장하기 용이하다.

을) 중형 종

(1) 버크셔(Berkshire) 종

버크셔 종은 나폴리(neapolitan) 종과 지나(支那) 종을 교배하여 개량한 것인데 머리는 약간 짧고 아주 넓으며 또 충실하고 이마는 직립하였고 코 부위는 곧게 뻗어 길며 넓다. 흉곽은 길고 두터워 둥글고 늑골은 넓고 사지는 짧고 튼튼하다. 피부는 어두운색 혹은 새까만 색으로 길고 촘촘한 흑색 세모(細毛)로 덮여있되 머리 부위에는 흰 반점이 있고 사지와 꼬리 끝이 흰색을 띤 것을 우량종이라 부른다. 이 종은 성질이 활발하여 산림과 들판에 방목할 수 있을뿐더러 탐식하는 특질이 있어 좋은 사료 없이도 잘 생장하며 1세-1세 반에 살찐 정도가 350-500근에 달하고 그 육질도 극히 훌륭하다.

(2) 폴란드차이나(Poland-China) 종

폴란드차이나 종은 미국 오하이오 주에서 그 재래종과 버크셔 종과 차이나 종을 교배하여 만든 것이다. 머리는 뾰족하고 작으며 약간 오목하고 귀는 작고 처져 있다. 목은 두껍고 충실하고 꼬리는 말려 있으며 갈비뼈 부위는 둥글고 관절-골부(骨部)-은 강대하다. 피부는 단단하고 두터우며 장미색을 띠며 취약하고, 털은 두껍고 흑색 혹은 재색에 광택이 있으나 옆구리와 목에는 모발이 말려 있고 머리 부위 및 사지에는 흰 무늬가 있다. 또한 이 종의 특색은 번식력이 매우 뛰어나며 기후 풍토의 변화에 용이하게 적응한다는 것이다.

병) 소형 종

(1) 에섹스(Essex) 종

에섹스 종은 소형 흑색 종이다. 영국에서 즐겨 기르던 것인데, 나폴리 종 수컷과 차이나 종 암컷을 교배하여 만든 것이다. 체형은 비록 작으나 발육은 실로 백색 종보다 빠르니 「삿후룩」[15]과 「삿젯구쓰」[16]도 또한 동일 하다.

(2) 소 요크셔 종

이는 소형 백색 종이다. 차이나 돼지와의 교배로 얻은 것인데, 몸의 발육이 매우 빨라 8-10개월에 이르면 성숙하여 도살에 적당하고 체중 은 112-200근에 달한다. 방목에는 부적당하나 낙농 제조 찌꺼기가 많 은 지방에 가장 적합하고 육질은 섬세하고 풍미가 우수하다. 번식력은 비록 대단하지 못하나 사육이 양호하면 번식도 또한 양호하다. (미완)

일본 도쿄 경시청(警視廳) 조직 / 장계택(張啓澤)

1. **직원 :** 경시총감(警視總監)-경무사(警務使)-, 경시(警視)-경무관(警務 官)-, 경찰총장(警察醫長), 기사(技師), 경부(警部)-경순(總巡)-, 경시 속(警視屬), 기수(技手), 소방사(消防士), 경찰의(警察醫), 소방기관사 (消防機關士), 통역(通譯).

1. **직원의 정원 :** 경시총감 1명, 경시 27명, 경찰의장 1명, 경부, 경시속, 소방사, 경찰의, 소방기관사 합 244명-이상 각 관의 정원은 주무대신

---

15 삿후룩: 미상이다.
16 삿제구스: 미상이다.

의 인가를 거친 뒤에 경시총감이 이를 정치(定置)함- 기사, 기수, 통역,
-경시청에서 수요를 따라 일정한 봉급 예산 정액 내에서 이것을 정함-
1. **직원의 관등** : 경시총감은 고등관(高等官)-1등, 2등-(칙임), 경시는
   다시 총감관방 주사(總監官房主事), 제1부장(部長), 제2부장으로 나
   뉘니 고등관-3등에서 6등-(주임), 경찰의장은 고등관-3등에서 6등
   -(주임), 경시와 경찰서장은 고등관-6등에서 8등-(주임) 기사는 고등
   관 -3등에서 8등-(주임), 경부・경시속・기수・소방사・경찰의・
   소방기관사・통역 이상은 판임관-1등에서 5등-

   1. 경시총감의 직무권한
1. 주무대신(主務大臣)의 지휘를 받아 도쿄부(東京府) 아래의 경찰 및
   소방 사무를 관리함.
1. 주무에 관련된 직권과 특별한 위임에 의하여 관내 일반 또는 기타
   일부에 대하여 청령(廳令)을 발하며, 그 제정된 규칙에 따라 10엔
   이내의 벌금과 구류에 처하는 제재를 부가하는 일을 할 수 있음.
1. 각 성(省)의 주무에 관한 경찰 사무는 각 성 대신(大臣)의 지휘 감독
   을 받으며 고등경찰 사무는 내각총리대신의 지휘 감독을 받음.
1. 도쿄부 아래의 경찰사무에 대해서는 도사(島司), 군장(郡長), 시장(市
   長), 구장(區長) 및 정장(町長), 촌장(村長)을 지휘 감독하는 권한이
   있음.
1. 그 직권에 속한 사무의 일부를 도사에게 위임하는 일을 할 수 있음.
1. 도사의 처분 또는 명령이 제정된 규칙에 위배되며 또한 공익을 해치
   며 직권을 어길 때는 그 처분과 명령을 취소하며, 또 정지하는 권한
   도 가짐.
1. 소속 관리를 지휘 감독하되 주임관(奏任官)의 공과(功過)는 내무대신에게
   보고하고 판임관(判任官) 이하의 진퇴(進退)는 총감이 전행(專行)할 것.

1. 경시청의 처무(處務)에 세칙을 개량하고 다시 세우는 일을 할 수 있음.
1. 더러 사고가 있을 때에는 경시청의 상석경시(上席警視)가 그 직무를 대리함.
1. 기타 법령에 의하여 나눈 직무 권한.
1. 조직
1. 경시총감 관방(官房) : 경시청에 총감 관방을 설치하고 경시청 관원의 진퇴(進退), 신분(身分), 문서(文書), 고등경찰(高等警察), 외사(外事), 회계(會計)에 관한 사항 및 다른 과(課)와 각 부서의 주무에 속하지 않은 사항을 관장한다. 그 사무 및 분장(分掌)은 다음과 같다.

제1과	비서 (秘書)	비밀문서, 청원(廳員)의 진퇴(進退), 상벌(賞罰), 서위(敍位), 수훈(受勳), 은급(恩給), 부조(扶助), 기타 신분(身分) 및 관인관수의식(官印管守儀式), 경찰소방관리의 창공(彰功)에 관한 일.
	문서	각 과(課), 계(係)의 성안심사(成案審査) 및 제규(制規), 입안(立案), 관보(官報), 보고(報告), 공문(公文), 편찬(編纂), 보존(保存), 번역(飜譯), 사자(寫字), 통계(統計), 제도(製圖), 도서(圖書)의 구매(購買), 보관(保管), 대차(貸借), 본청(本廳) 출판물과 다른 곳의 주관에 속하지 않은 서무(庶務)에 관한 일.
	왕복	문서의 수수(收受), 발송(發送), 정서(淨書) 및 경시청 방문자 접견, 공보통지록(公報通知錄)과 기타 영달(令達) 등의 인쇄 배포에 관한 일.
	전신	전신, 전화, 비상 보지기(報知機)의 통신 가설(架設), 보수, 전신 인부의 고용과 해고, 경보(警報) 및 일기예보의 통신과 게시에 관한 일.
제2과	보안	집회 및 정치결사, 정치상 불평분자의 취체령(取締令)과 예계령(豫戒令)의 집행, 폭발물에 관한 일.
	외사 (外事)	공사관원(公使館員)·영사관원(領事館員)의 명부(名簿) 조사, 외국문서의 검열·번역 및 통역과 외국인에 관계된 일.
	검열	신문지, 잡지, 출판물 및 저작물, 비문(碑文)·묘표(墓標)의 검열에 관한 일.
제3과	출납	국고(國庫) 및 지방세(地方稅)에 관한 수지(收支)의 예산·결산 및 금전출납에 관한 일.
	용도	물품의 조도(調度), 청사(廳舍) 등의 수축(修築), 토지·건물의 보관과 그 처분, 관설(官設) 및 쓰지 않는 물품의 처분, 보관하는 금전과

		물건의 우편 및 운반물 발송, 수부(守部)·급사(給仕)·소변(小便)·마정(馬丁)·직공(職工) 등의 진퇴(進退), 기타 신분의 인부 고용, 배·수레·말의 공급, 그리고 청중(廳中)에 관한 일.

관방에 주사(主事) 1명을 두고 경시라고 이것을 일컬으며 경시총감의 명을 받아 관방의 사무를 관장하여 처리하고, 부하 관리를 감독하게 할 것.

매 과(課)마다 각각 과장(課長) 1명을 두되, 관방 제2과장은 주사로 이것을 충원하며 제1과장 및 제2과장은 경부(警部)와 경시속(警視屬)으로 이것을 충원하되 상관의 명령을 받으며 그 과의 사무를 관장하여 처리하며, 부하 관리를 감독하고 비서·보안 및 검열에는 각 계장(係長)을 두되 경부(警部)와 경시속(警視屬)으로 천거하여 충원할 것. (미완)

해저여행 기담 제2회

- 승선한 사람들이 용기를 내어 격렬한 파도를 가르고 갔으나 괴물이 광휘를 내쏘며 함선에 충돌하다 - / 박용희(朴容喜)

각설하고, 링컨호가 허드슨만을 출발하여 대서양으로 향하여 나아가 줄곧 괴물의 수색에 열중하였다. 이때 함장 패러것이 명령을 내려 "어떤 사람인지를 물론하고 괴물을 발견하는 자에게는 상금 2천 달러를 주겠다."라고 하니, 승선자 일동이 격려되지 않은 이가 없어 누구는 육안으로 누구는 망원경으로 밤낮을 가리지 않고 멀리 바라보고 가까이 탐색하였으며, 아로낙스 씨 주복(主僕)도 상금을 탐내는 것은 아니지만 최초의 목적을 이루고자 하였다. 그리하여 누구든지 암초에 부딪쳐 부서지는 흰 물결과 먼 곳에 출몰하는 고래 떼를 괴물로 오인하는 일도 비일비재였다. 아로낙스 씨 주복은 어느덧 장사 네드 랜드와 친해져 피차간에 인상여(藺相如)와 염파(廉頗)의 우의[17]로 서로 아끼고 그리워 하게 되었고, 간간이 네드 랜드 씨가 북빙양(北氷洋)의 맹수와 독어(毒魚)를 토벌하여 없앤 정황도 캐어물었다.

6월 30일. 어떤 곳에 이르자 미국 포경선 먼로 호 선장이 링컨 호에 와서 청하기를, 자신의 배가 4·5일 동안 한 무리의 큰 고래에게 진격 하였으나 고기잡이 작살이 뚫지 못하여 포획하기 어려운 형세인데, 들으니 귀 함선의 네드 랜드 씨는 천하장사요 작살던지기 선수라 하니 잠시 그 재능을 빌기를 간절히 바란다 하였다. 이때는 바로 승선자 일동이 네드 랜드 씨의 기능을 한번 보고자 하던 때라, 모두가 박수갈채를 하였다. 네드 랜드 씨는 즉시 편선(便船)에 옮겨 타서 천근의 작살을 양손으로 붙들고 큰 고래를 뒤쫓아 삽시간에 던졌더니 작살이 그 심장을 꿰뚫어 그 자리에서 바로 죽었다. 그러고 나서 다시 습격하여 연이어 몇 마리를 죽이자, 두 배의 모든 이가 칭찬하지 않은 사람이 없었다. 7월 6일 오후 3시경에 남아메리카 주 남단 케이프 혼(Cape Horn)에 이르러 다시 태평양 수색에 종사하였으나 괴물은 내내 자취를 숨겨 간 곳이 아득한 것이었다. 피차간에 대단히 주의하여 더러는 수면에 떠오르는 어족(魚族)의 등과 하늘 끝에 출현하는 용권(龍卷)[18]에 미혹(迷惑)한 일도 일일이 늘어놓기 어려운 정도이다.

이와 같이 링컨 호가 적도 바로 아래 경도 110도를 거쳐 태평양 중앙을 두루 탐색한 뒤 지나(支那), 일본 및 조선 해변을 일일이 찾아 나설 때 아로낙스 씨는 심심파적으로 콩세유와 네드 랜드 씨와 더불어 한·

---

17 인상여(藺相如)와 염파(廉頗)의 우의 : 두 사람은 전국시대 조나라의 재상과 장군으로, 처음에는 염파가 인상여를 미워하였으나 인상여가 넓은 도량을 보이자 감복하여 결국에는 서로 문경지교(刎頸之交)를 맺었다.

18 【원주】용권(龍卷)은 회오리바람이 갑자기 일어나 파도를 공중으로 말아 올리는 현상이니 대개 여름철에 우리나라 사람이 '용 오른다' 하는 것은 이 현상을 오인한 듯하다.

일·청의 역사를 대략 논설하였다.

"저 청나라는 예부터 위인걸사(偉人傑士)가 적지 아니하나 수천 년간 전제정치 아래에 사기(士氣)가 침체하고 민심(民心)이 이산하며 학정 (虐政)과 간리(奸吏)에 원망하는 마음이 뱃속에 가득 차 개인주의에 대체로 기울어 가는 까닭에 자연히 나라는 나라대로 국민은 국민대로가 되며 임금은 임금대로 나는 나대로가 되어 세계의 1/4 이상이 되는 인구수를 가지고 성하지맹(城下之盟)[19]과 발총지욕(發塚之辱)[20]을 면하지 못하니 가련하다.

그리고 이 조선도 수천 년 동안 지나풍에 동화되어 폐풍(弊風)과 악습(惡習)을 형용하기 어려울뿐더러 시종일관 지나에 예속된 나라로 독립의 사상을 완전히 잃어버려 그 나라의 국사(國士) 을지문덕(乙支文德), 양만춘(梁萬春), 김유신(金庾信), 이순신(李舜臣), 박제상(朴堤上) 등의 정신은 조금도 없다. 이른바 상등사회(上等社會)는 여우가 호랑이의 위세를 빌린 격으로 백성을 약탈하고 학대함은 차마 눈뜨고 볼 수 없는 실정이며, 하는 일이라고는 매춘과 화투로 한밤에 자서 한낮에 일어나는 것과 공갈 호령으로 토색질과 뇌물 수수하는 것뿐이며, 또 그 하등사회(下等社會)는 명을 받들어 분주히 수행하기에도 힘이 못 미쳐 다시는 겨를이 없다. 이처럼 모두가 국민의 정신을 몰각한 까닭에 왕래하는 자는 등신 일반일뿐더러 세계 조류가 어떻게 변동되는지도 알지 못하고 다만 고담준론으로 아까운 세월만 헛되이 보낸다. 그러니 머지않아 반드시 외국에게 유린되는 것은 말할 것 없고 국내의 부(富)의 근원과 외양(外洋)의 재화(財貨)의 샘은 모두 다른 사람의 손에 돌아갈 것이다. 비단 여기에만 그치지 않아 이러한데도 여전히 대오각성하

---

19 성하지맹(城下之盟) : 성 아래에서 맺는 맹약으로, 적에게 항복하고 체결하는 굴욕적인 강화를 이른다.
20 발총지욕(發塚之辱) : 무덤이 파헤쳐지는 굴욕을 이른다.

지 않는 때에는 멸망의 노한 파도에 휘말려 가게 되리니 서글프다.

그러나 성경에 이르기를 '믿으라, 나를. 믿는 자는 영구한 복을 받을 것이다. 귀의하라, 나에게. 귀의하는 자에게 무한한 행(幸)을 주리라. 나는 다른 사람이 아니라, 바로 약한 자를 강하게 해주며 병든 자를 낫게 한다.'고 하셨으니, 참되구나! 이 타이름이여. 성스럽구나! 이 가르침이여. 만일 저들이 저들의 곤욕을 일찍 깨닫고 속히 진리의 진상을 맹렬히 깨달아 육체의 욕망-사심(私心)-을 버리고 영혼의 만족-공심(公心)-을 구하여 구세주를 확연히 신앙하며 십자가의 피를 충분히 믿어 의지하는 때에는 '구세주는 가장 약한 자에게 더욱 동정을 표하신다.' 하신 하나님의 말씀에 의하여 장래에 지극히 즐거운 천당과 최강의 나라를 얻으리라. 다만 일본은 여러분도 다 보고 들은 바인즉 굳이 다시 언급할 필요는 없을 것이다."

승선자 일동이 이미 2개월 동안 수색하였으나 매일 수십 차례씩 비슷한 물체를 보고 명을 받들어 허둥지둥할 뿐이므로, 모두 지치고 싫증난 기색과 고향을 그리워하는 마음을 금치 못하여 각기 세월을 허비하기보다는 일찌감치 돌아가는 편이 낫다고 여겼다. 아로낙스 씨가 조용히 함장 패러컷에게 말하기를 "우리가 괴물을 토벌하여 없애고자 하여 창명(滄溟)에 표류한 몇 달 동안 하루가 삼추(三秋)같지 않은 적이 없었으니 밤낮을 마다하지 않고 줄곧 수색한 것은 인류를 위하여 괴물을 제거하고자 한 것이었소. 그렇거늘 불행히도 괴물은 작은 그림자조차 나타나지 않으니 열렬한 마음이 이미 식어 최초에 파도를 땅으로 여기고 배를 집으로 삼아 만 번 죽어도 사양하지 않으리라고 결심하였던 용사도 지금은 모두 싫증난 마음이 뱃속에 가득하여 이 수탐(搜探)을 구름을 잡고 안개를 쫓는 것 같이 허황된 일로 간주하오. 그러니 여러 사람의 마음을 우선 따라서 귀항(歸航)한다 칭탁하고 유럽 근해를 가며 수색함이 좋겠소."라고 권유하였다.

이에 함장이 일행에게 약속하기를 지금부터 사흘간만 태평양 수색에 종사한 뒤 귀항하기로 작정하고 뭇 사람의 용기를 고무하여 한층 더 평소의 열렬한 마음으로 괴물을 탐색하여 내는 일에 발분망식(發憤忘食)하게 하니, 때는 바로 9월 2일이었다. 이처럼 이틀간 종사하였으나 소식이 영영 끊어짐에 표현하기 어려울 만큼 낙망하였다.

사흘째의 탐색을 마친 뒤 즉시 배를 돌리고자 하니, 이때 링컨 호는 북위 31도-동경 136도 사이에 있었다. 청정(蜻蜓)²¹ 일대-일본-는 원거리 운무 속에 숨어서 누워 있고 흰 물결과 비단 같은 파도는 하늘 끝에 뒤집히며 숫구치는데, 자연의 소리와 무형의 포효에 슬픔을 느낄 뿐이었다. 조금 있다가 석양이 비스듬히 비쳐 천지가 자줏빛으로 불타더니 무심한 운하(雲霞)는 시야에 끊어질락 이어질락 하고 둥지로 돌아가는 물새는 허공에 피곤한 듯 날며 청랭(淸冷)한 바람은 영웅의 회포를 야기하는데, 반천(半天)의 밝은 달은 조화옹(造化翁)의 밤을 비추는 거울을 구천(九天)에 걸어놓은 듯하였다. 만일 충무공 이순신 앞에 이 광경을 재연했다면 그는 당시 한산도의 애국시(愛國詩)²² "수국에 가을 경치 저물어가고 / 추운 병영엔 외로운 달만 비추는구나[水國秋光暮, 寒營孤月照]."라고 했던 비회(悲懷)를 금하기 어려울 것이며, 소자(蘇子)²³를 부활시켰다면 그는 적벽(赤壁) 상의 절세(絶世)의 노래²⁴ "우리네 인생이 잠깐임을 서글퍼하며 / 큰 바다가 무궁함을 부러워한다[哀吾生之須臾, 羨大洋之無窮]."의 이성(理性)을 높은 소리로 울부짖을 뿐일 것이다.

---

21 청정(蜻蜓) : 일본의 옛 이름이다. 일본의 지형이 잠자리가 교미하는 모습과 닮았다고 묘사한 『일본서기』의 한 대목에서 비롯하였다. 청정국(蜻蜓國) 또는 청령국(蜻蛉國)이라고도 했다.
22 한산도의 애국시(愛國詩) : 이순신의 시 〈한산도야음(閑山島夜吟)〉을 이른다. 『李忠武公全書』 권1에 실려 있다. 다만 인용된 두 번째 구는 문집에 실린 것과 다르다.
23 소자(蘇子) : 북송(北宋)의 대문호 소식(蘇軾, 1036-1101)을 높여 이르는 말이다.
24 적벽(赤壁) 상의 절세(絶世)의 노래 : 소식의 〈전적벽부(前赤壁賦)〉를 이른다. 다만 여기 인용된 구절에서 '大洋'이 소식의 원작에서는 '長江'으로 되어 있다.

아로낙스 씨가 진정 이 회포에 감격하여 위연(喟然)히 길게 탄식함에 콩세유가 위로하였다. "예부터 영웅과 준재(俊才)가 모두 동서로 분주하며 평수(萍水)에 표류하여 다른 사람이 차마 못할 모험과 비상한 곤란을 겪은 뒤에야 비로소 우뚝한 사업을 성취하였으니, 주공(主公)은 과히 이번 원정을 비관하지 마십시오. 상제(上帝)가 반드시 우리의 참된 정성을 통찰하시어 최초의 목적을 달성할 수 있게 할 것입니다."

말이 미처 끝나지 않았는데 갑판 위 한쪽에서 벼락과 같은 소리가 크게 울고 "괴물이다. 괴물이다." 하였다. 일행이 황급히 그 용사가 있는 곳으로 다투어 모여 관망하니, 바로 네드 랜드 씨가 멀리 20여 리 해상을 가리켜 보이며 "이것은 괴물이 아닌가!" 하는 것이었다. 여러 사람이 눈을 동그랗게 뜨고 똑바로 쳐다보니 한 줄기 광선이 언뜻 밝았다 언뜻 사라지는 것이 반딧불도 아니고 불꽃도 아니며, 잠깐 작아졌다 잠깐 커졌다 하는 것이 물고기도 아니고 짐승도 아닌데 크기는 철침과 같고 모양은 타원과 비슷하였다. 여러 사람이 대단히 의아하여 모두 서로 얼굴만 바라볼 뿐이더니 아로낙스 씨가 한참 동안 묵묵히 바라보고 말하기를 "광휘(光輝)는 전기의 성질이라 분명 잠수하여 몰래 다니는 무소의 소행인 듯하오."라 하였다. 일동이 관찰만 할 뿐이었는데 갑자기 그 괴물이 링컨 호로 전진하여 충돌해 오는 모양이었기에 일행은 모두 손을 떨고 발을 구르며 낯빛은 흙빛이었다.

그 괴물이 링컨 호의 주위를 한 바퀴 돈 뒤 비상한 광휘를 발하고 또 2·30리 밖으로 물러나더니 또 다시 습격해 와서 20여 간(間) 밖에서 광휘가 소멸하여 다시 간 곳을 모르겠다가 함선 밑으로 잠항(潛航)하여 배 고물에 갑자기 다시 나타났는데, 광선을 사방으로 쏘아 똑바로 보기가 어려웠으며, 또 그 괴물의 진퇴가 탄환과 유성처럼 빨라 포격하기가 어려웠다. 이와 같이 그 괴물이 대여섯 번 습격하여 왔다 갔다 하니 여러 사람이 모두 혼비백산하여 어찌할 줄을 몰랐고, 함장 패러것은 필사의 힘을 다하여 앞으로 피하고 뒤로 달아나며 왼편으로 가고 오른편으로 돌았으나 그 괴물의 신속한 진퇴와 비할 바 없는 출몰에 어찌할 수가 없었다. 따라서 그 역시 얼마간의 두려움을 면하기 어려워 아로낙스 씨에게 말하였다. "그 괴물이 당신이 추측한바 무소의 족속인 듯하나 토벌하여 없앨 수단이 없으니 어찌하겠소?" 아로낙스 씨가 대답하였다. "이 괴물은 하는 수 없이 포격 외에는 특별한 묘책이 없소. 다만 지금 밤은 깊고 바람이 진동하여 진퇴가 불편하니 방어할 수 있는 곳으로 잠시 피하였다가 다음날 추격하는 편이 낫겠소." 이에 서서히 안전한 지점으로 물러가니 그 괴물도 역시 간 곳을 알지 못하겠더라.

이튿날 하늘이 밝아지자 함장 및 아로낙스, 네드 랜드 두 사람이 괴물을 토멸할 방침을 피차 토론하는 가운데 갑자기 해상에 한 괴성이 울려와 승선자 일동이 모두 공격 기계를 준비하고 갑판 위에 정렬하여 관망하였다. 때는 오후 2시였다. 하늘에는 구름 한 점도 없이 햇빛이 꼭대기에 있으며 강풍이 격렬히 물결을 일으켜 성난 파도가 울며 진동하는데, 해상 50리쯤에 광선이 번쩍번쩍하더니 또 간 곳을 알 수가 없었다. 같은 날 3시 경에 배 고물에서 네드 랜드 씨가 크게 소리치며 "괴물이다! 괴물이다!" 하여 급속히 가보니 10여 리 해상에 흑갈색에 타원 형태의 괴물 하나가 대략 1'야드'-3피트-의 등을 수면에 드러내고 물결을 가르며 가는데, 물결이 진동하고 광선이 사방으로 흩어졌다. 이때에 일행이 모두 그 괴물을 공격하는 데 열중하지 않는 이가 없었으나, 그 괴물의 신기할 만큼 빠른 속도에는 어찌할 수가 없었다. 패러것 씨도 대단히 격앙하여 화력을 배가하여 뒤쫓았으나 시종 미치기 어려웠을뿐더러 더러 포격도 하였으나 역시 효력이 없었다. 단지 기(氣)가 만 장(丈)을 뻗쳤고 화염이 천 인(仞)을 솟았을 뿐이었다.

이와 같이 수일간을 물러나기도 하고 쫓아가기도 하였으나 별로 착수할 기회가 없더니, 9월 6일 밤 11시 경에 서쪽 30리 해상에 그 괴물이 다시 나타나 광휘가 쏘아져 나옴에 나아가지도 물러나지도 않으며 잠수하지도 움직이지도 않아 마치 쉬는 듯 잠자는 듯하였다. 여러 사람이 모두 그 괴물이 수일간의 피로를 견디지 못하여 휴면하는 것으로 추측하고 잠든 새를 쏘거나 굴속 토끼를 습격하려고 발꿈치를 들고 까치발을 하는 모양새로 그 괴물에 접근하여 네드 랜드 씨로 하여금 보트에 옮겨 타서 천근의 작살을 가지고 약 수십 척 거리에 이르러 온 평생의 죽을힘으로 맹렬히 저격하게 하였다. 그러자 작살이 복부(腹部)에 바로 맞더니 쨍하는 한마디 소리와 함께 작살은 깨어지고 번갯불도 따라서 사라지더니 갑자기 물이 용솟음쳐 싸우는 듯하며 파도가 부딪쳐 갈라지며 하늘과 땅이 돌며 배가 기울어지고 키가 꺾이고 뱃전이 부서지며 구멍이 뚫리고 틈이 생겨 세계에 비할 것이 없는 미국 군함 링컨호가 침몰하여 뒤집히는 비참한 지경에 이르렀다.

세계진문(世界珍聞)

○ 현재 유럽 국가들의 육·해군비의 총계 평균액이 대략 하루에 8백만 원가량이라 하니 참으로 무장하는 평화시대의 대수라장이다.

○ 근래 도착한 미국의 신문을 보니 미국 철도대왕 에드워드 헨리 해리먼(Edward Henry Harriman) 씨는 철도 사업에 종사한 지 겨우 6년 사이에 직할하는 철도의 연결선이 1만 5천 리이니 총 자본금이 11억 불 내외이며 그 외 자본금이 12억 불이 되는 연결선이 1만 3천 리 되는 철도와 3대 기선회사의 관할권을 장악하였다 하니 참으로 석숭(石崇)[25] 중의 석숭이라 할 만하다.

○ 베를린 전보를 따르면 현재 장거리 사진에 대해 독일 뮌헨 대학교수

---

25 석숭(石崇): 294-300. 중국 서진(西晉) 시대의 문인이자 부호이다.

고룬[26] 씨가 4년간 노심초사한 결과 시간은 비록 24분가량 걸리지만 천백리 밖에 있는 물체의 형태도 촬영할 수 있는 사진기계를 발명하였다 한다.

○ 유럽 최초의 옥편은 1677년 런던에서 출판한 영어사전이라 하는데 지나 최초로 편집한 한(漢)나라 때의 시, 양웅이 저술한 한문옥편과 연대를 비교해보면 증손자뻘이나 될는지.

○ 영국 국민 중 100분의 69는 노동자요, 28은 중등사회요, 3은 상등사회라 하는데 이로부터 세계 각국의 개황을 살펴보면 정말로 근세 유럽 인사가 말할 때마다 반드시 노동주의라는 이치와 가르침이 있다.

○ 미국에서 교육을 열심히 하는 록펠러씨가 뉴욕시 학무국에 전후 2회에 국민교육비 5천만 불-1억 8천만 원-을 기부하였는데 이러한 막대한 기부금은 세계에 비길 바가 없다. 동씨가 교육을 열심히 하는 것은 고금 제1이라고 한다.

○ 근래 미국 상무국 무역 통계표를 보니 작년 동국(同國) 무역총액이 3,118,007,893불인데 안으로 수출이 재작년보다 1억 7천여만 불이 증가했으며, 수입은 1억 4천여만 불이 증가하였다 하니 동국의 상공업 발달은 참으로 깜짝 놀랄 만하다.

○ 모 양돈 잡지에 의거한즉 양돈의 수가 미국이 4천7백만 두요, 독일이 1700만 두요, 오스트리아가 1200만 두요, 프랑스가 1100만 두요, 영국이 300만 두요, 일본이 23만 두라 하니 양돈하는 것도 미국이 제1이다.

○ 근일 독일에서 유리목욕통이 성행하는데 대개 청결은 비할 데 없고 가격이 저렴하며 제조가 쉽기 때문이라고 한다.

○ 독일 21대학 내의 학생 수가 모두 4만5천6백36인인데 안에는 여학생도 적지 않으며 또 각 전문통계에 의거한즉 신학부에 신교도가 2천2

---

26 고룬: 미상이다.

백8명이요 구교도가 1천7백8명이요, 의학생이 7천98명이요, 철학·역사 및 어학생이 1만9천8백15명이요, 수학 및 과학생이 6천2백34명인데 안으로 의학생이 매년 증가하고 있다 한다.

○ 뉴욕 전보를 의거한 즉 미국 육군부의 한 기사가 전투용 공중 비행정을 발명하였는데 공중으로 올라 적군에게 폭발탄을 던지는 데 지극히 편리하며 진퇴도 임으로 자유롭다고 한다.

○ 미국 통계국장 파와스[27] 씨의 계산에 의하면 미국의 부는 1900년에는 177억 불이요, 1904년에는 214억 불로 증가한다. 이를 1896년 영국의 부-150억 불-와 러시아 연방의 부-62억 불-에 대비해도 대략 서로 같은데 근년에는 양국의 부를 합해도 미국에 미치지 못한다 한다.

○ 남아메리카 주 데비아스 금강석 광산에서 현재 사용하는 광부 수는 2만5천9백95인-그 속에 백인이 3천7백34인이다-이요, 1개월 봉급 총액은 179만8천6백 원인데 작년도 해 광산 경비 총액은 3504만1천8백10원이요, 순이익은 2103만5천3백60원이라 하다.

○ 영국 런던에는 현재 구빈공장수가 31이며, 양육하는 빈민수가 8만인인데 그 유지비는 1년에 대략 1천1백만 원 가량이라 한다.

○ 영국 해협 터널-추도(隧道)- 개착비는 약 1억6천만 원 가량이다. 프랑스 정부는 개착을 열망하나 영국은 프랑스 육군을 두려워해 시종 응하지 않는다 한다.

○ 접문-입 맞추는-의 해로움 파리 의학박사 날팟세[28] 씨의 주장에 의거하면 입과 코는 병의 원인인 미세균을 무수히 저장한 저축소이다. 미균학(黴菌學)의 증명에 의하면, 사람의 입술 1센티 평방미터 속에 4만 가량의 미세균이 서식하는데, 성인은 병자 외에는 비교적 해가 적지만 소아는 전염이 가장 빨라 이로 인해 사망하는 자 매년 수십만에서 내려

---

27 파와스: 미상이다.
28 날팟세: 미상이다.

가지 않는다고 한다.

○ 유명한 전기학자 미국인 에디슨 씨는 태어난 이래 공익상 필요한 전기발명이 부지기수이다. 동씨가 지금 59세의 고령에 이르렀어도 수불석권이 옛 성인보다 아래가 아닐뿐더러 금후부터는 순수 과학을 전심으로 연구한다고 한다.

○ 최초의 기선 발명자는 로버트 풀턴(Robert Fulton)으로 아일랜드 사람-후에 미국으로 이주-이다. 풀턴 씨가 수년간 노심초사한 결과 최초로 프랑스에서 시험했지만 선박재료의 불량으로 일이 그림의 떡으로 돌아갔다. 이에 분심진력(奮心盡力)해 더 한층 연구한 후 동일한 기선제조법을 뉴욕에 사는 와트와 볼튼, 두 사람에게 상세히 가르쳐 1806년 증기선 한 척을 제조해 1808년 8월에 진수식을 거행한 즉 뜻대로 움직였다. 이 배의 명칭은 클러몬트(Clermont)호인데 즉 기선의 시조이다. 길이가 133척이며 깊이-배의 높이-는 7척, 넓이는 18척이다.-단, 이 배는 중앙에 기계물방아의 수륜 같은 회전바퀴를 붙였다.-

○ 유명한 영혼주의 극단반대자 이탈리아인 법의학자 롬브로소(Lombroso) 씨는 근래 영혼주의에 매우 기울어 이에 의지하고 있다. 동씨의 말을 의거하면 동씨가 1892년에 한 맹인 여성을 진찰했는데 어안이 벙벙할 일은 동녀(同女)가 귀로 물건을 보며 무릎으로 물건의 맛을 보고 또 발가락으로 냄새를 느끼고 맡을 수 있어 수십 칸 밖의 인적을 탐지할 수 있고 2주 내외의 일을 예지할 수 있는데 단정하건대 과학력으로 해석하기 어려워서 지금까지 완고하게 움직이지 않던 실리주의를 변화시켜 영혼주의에 귀의했다고 한다.

| 잡보 |

○ 기서(寄書)

평안북도 철산군(鐵山郡) 웅산리(鷹山里)에 사는 오희원(吳熙源) 씨가 본회에 신화(新貨) 30환(圜)을 찬조하고 기서하였다. 그 내용은 다음과 같다.

저는 비루한 사람으로서 먼 시골에서 나고 자라 성품이 둔하고 자질이 완고하며 지식이 부족하고 천박합니다. 앉아 있을 때는 오직 우물 속에서 하늘을 바라보고[29] 서 있을 때는 담장을 마주한 듯하니[30] 안목은 시사에 어둡고 마음은 세도(世道)에서 어긋납니다. 가물가물 쇄국의 꿈 속에서 취해 잠들고 멍한 채로 힘써 해야 할 바가 있음을 알지 못하고 있습니다. 그런데 어찌하여 천풍(天風)은 바뀌지 않고 인사(人事)만 크게 일어나는 것인지요.

육대주의 여닫힘과 오대양의 항로 개통과 서구의 정치 문명과 일본의 재주 발달이 각국의 신보(新報)에 가득 넘치는데 소식이 돌고 돌아 간행 배포되어 각 동네 궁벽한 곳까지 차례로 전파되고 있습니다. 위로는 순서대로 경상(卿相)과 사민(士民)으로부터 아래로 남자 종과 하인과 같은 천민에 이르기까지 익숙히 듣고 자세히 보고서 말로 전하고 마음으로 외우지 않는 이가 없습니다.

저도 여기에 참여해 들은 바 있어서 이에 저의 아들 상은(尙殷)으로

---

29 앉아……바라보고 : 안목이 협소하고 견문이 얕음을 비유한다. 당나라 한유(韓愈)의 「원도(原道)」에 "노자는 인과 의를 작게 여김은 그것을 비방하는 것이 아니요 그 견문이 작은 것이다. 우물 안에 앉아서 하늘을 보고는 하늘이 작다고 하나 하늘이 작은 것이 아니다"라고 하는 말이 나온다.

30 담장을……듯하니 : 배우지 못한 사람의 어리석음을 비유한 말이다. 『논어(論語)』「양화(陽貨)」에 "사람으로서 주남, 소남을 배우지 않으면 담장을 정면으로 마주하고 서 있는 것과 같을 것이다."라는 말이 나온다.

하여금 일본 도쿄로 보내 중학교에 입학시켜 이기(理氣)의 학문에 능통하게 한 연후에 대학이나 전문학교 등에 입학시켜 격물치지(格物致知)의 효험을 두루 익히도록 하고 형식에 실질을 채우려고 합니다만 그 자질이 노둔하고 미약한 나머지 그 성취를 기약하기 어려움을 지극히 잘 알고 있습니다. 하지만 제가 아닌 아들을 보낸 것은 또한 저보다는 낫기 때문입니다. 저는 비록 어리석고 비루하고 이치에 어두워서 남들의 입에 올릴 수준이 되지 못하나 이 마음과 이 이치를 간직하고 있음은 또한 남들과 비슷합니다. 외국의 좋은 법규를 보고 듣고서 즉시 우러르며 본받고 싶은 마음이 격렬히 오장육부에서 끓어올라 스스로 멈출 수 없었던 것은 단지 지금 국운이 실낱같이 위태하고 험난한데도 이를 돌이킬 생각을 하는 자가 없어 생각할수록 애통하기 때문이니 어찌 갑자기 그러한 것이겠습니까.

작년 음력 11월에 아들이 도쿄 학회로부터 잡지 한 권을 보내왔는데 급히 펼쳐 읽어보니 곧 귀회에서 간행한 태극학보였습니다. 들고 외우며 반복해 읽는데 말의 이치가 순하고 곧으며 뜻이 의롭고 충성심이 확고하니 이는 사람의 심지를 경계시키고 눈과 귀를 닦고 자세히 보고 듣게 할 뿐만 아니라 독립 회복의 권리와 국맥(國脈) 만회의 점진(漸進)이 이로부터 희망을 갖게 되었으니 어찌 오직 백성과 나라의 다행이 아닌지요.

다만 생각건대 귀회는 멀리 외국에 있어서 단지 기부금만으로는 지탱하기 어려울 것입니다. 영쇄하면 비록 초심에 감동한 바 있어도 끝까지 마치는 경우가 드뭅니다. 그러므로 삼가 30환금으로 약소하나마 동정(同情)을 표하여 만분지일의 비용이나마 보태고자 하니 그렇게 할 수 있다면 천만다행입니다. 헤아려주시기 바랍니다. 거칠게 써서 뜻을 다 표현하지 못합니다.

평안북도 영변(寧邊) 선상범(宣尙範) 씨가 본회에 신화(新貨) 5원을 찬조하고 기서하였다. 그 내용은 다음과 같다.

　즐겁도다. 태극학회의 창립이여! 기쁘도다. 태극학보의 발간이여! 지금 이 생존경쟁의 시대를 만나 약육강식과 우승열패는 굳이 더 논할 필요가 없거니와 대개 하늘이 백성을 냄에 동쪽과 서쪽의 나라, 옛날과 지금의 시대를 막론하고 애초에 선천적으로 부여한 본성은 모두 동일하거늘 강약과 우열의 현격한 차이가 나니 그 까닭은 어디에 있는가. 세상 사람들이 모두 한국은 미개한 나라라고 말하는데 과연 그러한가. 저 문명국 사람들도 네 개의 눈과 두 개의 입을 가지고 있는 것이 아니요 동일한 사람이거늘 어찌하여 저들은 강하고 우리는 약하며 저들은 이기고 우리는 패하는가. 진실로 학문이 어떠한가에 달려 있다.

　이에 본국의 인사가 분발하고 격려하여 나라를 부흥시키는 데에 뜻을 두었도다. 오늘 모 학회를 조직하고 내일 모 학보를 발간하며 또 학교를 많이 확장하지 않은 것은 아니지만 혹은 재정이 궁핍하고 혹은 교사 자격자가 부족하여 능히 끝까지 가는 경우가 적어 왕왕 용두사미(龍頭蛇尾)의 탄식을 면하지 못하였다.

　아. 장하도다! 일본에 유학하는 동포 여러분들이여. 호방한 큰 뜻을 품고 이역만리에서 마음을 굳게 먹고 동맹을 맺어 이 학회를 조직하고 이 학보를 발간하여 본국의 어두운 세계에서 우리처럼 눈 멀고 귀 먹은 자들로 하여금 이처럼 미개함을 듣게 하고 이렇게 못 본 것을 보게 하였다. 그렇게 하여 백성의 지혜를 개발해 국권의 회복을 도모하였으니 백 번 꺾여도 굽히지 않고 온갖 고난에도 흔들리지 않는 열렬한 정성이 주입된 것이 아니라면 이 어찌 가능하겠는가. 이것이 내가 즐거워하고 또 기뻐하는 까닭이다.

　덩실덩실 춤추며 찬송하고 축하할 마음을 이기지 못해 신화(新貨) 5환과 대금(代金) 1환 40전으로 약소하나마 작은 정성을 표하오니 의연금으로 보지 말고 작은 마음이라고 봐주소서. 오직 태극학회가 만세토록 무궁하기를 기원하노라.

○ 와세다대학 사건의 전말

　와세다대학교에는 예전부터 봄철이 되면 학도들이 국회를 모의하여 시행하는 이른 바 모의국회라고 하는 것이 있는데, 가상 정부와 진보당이니 보수당이니 하는 등 각 정당을 조직한 뒤에 대신(大臣)과 각 당 영수 등은 해당 학교 강사 및 사회 명사를 초빙해 정하고 다양한 문제를 제출하여 각자의 주장으로 일시에 성대한 논쟁을 펼치는 관례가 있었다. 이번 봄에도 이를 예년과 같이 3월 30일에 시행할 예정이었는데 해당 학교 생도 다부치 도요키치(田淵豊吉)라는 한 몰상식하고 막되 먹은 학생이 제출한 식민정책이라는 제목의 글에 우리 대한의 신민으로서는 차마 눈으로 보지 못하고 감히 입으로 전하지 못할 문자를 열거하여 해당 학교 광고장에 게시하였다.

　해당 학교에 재학하는 우리 학생들이 3월 26일에 이 게시 글을 처음 보고 분노를 이기지 못해 즉시 해당 학교 학감(學監) 타카다 사나에(高田早苗)에게 이 일의 경위에 대해 묻자 학감이 대답하기를 "원래 이 모의국회는 본교에서 간섭하는 것이 아니요 생도들이 주간하고 시행하는 것이다. 그런즉 그 토론 문제 등에 대해서도 본교에서는 조금도 간섭한 바 없으므로 이번 토론 문제도 어떠한 문제가 제출되었는지 전혀 알지 못한다. 그러나 만일 그대들이 따져 묻고 있는 사실이 정말 문제로 올라왔다면 그대들이 격분하는 것도 무리가 아니고 또 생도를 감독하는 책임은 본교에 있으니 본 학감은 그가 학생의 체모를 잃은 책임을 통감하며 그대들에게 사죄하노라" 하고서 즉시 일의 경위를 실제 조사한 뒤에 해당 게시 글을 없앴다.

　해당 학교에 재학하던 우리 학생 16명이 그 다음날에 모여 의논하고 전체 대표 2명을 다시 학감에게 보내 요구하기를 "이렇게 몰상식하고 막되 먹은 학생은 귀교의 규칙에 정한 대로 처벌-퇴학-하여 뒷날의 폐단을 근절하게 해달라."고 하였다. 학감이 대답하기를 "해당 게시 글은 이미 없앴고 또 본 학감이 전교를 대표하여 그대들에게 사죄했으며 생도 다부치 도요키치를 불러다가 잘못을 꾸짖었으니 너그러이 용서해주기를 바라노라."라 하였다. 그 후에 수차례 전체 대표를 보내어 강경한 태도로 의논 협상하였으나 학감이 대답하기를 "해당 학교에서는 이러한 학생에 대해 처벌할 규칙이 없다."라 하고 끝내 우리 학생들의 주장을 들어주지 않았다.

　우리 학생들이 이에 한층 격분하여 이러한 몰상식하고 막되 먹은 생도와는 우리가 동창생으로서 수학할 수 없다고 하고서 16명이 일제히 퇴학시켜주길 자청하였다. 그 다음날에 이 소문이 우리 유학생 전체에 전파되자 일반 학생들이 불타오르듯 격앙되어 연일 유학생감독청에 일제히 모여 여러 번 전체 대표를 파송해 의논 협상하고 선후책을 강구하더니 본월 2일에 해당 학교의 전체 대표 1명이 경부(警部)를 대동하고 유학생감독청에까지 와서 그가 학생의 체모를 잃은 것에 대해 천만 번 사죄하고 "해당 학생 다부치 도요키치는 이미 퇴학시켰으니 그대들은 모쪼록 오해하지 말고 노여움을 풀어 달라."라고 하였다. 이에 해당 사건이 우선 일단락된 모양이더라.

○ 각국 신사(紳士)의 대연설

　이번 일본 도쿄에서 열린 만국학생기독교청년대회에 동서양 26국 대표자가 참석한 가운데 우리 한국에서 신사 윤치호(尹致昊), 김규식(金

奎植), 강태응(姜泰膺), 김정식(金貞植), 민준호(閔濬鎬) 제씨가 참여하였다. 이 일행이 우리 유학생계에 평화의 복음을 전하기 위하여 칸다바시(神田橋) 바깥의 한 굉대(宏大)한 연설장을 빌린 후 영국·미국·인도·청나라·러시아·스위스·스웨덴 등 각국에서 온 명사들을 맞이하여 연설을 청하고 윤치호·김규식 씨 2인이 번갈아 번역의 노고를 맡았다. 매번 참석자가 백여 명 내지 수백 명에 달하니 이러한 좋은 기회는 천추에 다시 만나기 어려울 것이고 또 이로 인하여 우리 학생계 정신상에 대단한 감화를 주입할 뿐 아니라 전도 사업에도 막대히 좋은 결과가 생겼다고 한다.

• 회사요록

○ 지난달 24일 총회에서 김지간(金志侃) 씨가 야외운동의 의견을 냄에 만장일치로 가결되어 운동 일자를 다음달 21일-일요일-로 결정했다.
○ 이번 달 7일 총회에서 김지간 씨가 제의하기를 "우리 한국 유학생 감독 한치유 씨가 벼슬이 바뀌어 머지않아 환국할 텐데 해당 인물은 본회에 대해 특별한 찬성원일 뿐만 아니라 겸하여 본회에서 관장하는 태극학교 교장이므로 해씨에 대해 특별 송별회를 열자."고 함에 김연목 씨의 재청으로 가결하고 오는 14일-일요일-로 정했다.

• 감독 한치유 씨 송별회

14일 오전 8시에 회원 한 백여 명 가량이 출석하고 개회하였는데 회장 장응진 씨가 개회사를 한 후에 전영작 씨가 한치유 씨의 사력(事歷)을 진술하고 김지간 씨가 축사를 한 후에 한치유 씨가 단에 올라 간독(懇篤)한 사의로 석별의 말을 먼저 하고 제 학원들의 장래와 현재에 활동할 방침을 모두 말함에 장소를 가득 채운 회원이 박수갈채를 보내는 속에 연단을 내려와 폐회했다. 그리고 같은 날 10시 반에 다과로 여흥을 마쳤다.

○ 본월 7일에 본회에서 제1회-3월분- 모집한 국채보상금 18원 56전을 황성신문사로 부쳐보냈다.

○ 미국 샌프란시스코에 있는 공립협회 하변지회(共立協會河邊支會)에 있는 21인의 단지(斷指)학생에게 보조금 30원 30전을 보내기로 한 즉시 총대 1인을 정해 해당 학생에게 전했다.

• **회원소식**

○ 본 회원 홍정구(洪正求) 씨는 각기병 치료차로 지난달 30일에 도쿄로 갔다.

○ 본 회원 전태헌(全台憲) 씨는 작년 11월에 환국하였다가 지난 달 30일에 도쿄로 건너왔다.

○ 본 회원 방원근(方元根) 씨는 교토로 갔다.

○ 부회장 최석하(崔錫夏) 씨는 전월에 사이타마현에 정양차로 여행하였다가 이번달 14일에 도쿄로 상경하였다.

○ 본 회원 김기곤(金基琨) 씨는 뇌병이 생겨 치료차로 이번달 14일 오후 3시 반 신바시(新橋)발 열차로 환국하였다.

○ 본 회원 김연목(金淵穆) 씨는 쥰텐중학교(順天中學校) 3학년으로, 김형목(金瀅穆) 현희운(玄僖運) 김지건(金志健) 변봉현(邊鳳現) 유동훈(柳東勳) 김기정(金基珽) 씨는 1학년으로 입학하고, 오상은(吳相殷) 이상근(李相根) 씨는 세이조우중학교(成城中學校) 2학년으로 입학하며, 박인희(朴寅喜) 씨는 메이지학원 1학년으로 입학하고, 김진선(金鎭璿) 씨는 케이카중학교(京華中學校) 1학년으로 입학하며, 김완규(金晩圭) 씨는

나가사키상업학교에 입학하였다.

○ 이정환(李正煥) 씨는 카이조우중학교(海城中學校)에 입학하고, 김진식(金鎭植) 추영순(秋永淳) 홍성욱(洪性郁) 길경승(吉敬承) 곽한칠(郭漢七) 제씨는 메이지중학교에 입학하며, 최용화(崔容化) 씨는 와세다대학교에 입학하였다.

• 학계소식

○ 유학생 감독 한치유 씨는 태극학보 교장으로 학교와 본회일을 힘을 다해 열심히 하더니 이번 체임으로 환국할 때 본회에 입회할 것을 청한 까닭에 24일 임원회에서 결의하고 허락하였다.

○ 태극학보 창립 이래 수년간 열심히 교수하던 후지이 쿄우키치(藤井孝吉) 씨가 지방상업학교 교수로 며칠 사이에 길을 떠나는 까닭에 24일 오후에 본회에서 송별회를 열어 그의 공적에 감사를 표하였다.

○ 우리나라 관비생 25인이 이번 도쿄부립중학교에서 졸업하였다. 그 성명은 다음과 같다. 윤태진(尹台鎭), 어윤빈(魚允斌), 최명환(崔鳴煥), 최용화(崔容化), 김태진(金台鎭), 양치중(楊致中), 유병민(劉秉敏), 박유겸(朴有秉), 임대규(林大奎), 장기영(張基榮), 조종관(趙鍾觀), 장윤원(張潤遠), 이상목(李相穆), 이상욱(李相旭), 이상진(李相鎭), 조용은(趙鏞殷), 조봉구(趙鳳九), 오일순(吳一純), 이강현(李康賢), 홍창식(洪昌植), 현단(玄檀), 김성목(金聖睦), 고주연(高珠演), 김영식(金永植), 전석홍(全錫弘) 제씨이다.

• 신입회원

박재호(朴載灝), 박상용(朴庠鎔), 장무기(張舞基), 심경섭(沈瓊爕), 이봉구(李鳳九), 허억(許檍), 최창봉(崔昌鳳), 민재현(閔在賢), 최원성(崔湲晟), 최원식(崔元植), 류만수(柳晩秀), 조동희(趙東熙), 정면호(鄭冕鎬), 홍성연(洪聖淵), 박충서(朴忠緖), 안영수(安暎洙) 제씨가 입회하였다.

• 『태극학보』 제5회 의연인 성명

오희원(吳熙源) 씨	30원
정석내(鄭錫迺) 씨	3원
선상범(宣尙範) 씨	5원
노정익(盧正益) 씨	2원
LosAngeles 공립협회 지방회	30원 30전

• **특별광고**

-만 가지 서적의 구비는 본관의 특색-

○ 내외도서 출판

○ 교과서류 발매

○ 신문잡지 취급

○ 학교용품 판매

-배달 우편료의 불필요는 독자의 경제-

황성 중서(中署) 파조교(罷朝橋) 건너편

본점-중앙서관(中央書館)- 주한영(朱翰榮)

평안북도(平安北道) 선천읍(宣川邑) 냇가

지점-신민서회(新民書會)- 안준(安濬)

광무 11년 04월 27일 인쇄
광무 11년 05월 03일 발행
메이지 40년 04월 27일 인쇄
메이지 40년 05월 03일 발행

• 대금과 우편료 모두 신화(新貨) 12전

일본 도쿄시 혼고구(本鄕區) 모토마치(元町) 2정목(丁目) 66번지 태극학회 내
편집 겸 발행인   장응진(張膺震)

일본 도쿄시 혼고구 모토마치 2정목 66번지 태극학회 내
인쇄인   김지간(金志侃)

일본 도쿄시 혼고구 모토마치 2정목 66번지
발행소   태극학회

도쿄시 교바시구(京橋區) 긴자(銀座) 4정목 1번지
인쇄소   교문관인쇄소(敎文館印刷所)

광무 11년 5월 24일 발행(매월 24일 1회)

태극학보

제10호

태극학회 발행

○ 학교용품 판매

-배달 우편료의 불필요는 독자의 경제-

황성 중서(中署) 파조교(罷朝橋) 건너편

본점-중앙서관(中央書館)- 주한영(朱翰榮)

평안북도(平安北道) 선천읍(宣川邑) 냇가

지점-신민서회(新民書會)- 안준(安濬)

목차
태극학보 제10호

| 연설 |

4월 2일 일본 도쿄 칸다구(神田區) 화강낙당(和强樂堂)에서
인도의 기독교 세력

/ 인도국 신사 보-스 씨·본국 신사 윤치호(尹致昊) 씨 번역·백악자(白岳子) 필기

- 이 연설은 본 기자가 옆에서 듣고 따라 적은 뒤에 초록하여 글을 만든
것이다. 문의(文意)가 혹 연설한 본인의 진의를 충분히 표현하지 못한
부분도 적지 않을 것이고 또 본인의 진의를 없앨 우려도 있다. 문체의
책임 등은 모두 본 기자에게 있으니 독자들의 양해를 부탁합니다. -

나는 인도 수도 캘커타에 사는 사람이오. 나는 본래 상인인데 기회만
있으면, 예수가 나를 죄악 속에서 구출한 것을 타인에게 전파하는 것을
유일한 낙으로 삼은 까닭에 오늘 여러분 앞에서 예수의 간증인이 되어
서 한마디 연설할 기회를 얻게 되니, 이는 본인에게 더 없는 영광입니
다. 본인이 온 나라와 귀국은 지역이 비록 서로 떨어져 있으나 형편은
서로 같은 것이 있으니, 이는 즉 이 두 나라가 오늘날 세계에서 일반
세력을 잃은 것이오. 고로 우리 인도의 인사는 한번이라도 이에 생각이
미치면 마음이 상하고 쓸개가 찢기는 것을 금할 수 없으니 그 이유는
어디에 있습니까! 우리 인도가 세계의 1/5의 인구를 가진 대국으로 독
립의 권리를 한 번 잃고 오늘날과 같은 참혹한 경우에 임박한 것입니다.
그러나 우리나라 인사 중에 국가를 위해 깊이 사려한 사람은 도리어
이로 인해 다행이라 하는 사람도 있으니 이는 우리나라가 이와 같이
된 것을 다행으로 삼는 것이 아니요. 그 사이에서 무한한 고초를 다하
고 지식과 실력을 양성한 후 인민의 정신을 완전히 해 미래의 기초가
될 것을 의미하는 것이니 이를 한 개인에 비하면 사람에게 가장 귀한

것은 진정한 지혜와 심령이 그것인데 이 사이에 이 고귀한 지력과 심령을 충분히 완성하게 하는 기회가 있는 것을 다행으로 삼는 것이오.

 가령 나라가 강해서 독립권을 자주(自主)하고 농공상업이 발달하며 병비(兵備)를 확장해 세력을 뿌리 받게 하는 것은 오늘날 물질 개화를 표현하는 것이나, 다만 육해군의 강대함과 제조공장의 많고 적음만으로는 진정으로 세계에서 대국이라 할 자격이 완비되었다 할 수 없을 것이오. 그러므로 세계에서 가장 존경할 만한 나라는 어떤 자격을 갖추어야 하겠소? 이는 다름이 아니라 진정한 지식이 발달하고 심령의 의로움이 생활을 경영하는 국민이라고 나는 단언하기를 꺼려하지 않으오. 고로 우리 인도의 유지인사는 오늘날과 같은 참상으로써 화(禍)를 삼지 않고, 이 기회를 이용해 실력을 양성함으로써 유일한 희망점에 이르고자 함이니 우리나라와 동일한 경우에 있는 귀국인사도 눈앞의 상태에 실망하지 마시고 영원의 방침을 연구하시기를 간절히 바란다고 말하고자 합니다.

 그러므로 오늘날 귀국 사람의 급선무는 지식과 심령상의 선도자가 되기를 자임함에 있습니다. 그 방편을 말하자면 여러분의 귀에 유난히 신기한 말은 아니지만, 진정한 도리는 예수를 신봉함에 있다 하겠소. 세인들은 종종 기독을 서양의 기독이라 말하는 사람이 있지만 실제로 동방에서 강생하신 기독이요 또는 동방의 기독뿐이 아니라 전 세계의 구주입니다.

 우리 인도에 예수교가 전래한 것은 지금부터 백여 년 전이지만 발달하기는 실제로 50여 년 이래의 일입니다. 우리 인도에는 원래 여러 종교가 많아서 백여 년 전에 각종 교도가 5백만에 이르렀는데 그 중 대다수는 우상을 숭배하는 교도였소. 인도 우상교의 교당을 보면 일본과 청국 등지의 사원과 흡사해서 우상은 목석으로 많이 만들었고 또 그 중에 이슬람교를 믿는 사람은 우상은 숭배하지 않지만 마호메트를 숭배하는 것이었소. 그 외에 또 불교도 1천만 명 가량을 제외하면 3억만

인구 중에서 예수를 믿는 사람은 3백만에 불과합니다. 그 수를 비교하면 이와 같이 아주 작으나 그 세력은 가장 크다 하겠습니다. 또 우리 인도는 예로부터 이교도 사이에서는 동거동식만 아니할 뿐 아니라 심하면 언어를 교환하지 않은 경향이 있기에 예수를 믿는 사람도 종종 이를 두려워해서 신봉하는 일을 은닉하고 외면으로 발표하지 않는 일이 적지 않았으며 또 인도에는 고래로 다양한 악풍이 많은데 그중 소아를 죽여 소위 수신(水神)에게 제사하는 악풍이 있어 매년 이 제단에 희생되는 가련한 소아의 수가 몇 천 명이나 되는지 알지 못하더니 예수교가 전입한 이후로 이러한 악풍은 완전히 흔적도 없이 사리지게 되었소.

또 다음으로 말할 것은 우리 인도 풍속에 가장이 죽으면 그 과부를 화장해 순사시키는 악풍이 있었는데 예수교가 전래한 이후로 순식간에 일변하였소. 또 그때 선교사 알렉산더 더프(Alexander Duff) 씨가 성실한 노력으로 학당을 성립하고 서양의 신교육을 주장함에 인민은 이로써 이목을 열어 진정한 사람을 만들고 또 인민 사이에 견고한 단체력이 생겼습니다. 흉년을 맞아 수천 명의 소아를 사경에서 구출한 것도 예수교의 공적입니다. 우리나라는 지방이 광막해서 매년 곳곳에서 흉년 없는 때가 없어서 아사하는 인민이 몇 만인지 헤아릴 수 없는데 이 때 사람들을 감읍하게 한 일이 선교사의 자선사업이었습니다. 지금으로부터 10여 년 전에 대기근이 있어서 2백만 명이 죽었는데 그때 미국 각 교회에서 많은 곡물을 수송해서 구제방책에 진력했습니다. 그중에 또 감동스러운 것은 남양군도에 사는 야만의 식인종이 한번 예수교를 신봉한 이후 문화가 발달해 그때 막대한 의연금을 모집해 보낸 기이한 광경이었소.

또 우리 인도국에서 예수교의 대세력은 인도인민의 다양한 계급을 타파한 것이오. 원래 인도국의 사회제도는 다수의 등급이 있어서 상급인이 하급인을 멸시함이 하등사회에 속한 사람은 상등인의 집에 들어가는 것을 허락하지 않으며 하등인의 손에 닿았던 음식을 상등인이 먹지 않으니 고로 상급에 속한 사람은 어떤 멍청이라도 항상 상등인이오, 하급에 속한 사람은 어느 정도 재산이 있고 어떤 교육을 받은 총명하고 뛰어난 사람이라도 영원히 하등사회의 천역(賤役)과 명칭을 벗어나지 못했는데 예수교가 들어온 이후로 이와 같은 혹독한 등급 제도가 거의 종적이 끊어지게 되었으니 이는 우리 인도인의 행복이오.

이외에 또 인도에는 잔악한 풍속이 매우 많은데 그중 더욱 심한 것은 아혼(兒婚)이오. 남아와 여아가 4·5세가 되면 혼인을 정하는데 만일 정한 후에 신랑 될 남아가 불행하게 사망하면 그 여아 과부는 한평생을 재혼하지 못하는 폐습이 있었는데 이 역시 예수교가 들어온 이후에 완전히 일변하였으며, 그 외에 또 예수교의 세력이 사회상에 무수한 복음을 전파한 것은 일일이 거론하기 어렵고, 마지막으로 한 개인의 경험을 한마디로 여러분에게 고하고자 합니다.

우리 인도국에는 원래 귀국과 같이 일반인민이 가진 고상한 윤리사상이 있었소. 나도 본래 우리나라 윤리도덕의 관념이 실제로 세계에 비할 것이 없는 것으로 사유했는데 성경 마태복음을 공부한 이후로 비로소 전일 좌정관천(坐井觀天)하던 나를 발견한 것이오.

또 예수교에는 다른 종교에서 볼 수 없는 두 단계의 특색이 있으니

첫째는 확실히 정하는 일

가령 상제에 대한 사상과 사람에 대한 도리 사상으로 우리가 확실히 행할 일을 명확히 지정하는 것.

둘째는 도덕상, 윤리상으로 좋은 교훈을 주는 것에 그칠 뿐만이 아니라 이를 실행할 만한 능력을 줄 수 있는 일.

우리가 일상 언어상, 행위상, 사상상, 사업상 등에서 매일 매일 범하는 죄악을 실제로 측량하기 어렵습니다. 이로 인해 번민이 생기며 필경 한몸을 멸망하게 하는 비참한 지경에 이르니, 그런 즉 이와 같은 험난한 골짜기에서 우리를 구출할 자는 누구요! 오직 원컨대 여러분은 한

시라도 유예하지 마시고 예수 앞으로 와서 영원한 영혼의 안식을 빨리
받기를 간절히 바랍니다.

수신(修身)의 필요

4월 8일 일본 도쿄 칸다바시(神田橋) 화강악당(和强樂堂)에서
미국 예일대학교 학사 인도순행총무(印度巡行總務) 에듸쉬우쓰[1] 씨

/ 김규식(金奎植) 씨 번역·백악자(白岳子) 필기

-문체의 책임은 기자에게 있음-

동지 학생 여러분들이여. 내가 오늘 여러분을 마주하여 연설할 기회를
얻은 것은 실로 감사한 일이오. 내가 과거 10여 년간 미국, 영국, 인도,
미얀마, 스리랑카 등지에서 청년 교육에 종사하다가 이번에 일본에 오게
되었는데 내가 본래 이것을 일생의 직무로 삼아왔기 때문에 오늘 여러분
들을 마주하여 수신(修身)의 필요라는 문제로 한마디 하고자 하오.

이 세상을 살아가는 우리는 유혹과 함께 항상 싸울 운명을 지닌 자들
이요. 사람은 생각해보면 실로 죄악의 노예라고 할 만하오. 청년을 추
락시키는 유혹은 여러 가지가 있는데 정결하지 못한 사상으로부터 나
오는 결과를 잠시 비유하면 대저 문둥병이라고 하는 것이 최초 시작
단계에서는 외모에 드러나지 않다가 은연중 점점 퍼져나가 결국은 일
시에 온몸에 나타날 뿐만 아니라 혈맥이 다 고갈되고 뼈마디가 썩는
것과 같이 사람이 지닌 죄악의 세균은 불결한 생각으로부터 나오는 것
이오. 그렇다면 생각은 어디로부터 나오는가 하면, 생각은 마음으로부
터 나와 행위의 근본이 되는 까닭에 사람의 생각은 품행점(品行點)의

---

1 에듸쉬우쓰: 미상이다.

근원이 되는 것이오. 그러므로 사람이 한번 생각의 씨앗을 잘못 심으면 부정한 행위의 결실을 맺게 될 것임은 당연한 이치이자 형세라오. 유명한 심리학자의 말에 따르면, 사람에게 사상이 부족하면 그 사람을 약하게 한다고 하니 뇌 안에서 사지의 운동을 총괄하는 기관이 병나면 신체 전반에 병이 날 것은 또한 필연의 결과라오.

내가 우리나라에 있을 적에 한 친구가 있었는데 그 친구는 평소에 온화한 호인(好人)이었소. 이 사람이 한번 어딘가로 가는 도중에 건너편에서 한 여자가 추파를 던져 은밀히 부르는 것을 보고 처음에는 요물이라 비난하고 지나갔으나 그 뒤에 또 여러 번 이 일을 당하자 자연스레 마음속에서 이 여자를 잊지 못하여 결국은 죄를 범하고 나서야 그쳤소. 그러나 마음속에서 양심의 가책을 견디지 못해 자살하려 하다가 연약한 마음에 감행하지 못했고, 그 뒤로 이러한 부정한 행위가 습관이 되어 수많은 죄악을 저지르던 중 운명의 말로가 이 좋은 친구를 비참한 경우로 유인해 감에 이르게 되었소. 이때에 이 사람이 자신의 일신을 이렇게 잘못된 길로 빠뜨린 그 당시 범죄의 시초를 생각하면 가슴 속 회포가 불타올라서 결국 자살하게 되었으니 이렇게 된 원인은 또한 최초 부정한 마음에서 말미암아 일어난 것이오. 이를 통해 보면 가장 처음 죄악의 근본은 부정한 생각과 부정한 시선과 부정한 말 등에서 출발하니 나는 차라리 진흙탕의 구정물 한 잔을 마실지언정 음담패설을 듣고서 내 마음을 썩게 하기는 원치 않소.

우리가 각자 자신의 마음속을 잘 살펴보면 추한 행동·추한 말·추한 생각 중에 하나도 하지 않은 자가 누가 있으리오. 몇 해 전에 서양에서 한 부정한 청년이 부정한 행위로 자기의 일신만 죄악의 소굴로 떨어뜨릴 뿐만 아니라 꽃처럼 정결한 이웃집 처녀를 백방으로 꼬여내어 죄에 빠지게 하였는데, 그 결과로 사생아를 낳은 소문이 세상에 드러나자 이 청년이 벌받을 것을 두려워하여 기차를 타고 도주하다가 도중에 순검에게 붙잡혀 돌아오는 길에 육혈포(六穴砲)로 자살하였소. 이때에 그 여자는 청년의 죽음 소식을 듣고 마음이 슬프고 우울했소. 그리고 일시적 정욕 때문에 이처럼 추악한 죄에 빠진 것을 깊이 후회했으나 지난일은 어쩔 수 없기에 또한 스스로 광기를 발했으니 대저 죄악의 값은 다만 죽음뿐이었소. 이 청년 남녀가 범죄에 대한 벌을 죽음으로 갚은 것처럼 우리가 모르는 사이에 범하는 죄도 형벌을 면치 못할 것이오. 저 남녀가 추락한 결과로 인해 어떠한 이익이 생겼단 말이오. 그 사생아는 부모의 죄로 인해 세상의 학대를 받을 것이니 이 가련한 아이는 무슨 죄가 있다고 부모의 벌을 전해 받는단 말이오.

여러분은 생각해보시오. 우리는 씨앗을 심은 이상(以上)의 결과는 얻지 못하는 것이오. 몇 년 전에 나의 한 친구가 나의 이러한 충고를 도리어 손가락질하며 비웃더니 30여 년 후에 다시 만나자 그 친구는 이미할 말을 잃었음을 보게 되었소. 이처럼 죄악은 사람의 육체만 멸망시킬 뿐 아니라 마음 또한 타락시켜 세상일에 성공할 수 있는 힘을 없애며 간혹 일가족을 망하게 하기도 하고 왕왕 이로 인해 병의 독기(毒氣)를 후대에 전염시키면 자손으로 하여금 영원한 고통을 받게 하니 죄악의 결과가 왜 그렇게 중대한지를 미루어 짐작해야 하오.

그러니 여러분은 죄악을 벗고 자유인이 되어 영원한 행복을 누리고자 하시오, 기꺼이 죄악의 노예가 되어 영원한 고통을 받고자 하시오. 나도 학생시절에 경험하였거니와 인간사는 불평이 많고 원망이 많고 질투가 많고 번민이 많소. 또 생각해보면 사람은 연약하고 고독하여 힘이 없는 자라오. 그래서 한시도 마음속이 평화로울 때가 없었는데 한번 예수에게 귀의한 뒤로는 마음속에 불만이 사라져서 가슴속이 화평하고 또 모든 일에 특별한 힘을 얻었으니, 예수는 우리의 생각과 시선과 행위를 정결하게 해줄 뿐 아니라 약한 자에게 강함을 주시고 가난한 자에게 부유함을 주시고 고통이 있는 자에게 즐거움을 주시고 번민

하는 자에게 평화의 복음을 주시는 구세주요. (중략)

심리학에서는 사람이 한 가지 일을 길게 생각하면 결국은 이 생각의 결과를 실제로 행하게 된다고 하오. 그러니 특별히 악한 생각을 가지고 있으면 악한 행위가 나타나게 됨은 불 위에 화약을 가하는 것보다 명료하오. 여러분은 한 나라의 선도자요. 여러분이 한 나라를 구해내고자 한다면 먼저 각각 자기의 일신을 구해내지 않으면 안 될 것이오. 이 세상 문명의 선조인 이집트가 일등국이었다가 멸망을 면치 못한 것은 그 국민의 부정한 행위와 죄악의 결과요, 바빌론의 멸망 또한 동일한 길을 걸었고 또 중세 그리스가 전 세계 문명의 시조로써 세계를 통일했다가 결국은 죄악 때문에 멸망을 자초했으며 한때에 최고의 전성기를 맞이하던 로마제국도 그러했소.

그리스의 대철학가인 아리스토텔레스의 말에 "사람이 자유를 얻으려면 대인(大人)이 아니면 불가능하다."라고 하였으니 우리가 자유를 얻는 일에 뜻을 두고자 하면 먼저 대인이 되는 일에 뜻을 두지 않으면 안 되오. 간절히 바라건대 여러분은 예수에게 귀의하여 대인이 되고 자유를 얻고 의(義)를 추구하고 담력과 지략을 키워 훗날 국가의 기초가 되시오.

미국 독립전쟁 당시 패트릭 핸리(Patrick Henry) 씨가 말하기를 "나에게 자유권을 주든지 아니면 죽음을 달라."라고 하였으니 진정한 자유를 얻은 사람인 뒤에야 한 나라를 자유롭게 하고 진정한 자유를 얻은 국민인 뒤에야 그 국가의 자유를 얻게 할 수 있으니 자기 한 사람이 자유를 얻지 못하고 어찌 한 나라의 자유를 도모할 수 있으리오. 여러분 중에 몇 사람이나 나라를 사랑하며 자기 자신을 사랑하며 자유를 원하는가. 원하시는 분들은 속히 구세주 앞에 나와 성경 로마인서 10장 10절의 말씀을 생각하고 이를 믿고 따라 자백하고 복종하시오. (중략)

서양에 한 가난한 부인에게 사랑하는 아들이 있었는데 성장한 뒤에 이 아이를 중학교에 입학시켜 학문을 닦게 하려고 하니 그 부친이 말하기를 "나는 가난한 노동자요. 원래 학자금도 지급할 형편이 안 되거니와 나와 같이 노동을 하여 가계를 지탱해나가게 합시다."라고 하였소. 그러자 그 부인이 말하기를 "이 아이는 교육을 받지 않으면 안 됩니다. 학자금은 내가 바느질을 하든지 품팔이를 하든지 어떻게든 마련해보겠습니다."라 하고 이 아이를 학교에 입학시켰는데 얼마 지나지 않아 그 부친은 사망하고 아이는 대학교에 들어갔소. 그러니 남편도 없고 재산도 없는 이 어머니는 몇 년간을 세탁일과 바느질 등으로 불철주야 노력하여 대학교 학자금을 지불하였소.

　이 아들이 몇 년 만에 공부를 마치고 한 부잣집 동학과 함께 벗이 되어 고향에 돌아왔는데 모친은 다년간의 고생으로 안색이 수척하고 노쇠해졌으며 아이는 강건한 한 청년이 되었소. 이때 그 동학이 이 청년의 모친을 가리키며 "저 노부인은 누구신가."라고 하니 이때 청년이 만일 가련한 모친의 신성한 은혜와 사랑을 기억하고 자식 된 도리를 대략 이해했더라면 저 노부인은 나의 모친이라고 즉시 대답했겠으나 부잣집 아이의 모멸을 두려워하여 어머니를 가리켜 빨래해주는 노파라고 하였소. 모친을 모른 척하고 도리어 비웃음과 모욕의 대상으로 여겼으니 여러분은 이 청년을 어떻게 생각하시오. 여러분은 예수를 누구라고 생각하시오. 혹 여러분 중에는 자못 위대한 사람으로만 숭배하는 분도 있을 것이고 혹 하느님의 아들로 알고 있어도 세상의 구구한 비판을 두려워하여 감히 공개적으로 말하지 못하는 분도 있을 듯하오. 노모는 저 청년의 빨래해주는 노파이자 아울러 사랑하는 모친이요. 예수는 하느님의 유일한 아들이자 아울러 우리의 구세주라오. 예수가 여러분을 사랑하는 정도는 모친이 아들을 사랑하는 것보다 훨씬 커서 인류의 죄악을 자기 자신의 죄로 대신 짊어지고 죽으셨으니 여러분은 지금도 알지 못한다고 말하겠는가. 어머니를 알지 못한다고 말하겠는가. (하략)

| 평론 |

습관개량론

아! 습관을 고치기 어려움이여. 어떤 습관을 막론하고 사람이 한번 습관에 빠지면 쉽게 이를 벗어나기 어렵도다. 우리가 형체를 이 세상에 붙여 사는 이상 이 세상의 규칙-법률과 도덕을 모두 포함함-에 복종하여 선량한 습관을 만드는 것은 인류가 사회적 공동생활을 영위하는 한 필요한 조건이다. 그러나 이 규칙이라고 하는 것은 제한이 있는 죽어있는 물건이요 우리가 생활하는 상태는 시대의 변천과 지식 발달의 정도에 따라 끊임없이 변천하는 것이다. 그러므로 습관 역시 사회규칙의 변천에 상응하여 바뀌지 않을 수 없는 것이다. 하지만 우리는 항상 과거 습관 즉 과거 상태에 우선 안주하기 쉽고 새로운 행위를 실행하기 어려운 자이다. 그러므로 과거 습관 중에서 다소간의 결점을 간파하고서도 이를 용감히 결단해 시원하게 고치는 기상이 부족하고 새로운 행위의 장점을 스스로 인식하고서도 이를 쉽게 남보다 먼저 실행하는 용기가 적으니 이는 아마 일반적으로 인성(人性)의 약점인 듯하다. 고상한 이상을 실현하는 사명을 띠고 온 우리 청년들, 용감히 결단하여 앞으로 정진하는 기상이 풍부한 우리 청년들은 항상 이러한 점에 대하여 밝은 눈으로 이를 통찰하지 않으면 안 된다. 그러나 그 가운데 한심한 자들은 옛날 문 닫고 자기 힘으로 살아가던 시대의 자존적 사상을 가지고 완악한 옛 습관을 고수하며 바꾸지 않는 자들이니 그 해로움이 어찌 적다고 말하리오. 우리나라는 본래 4천 년의 오랜 역사를 지닌 문화의 나라이다. 일반 국민의 선량한 습관을 논하더라도 물론 적지 않거니와 또 다른 방면으로 관찰하면 요즘 시대에 적합지 못한 악습관 또한 적다고 말할 수 없을 것이다. 우리나라가 불행히도 수백 년간 태평무사한 결과로 인해 전체 국민의 사상이 겉치레와 나약함으로 흘러 게으른 습관을 이루었고 각종 악습관이 천만가지로 사회에 해와 독을 끼치는 상황은 실로 끝날 바를 모르는데 한 사람도 여기에 대해 큰 소리로 외치며 통쾌한 혁신을 주장하는 이가 없으니 3천리 강토 중에 아직 서광(曙光)이 이르지 않아 혼미한 꿈에서 깨지 못하였는가. 2천만 인구 중에 쾌활한 남아 한 명이 없는가.

첫째, 계급의 제도를 타파해야 한다

우리나라 사회제도는 실로 여러 종류의 계급이 있으니 위로는 무수한 층위의 양반 계열과 아래로는 또한 무수한 계급의 상놈 계열이 이 사이에 꼬리를 물 듯 서로 이어져 등차급수(等差級數)[2]를 이루니 이 수많은 명칭의 경우는 도저히 우리가 일일이 다 거론할 수 없다.

만일 국민으로서 그 국가와 사회에 위대한 공적을 이룬 자에게 국가가 특전을 베풀어주고 사회가 존경을 다하여 한편으로는 그 사람의 공로를 위로하고 한편으로는 국민에게 장려하는 실제를 들어 보임은 예나 지금이나 모든 나라의 통칙이요. 인사(人事)의 당연한 이치이자 형세이다. 하지만 대대로 자손을 이 은전에 참여토록 한 까닭에 훗날에 무수한 폐단이 이로 말미암아 나오고 그 자손으로 하여금 도리어 할 일 없고 무능한 인물이 되게 해서는 안 된다. 우리나라의 상황을 살펴보건대 일반 국민의 두뇌에 소위 문벌 관념이 깊게 각인되어 사람 채용에 문벌을 먼저 보고 교유함에 문벌을 서로 다투고 심지어 혼인 등 일에도 문벌을 택하며 이른바 상급 양반은 중급 양반을 억압하고 중급 양반은 하급 양반을 억압하며 하급 양반은 상놈을 억압한다. 이렇게 상호간에 해를 끼치려 하고 침탈을 자행하는 방식으로 사업을 이루니 이렇게 하고서야 어찌 국민의 진정한 단합을 바랄 것이며 한 나라의 부강함을

---

2   등차급수(等差級數) : 이웃하는 두 항의 차가 늘 같은 급수를 말한다.

말할 것인가. 볼지어다. 저 평등 자유로 생명을 삼는 미국 인민은 4백만 흑인 노예의 평등 자유권을 위하여 남북의 대 전쟁을 불사하지 않았던가. 한 하늘에 두 개의 태양은 없고 사람 밖에 사람은 또 없도다. 천부적 본성의 뛰어남과 우둔함, 학식의 많고 적은 차이로 인하여 인격의 우열은 생길지언정 어찌 사람 되는 자격에 차별이 있으리오. 완전한 독립을 이룰 우리 국민은 부국강병의 실제를 들어보고자 하면 먼저 이러한 계급의 제도를 타파하고 인신매매의 악습을 금지하며 가련한 노비들을 모두 해방시키고 사·농·공·상인이 모두 평등한 제도를 마련하기 위해 도모해야 할 것이다.

둘째, 축첩(蓄妾)의 괴상한 습관을 박멸해야 한다

심하도다. 축첩의 해로움이여! 자기 한몸이 이로 말미암아 망하고 한 집안이 이로 말미암아 멸하며 한 나라가 이로 말미암아 쇠퇴하도다. 이 축첩의 괴상한 습관은 우리 동양 여러 나라의 공통적인 관습이다. 그러나 그 중에서도 특히 심한 곳은 우리나라이다. 우리나라의 이른바 중류(中流) 이상 사회에 속한 인물은 이 축첩을 관례에 따라 당연히 해야 할 일로 생각하고 이로부터 일반 인민도 이것을 남자의 특권으로 알아 축첩하는 것이 부끄러운 일임을 알지 못한다. 또 사회가 이러한 자에 대하여 조금의 비난도 가하지 않으니 어찌 인간사에 이렇게 모순되고 불공평한 일이 있으리오. 연약한 부녀자에게는 부덕(婦德)이니 정절이니 지조이니 하고 열녀는 두 남편을 섬기지 않는다고 하여 청춘과부로 하여금 재혼을 허용하지 않으면서 남자에게는 이러한 특권을 허락해줄 이치가 어디에 있는가. 다만 남자가 육체적 힘이 강하다는 것만 가지고 말한다면 이는 도리어 금수만도 못한 행위이다. 어찌 만물의 영장이라고 자칭하는 인류가 행할 바이겠는가. 저 금수의 짝짓기를 볼지어다. 인류의 일부일처 제도는 하늘의 이치로 정한 바이다. 이에 따라 이 세상 보통의 사람 무리로서 부인을 남자의 장난감으로 아는 것은 상고의 어둡던 시대 남자의 완력적(腕力的), 자욕적(自慾的) 사상에 불과한 것이다. 또 축첩의 해로움으로 말할 것 같으면 일일이 열거할 겨를이 없으나 이로 인하여 자기 한 사람의 신세만 그르칠 뿐 아니라 한 집안의 평화를 어지럽히고 크게는 그 영향이 한 나라의 화(禍)의 단서를 불러일으키는 예가 고금에 적지 않으니 평등 자유를 애호하는 우리 국민은 오늘부터 시작하여 일반 사회에서 축첩하는 악습을 몰아내야 할 것이다.

셋째, 게으른 풍습을 말끔히 쓸어버려야 한다

사람의 생명은 활동에 달려 있다. 사람 중에 만일 이 세상에서 노력을 비천하게 여겨 싫어하는 자는 이 세상에서 생존하는 것이 허용되지 않으니 이러한 사람은 죽는 것이 마땅하다. 농부는 절기를 잃지 않고 농업에 부지런히 종사하며 상인은 상업에 충실하고 의사는 사람 살리는 일에 태만하지 않으며 벼슬한 자는 벼슬한 자로서의 책임을 다하고 학생은 학생으로서의 직분을 다하여, 이렇게 사람마다 각자의 천부적 직분을 다함으로써 생명의 자본을 공급하는 것은 사람이 살아서 활동하는 원칙이다. 우리나라는 수백 년 동안 일반 국민이 게으른 습관을 형성하여 아들은 아버지에게 의지하여 노력하지 않고 아우는 형에게 의지하며 친척은 친척에게 의지하고 약간의 여유가 있는 가문의 자제들은 신성한 이 노동을 도리어 수치로 삼아 전국에 하는 일 없이 놀며 입고 먹기만 하는 기생충이 얼마나 되는지를 셀 수가 없으니 이렇게 하고서 그 나라가 빈약해지지 않으면 이는 상식적인 이치에 위반하는 것이다. 인사가 복잡다단한 오늘을 맞아 저 여러 나라의 국민은 시간과 노력을 경제적으로 이용하여 부강함으로 달려가기 위해 씩씩한 걸음걸이를 더욱 내딛거늘 한 나라의 기초를 완전히 정할 책임을 양 어깨에 짊어진 우리 국민은 지금부터 시작하여 3천리 강토 내에서 태만의 정신을 쫓아내야 할 것이다.

　　이상 열거한 것들은 그중 가장 두드러진 것의 두세 가지 실례를 대략 지적한 것이다. 그러나 이밖에 조혼(早婚)하는 악습이며 혼례·상례의 허례허식이며 그 외의 것들을 낱낱이 열거하고자 하면 끝이 없다. 이러한 악습관이 국민 교육의 발달에 따라 점차 사라질 것임은 당연한 이치이자 형세이나 다른 한편으로 생각하면 이러한 악습관이 국민 교육에 지대한 영향을 미칠 것임은 당연한 추세이다. 그렇다면 오늘날 국민을 지도하는 위치에 있는 인사가 어찌 이 점에 주의하지 않을 수 있으며 일반 국민이 지금 대혁신을 요하는 기운(機運)을 맞아 이러한 악습관을 남들에 앞서 용감히 개혁하러 나아감에 한 걸음이라도 주저할 여지가 있으리오.

| 강단·학원 |

한국의 부흥은 영웅의 숭배에 있다 / 우양(友洋) 최석하(崔錫夏)

근년에 일본의 유명한 한 정치가가 영국의 대 영웅 윌리엄 이워트 글래드스턴(William Ewart Gladstone) 씨를 심방해 서로 대화할 때 글래드스턴 씨가 묻기를 "일본인이 영웅 숭배하는 공덕심이 있는가."라고 하니, 답하기를 "메이지유신 이후에 이 공덕심이 점차 쇠퇴한다."고 하였다. 글래드스턴 씨는 이에 말하기를 "이는 애석한 현상이다. 어떤 나라를 막론하고 완전히 입헌정치를 실행하려면 이 공덕심이 가장 필요하니, 이제부터 일본인은 영웅 숭배심을 양성하는 것이 일대 급선무다."고 하였다.

우양생은 말한다. "글래드스톤 씨가 말한 바는 불변의 말이라 할 수 있다."고. 나라의 문명정도의 여하를 물론하고 그 국민이 인물을 숭배하는 공덕심이 있으면 그 나라는 반드시 흥하고 이 공덕심이 없으면 그 나라는 반드시 쇠퇴할 것이다. 오늘날 세계열강의 문명사를 보면 유명영웅과 무명영웅이 한마음으로 협력해 만든 결과이다. 가령 미국 독립 시에 워싱턴의 부하로 무수한 무명의 워싱턴이 없었다면 미국이 어찌 그 목적을 이루었겠으며, 독일 제국 성립 시에 비스마르크 부하로 무수한 무명의 비스마르크가 없었다면 독일이 어찌 오늘날의 융성을 이루었으리요.

우리 대한 동포여! 옛날 북아프리카 해안에 웅거하며 당시 천하의 막강하고 막대한 로마제국과 자웅을 서로 겨루던 카르타고국이 왜 하루아침에 이와 같은 망국의 참상을 만들어내게 되었는가! 이는 다름이 아니다. 엄동설한에 10만 철기를 이끌고 나는 새도 넘지 못하던 이탈리아의 알프스 산을 넘어 로마군에 백전백승해 자국의 위명을 천하에 표양한 개세영웅 한니발을 용납하지 못한 결과가 아닌가.

우리 동포여! 우리대한의 영웅을 숭배하는 공덕심이 있는가, 없는가! 이를 우선 정치사회에서 구하자니 볼 수 없고, 유지인(有志人) 사회에서 구하니 역시 그렇고, 학생사회에서 구하니 역시 그렇다. 그런즉 이 폐습의 근원은 어디에 있는가! 가장 큰 원인은 벌족제도(閥族制度)에 있다. 왜일까! 벌족제도는 인물의 우열로 표준을 세우지 않고 계급으로 표준을 삼는다. 그러므로 아무리 불세출의 인걸이 있다고 하더라도 자기의 동반이 아니면 숭배는 말할 것도 없고 쫓아다니며 질투하는 것을 가장 큰 즐거운 일로 삼는다. 이에 이 폐습이 각 사회에 전염되어 일대 풍조를 만들어 한인의 뇌 속에 도도하게 암류(暗流)한다. 전일 모 신문에 한인을 평론한 어구가 다음과 같다.

"한인(漢人)의 인물 여하는 결코 한인에게 탐문해 알 수 없다. 왜인가? 이들의 인물평론은 공평한 이상보다 편가르기 식 감정 속에서 나오는 것이기 때문이다."

이러한 어구가 비록 비방심에서 나왔지만 그 비평 속에 다소 진리가 포함된 것을 인정하지 않을 수 없다. "우리 한인이 우리 대한을 움직이고자 함에 인물이 없어 사업을 경영할 수 없다고 하니 이 말이 진실인가 아니면 거짓인가!"라고 나는 묻는다.

우양생은 말한다. "영웅호걸이 어느 시대인들 없겠는가? 자국에 영웅이 없다 함은 영웅을 용납하지 않는 회피성 발언이요, 자국이 영웅이 있다 함은 영웅을 협조하고 숭배하는 공덕심을 말하는 즐거운 말이다."라고. 묻는다. 영웅이라 함은 영웅이 자칭하는 어구인가, 세인이 만들어내는 어구인가? 내가 생각해보니 영웅이라 함은 세인이 인정하고 허가한 명칭이다. 그런 즉 왜 우리 대한 동포는 한낱 우리 대한에 영웅이 없다고 냉소하고 지성과 정성으로 영웅을 제조하지 않는가, 인허하지 않는가!

우리 대한의 장래 사업은 미지수이다. 비상한 정력(精力)과 비상한 방법이 필요하다. 두세 지사의 혀끝과 붓끝으로 전국 인민을 활동하게 할 수 있겠는가. 반드시 튼튼하고 굳세고 굳센 중심점과 위대한 원동력을 만들어 전국 국민의 정신을 통일 단합해 일동일정도 전국에 영향을 미치는 대기관을 조성해야 그 최후 목적을 거의 이룰 수 있을 것이니 이를 즉 영웅숭배라고 한다.

교육의 목적 / 우경명(禹敬命) 역술

어떠한 목적을 위하여 사람을 교육함인지, 즉 사람을 교육하여 도달하고자 하는 목적은 어디에 있는지 이 문제에 대하여 예로부터 학자들의 소신이 같지는 않으나, 이를 한마디로 논할진대 대저 교육의 목적은 유약한 사람을 선도(善導)하여 독립적으로 스스로 결정할 경지에 이르게 하여 장래 사회상에 설 때 능히 사람 된 직분을 완전케 함에 있다고 말할 수 있다.

이에 사람의 직분이라 하는 말에 대하여서는 사람마다 고려하는 바 역시 각각 달라, 혹은 사람의 직분은 사람의 도덕적 생활을 완성함에 있다 하며 혹은 사람으로 하여금 천부의 성질을 완성케 함에 있다 하며 혹은 인생의 도덕적 성품을 확립함에 있다고 말하여 그 소론이 각각 다르나, 필경 동일한 의의를 지니면서도 충분한 해석을 다하지는 못하였다.

대저 사람은 생장 후 허다한 경우에 처하여 활동할 운명을 지닌 것이니, 다만 자기 일개인의 생활만 감당할 뿐 아니라, 무릇 사람 된 직분이라 하는 것은 여러 가지 경우에 처하여 일일이 이에 대한 의무를 완전히 수행함으로 인하여 비로소 오롯이 다하는 것이라 할 수 있다. 그 관계가 자못 복잡하나 대략 구별하면 다음과 같으니

1. 자기에 대한 관계
2. 가족에 대한 관계
3. 국가에 대한 관계
4. 사회에 대한 관계
5. 자연에 대한 관계

즉 사람은 누구든 불문하고 성장한 후에는 동일하게 이상 열거한 관계 사이에 서서 활동할 운명을 지닌 것이니, 소위 인류의 보통 직분이라 하는 것은 이러한 활동 전 범위에 대한 의무를 원만케 함에 있다고 말할 수 있다. 자기에 대한 관계에서 사람은 자기의 생명을 보존하고 자기의 지식을 증진하며 자기의 도덕을 완성할 의무가 있고, 가족에 대한 관계에서 사람은 가족 간에서 생장하여 가족의 일원으로 생애를 보내는 자이기에 가족의 행복을 증진하며 번창하도록 경영할 의무가 있다. 국가에 대한 관계에서 사람은 국가의 일원으로 생활하여 국가의 보호가 있은 후에 삶을 안전히 하며 생업에 매달릴 수 있으니 인간의 행복은 실로 완전한 국가적 생활로 인하여 최고도에 달할 수 있겠고 인류의 진보 발달 또한 이로 말미암아 완성될 수 있을 것이다. 그러므로 국가적 생활을 영위하는 것은 인류 일반의 목적에 적합한 것이라 말할 수 있은즉 사람은 국가에 유용한 일분자로 그 국가의 융성과 발달에 진력할 의무가 있다. 또한 사회에 대한 관계에서 사람은 일반 인류 사회에 생존하여 이와 서로 뗄 수 없는 관계가 있고 사회의 문화로 인하여 그 심신의 여러 힘의 완전한 발달을 이루는 것이기에 인간은 또 사회에 대한 의무로 사회의 문명개화를 증진하며 그 불완전한 점을 개량하여 후계자로 하여금 그 문화의 은혜를 누리게 할 의무가 있다. 자연에 대한 관계에서는 무릇 사회의 진보 발달은 전적으로 자연을 어떻게 이용하는가에 관계되어 있은즉 사람은 자연의 이법(理法)을 좇아 후생(厚生)의 자원을 공급하며 또 자연을 소중히 보호할 방법을 취하지 않으면 안 될 것이다. 즉 인생의 직분은 이상의 경우에 처하여 각각 그 의무를 오롯이 다하는 것이니, 이러한 사람은 다만 일개인으로 가치가 있을 뿐만 아니라 사회에서도 극히 유용한 사람됨을 얻는 것이고 이로 인하여 인간의 이상과 사회 운행의 목적이 평행 발전을 이룰 것이다.

사람의 직분이 이와 같다면 교육의 목적은 말을 기다리지 않고도 자명하니, 즉 교육의 목적은 사람으로 하여금 장래 성장한 후에 독립적으로 스스로 결정하여 위의 여러 가지 관계 속에서 적당히 처신하며 그 의무를 오롯이 다하도록 하기 위한 준비를 시키는 데 있다 할 수 있다.

이 목적을 이루기 위하여 교육상에 아래에 적은 방법을 강구하도록 하지 않을 수 없으니

1. 교육을 받는 사람으로 하여금 성장한 이후 위의 다양한 의무를 완전케 하기 위하여 어렸을 때부터 그 신체가 건전 강건한 발달을 이루게 할 것이니, 체육이 바로 이것이다.
1. 교육을 받는 사람으로 하여금 장래 도덕적 생활을 완성케 하기 위하여 어렸을 때부터 도덕상 행위의 규율을 따르게 할 것이니, 덕육(德育)이 바로 이것이다.
1. 교육을 받는 사람으로 하여금 장래 처세에 필요한 지식과 기능을 학습케 할 것이니, 지육(智育)이 바로 이것이다.

워싱턴의 일상생활 좌우명 (8호 속) / 이훈영(李勳榮)

16.

타인이 어떠한 일에든지 진력한 데 대해서는 설령 실패하더라도 이에 비난을 가하는 등의 일을 하지 말지어다.

17.

타인에게 충고를 하거나 혹 견책(譴責)을 할 때라도 이를 공공연히 할 것인가 비밀히 할 것인가를 생각하고 또 어떠한 시기에 하며 어떠한 언어로 할지를 숙고하라. 가령 질책하더라도 노기를 띠지 말고 온화하고 맑은 안색을 보여라.

18.

어떤 때 어떤 처소에서 받는지를 불문하고 타인의 간고(諫告)에 대해서는 항상 감사의 뜻을 표하라.

19.

중대한 용무에 대해서는 냉소와 조롱을 섞지 말고 예리한 해학은 깨버리지 말지어다. 자신이 만일 골계 해학의 일을 말하면 스스로 이에 대해 웃지 말라.

20.

타인을 질책하기에 앞서 스스로 비난받지 않을 행위를 고수하라. 실례(實例)는 교훈보다 유력한 까닭이다.

21.

타인을 대할 때는 항상 비난의 말을 발설치 말라.

22.

경솔히 풍설을 믿고 타인에게 모욕을 가하지 말라.

23.

의복에 대해서는 적절함을 지켜라.

24.

자기가 좋은 옷을 입었다고 타인이 좋은 옷을 입지 않은 데 대하여 조롱하지 말지어다.

25.

자기의 명예를 중히 하고자 하면 참으로 선미(善美)한 품성이 있는 사람과 사귀어라. 다만 이에 그치더라도 악한 동반자 사이에 있는 것보다 낫지 않은가.

26.

담화에는 악의 혹은 질투의 분자를 넣지 말라. 이는 기실 아낄 만하고 가상히 여길 만한 징후이니 분노의 원인이 있으면 도리로써 이를 지배하라.

27.

친구의 비밀을 발설하는 등 불손한 행위를 말지어다.

28.

엄격하고 학식이 있는 사람 앞에서는 야비하고 경솔한 말을 발설치 말고, 또 학식이 없는 자를 향하여 어려운 문제를 제출하거나 믿기 어려운 문제를 논하지 말지어다.

29.

환희의 때에 비애에 찬 일을 말하지 말고 타인이 이를 말하면 가급적 그 문제에서 생각을 돌리게 하라. 자기의 친우 외에는 꿈에서 있었던 일을 말하지 말라.

30.

타인이 환희에 차서 기뻐할 때를 맞으면 갑작스레 그 해학을 깨트리지 말라. 또 어떤 처소에서든지 큰 소리로 웃지 말고, 가령 상당한 이유가 있더라도 타인의 불행을 얘깃거리로 삼지 말라.

31.

진심이든지 해학이든지 유해한 말을 발설치 말라. 가령 호기회가 있더라도 타인을 우롱하는 등의 행위를 말지어다.

32.

성급하지 말지어다. 정중하고 우의를 지켜라. 첫째로 인사차에는 타인의 말을 듣고 가장 최후에 이에 답하라. 담화할 때 생각에 깊이 빠져 침묵하는 행위를 하지 말지어다.

33.

타인의 명예를 상하는 등의 행위를 말고 타인을 칭찬하더라도 극단에 이르지는 말지어다.

34.

자기를 환영하는지 아닌지 의심스러운 처소에 가지 말라. 묻지 않는데 조언을 건네지 말며, 이를 건네더라도 간결히 하라.

35.

두 사람이 쟁론하는 데에 그 한쪽 편에 가담치 말지어다.

36.

타인의 결점을 질책하지 말라. 이러한 것은 양친, 교사, 선배가 할 범위다.

37.

타인의 소유품을 눈여겨보고 이를 비난하며 그 출처를 캐묻지 말지어다.

38.

다수의 집회 석상에서 외국어를 사용치 말라. 중대한 사건을 처리할 때는 정색(正色)을 결하지 말지어다.

39.

말하기 전에 생각하라. 불완전한 발음을 하지 말며 자기의 언어를 성급히 내뱉지 말며 질서 있는 명철한 발언을 하라.

40.

타인이 말하는 중에는 스스로 주의하여 듣고 청중을 방해하지 말며 타인이 말하기를 주저하여도 이를 조력하는 등의 행위를 말며 타인이 담화를 끝낼 때까지는 이를 중단하거나 이에 답하는 등의 행위를 취하지 말지어다.

41.

실무에 관해서는 적당한 때에 타인과 상대하라. 많은 사람들 사이에서 변변치 못한 일을 말지어다.

42.

타인들을 비교하지 말며, 덕행으로서의 용감함에 관하여 군중 속의 한 사람을 칭송할 때에는 동일한 일로 타인을 칭송하지 말지어다.

43.

사실 여하를 모르면서 경솔히 풍설을 말하지 말며, 남으로부터 들은 일에 대해서는 생각 없이 그 사람의 씨명을 지시하지 말지어다.

44.

타인의 용무를 알고자 하는 호기심을 지니지 말라. 타인이 밀담할 때에는 이에 접근하지 말지어다.

45.

도저히 이룰 수 없는 일은 기하지 말라. 그러나 자기의 약속을 엄수하는 데에 주의하라.

46.

타인에 대하여 분노함직한 이유가 있어도 이야기할 때에는 격정에 빠지지 말고 항상 분별력을 활용하라.

47.

자기의 선배가 타인과 말할 때에 이를 듣고 혹은 이에 대하여 비웃음을 흘리지 말지어다.

48.

가령 부정(不正)한 말이 있더라도 부재자에 대해 험담을 하지 말지어다.

49.

자기의 식사에 유쾌한 기색을 보이지 말며 비천한 마음으로 식사를 하지 말며 식탁에 기대지 말고 음식에서 결점을 찾아내지 말지어다.

50.

어떤 일이 일어나도 식탁에서 노하지 말라. 노함직한 이유가 있어도 그 장소에서 이를 표현하지 말라. 항상 애교가 있는 안색을 유지하라.

51.

식탁 상부의 자리를 스스로 점하지 말되, 상석을 점하는 것이 자기의 의무라든가 혹 일가의 주인으로부터 명을 받은 때에는 이러한 제한에 들지 않는다.

52.

신의 일을 스스로 말할 때는 정색하고 단정히 하라. 양친이 아무리 빈곤하여도 이들을 존경하고 극진히 순종하라.

53.

휴양 시라도 인격을 높이도록 하고 죄악의 행위에 빠지지 말지어다.

사소한 비용을 아껴라. 조금씩 새는 물이 큰 배를 가라앉게 하는 것이다.
- 프랭클린
고생이 무엇인지 모르는 사람같이 불행한 것이 없다.
- 데메트리우스

입법·사법·행정의 구별과 의의 (8호 속) / 전영작(全永爵)

(1) 법규를 제정하는 것은 군주의 대권에 속하고 의회의 의결을 거치는 것에 근거해 이를 행하는 것이 원칙이다. 몽테스키외 씨의 정식(定式)은 입법권은 오로지 의회에 속하는 것이라고 하고 군주는 부재가권(不裁可權)에 근거해 이를 방해하는 것을 제외하고 전혀 참여할 수 없다고 하였다. 그런데 이에 반해 오늘날 입헌군주국의 입법은 역시 의회의

336 완역 『태극학보』 2

의결에만 의지해 성립되는 것이 아니라 의회의 의결을 거치고 군주가
이를 재가함에 의거해 행해진다. 여러 국가들의 헌법은 혹 군주와 의회
의 양원(兩院)이 협동해 입법권을 행한다 하고 혹은 군주가 의회의 협
찬으로 이를 행한다고 말하는데 그 언사가 다를 뿐 그 뜻은 같다.

그러나 이것이 절대원칙은 아니다. 헌법이나 법률에 의거해, 특히
수권(授權)[3]을 가진 특별한 경우는 의회의 협찬을 거치지 않고도 이를
정하는 것이 허용된다. 즉 일체의 법규가 예외가 없고, 모두 다 입법이
라 해서 의회의 의결을 요구하는 것은 아니다. 일정한 범위에서 행정권
을 가진 기관도 역시 법규를 정할 수 있다 한다. 오늘날 삼권분립주의
의 헌법상 의의는 다만 헌법 혹 법률의 수권을 가질 때 외에 법규를
정하고자 하면 늘 의회의 의결을 거치는 것을 필요로 한다고 말함에
불과하다. 고로 오늘날 입헌국에는 국가가 제정한 법규는 의회의 의결
및 군주의 재가에 의거해 성립한 것과 오로지 군주의 재가에만 의거해
성립된 것 2종이다. 그 의회의 의결을 거친 것은 특히 이를 칭해 법률이
라 하고 법률의 명칭은 다만 이러한 종류의 법규에만 적용되는 것이다.
그 의회의 의결을 거치지 않는 것은 이를 개괄해 명령(命令)이라 말하
기에 법률로써 법규를 정함은 법규의 원칙이고 명령으로써 이를 정함
은 헌법이나 혹 법률이 이를 수권할 때의 예외이다.

(2) 국권으로써 개인 사이의 권리 다툼을 재판하고, 또 개인에게 형
벌을 부과하는 것을 사법권의 작용이라 한다. 원칙상 재판소 권한에
속하며 재판소가 상호간의 다툼을 재단하고 또 형법을 부과하는 것은
오로지 법규에 준거하는 것이다. 자기의 주의나 소견에 의거할 수 없으
나 그 법규를 적용하는 것은 자기의 독립적 해석에 의거하는 것이오,
다른 권력을 위해 제재 또는 속박되는 일이 없으니 이를 사법권의 독립

3 　수권(授權): 일정한 자격, 권리, 권한 등을 특정한 사람에게 부여하는 권한이다.

이라 말한다. 그러나 사법권이 재판소에 속하는 원칙도 반드시 절대원칙이 아니라 헌법 혹 법률의 특별한 규정에 의거해 이를 행정권의 기관에 속하게 하는 일도 있다.

(3) 입법권 및 사법권 외에 국권의 작용은 모두 군주의 대권에 속해 군주는 혹 국무대신의 보필로 친히 재판해 이를 행하고 혹 그 밑에 예속된 관청에 명령해 이를 행하게 하니 이것을 소위 행정권이라 한다. 행정권을 가진 기관을 범칭(凡稱)해 정부라고 말한다. 그러나 이 원칙에도 역시 예외가 있다. 헌법 혹 법률의 특별한 규정에 의거해 의회의 협찬을 필요로 하는 것이 있고, 그 중 국가 재정에 관해서는 그 협찬이 필요한 것이 많다. 혹 재판소 기타 정부의 권력에 의해 제재나 속박되지 않는 다른 독립 기관에 속하게 하기도 한다.

(4) 입법, 행정 및 사법은 서로 대등하게 독립된 지위를 갖지 않는다. 법률은 헌법 하에서 활동하는 국가의 가장 높은 의사다. 사법은 항상 법률 하에서 활동해 다만 법률을 실재의 경우에 적용할 뿐이다. 행정도 역시 법률 범위 내에서 활동해서 헌법 혹 법률이 특히 예외를 정한 외에는 행정으로 법률을 파괴하는 것이 허락되지 않는다. 오늘날 입헌군주국의 삼권분립주의에서 필요로 하는 것도 대략 이상과 같지만 학리상 및 실제상으로 명석한 해석은 오히려 상세한 설명을 필요로 한다.

제2 입법의 관념

(1) 형식상 의의의 법률과 실질상 의의의 법률

입법이라는 것은 법률이 정한 국권의 작용을 말한다. 법률이라는 것은 그 본래의 의의(意義)에 관한 법규라 말하는 것과 같은 의의다. 즉 입법이라고 말하는 것은 국권에 의거해 법규를 제정하는 작용을 의미한다. 소위 최초의 삼권분립설의 정식에서 입법권은 의회에 속하게 함이 옳다 해서, 모든 법규의 제정은 의회권한에 속하게 한 것을 의미한다. 그러나 의회는 스스로 실제 행정을 맡은 기관이 아니요. 또 언제나 모이는 기관이 아닌 까닭에 모든 법규의 크고 작음을 말할 것 없고 하나하나 의회의 의결을 거치는 것은 국가 및 국민 이익에 적합하지 않다. 따라서 실제적으로 어떠한 나라든지 헌법 혹은 특별한 규정에 따라 일정한 범위 내에서 의회의 협찬을 거치지 않고 명령으로써 법규를 제정할 수 있다고 한다. 더욱이 일본국은 명령권의 범위가 다른 국가들에 비하면 한층 광범위하다. 한편으로 법률을 정하는 작용은 아니지만 국민 이해에 밀접한 관계가 있는 것은 특히 의회의 의결을 거치는 것이 필요한데 이것에 관해서는 성질상의 법규를 정하는 것이 아니요, 형식상 보통법규처럼 법률로 정해 의회의 의결로 행함이 상례다. 그러므로 실제적으로 국권에 의거해 법규를 제정하는 작용과 법률이라 해서 의회의 의결을 거쳐 행하는 작용은 결코 완전히 일치하는 것은 아니다. 이로써 법률은 그 제1의 의의 외에 또 제2의 의의를 갖는 데 이른다. 제2의 의의는 오로지 그 형식에 중요성을 두어서 즉 성질상 법규의 정해짐과 정해지지 않음을 묻지 않고 전체적으로 일정한 방식으로 의회의 의결을 거친 것에 의거해 실행하는 국가의 의사표시를 법률이라 말한다. 성질상 법규를 정한 것이라도 법률이라 하고 의회의 의결을 거치지 않는 것은 법률이라 칭하지 않는다.

학자는 제1 의의의 법률을 칭해서 실질의의의 법률이라 말하고, 제2를 칭해서 형식의의의 법률이라 말한다. 실질의의의 법률은 법규라 말하는 것과 완전히 같다. 그러므로 우리는 이로부터 이 의의의 법률을 가리키기 위해 항상 법규라는 말을 사용할 것이다. 그리고 단지 법률이라 말할 때는 순수한 형식의의의 법률을 의미한다. 법률과 법규는 이처럼 서로 다르나 양자는 전혀 관계가 없는 것이 아니다. 반대로 입법권의 범위를 논하는 데 법규의 관념이 매우 중요한 관계가 있다. 왜일까! 전체적으로 법규를 제정하는 데는 원칙상 법률을 필요로 하고 명령으

로 법규를 정하는 것은 다만 헌법이나 혹 법률이 특히 수권할 때에 한정 되기 때문이다. (미완)

동·서양인의 수학사상 / 김낙영(金洛泳) 역술

(1) 자연적 및 인위적 발달

대개 수학의 발단은 두 가지 종류의 원인이 있다. 제1은 인류사회 생활상의 필요요, 제2는 사회인심 공익상의 필요가 그것이다. 유사 이 래 세계 인류의 발달기원을 강구(講究)해 보면, 어떤 국토와 어떤 인민 인지 막론하고 균일하게 이 제1 원인에서 수학사상을 발기하지 않은 곳이 없으니 이는 소위 수학의 발단이다. 사물의 많고 적음을 계산하 며, 사물의 크고 작음을 측정한다는 것은 언문학(言文學)의 발단이다. 소위 인류가 서로 모이면 언어로 소통하고 서로 떨어지면 문자를 사용 하여 그 의사를 상호 교환해 언문학과 수학이 동시에 발달함으로써 현 세와 같은 문화에 이른 것은 동서양 역사책에서 뚜렷하게 증명된다. 곧 인류가 사회를 조직한 이후 물(物)을 계산하는 방법은 '결승의 정〔結 繩之政〕'[4]과 '상형의 문자' 같은 것이 같은 시대에 일으킨 간요(肝要)[5]다. 그런데 제1 원인은 다만 인류의 지식을 발달시키는 데 사용하는 요소인 까닭에 이것이 원인이 되어 일으킨 문(文)과 수(數)의 지식은 지력경쟁 (智力競爭)에 불과했다. 그 결과 그 지식이 진취할수록 순박하던 풍습은 교활하게 되고 친목의 관습은 쟁탈로 변해 결국은 사회를 참역(慘逆)의 비참한 경우로 떨어지도록 하였다. 고대 성현들과 기타 지도자들은 인

---

4 결승의 정〔結繩之政〕: 새끼로 매듭을 만들어 일을 표시하던 것에서 온 말이다. 중국 의 유사 이전 간이한 정치를 말하기도 한다.
5 간요(肝要): 상당히 요긴함 혹은 상당히 중요함을 이른다.

류 생존상의 필요에서 생긴 제1 원인되는 문(文)과 수(數)를 교정해 제2 원인으로 유도함으로써 사회의 행복을 증진하게 했다.

그런 즉 제1 원인은 자연의 발달이요, 제2 원인은 인위의 발달이다. 우리 인류사회가 자연적 발달에만 일임하던 때가 일변해 지식이 증진되고, 다시 변해 지력의 경쟁이 되고, 또 다시 변해 지력의 쟁투를 하기에 이르렀다. 그러므로 순자가 성악설에서 저 걸주(桀紂)는 진정(眞正)하다 하고 요순은 속임이라 말한 것은 자연적 지식발달 위에서 관찰하지 않았기 때문이다. 고로 이 자연적 발달이라는 제1 원인을 교정하기 위하여 인위적 발달인 제2 원인으로 인지를 계발시켜 인류의 성(性)은 선(善)이라 칭해 자연적으로 발달되는 지식을 선의 방향으로 나아가게 하였다.

제2 원인도 제1 원인을 잇달아 일어나 그 기원이 매우 요원하다. 고대 제왕과 기타 지도자들이 제1 원인으로 말미암아 일어난 인류지식경쟁의 폐단을 금지하고 바로잡기 위해 설행한 방법이다. 그 국토를 따라 혹 차이가 있지만 역시 인문발달상으로 자연히 경과할 만한 원인이 있다. 그 최초 시대에는 종교와 기타 교리를 만들고 사용해 인민의 지식발달됨이 종교 및 교리에 기인하는 것을 위주로 교육하고 전파해 인심에 신앙을 고정하게 한 것이 대개 대동소이했다. 저 인류의 지식발달은 사회의 공익을 도모함에 있다고 단정한 맹자의 성선설이 즉 이것이니 제1 원인을 제2 원인으로 고쳐 올바르게 한 것이라 말할 수 있다. 요컨대 인류의 지식발달사는 인류생활상의 필요에서 일어난 자연지식의 발달에서 시작한 것임에 이를 제1 원인이라 말한다. 그 다음에 그 폐해를 교정할 만한 종교나 교리에 근거해 인심에 신앙을 부여함으로써 제2 원인을 조직·창립하고 이로 말미암아 자연스럽게 발달되는 지식을 유도하는 2종 변화가 생겨왔다고 한다.

(2) 통일방법과 분파방법

각국의 인지(人智)의 자연적 발달 형적은 앞서 진술한 것처럼 대동소
이해서 제2 원인이 인지발달을 교정함으로써 갑을의 차이가 생겨났다.
갑은 제2 원인을 따라 제1의 원인을 거의 소멸하게 하고, 을은 제1 원인
과 제2 원인의 양 끝이 서로 기다려 진보 발전한 것이다. 이에 갑 쪽을
통일방법(統一方法)이라 칭하고 을 쪽을 분파방법(分派方法)이라 칭한다.

동양의 인문발달이 상고에는 서양보다 먼저 이루어져 서양에 점차
전달하였지만 항상 통일방법에 따라 인지의 발달을 도모한 까닭에 이
후 우물쭈물하다 진보하지 못하였다. 오히려 서양문화는 고대에는 매
우 심하게 몽매했지만 중세기 이래로 고대의 통일방법을 벗어나고 분
파방법을 집행함으로써 오늘날 이와 같은 진전에 이르렀다. 비유해서
말하면 동양인은 소나무처럼 건조한 땅에서 생장하는 것과 버드나무처
럼 물기에 젖은 땅을 좋아하는 식물을 그 성질의 맞고 맞지 않음을 가리
지 않고 동일한 땅덩어리 위에 나란히 심어 생장을 도모한 것과 같으니
이는 사물이 쇠퇴한 한 사례이다. 저 서양인은 각종 식물의 적성대로
토질을 택해 분파생장하게 함과 같다. 고로 동양인이 이식한 문화는
특종특질(特種特質)로 사물이 쇠퇴하였고 서양인이 이식한 문화는 그
성질을 따라 각기 발달함에 이르렀다.[6]

대개 통일방법 아래 있는 과학은 종교와 기타 교리라는 한 땅덩어리
안으로 수축되어 성장만 못할 뿐만 아니다. 만일 과학 중 그 종교 교리
에 괴리되는 성질의 과학으로 사유할 때는 이를 이단이라 하고 사술이
라 배척하여 황무지에 쫓아내 버린다. 분파방법으로는 인위적 제2 원
인을 따라 자연적 제1 원인의 지식을 교정한 후에 각 과학은 그 발육에
적합한 토지를 선택하고 생육함으로써 그 진보의 결과가 완전하게 된

---

6 문단이 원문에는 나뉘어 있지 않으나 문맥을 고려하여 단락을 나누었다.

다. 그런데 동양인이 이단이라, 사술이라 배척한 것을 서양인들이 습득해 유익한 과학으로 구성한 것이 많다. 가령 점성술이 성학(星學)이 되고 연금술(煉金術)이 화학(化學)이 된 것은 그 한 사례이다. 동양의 바빌론인 인도인의 수학은 천상(天象)을 관측하기 위해 만들어 사용하였고 이집트인은 천상관측에 매양 이바지함이 있었으나 주공(周公) 시절에 겨우 육예(六藝) 중 말석의 자리에 편입됨에 불과하였으며, 이러한 나라들이 산술과 대수학과 기하학 등의 지식도 이미 갖고 있었지만 그리스에 전달하기까지는 진보가 다시 없었다. 그러나 그리스인은 수학을 독립시켜 연구한 결과 결국 하나의 과학으로 삼아 현세에 성행하는 각종 수학을 조직하기에 이르렀다. 가령 인도의 구집술(九執術)[7]은 진화해 산술과 대수학이 되었고 이집트의 측량술과 중국의 주패경(周牌經)은 진보해 기하학과 삼각술이 되었다. 이상과 같이 태고부터 문화가 이렇게 발달한 동양국가들아! 어찌해서 인도는 오늘날 불씨가 꺼진 재 뿐이요, 이집트는 남은 자취도 찾을 곳도 없으며, 4천 년 같은 인종의 제국의 역사를 둔 대한 대한제국과 지나제국은 어슬렁거리는 유교 아래에 속박되어 손톱만큼이라도 옛날을 넘어서는 발달이 없느냐? 다름이 아니다. 수학이 유교로 통일된 세상하에 있었던 까닭이다.

교육이 밝지 않으면 생존할 수 없다 / 박상용(朴庠鎔)

고금 수천 년 역사를 오르내리고 동서 수만 리 지역을 가로질러 보건대 어찌해야 부유해지고 어찌해야 강해지며 어찌해야 가난해지고 어찌해야 약해지던가. 학교를 대거 설립하여 민지(民智)가 발달된 경우는 이로써

---

7 구집술(九執術): 구집력(九執曆). 당 현종 때 인도 천문학자 구담실달(瞿曇悉達)이 당나라에 전한 인도의 역법이다.

부강해졌고 이로써 자유와 독립의 세상에서 생존할 수 있었다. 반면에 학교가 진흥되지 않아 민지가 막힌 경우는 이로써 빈약해졌고 이로써 보호와 의존하에 영원한 사망에 이르렀다. 서양 선비의 명언에 '생존경쟁은 자연법칙〔天演〕이요 우승열패는 공례(公例)이다'라고 하니, 그 말이 이러한 까닭에 그 학문이 이러하고 그 학문이 이러한 까닭에 현재 열강이 삼립(森立)하여 기술과 능력을 자랑하며 어금니를 내보이고 발톱을 휘둘러 오대양을 건너고 육대주를 넘어 여기저기 내달리며 도도(滔滔)하게 강자가 약자를 잡아먹고 부자가 가난뱅이를 집어삼키는 것이다.

가만히 생각건대 자연법칙과 공례의 설이 인의도덕(仁義道德)의 말씀에 어찌 위배되지 않는가. 비록 그러하나 인의도덕도 우둔하고 몽매한 자가 가질 수 있는 것이 아니라 총명예지(聰明睿智)한 자라야 온전히 하여 가질 수 있는 것이거늘 하물며 강자와 약자가 경쟁하는 세상에 어찌 우월한 자가 이기고 열등한 자가 패하며 지혜로운 자가 얻고 우매한 자가 잃지 않겠는가! 승자는 주인이 되고 패자는 노예가 되며 얻은 자는 즐기고 잃은 자는 근심하며 얻어서 이기는 자는 살고 잃고서 지는 자는 죽으니, 무릇 지각 있고 활동적인 성질이 있는 자는 비록 심상한 언론과 한만(汗漫)한 이야기라도 남에게 이기기를 기대하거늘, 하물며 국가의 존망과 민족의 생사가 크게 관련된 것임에랴!

천지가 생긴 이래로 경쟁이 있지 않았던 때는 없었으니, 태고의 혼돈하고 몽매한 때는 사람과 짐승이 경쟁하던 시대였다. 하(夏)나라 우(禹) 임금이 구정(九鼎)[8]을 주조할 내에 흉악한 짐승과 독벌레의 모양을 새겨 인민이 그 형태를 분간하여 피하게 하셨고, 백익(伯益)[9]이 산과 늪에

---

8 구정(九鼎) : 우임금이 만들었다는 전설상의 9개의 보정(寶鼎)이다. 우임금이 황하의 치수(治水)에 성공한 뒤 천하를 아홉 개의 주로 나누어 통치하였는데, 이때 구주의 수장들이 바친 진귀한 금속으로 만들었다고 한다. 따라서 구정의 소유는 통치의 정통성을 의미하였으며, 국가와 왕위 등을 상징하기도 하였다.

9 백익(伯益) : 중국 고대 전설상의 인물로, 처음으로 집을 짓고 우물을 팠다고 한다.

불을 질러 태워 금수의 거처를 빼앗아 자취를 감추게 한 뒤에야 비로소 사람이 세상에 생존하며 여기서 편안하고 즐거울 수 있었으니, 이것이 생존경쟁의 자연법칙이자 우승열패의 공례가 아니겠는가! 금수는 천연의 발톱과 어금니, 발굽과 뿔의 이로움을 가졌으나 끝내 인류가 이기고 금수가 패한 것은 덫이나 그물 같은 도구를 가져 그것으로 금수를 제어하기 때문이니, 그렇다면 이것은 성인(聖人)의 교육을 말미암아 인류가 생존할 수 있었던 것이다. 아아! 금수의 근심이 제거되자 인류의 경쟁이 일어나 전쟁의 비바람이 시원스럽게 걷힌 하늘이 없었고 피비린내 나는 먼지와 흐르는 피가 깨끗해져 없어진 날이 없었고, 지금 20세기는 또 경쟁의 결과이자 생사의 기회이다. 한번 생각해보라. 오늘 우리 한국의 형편이 어떤 지위에 있고 어떠한 대접을 받는가. 말과 생각이 여기에 미치니 나도 모르게 대성통곡을 하게 된다.

만약 학문하지 않고 구습을 그대로 따르면서도 국가를 독립하게 하고 민족을 번성하게 할 수 있다면 이 편안하고 한가로운 사업을 버려두고 누가 큰 바다를 건너가서 고생스럽고 피곤한 짓을 하겠는가. 4천 년 조국의 흥망과 2천만 동포의 생사가 우리 청년의 두 어깨에 달려 있다. 다만 우리 동포 형제는 바라건대 운수 탓으로만 돌리지 마시고, 혹은 내일 하겠다고만 하지 마시고, 오늘 지금 마음을 굳게 먹고 용감히 전진하시오. 긴 밤이 밝아오려 함에 해는 이미 중천에 떴소. 무릉도원(武陵桃源)의 일장춘몽을 꾸느라 초(楚)·한(漢)의 흥망을 모르시는가![10]

동포여, 동포여! 학문을 하려고 한다면 공업과 상업 같은 부의 근원은 어떠하며, 갑병(甲兵) 같은 강성함의 도구는 어떠한가. 우리가 강성

순임금의 명으로 산천의 식물과 동물을 관장하는 관직인 우(虞)가 되었고, 우임금 때에는 재상을 지냈다.

10 무릉도원(武陵桃源)의……모르시는가: 도연명(陶淵明)의 「도화원기(桃花源記)」를 차용하여 속세를 떠나 세계의 변천에 무지한 사람을 비판하는 말이다.

한가? 아직 아니다. 우리가 부유한가? 아직 아니다. 우리가 생존하였
는가? 아직 아니다. 우리가 죽었는가? 아직 아니다. 그렇다면 부유하
지도 강성하지도 않고 생존하지도 죽지도 않은 채로 약육강식의 세계
에 함께 서는 것은, 비유하건대 마치 술 취한 사람이 맹호의 아가리
앞에서 길을 가로막고 코를 골며 자는 것과 같아 잡혀서 물리지 않는
자가 거의 없을 터이다. 오호! 동포여! 학문을 성취하여 이미 실추된
국권을 회복하며 이미 죽은 민기(民氣)를 부축하여 세우는 것도 우리에
게 달려 있고, 지식이 개화되지 않아 수십 년 동안 침체되어 쇠약해진
나라를 만 길 수렁에 거듭 빠뜨려 다시는 얼굴을 들고 사람을 보지 못하
게 하는 것도 우리에게 달려 있다.

　동포여, 동포여! 전날의 자격에 눌러앉지 마시고 맹렬하게 힘쓰고
용감하게 고민하여 새로운 면목과 다른 인물로 바뀌어 만겁의 지옥에
서 벗어나 광명의 세계로 일제히 나아가 4천 년 조국이 월등히 이기는
지위를 차지토록 하고, 2천만 동포가 태평한 세계에서의 생존을 영원
히 누리도록 하기를 대단히 혈성(血誠)으로 축원한다.

역사담 제8회 : 비스마르크전 (속) / 박용희(朴容熙)

6. 국가적 사회주의의 비스마르크

　1878년 5월 11일에 독일 황제 빌헬름 1세가 운털린덴(Unterlinden)
가를 통행할 때 홀연 한 사회당이 갑자기 황제를 저격하는지라 비스마
르크 공이 이에 크게 놀라 깨달은 바가 있어 인류사상의 신기원이라
칭할 만한 국가적 사회주의를 주창하였다. 어째선가 하면 비스마르크
공이 외교수단과 철혈정략만으로는 영구히 제국을 지키기 어려울 뿐
아니라 정신적 통치의 필요를 절감하였기 때문으로, 지금까지 관용해

오던 외교정책을 정신적 내치권(內治圈) 안으로 전회하여 사회 전반의 구제 연구에 열중하였다.

이 국가적 사회주의-1884년 4월에 제출한 의안(議案)이다-는 주된 뜻이 아래와 같다.

나는 기독교도로 결합한 국가를 환영하노니, 왜냐면 이 국가는 사회적 관념이 다대하여 국가 결합이 일층 견고하면 전국 행복이 이를 따라 증진하는 까닭이다.

세상 빈부의 현격함은 어쩔 수 없는 것이나 부귀한 자가 빈한한 자를 구제함 또한 의무이니, 국가는 이 의무가 최선으로 이루어지도록 하기 위하여 고유의 권력으로 절제시킬 것이다.

그러나 각 당파에서 반대하여 중지되었다가 1888년경에 대부분은 가결되었다. 당시 국무경(國務卿) 마쉘[11]은 국회에서 연설하여 이렇게 상찬하였다.

"이 사상계의 일대 기원을 연 만국 법제 중에 비할 데 없는 독일 제정(帝政)이 앞서 완성한 영광의 대사업은 건국의 대업 이상으로 뛰어나며 또 제국 결합에 한층 견고한 유대라 칭할 만하다."

비스마르크 공이 일찍이 의안 가결 전에 사람에게 일러 말하였다.

"나는 나의 계획이 즉석에서 성공하기를 희망하는 자는 아니나 필연 언제든지 성공할 것을 확신한다. 왜냐하면 나의 계획을 주장함이 아니라 이 계획 중에 진리의 숨은 힘이 잠재되어 있는 까닭이다."

오호라, 오늘 무장의 평화시대에 열국 도처에 공의 철혈정략을 본받지 않는 자가 없고, 노동문제 진작(振作)에 대하여 공의 이 국가적 사회주의를 응용하지 않는 자가 없으니[12], 진실로 철혈정략의 태두며 국가

---

11 마쉘: 미상이다.
12 본받지 않는……없으니 : 위 문장에서 '본받지 않는 자가 없고'의 원문은 '踏襲치안는 者ㅣ不無ㅎ고'이고 '응용하지 않는 자가 없으니'의 원문은 '應用치안는者ㅣ不無ㅎ니'

적 사회주의의 조종(祖宗)이란 평이 헛되지 않다.

○ 모범적인 비스마르크

공의 사람됨이 기개 있고 호방하여 자벌레처럼 웅크렸다가 호랑이처럼 도약한다는 것은 이미 기재하였거니와, 그 의기의 활발함과 심신의 뛰어남이 가히 후대인의 표준이라 할 만한 바 허다한 이유로 공의 일생 중 두세 가지 늠름한 기풍과 숨은 덕을 기재하겠다.

1) 일찍이 라인 강가에서 뱃놀이를 하다가 읊조리길

한가로이 듣노라, 만 이랑의 금빛 물결이 강기슭에 찰박이는 소리를

間聽兮萬頃金波撞岸之聲

되돌아오는구나, 밝은 보름달 하나 마음을 비추는 때가

歸來兮一輪明月照心之時

2) 하루는 베를린 공원을 소요할 때 살상의 뜻을 품은 한 괴한이 소지하고 있던 육혈포(六穴砲)를 공에게 난사하였으나, 다 맞지 않았을 뿐 아니라 공이 괴한을 직접 체포하여 나졸에게 넘기고 유유히 귀가하여 집안 가득한 문객과 태연히 담소하였기에 문객 중에 이 일을 아는 자가 없었다. 흉보가 일단 전해져 나이든 황제 빌헬름 1세가 크게 놀라시어 가마를 타고 서둘러 공의 사택에 왕림하신 후에야 빈객들이 흉변을 비로소 알고, 이 흔들림 없는 침착함은 옛날의 베네딕트 스피노자에 못지않다며 감탄해 마지않았다.

스피노자(1632-1677)는 네덜란드의 유명한 철학자이다. 하루는 묵상에 열중하여 머리를 숙이고 브뤼셀 가를 방황하는데 느닷없이 한 자객이 스피노자를 저격-육혈포로-하였다. 탄환이 날아와 스피노자의 의복을 스쳐가자 스피노자가 머리를 들어 흘깃 보고는 아까처럼 머리를 숙이고 가

___

이다. 각각 삼중부정으로 되어 있으나 이중부정으로 독해해야 맥락이 통하여 이중부정의 문형으로 번역하였다.

버림에 자객이 감복하였다.

3) 프랑크푸르트 조약이 이미 이루어져 공이 파리에 말을 타고 개선문-나폴레옹 1세의 개선문으로, 약 800만 원을 투자하여 건축한 것이다-을 통과할 때 한 프랑스 젊은이가 살기등등하여 공을 폭격하고자 하는 기색이 완연하였다. 공이 말머리를 돌려 그 남아를 향해 가서 온순한 언사로 담뱃불을 청하니 지금까지 분기충천하던 애국자가 홀연 노기를 웃음으로 바꾸어 감탄하기를 "호남아다, 호남아다."고 하고 감히 저격하지 못하니 공의 용감함이 대개 이와 같았다.

평하건대 어찌 이오성(李鰲城)[13]이 되살아난 것이 아니겠는가.

4) 하루는 공이 어느 교외로 나들이를 나갔다가 어느 정거장에서 한 구두상인과 문답할 때에 공도 역시 신발상인이라 자칭하고 이별할 때 말하기를 "베를린 어느 동네 어느 지역에 총리대신 거주 저택이라는 문패가 달린 곳이 나의 신발가게이니 내방하라."하고 작별하였다.

5) 공이 은퇴 후 프리드리히스루에 머물 때에 인근 부녀가 공의 정원에서 공이 가장 아끼는 꽃가지를 꺾어가니 하루는 공이 일러 타일렀다.

"숙녀여, 저 화초로 하여금 나처럼 대머리가 되게 하지 말라."

논평하건대 4), 5)의 경우 황희 정승이 다시 나타난 것 같다.

6) 런던 타임스 기자 찰스 로-에[14] 씨가 비스마르크 공의 외교의 탁월함을 기재하였다. 파리 포위 시에 제3공화정부 건설자의 한 사람인 쥘 파브르가 평화담판위원이 되어 공과 회견할 때에 공이 궐련을 증여하였는데 파브르는 본래 흡연을 즐기지 않아 공의 호의를 사양하였다. 공이 파브르에게 말하기를 "대체로 격앙된 교섭을 할 때는 흡연이

---

13 이오성(李鰲城) : 오성부원군 이항복(李恒福, 1556-1618)을 가리킨다. 훗날 함께 재상이 된 이덕형(李德馨)과의 우정과 해학에 대한 일화가 '오성과 한음' 이야기로 전해온다.

14 찰스 로-에: 미상이다.

대단히 필요하다. 어째선가 하면 손가락 사이에 끼운 궐련에 주의하느
라 심신의 동정(動靜)이 한층 민활해짐에 따라 매사에 근신(勤愼)하되
초조해하지 않을 뿐 아니라 굽이쳐 올라가는 용 모양의 연기와 퍼져나
가는 향기에 오감이 정한(靜閒)해지며 심신이 개운해져 일에 임하여 어
지럽지 않고 충돌되는 지점을 수용할 수 있으며 담판을 하는 중에 원활
함을 기할 수 있다. 외교가의 임무는 원만 공평에 있으니 귀하는 깊이
헤아려보라." 운운하였다.

평하건대 파브르는 프랑스의 격렬한 정당의 한 사람이다. 그러므로
비스마르크 공이 이러한 풍자를 쓴 것은 말 속의 다른 뜻이 있어 읽다
보면 여운이 있다고 할 만하나, 혈기왕성한 청년은 끽연가를 걸출하다
고 여겨서는 안 되니 범을 그리다 개를 완성한 탄식이 있지 않기를 다만
바랄 뿐이다.

7) 글래드 스톤(William Gladstone)-영국의 대정치가이다-이 안식일
에 교당에서 정적(政敵)과 악수한 아량과는 반대로 공이 정적을 심히
질시함은 단점이라 이를 만하나, 위선적인 안색으로 적의 무리와 담소
하는 것보다는 불굴의 용모로 정대히 처사하는 자가 오히려 갑절은 더
낫다 하겠다.

8) 일찍이 파리에 주재할 때에 프랑스 정치가 듈[15]과 역사 겸 정치가
끽소[16]와 각각 스스로의 처세관을 쓰는데

끽소가 먼저 쓰기를

"나는 경험상 다대한 관용과 인내의 필요를 학습하였으나 하나도 잊
은 바가 없다."

듈이 이어서 쓰기를

"나는 공직생활상 경력으로 스스로 관찰컨대 나의 관용과 인내의 미

---

15 듈: 미상이다.
16 끽소: 미상이다.

덕은 선천적으로 갖춘 바이다."

비스마르크 공이 임종 시에 휘갈겨 쓰기를

"나는 선천적으로 어리석어 들은 바 있어도 수시로 잊어버릴 뿐이요, 후천적으로 배워 얻은 바는 오직 자아에 대하여 크나큰 관대와 용서가 필요함을 자각한 것이다."

오호라, 공의 정략과 외교는 선천적 품부(稟賦)라 어찌 시운(時運)의 총아라 함부로 말하겠는가. 모리엘이 소위 "비스마르크 공은 게르만을 크게 하고 게르만인을 작게 한 자"라고 비평한 것은 진실로 매우 적당하다 할 것이다.

지나 지리 (속) / 한명수(韓明洙)

창강(長江) 하류 유역에 장쑤(江蘇)·저장(浙江)·안후이(安徽) 세 성(省)이 있다. 저장성과 안후이성의 일부는 난링(南嶺)과 베이링(北嶺)의 잔여 산맥이 길게 뻗어있으나 그 밖에는 평탄한 광야요, 창강이 그 중앙에서 동서로 흐르고 대운하는 그 남북으로 관통하여 운송편이 많고 물산은 쌀, 면화(棉花), 잠사(蠶絲)가 나온다. 장쑤성 연안은 출입이 적으나 저장성 연안은 항저우만(杭州灣)에서부터 시작하여 좋은 항구와 저우산열도(舟山列島)의 섬이 많다. 상하이(上海)는 양쯔강(楊子江) 지류 우쑹강(吳松江) 왼쪽 연안에 있으니 창강 유역과 함께 북지나 지방 무역의 중심지가 되어 잠사, 면화, 모자용 밀짚, 계란 등을 수출하고 인구는 62만이다. 쑤저우(蘇州)는 상하이 서북쪽에 있으니 양잠업이 번성하여 양쯔강으로 견직물을 운송하여 각처로 내보낸다. 항저우(杭州)는 첸탕(錢塘)에 임하였기 때문에 수리(水利)가 가장 좋고 70만 인구가 주거하여 견직물을 생업으로 삼으니 손재주가 정밀하고 섬세하다. 그

동쪽에 링보(寧波)가 있으니 해산물의 시장이요 견포(絹布), 면화, 잠사
도 또한 많다. 장링(江寧)은 양쯔강 오른쪽 연안에 있고-옛날에는 난징
(南京)이라 불렸다- 전강(鎭江)은 장링 동편에 있으니, 이 서쪽 지방의
생산품 중에 도기(陶器), 단(緞)·주(綢)·문(紋)의 직물이 세계에 유명
하고 수륙의 교통과 풍경의 수려함과 어염(魚鹽)의 풍부함이 전국 제일
이다. 우후(蕪湖)는 양쯔강 남안에 있으니-곧 장링 서남쪽이다- 제사(製
絲), 제다(製茶), 사양(飼養)의 산업이 풍성하고 쓰촨(四川) 지방으로부
터 뗏목이 흘러내려오기 때문에 목재도 적지 아니하다.

창강 중류 유역에 세 성(省)이 있다. 후베이(湖北)는 한수이(漢水) 유역
이요 후난(湖南)은 둥팅후(洞庭湖)를 둘러쌌고 장시(江西)는 포양후(鄱陽
湖)가 중앙을 차지하였으니, 수상교통이 모두 좋다. 후베이성에는 면
화·아편(阿片)·구리·철 등이 생산되고, 후난성·장시성에는 차·석
탄 등의 광물이 생산된다. 한수이·장수이(長水)가 모여 합하는 한커우
(漢口)는 지나 내지(內地) 상업의 중심지니 수륙의 통로가 사통팔달하여
물화(物貨)를 무역하고 집산하는 성대함이 상하이에 버금가니 주요 수출
품은 차·콩류·콩깻묵〔豆糟〕·약재·목유(木油) 등이요, 인구는 85만
이다. 여기서부터 장강을 올라가면 사스(沙市)·이창(宜昌)이다. 이창
서쪽에는 난링과 베이링의 산세가 겹쳐져 있으며 높고 험하니 예부터
유명한 싼샤(三峽)이다. 우창(武昌)과 한양(漢陽)은 한커우와 정족지세
(鼎足之勢)를 이룬다. 우창의 주민은 반이나 배에서 거주하고 수상에
시가(市街)를 이루어 교역하고 방적(紡績)과 견직물을 만들어내며, 한양
에서는 창포국(槍砲局)과 철정국(鐵政局)을 설치하고 병기(兵器)를 제작
한다. 웨저우(岳州)는 둥팅후와 장강이 모이는 곳인 까닭에 후난의 뱃길
이 해당 지역을 거쳐 둥팅후·샹수이(湘水)를 거슬러서 샹탄(湘潭)까지
이르며 주강(九江)은 포양후 가에 있으니 차와 도자기가 생산된다.

장강 상류 유역은 남쪽에 구이저우(貴州)가, 북쪽에 쓰촨이 있다. 쓰

촨은 옛 촉(蜀) 지역이니, 산맥이 사방을 둘러싸서 특별히 한 구역을 이루어 교통은 불편하지만 다른 지방에 비하면 물산이 풍부하니 농산물은 차·잠사·아편이요, 광산물은 석탄·구리·철·석유이다. 구이저우는 지미(地味)가 척박하고 수은이 특산물이며 옛날에 만이(蠻夷)의 지방인 까닭에 삼묘(三苗) 등 만인(蠻人)이 많다. 충칭(重慶)은 상류 유역에서 물화가 집산하는 큰 시장이요, 그 서북쪽의 청두(成都)는 옛 촉한(蜀漢)의 도읍인 까닭에 시가지가 장려(壯麗)하고 직물·염색·자수 등의 공업이 발달하였다. 주강(珠江)은 남지나(南支那) 산지 사이를 동서로 관통하여 흐르고 푸젠(福建)은 민강(閩江) 유역에 속하였으니 그 연해(沿海) 일대에 출입하는 교통이 많고 좋은 항구와 도서(島嶼)가 벌여 있으며, 푸저우(福州)와 사먼(廈門)에 무역항이 있고 그 건너편 해안에 타이완(臺灣)이 있다. 푸저우는 예로부터 외국과의 무역시장인 까닭에 외국인 거류지와 통신국(通信局) 등이 있고 인구가 100만이다. 마웨이(馬尾)는 민강(閩江)을 임한 작은 고을이니 유명한 선정국(船政局)이 있고, 사먼은 푸저우 서남에 있는 작은 섬이니 외국인의 거류지가 있다.

주강 유역에 광둥(廣東)·광시(廣西)·윈난(雲南) 세 성(省)이 있다. 윈난과 광시는 산지(山地)가 많은 까닭에 광산이 특히 많고, 광둥은 남방 일대가 해안이니 남청(南淸) 무역의 중심시장이라 인구가 200만이요 시가(市街)가 좁아 인민이 강물 위에 배에서 거주하는 이가 많고 견직물과 차가 수출의 주가 되지만 홍콩(香港)에 무역이 성대한 까닭에 이 지역에 무역이 진흥하지 않는다. 주강 상류는 급류니 우저우(梧州)가 개항장이요 하류 유역은 평야가 넓게 열렸고 물산이 많이 나오며 기후가 온화하니 광둥과 쓰촨이라 불리는 지역이다. 산터우(山頭)는 광둥의 동쪽 바다를 임하였으니 어업의 이익이 많다. 영국령 홍콩 섬은 주강 어귀에 있는 작은 섬이니 주룽반도(九龍半島)와 마주하여 그 사이가 자연히 좋은 항구가 된다. 그 시가는 빅토리아라 불리니 상하이와 같이 동양 무역의 중심이다. 이 항구는 자유무역항이니 아편·사탕·밀가루·식염 등이 무역의 주된 물품이요, 차와 견직물이 그 다음 물품이다. 주룽반도 부근도 영국령이 된다. 아오먼(澳門)[17]은 포르투갈령의 개항장으로 옛날에는 번성하더니 홍콩이 개항한 뒤로 상업의 형편이 부진하다. 광저우만(廣州灣)은 레이저우반도(雷州半島) 옆에 있으니 광무 2년에 그 연해까지 프랑스 조차지(租借地)가 되었다.

　만저우(滿州)는 동부평원의 일부를 차지하고 멍구고원(蒙古高原)의 동부에 있다. 성징(盛京)·지린(吉林)·헤이룽강(黑龍江) 세 성(省)으로 나뉘는 까닭에 둥산성(東三省)이라고도 불린다. 그 서부는 싱안링(興安嶺)이요 동부 일대는 창바이산맥(長白山脈)이니 이 산맥이 다시 남쪽으로 달려 랴오둥반도(遼東半島)가 되었으니 그 두 산맥 사이를 만저우평야라 부르며 쑹화강(松花江)·랴오허(遼河)·압록강(鴨綠江) 등 세 수역으로 나눈다. 랴오둥은 광무 2년에 러시아에서 그 남단 뤼순커우(旅順口)와 다롄만(大連灣)을 조차(租借)하여 다롄만 내 남부에 다롄 시를 열고 동청철도(東淸鐵道) 부설권을 도득(圖得)하여 만저우 중앙의 하얼빈 시를 중심으로 삼아 남쪽은 만저우를 관통하여 뤼순, 다롄까지 이르고 북으로 시베리아, 동으로 블라디보스톡에 도달하는 큰 철도를 건설하고 산하이관(山海關)으로부터 뉴좡(牛莊)에 이르는 북청철도(北淸鐵道)도 건설하였다. 지미(地味)는 비옥하고 기후는 겨울에 대단히 춥고 여름에 대단히 더우니 평지에는 고량(高粱)과 대두(大豆)가 나고 또 목장이 많으며 산지는 큰 삼림과 금, 철, 석탄이 생산된다. 뉴좡은 랴오허 하류 왼쪽 연안에 있으니 만저우의 산물을 수출하며 외국인 거류지가 있다.

　멍구(蒙古)는 멍구 고원 동쪽에 있다. 그 중앙에 동서로 500리, 남북으로 250리 되는 고비(戈壁)라 불리는 사막이 있으니 막북(漠北)을 와

---

17 아오먼(澳門) : 마카오의 옛 이름이다.

이멍구(外蒙古)라 부르고 막남(漠南)을 네이멍구(內蒙古)라 부른다. 기후는 물론 대륙성이요 인구도 희소하며 와이멍구의 마이마이청(賣買城)은 러시아 국경이 근접하여 쿠룬(庫倫)[18]과 같이 러시아와 청나라의 육로 무역시장이다.

신장(新疆)은 멍구고원 서부이다. 톈산산맥(天山山脈)이 중앙을 횡단하여 톈산북로(天山北路)와 톈산남로(天山南路)를 나누었으니 기후는 한서(寒暑)의 차이가 심하고 농산물이 이리(伊犁)와 타림 두 강의 연안에 많이 나며 카슈가르가 지역 내의 대도회이다.

시짱(西藏)은 아시아 중앙에 한 구역을 이루었으니, 목축을 산업으로 삼고 라싸가 수도니 라마교주가 실로 이 지역의 정치를 행한다.

주민은 만저우(滿州)에는 퉁구스족, 신장(新疆)은 돌궐족, 시짱(西藏)은 시짱족, 멍구와 칭하이(靑海)는 멍구족이 거주하고 지나 본부(本部)에는 한족(漢族)이 가장 다수인데다 권력을 가졌다. 북방은 문화수준이 낮아 질박하고 간소한 성질이 있고 중부 및 광둥은 습속이 화미(華美)하고 민지(民智)가 발달하였다. 언어는 동서가 서로 다르고 남북이 같지 않으며, 종교는 상류사회는 유교요 나머지는 불교와 도교를 신봉하고 라마교는 시짱·먼저우·멍구에서, 기독교는 지나 본부의 일부에서, 회교는 신장, 유대교는 허난(河南) 일부에서 신앙하여 행한다. 정치는 예부터 왕조의 흥망이 빈번하였다. 지금 청조(淸朝)는 300년 전에 먼저우에서 일어나 지나 현재 영토를 통일한 군주전제국가니, 베이징에 중앙정부가 있고 군기처(軍機處), 내각총리아문(內閣總理衙門), 육부(六部)-이부(吏部)·호부(戶部)·예부(禮部)·병부(兵部)·형부(刑部)·공부(工部)- 등이 있으며, 18성(省)에 8총독(總督), 16순무(巡撫)를 두고 한인(漢人)과 만인(滿人) 두 파(派)가 내외의 행정을 보수(保守)한다. 병비(兵備)는 육군에 팔기

---

18 쿠룬(庫倫) : 울란바토르의 옛 이름으로, 1924년에 이름이 바뀌었다.

(八旗), 녹기(綠旗), 연군(練軍)의 명칭으로 나누었으니, 팔기병(八旗兵)은 한(漢)·만(滿)·몽골 등 세 부류로 조직하고 녹기병(綠旗兵)은 한인으로 편제하였고 연군은 팔기, 녹기 중에서 선발하여 신식 훈련을 거친 것이다. 해군은 북양(北洋)·남양(南洋)·푸젠·광둥 등 네 함대가 있다. 국민의 교육은 국자감(國子監)·서원(書院)·부학(府學)·주학(州學)·현학(縣學) 등과 가숙(家塾)이 있어 경사(經史)와 시문(詩文)을 교육하고 신학문은 학교를 설립하고 가르치지만 응용할 능력이 아직은 열악하다. (미완)

심장운동과 혈액순환의 요론(要論) / 이규영(李奎濚)

심장의 혈액은 곧 살아서 활동하는 인체의 현상에 가장 중요한 관계가 있는 것이다. 심장은 흉부 내에 자리하고 좌우 양쪽 폐 사이에 있으면서 여기에 10자형의 사이 벽을 통해 4강(腔)의 구별이 있으니 그 위의 두 강(腔)을 좌심방과 우심방이라 하고 아래 두 강을 좌심실과 우심실이라 하며 그 중간 사이 벽의 개구부에는 각각 판(瓣)이 있는데 여기서 순환하는 혈액의 수용과 방출에 호응하여 번갈아가며 여닫는 기능을 한다.

심장의 운동은 심벽의 한 번 이완, 두 번 수축이 서로 교환하는 것이다. 이를 세 가지 절목으로 구별하니, 방수축(房收縮)·실수축(室收縮)·휴식 등이 그것이다. 그러나 휴식할 때가 되어서는 방(房)과 실(室)이 함께 이완되고, 방이 수축할 때에는 실이 휴식하며 실이 수축할 때에는 방이 이완되니 이렇게 이완될 때의 휴식을 이름하여 확장(擴張)이라고 한다.

심계박동(心悸搏動)은 좌측 흉골 제5늑간(第五肋間)-제4늑간은 드물게 있음-의 한 작은 부위로서 유선(乳線)의 약간 안쪽에서 나는데 감촉되어 느끼고 또 눈으로 볼 수 있는 뜀박질이 있으니 이는 곧 심장운동으로 말미암아 일어나는 것이다. 또 신체의 위치를 바꾸면 어느 정도 그 부위와 강약이 바뀌는 경우도 있다.

심장소리는 건강한 사람의 심장 부위에 귀를 곧장 대거나 혹은 청진기를 대면 두 종류 소리가 섞여서 들리니 이를 제1, 제2의 심장소리로 구별한다.

제1 심장소리는 낮고 탁하고 길어 실(室)이 수축할 때에 정확히 발하고,

제2 심장소리는 맑고 음조가 높고 짧아 반월판(半月瓣)-대동맥 출구에 있음-이 닫힐 때에 맞게 발하며,

또 이 두 소리 사이에 짧은 간헐 시점이 있으니 제1음과 제2음 사이에서 짧고 제2음과 그 다음에 나오는 제1음 사이의 경우는 조금 길다.

또 이 심장운동의 전달로 말미암아 맥박 파동이 일어나는데 맥박의 속성에는 빈맥(頻脈)과 희맥(稀脈), 그리고 속맥(速脈)과 지맥(遲脈)의 구별이 있다.

첫째, 빈맥과 희맥은 일정 시간, 예컨대 1분의 시간 안에 맥박의 수효가 많을 때에는 이를 빈맥이라 하고 적을 때에는 희맥이라 한다. 열성병(熱性病)이 있는 경우는 맥박이 현저히 증가하여 120에서 그 이상에 달하고 또 신체가 건강한 사람은 40박동으로 내려오는 경우가 있다. 그러나 병이 있거나 건강한 사람도 이 양쪽 경계를 뛰어넘어 증감하는 경우는 매우 드물다. 만약 호흡의 횟수가 증가하면 그때에는 대개 맥박이 조금 증가하는데, 깊고 빠른 호흡은 맥박이 증가하나 얕고 빠른 호흡은 느낌이나 반응이 거의 없다.

둘째, 속맥과 지맥은 맥박의 파동으로 인해 동맥관의 확장 및 수축이 완만할 때에는 지맥이라 하고 이와 반대일 경우는 속맥이라 한다. 맥박의 횟수는 건강한 사람으로서 대인의 경우 1분에 남자는 71에서 72이고 여자는 80 정도가 평균이라고 하나 다음의 상황에 따라 증감의 차이가 있다.

연령 비교표

연령	1분의 맥박 횟수
갓난아이	130-140
1세	120-130
2세	105
3세	100
4세	97
5-9세	94-90
10세	90
11-20세	70
21-50세	70-72
51-60세	74
61-80세	79
81-90세	80

그 외에 근육동작, 동맥혈압의 항진(亢進), 음식물의 섭취, 체온의 항진, 통증 감각, 소화기관 내의 불쾌감, 메스꺼움, 정신 항진, 정욕 발동 등은 모두 맥박을 빠르게 하며 또 똑바로 서 있으면 비스듬히 누운 것에 비해 맥박이 다소 증가한다. 음악은 사람과 짐승 모두에게 심장 박동을 빠르게 하여 혈압 항진을 일으키며 압력이 높은 공기 중에 사는 것은 맥박을 감소시킨다. 또 밤과 낮의 때에 따른 맥박 횟수의 증감은 가장 중요한 조건에 속한다. 이에 따라 증감함은 겨우 2·3박 정도이니 대개 체온의 오르내림과 서로 나란히 나타난다.

혈액의 순환은 혈액이 끊임없이 이어져 있는 혈관계통 속에서 운행 하여 그 순환함이 마치 고리와 같아 밤낮으로 쉬지 않는 것이다. 처음 에는 심실(心室)에서 발하여 올라가고 주혈관에 들었다가 지혈관(枝血 管)과 끝부분에 흩어져 퍼지고 끝에는 대집합간(大集合幹)-곧 대정맥- 을 통과하여 심방으로 돌아옴을 말한다. 이를 세 종류로 구별하니 대순 환(大循環), 소순환(小循環), 문맥순환(門脈循環)이 그것이다.

대순환은 혈액이 좌심방에서 좌심실로 내려와-이때에는 이첨판(二尖瓣) 혹은 승모판(僧帽瓣)이 열리고 닫힘- 좌심실에서 대동맥으로 나가-이때에는 삼반월판(三半月瓣)이 열리고 닫힘- 위로 올라가 모세혈관망의 작은 줄기로 흩어져 퍼져서 다시 전신 정맥(靜脈)을 이루고 두 줄기의 대정맥을 통하여 우심방으로 돌아드는-이때에는 하대정맥(下大靜脈) 개구부에 있는 요스닥씨판과 대관상정맥 개구부에 있는 데베스씨판이 함께 열리고 닫힘- 것을 말한다.

소순환은 우심방에 돌아 든 혈액이 똑같이 우심실에 내려와-이때에는 삼첨판(三尖瓣)이 열리고 닫힘- 폐동맥에 들어와서-이때에는 삼반월판이 열리고 닫힘- 그 폐 안의 모세혈관망을 두루 돌아다니다가-노폐한 정맥혈이 이때에 다시 새로워져 동맥혈을 이룸- 네 줄기의 폐정맥을 경유하여 좌심방에 돌아오는 것을 말한다.

문맥순환은 사실 정맥계통에 속한 모세관 계통-간 내부- 안의 혈액 운행에 불과하나 간혹 이를 별도 종류의 순환으로 간주하는 경우가 있다. 이 순환은 모든 내장(內臟)의 정맥이 서로 모여들어 문맥(門脈)을 이루고 또 나뉘어 갈라져 모세관을 이루며 거듭 서로 모여들어 간정맥(肝靜脈)을 이루어 곧장 하대정맥의 개구부로 이어지는 도로를 말한다.

인체의 전체 혈액량은 대인의 경우 체중의 13분의 1이요, 갓난아이는 19분의 1이다. 또 1회 순환하는 시간은 1분 안에 맥박이 72회인 사람의 경우 23.2초이고 또 이는 평균 27회의 심장 수축에 해당된다. 이 혈액은 중간에 끊어짐 없이 운행하여 신체 모든 부위의 온도를 생성해주니 곧 체온이라고 한다.

체온은 신체의 각 부위에 따라 서로 다르다.

동물체에 있는 세력의 근원 / 박상낙(朴相洛) 역술

날짐승이 공중을 날아다니며 혹 아름다운 소리를 내고, 길짐승 무리가 산과 들을 내달리며 혹 소리 내어 울고, 우리가 노동 혹은 사고를 하는 등의 때는 반드시 모두 많고 적은 세력-에너지(energy)-을 소비하지 않을 수 없으니 직접적으로 이 힘을 동물에게 공급하는 재료가 음식물에 있음은 굳이 설명을 하지 않아도 자명할 것이다. 대개 음식물이 동물과 관계되는 측면은 석탄이 증기기관과 관련되는 측면과 같아 공급을 게을리할 때에는 그 세력을 지속시킬 수 없다. 동물의 음식물은 이를 간접 혹은 직접으로 나무와 풀 등의 식물(植物)에서 취해오는 것이니 동물에게 세력을 주는 것은 식물이다. 그렇다면 식물은 어떠한 작용으로 동물의 음식물 될 만한 물질을 만들어내는가. 식물은 뿌리로 흡수하는 수분과 잎으로 흡입하는 이산화탄소〔炭酸瓦斯〕-이산화탄소는 혹 탄기(炭氣)라고 칭하는 기체이니 물체가 연소할 때에 발생하며 또 동물이 호흡할 때에 토해냄-를 햇빛의 작용으로 이른 바 동화작용(同化作用)을 행하여 녹말〔澱粉〕을 만들고 이 녹말은 다시 당(糖) 성분으로 변화하여 식물체를 순환할 때에 다시 식물의 조직을 바꾸어 구성하고 그 나머지는 재차 녹말이 되어 식물체 속에 저장되는 것이다.

식물은 또 녹말 외에 동물의 음식물 중 반드시 요구되며 빠져서는 안 되는 단백질을 만드니 이 단백질은 탄소, 수소, 산소, 질소, 유황의 다섯 원소로 구성되어 있는데 이 역시 녹말과 같이 식물이 뿌리와 잎으로 흡수한 각 원소가 햇빛의 작용을 받아 생성되는 것이다. 이렇게 생장한 식물은 체내에 저장한 녹말, 단백질 혹은 식물 자신을 동물의 음식물로 제공하여 동물에게 세력을 주는 것이다. 그렇다면 식물이 동화작용을 행하는 것은 전적으로 햇빛의 힘에 말미암는 것이니 동물에 있는 세력은 말하자면 결국 태양광선에 있는 세력이 변화한 것에 불과함을 알 수 있을 것이다.

이상 논술한 바는 자못 살아서 활동하는 동물에게 있는 세력에 불과하다. 그 외에 바람이 수목을 흔드는 것과 물이 물레방아를 굴리며 혹 증기가 기관을 운전하고 전기가 빛과 음향을 발하는 것과 혹 바람을 일게 하며 물을 지구상에서 순환하게 하는 근원 등을 연구하면 결국 태양의 세력으로 귀결되지 않는 것이 없다. 만일 태양 광선이 공급되지 않을 때에는 물의 증발-비가 성립하는 원인-과 공기의 팽창-바람이 일어나는 근원- 등이 정지될 뿐 아니라 지구는 즉시 냉각되고 이로부터 공기와 수분 같은 것도 다 지구 내부에 흡수되며 이와 동시에 지구상 동식물의 생존은 전멸할 것이고 지구는 자못 암담한 죽은 흙덩어리 하나에 불과하게 될 것이다. 그러나 오늘날 태양빛의 힘도 무한대로 영원히 의지할 수 있는 것이 아니니 몇 천만년 후에 실제로 이와 같이 참담한 경우에 도달함은 필연이다.

양돈설 (9호 속) / 김진초(金鎭初)

△ 종류의 선정

종류의 선정은 먼저 자가의 농업 방법에 적합하지 않으면 안 될 것이요, 또한 풍토, 기질과 경제상 완급과 용도 여하를 따라 종류를 변경하지 않으면 안 될 것이다. 그리하여 혹은 종돈(種豚) 번식을 목적으로 한 새끼돼지의 판매가 유리하기도 하고 혹은 새끼돼지를 구입하고 살찌워 판매함으로써 이득을 얻는 자도 있다. 각각 자가의 사정을 고려하여 주의할 것이다.

1) 생육용 돼지를 목적으로 하는 경우에는 조숙종(早熟種)으로 살찌우기 양호하고 육질이 좋은 것을 선택할 것이며, 특별히 순수·잡종에

는 신경을 쓸 필요가 없다.

2) 만일 낙농업, 농산물 제조 등의 부산물이 풍부하고 '햄·베이컨'-돼지고기를 염장한 것- 제조에 적당한 지방에서는 대형·중형 종 중에서 적당한 것을 선정한다. 또 하기(夏期) 방목에 양호한 곳이 많으면 더더욱, 소형 종에 비록 조숙종이 있더라도 방목에 적당한 대형 종을 선정할 것이다.

3) 번식용으로 공급하고자 한다면 그 종류의 특징을 구비하지 않으면 안 될 것이요 또 유전력이 강하고 다산이 필요하니, 곧 순수종이 긴요하다.

이상으로 각 종의 선정을 요할 때에 어떤 종이든지 산아(産兒)가 많은 것을 선택하고자 하면 그 어미 짐승의 산아가 많은 것을 고를 것이나, 그 체질이 허약한 것은 분만 후 수일간에 심히 잘못됨이 생기니 이러한 어미돼지는 곧이어 도살하는 것이 득책(得策)이다. 만일 이러한 어미돼지를 사육하여 회복 발달을 기하면 이는 왕왕 실패의 원인이 된다.

△ 사육법

사육법도 그 토지의 물산 등을 따라 차이가 있다. 비교해 보면 미국에서는 여름에는 양호한 목장과 들판에 방목하고 다소의 곡실(穀實)을 주며 가을에 이르면 옥당(玉糖)을 주된 사료로 하고 그 밖의 곡물과 낙농 부산물을 보충적으로 활용한다. 영국에서는 여름에는 방목하여도 가을과 겨울은 흔히 감자를 급여하고 귀리, 보리, 기타 곡실을 분쇄한 것을 보충적으로 활용한다. 덴마크와 스웨덴에서는 낙농산물을 사료로 주고 귀리는 그다음으로 하니 이는 모두 농업 경제상 부산물의 이용 등에서 기인한 것이다.

1) 임신한 돼지 : 돼지는 지방이 과도함에 이르는 폐단이 있어 누누

이 수태하지 못하게 되기도 하고 과도하게 살이 쪄 또 흔히 수태 후 분만의 곤란을 발생시킨다. 그리하여 임신한 돼지는 과도하게 살이 찌지 않도록 주의하고 또한 사료도 용적이 크지 않고 소량이며 농후한 것을 필요로 하니, 곧 곡류와 조박류(糟粕類) 등이 그것이다. 그러나 그 위장에 자극이 될 식품은 단호히 끊어야 한다.

2) 새끼돼지를 분만하면 그 포유(哺乳)에 주의해야 한다. 어미돼지는 왕왕 새끼의 생육을 등한히 하여 포유하지 않는 경우도 있으며 혹은 새끼가 송곳니로 젖꼭지를 상하게 하는 까닭에 포유를 꺼리기에 이르는 경우도 있다. 또한 새끼 수가 과다한데 유방의 발육이 좋지 않을 때는 육아상 자못 불리하니, 허약한 것은 도살하는 편이 낫다. 그렇게 하지 않으면 전부가 다 불이익을 입을 것이다. 포유기 내에 생육이 좋지 않음은 발육상 끝까지 불완전함을 면치 못하게 된다. 포유기는 약 2개월 이내로 하되 그 기간 내에 새끼돼지는 자유로 울타리를 출입하며 사료통에서 음식을 구하게 장치하여 그 발육의 발달을 꾀함이 필요하다.

3)[19] 새끼돼지는 사지가 건강하게 4-5일이 지나면 화창한 날에는 어미돼지와 함께 옥외에 돌아다니게 한다. 새끼돼지의 사료는 부산물인 조박류(糟粕類)를 흔히 사용하는데 이때는 인산(燐酸), 석회 등을 때때로 주어 골격의 형성을 완전케 한다.

4) 거세-불알 가르는 것-는 1-2개월에 행한다.

5) 살찌우는 방법 : 돼지를 살찌워 일반적으로 가을과 초겨울에 시장의 수요를 위해 공급한다. 하나는 여름의 방목을 최대한 활용하여 일찍 시장에 내놓기에 더욱 유리한 시기요, 하나는 농장의 부산물과 잔재 등이 풍부하여 살찌우기에 적합한 시기이기 때문이다. 살찌우는 방법을 행하는 데는 제1·제2·제3의 순서에 따라 자양 비율의 농도를 차

19　3) : 원문에는 '(二)'로 되어 있다. 앞의 번호가 중복되어 이를 바로잡았다. 이하의 항목 숫자도 바로잡았다.

차 줄이는데, 제1기에는 생장이 더욱 왕성하므로 단백질이 풍부한 것을 쓰고 제2기는 단백질을 줄이고 지방을 늘이고 제3기는 점점 지방량을 많게 하여 살찌우기를 완전히 한다.

6) 돼지우리는 온난하여 공기의 유통이 좋아야 하고 각 구역의 측벽은 평활(平滑)하게 하고 견고한 판자를 대어 굴곡이 없게 한다. 측벽의 높이는 대략 4척쯤으로 하여 천정을 공통으로 하고 상(床)은 청결히 유지하여 때때로 적당량의 톱밥과 건초 등을 준다. 상판(床板)은 목판도 좋으나 돌과 벽돌로 만든 것이 가장 좋다.

의존을 통한 생존은
독립으로 인한 사망만 못하다 / 박윤철(朴允喆)

성인(聖人)께서 가르치기를 "사람의 삶은 정직함이니 그 정직함을 속이면서도 생존한다면 요행히 죽음을 면한 것이다.[20]"라고 하셨다. 인생의 이치란 본래 정직이니, 정직하지 않으면 속인 것이다. 무엇을 일러 이치가 정직하다고 하는가. 사람이란 천지의 중정(中正)을 받아서 태어나 오행(五行)의 빼어남을 얻은 자이다. 이에 반대되는 자는 속이는 것이니 이(理)가 기(氣)의 치우침에 얽매이고 마음이 형체에 부려져 해를 입는 것이다. 현재 세계의 대세로 말하자면 태어나고 태어나는 것이 다 사람이요 만나고 만나는 것이 곧 사람이나 사람이면서 사람 노릇을 해야 사람이 사람이 된다. 그러니 대저 사람이면서 남에게 의지하는 것은 '속이면서 사는 것'이요 스스로 독립하는 것은 '삶이 정직함'을 이르므로 차라리 독립하여 죽을지언정 의지하여 살지 말아야 한다. 삶과

---

20 사람의……것이다 : 『논어(論語)』 「옹야(雍也)」에 나오는 구문으로, 사람은 정직함을 도리로 삼아야 수명대로 살 수 있다는 뜻으로 해석되어 왔다.

죽음 또한 큰일이기 때문이다. 살아도 구차히 살면 살아도 치욕이 되고, 죽어야 할 때 죽으면 죽음도 영예가 된다.

아아, 슬프도다! 삶을 좋아하고 죽음을 싫어함은 인지상정이다. 그리하여 삶의 욕구만 알아서 남에게 의지하다가 내가 기대던 바에 기대지 못하게 되고 힘입던 바에 힘입지 못하게 되면 도리어 살지 않고 죽느니만 못하게 된다. 아! 이것이 독립의 설이다. 나라는 독립으로 인해 자주를 누리고 사람은 독립으로 인해 자유를 누리니, 이를 세상만사에 미루어 넓힌다면 무엇을 이루지 못하겠는가. 그러나 간혹 고르지 못한 시운(時運)을 만나서 일신으로 순국하는 경우도 있으니, 마땅히 죽어야 할 때 죽는 것이 의지하며 사는 것보다 낮지 않은지는 충정공 민영환과 면암 최익현의 사례만 살펴도 귀감으로 삼을 수 있소.

우리 청년동포는 그 백전불굴(百戰不屈)의 지기(志氣)로 여러 사람의 마음을 하나로 합하여 조국의 정신을 잃지 말고 일치단결하여 수행하여 나가시오. 사람의 생사는 영혼의 취산에 기인하고 나라의 존망은 정신의 유무에 있소. 조금도 잊지 말고 조국을 향해 절하고 우리의 독립을 위해 곡하고 우리의 독립을 위해 노래함에 각자 독립된 힘을 지니고서 문을 닫아 봄이 와도 적막하던 예전 우리 공관(公館)에 독립의 깃발을 내거는 데 힘쓰소서! 힘쓰소서!

학창(學窓)에 밤비 내리니
벗에게 받은 감화가 우연히 떠올라 / 석소(石蘇) 이동초(李東初)

댕-댕- 산사(山寺)의 종소리가 나면 그때마다 아무 뜻 없이 반쪽 미닫이를 여니 만리 밖 하늘의 모습은 따뜻한 구름의 기세가 은은하고 삼경 깊은 밤은 가랑비 소리가 소소(蕭蕭)하구나. 이러한 때에 여기저기 둘러보고 물사(物思)에 깊이 들어가니 항상 가슴속에 품었던 마음과 사물에 부딪치면 임시로 일어나는 감회가 족족 야기된다. 창해(蒼海) 서쪽 백운대(白雲臺) 아래는 저기 부모의 나라일 터이요, 청구(靑邱) 동쪽 만년지(萬年址) 가운데에 괴상한 까막까치가 산다. 계획하여 꾸려감에 유지할 계책이 있으며, 채찍질하고 박차를 가함에 달려가게 할 방법이 있는가? 그만두어라, 지나친 망상을 말자, 하고 이윽고 미닫이를 닫고 등불을 대하여 앉아 마음의 벼리〔心綱〕를 바꾸어 잡고 염두(念頭)를 고쳐 향하여 내 신분상의 요무(要務)를 찾아서 맡을 것이다.

시대는 학생 시대요, 하는 일은 학문 종사로다. 적당한 시기를 어기지 말 것이며 일을 범범하게 하지 말라. 힘써 학문하고 힘껏 행함은 몸을 보호하는 예리한 방법이요, 덕을 닦고 뜻을 기름은 세상에 서는 기본이다. 본받을 만하다! 학문하는 것은. 우려를 만하다! 행하는 것은. 학문하지 않고도 아는 자가 얼마나 되겠으며 알지도 못하고 행하는 자는 누가 있겠는가? 학문하는 것이 좋으며 행하는 것이 좋다고 이미 말하였으니, 또한 어떻게 학문하여 나의 상식을 넓힐 것이며 어떻게 행하여 나의 품격을 높일 것인가? 책을 읽고 외고서 묵회(默會)하고 신독(愼獨)하는 것은 살아 있는 학문이라 할 수 없고 활용할 수 없는 까닭에 사람이면 밖으로부터 다른 이의 감화를 받아서 자유·자립과 일체를 이루지 않을 수 없는 것이다. 이리하여 벗의 감화를 크게 깨닫는 것이다.

아! 저 대단히 중한 것이 벗이요, 지극히 귀한 것이 벗이다. 젊어서는 나를 위로하고 나를 이끌어주는 좋은 스승이요, 커서는 가문을 일으키고 나라를 회복하는 집단이다. 하지만 매우 위험한 것도 벗이요, 심히 두려운 것도 벗이다. 젊어서는 나를 욕되게 하고 나를 파멸시키는 악마요, 커서는 가문을 기울게 하고 나라를 패망케 하는 폭도이다. 어찌 신중하지 않을 수 있겠으며, 경계하지 않을 수 있겠는가! 옛 사람이 이르기를 "이루기 어려움은 하늘에 오르는 것과 같고, 엎어져 무너지기 쉬움은 털을 그슬리는 것과 같아 그 지업(志業)의 성패 여부가 벗을 사귐과 관련 있으니 어찌하겠는가?"[21]라 하고, 또 이르기를 "군자와 함께 사귐은 마치 지초(芝草)와 난초(蘭草)로 꾸며진 방에 들어가는 것과 같아 오래되면 그 향을 느끼지 못하며, 소인과 같이 지냄은 마치 생선가게에 들어간 것과 같아 오래되면 그 냄새를 맡지 못한다."[22]라고 하였으니, 어찌 지초와 난초가 향기롭지 않을 것이며 생선이 냄새가 나지 않겠는가? 오래도록 스미어 변화되니 끝내 감각이 없는 것이다. 이로써 보건대 사람은 거처하는 곳과 사귀는 이를 따라 스스로 천성을 바꾸어 습관을 이루고, 그리하여 본래부터 받은 천성 외에 변화하여 별개의 천성을 이루는 것이다!

조롱 속의 학을 한번 보라. 학은 검은 치마 흰 저고리를 입고 붉은 정수리를 하고 두 날개를 한 번 들어 우주 사이를 날며 흰 구름 위로 솟아오른다. 아침에는 푸른 소나무가 있는 호젓한 동산에 노닐다가 저녁에는 옅은 아지랑이 푸른 노을이 긴 골짜기로 돌아갈 제, 명구(名區)의 바람을 읊조리고 승지(勝地)의 물을 머금는다. 그리하여 생각이 가는 곳에는 이르지 않을 바가 없으며 짝을 따르고 벗을 찾음에 족류(族類)를 벗어나지 않는다. 맑고 한가로운 생각은 마치 선객(仙客)과 같고 담박하고 빼어난 몸가짐은 흡사 옥랑(玉郎)[23]과 같다. 수많은 우족(羽族) 가운데 이처럼 초탁(超卓)한 새를 하루아침에 사로잡아 인간의 손에 보내어 조롱 속에 잡아두고 먹이를 주는데, 지나온 세월이 오래되니 조롱을 열어도 나갈 줄 모르며 나가도 날아갈 줄 모르고는 뜰로 내려와 닭과 오리와 동무하다가 날이 저무니 조롱으로 돌아간다. 아아! 이것은 처한 형편에 따라 천성을 고쳐 변화하여 우주에 비행함이 상쾌하다는 즐거움을 잊고

---

21 이루기……어찌하겠는가 : 『소학(小學)』「가언편(嘉言篇)」의 글을 인용하되, 약간 변형하고 덧붙였다.

22 군자와……못한다 : 『명심보감(明心寶鑑)』「교우편(交友篇)」에 있는 글을 약간 변형하여 인용하였다.

23 옥랑(玉郎) : 도교에서 일컫는 선관(仙官)의 명칭 중 하나이다.

대나무 조롱이 좁다는 불만을 깨닫지 못하는 것이다. 길드는 이치가 어찌 이 학에게만 있으랴! 사람으로서도 학처럼 될 수 있는 것이다.

무릇 나이가 아직 장년이 되지 않아 지려(智慮)가 아직은 확고하거나 충실하지 않고 재식(才識)이 아직 발달하지 않아 사상이 심오하지 않으며 인간사가 뒤집힘을 보지 못하고 염량세태를 겪어보지 않은 젊은이들은 많이들 그 사는 곳과 벗이 좋은지 여부에 따라 선하게도 될 수 있고 악하게도 될 수 있으며 어질고 준수한 이가 될 수도 있고 못난 사람이 될 수도 있고 또한 영웅 열사가 될 수도 있고 또 시시한 졸개 못난 노비가 될 수도 있다. 이것은 옛 역사를 거슬러 고찰해보니 분명한 사실이다. 젊은이의 바탕은 흰 실과 비슷하니 붉은 색 염료로 염색하면 빨갛게 되고 쪽으로 염색하면 푸르게 되리니 당초에 벗을 가려 살아가면서 짝을 맺음에 어찌 성찰하지 않을 수 있겠는가. 몸이 고향에 있어 가정의 장엄한 교육을 몸소 받고 스승의 고상한 귀감을 항상 접하더라도 금란지계(金蘭之契)와 이문회우(以文會友)의 도는 빠뜨릴 수 없는 것이다.

하물며 우리 유학생은 친척과 헤어지고 선산을 저버리고서 멀리 큰 바다를 항해하여 지금 사회교육의 자리에 처하였으니, 각자 그 학교에 따라서 질서의 규율이 있으나 인재를 가르쳐 기르고 나라를 도와 유익하게 하는 일에 어떻게 완전히 의뢰할 수 있으랴. 좋은 벗을 많이 찾아 서로 간에 선을 쌓아서 덕을 이룸을 돕는 것이 어찌 아름답지 않겠는가! 옛 사람이 말하기를 "그 사람을 알지 못하겠거든 먼저 그 벗을 보라."[24]고 하니 의롭고 용감하며 충성스럽고 용맹한 반열에 어찌 나약하고 비열한 무리가 있을 것이며, 총명하고 슬기로우며 단정하고 우아한 대열에 함부로 노둔하고 음탕한 놈들이 들어가겠는가! 같은 기질끼리 서로 찾고 같은 무리가 서로 따르는 것은 인지상정이다. 만년의 성패가 어찌 그 벗과의

---

24 그 사람을……보라 : 『명심보감』 「성심편(省心篇)」에 있는 글을 약간 변형하여 인용하였다.

사귐에 힘입지 않겠는가! 먼저 학술과 문예와 상업으로부터 국가를 떠받들고 큰 공훈을 세우는 대사(大事)에 이르기까지 뜻과 바람을 달성하는 것이 실로 벗을 사귀는 힘에 말미암은 것이 많고, 몸을 그르치고 명예를 더럽혀 일생을 잘못되게 하는 것도 역시 벗과의 사귐이 가져오는 일이다.

더욱이 재능은 사귐이 아니면 쓰이지 않고 명예는 사귐이 아니면 드러나지 않고 의로움은 사귐이 아니면 서지 못하며, 삿된 생각은 사귐이 아니면 일어나지 않고 나쁜 행동은 사귐이 아니면 이루어지지 않는다. 사람의 악한 일은 대개 음주와 호색과 도둑질 세 가지 일에 있는데, 호색과 도둑질은 대개 음주로부터 일어나거니와 음주가 처음 습관이 되는 것은 어디로부터 생겨나는가? 부모로서 그 자식에게 음주를 권하는 자는 누가 있으며, 형과 누나로서 그 아우에게 술을 권하는 자는 누가 있으며, 사부로서 그 제자에게 술잔을 권하는 자는 누가 있는가? 부모와 형과 누나와 사부는 모두 금지하고 물리치는데도 그럼에도 끝내 음주를 즐기게 되는 것은 어찌 벗이 이끌어서 그런 것이 아니겠는가? 내 벗이 정직하며 내 벗이 엄격하며 내 벗이 우아하고 고결한데도 나만 함부로 음주를 즐기고 여색에 빠져 마침내 도둑질의 부도덕함에 빠진 자는 아직까지 있지 않았다.

옛날을 살펴보아 증명하고 지금을 돌아보아 징험하더라도 큰 공을 아뢰어 아름다운 이름을 높이 내거는 자와 중도에 타락하여 털을 그슬린 듯 슬퍼하는 자가 벗에 관련된 것이 많으니 오늘날 우리가 맹렬히 반성하고 조심스럽게 걸어가는 것도 이 때문이 아니겠는가? 이상에서 논한 바가 꽤나 무잡(蕪雜)하게 되어 치우치고 우활한 줄은 잘 알겠으나 또한 어느 정도 감식안이 없지는 않으니 감회가 있어 기록한다.

애국가(愛國歌) / 이원익(李源益)

(1) 우리 대한제국의 기초가 반석(磐石)같이 굳건하고
    문명의 운명과 부강할 기약이 조수(潮水)같이 밀려와
    만국 가운데 두등(頭等)으로 영원무궁하리라.
(2) 우리 대한 태극기는 해와 달과 같이 높고
    예의의 풍속과 교육의 교화가 성신(星辰)같이 퍼져
    팔역(八域) 안에 동일하게 안락함이 무궁하리라.

봄날 산보하며 읊다[春日散步吟] 漢 / 국암(菊庵) 이규영(李奎濚)

동쪽으로 길을 향해 한가로이 소요하니	閒屐逍遙路向東
동천(洞天)은 점점 시장 소리에서 멀어지네.	洞天漸隔市聲中
앵두꽃 핀 마을에는 쓸쓸하게 비가 오고	櫻花村落蕭々雨
버드나무 못가에는 곳곳마다 바람 분다.	楊柳池塘處々風
고향에 남은 정신들은 자주 꿈에 들어오고	故國精神頻入夢
타향에는 제철 산물 각기 공을 이뤘구나.	殊方節物各成功
석양 아래 귀로에서 덜 깬 몸을 가누는데	夕陽歸路扶殘醉
야외의 붉은 먼지가 붉은 얼굴에 스친다.	野外紅塵拂面紅

밤에 우에노박람회를 관람하다[夜觀上野博覽會] 漢

/ 난곡(蘭谷) 이희철(李熙瑮)

박람회 야시장을 마음껏 누비니	博覽夜市放遊蹤
남녀 어깨 부딪히며 앞을 다퉈 걷는구나.	男女肩磨爭逐蹬
각 전시관 오색 등불은 만 곡의 별빛이요	各館彩燈星萬斛

정원 가득 꽃나무는 천 겹의 눈이로다.	滿園紅樹雪千重
국민의 산업이 이제 일어났구나.	國民産業方振起
물품과 기관들을 모두 진열하였네.	物品機關備設供
고개 돌려 고국 보니 감개가 무량하여	回首鄕園多感慨
잔뜩 술 마시고 지팡이 끌며 돌아가네.	痛飮樽酒曳歸筇

봄날을 읊다[詠春] 漢 / 우송(又松) 정인하(鄭寅河)

꽃비며 버들잎 도처에 가득하고	花雨柳煙處々多
동산 가득 맑은 경치에 나비 어지러이 다니네	滿園晴景蝶紛過
향초 핀 석양 길 밟고 오니	踏來芳草夕陽路
다시 꾀꼬리가 가지에서 노래하네	更有黃鸝枝上歌

해저여행 기담 제3회

- 주인과 종이 표류하여 목숨이 부평초 같았건만 세 사람이 바다에 뛰어 드니 마음이 철석같이 단단하였다 - / 박용희(朴容喜)

또 이야기하자면, 아로낙스 씨는 갑판 위에서 네드 랜드가 작살 던지는 것을 바라보다가 선체의 동요가 심히 격렬하여 피신할 방법이 없어 배 밖으로 흔들려 떨어졌다. 그리하여 장차 삼려(三閭)와 교유하게[25] 되려는 찰나에 다행히 옛날에 수영을 연습한 덕으로 물 위에 떠올랐다. 여기저기 돌아보아도 칠흑같이 캄캄한 밤이라 지척을 분간하기 어렵고

---

25 삼려(三閭)와 교유하게 : 물에 빠져 죽는다는 뜻으로 보인다. 삼려는 중국 전국시대 초나라의 관리이자 문학가인 굴원(屈原)을 이르는 말로, 그의 벼슬이 삼려대부(三閭 大夫)였기 때문이다. 굴원은 초 회왕(楚懷王)에게 직언을 하다가 추방되어 결국 멱 라수(汨羅水)에 투신자살하였다.

단지 조수(潮水)를 따라 표류하여 왔다 갔다 하였다. 그러다 갑자기 앞에 물체 하나가 유동(流動)하는 듯하기에 마음속으로 피난하는 보트인 줄로 추측하고 큰 소리를 내어 구제해달라고 애걸하였으나 천신만고 끝에 심신이 피곤해져 목소리가 나오지 않았으므로 바다 밑으로 가라 앉아 갈 따름이더니 뜻밖에 콩세유와 네드 랜드 씨가 와서 구원하였으므로 만사일생(萬死一生)하게 되었다. 그러나 아득히 넓은 바다에 의지할 곳이 또 없어서 만일 요행히 하마(河馬)²⁶와 바다뱀(海蛇)²⁷의 독이빨을 만나지 않는다면 비둘기 머리처럼 가라앉기만을 기약하였다.

그러더니 하늘의 도움이 아닌가. 전면에 암초 같은 물체 하나가 나타났기에 세 사람이 힘을 다하여 헤엄쳐 가서 물 위로 나타난 그것을 붙잡고 올라가 자세히 살펴보니 암초가 아니라 철석과 같이 단단한 괴물체였다. 때는 가을 9월-단, 양력으로- 새벽녘이었다. 해풍이 갑자기 일자 구름과 안개가 사방으로 흩어졌고 반달이 희미하게 드러나자 비단 같은

---

26 【원주】하마는 해양에 서식하는 동물인데 모습이 말과 가까운 까닭에 하마라 이름 붙인 것이다. 본디 육지에 살던 동물이므로 장시간 물밑에 숨지 못하고 일정한 시간에 물 위로 떠올라 공기를 호흡하므로 냉혈동물(冷血動物)-어류나 지렁이-과 판이하여 더운 피를 가지고 있다. 때문에 동물학에는 이러한 짐승을 서수수족(棲水獸族)이라 이름 붙였으니, 고래, 바다표범, 물범[膃虎], 바다코끼리, 하마, 강치, 물개 등은 다 이 과(科)에 속하는데 대체로 천성이 느리고 무디며 따라서 신경감각(神經感覺)이 둔한 것이 그 특질이다.
단, 청개구리 등의 부류도 표면상으로는 서수수족과 유사하지만 그 발육하는 순서와 아가미가 먼저 생겼다가 폐가 뒤에 생기는 등의 다른 점이 적지 않으므로 별도로 양서충류(兩棲虫類)라고 이름을 붙였다.

27 【원주】바다뱀은 열대 바다에 서식하는 파충류이니 길이가 수십 자이며 둘레가 마룻대나 들보 같이 긴데 고래를 말아서 쉽어 삼킨다. 이 파충류는 일반성질이 아주 지독하며 또 계통적 괴형신경계(塊形神經系)를 가졌으므로 비록 가운데서 잘리더라도 주된 기능을 하는 괴형신경구(塊形神經球)만 온존한다면 다시 머리가 생기고 발이 돋는 것이 그 특징이다. 이 파충류에는 바다뱀, 독사, 살모사, 반시청(飯匙倩)-일본 사람이 하부라고 부르는 것이니 사람이 만약 물린다면 중독이 심하여 목숨이 위험하다-, 비단뱀, 방울뱀, 대망(大蟒), 지네, 도마뱀-속칭 동아뱀이라는 것이니 열대지방에서 나는 것은 우리나라에서 나는 것과 매우 달라 길이가 대여섯 자를 넘고 형태는 악어와 같다- 등이 다 이 부류에 속하니, 다 냉혈동물이다.

파도가 영롱하였다. 세 사람이 이 괴물체에 대하여 한편으로는 놀라며 한편으로는 의아해 할 적에 아로낙스 씨가 놀라 말하기를 "이 괴물은 물짐승도 아니고 암초도 아니며, 곧 잠수하여 다니는 철함(鐵艦)이다. 이 잠수함이 다행히 떠올랐기에 한때의 운명은 얻었으나 오래지 않아 다시 가라앉을 터이니 어찌하겠는가. 틈이나 있으면 이 잠수함 안에 들어가 임기응변하다가 불행히 운명이 다하여 저들의 맹렬하고 지독한 손 아래에서 죽더라도 지금 속수무책으로 침몰하는 것보다는 배로 낫겠지만 틈이 없음을 어찌하랴?" 하고 피차간에 마주보며 탄식할 뿐이었다.

그런데 홀연 폭풍이 성내어 울부짖음에 파도가 하늘에 부딪치고 잠수함 안에 소리가 있어 마치 지휘하는 듯하더니, 잠수함이 점점 가라앉는 것이었다. 아로낙스 씨와 콩세유는 하늘을 우러러 길게 탄식하며 "이것이 이른바 '돌아보니 달은 이미 기울었는데 / 오늘 밤엔 누구 집에서 묵어갈거나[回看月已斜, 今夜宿誰家].'라고 하는 격이구나!" 하고 눈앞이 캄캄해져 눈물만 흘릴 뿐이었다. 이때 네드 랜드 씨는 노기가 하늘을 찔러 머리카락이 치솟고 기세가 만 길 높이로 솟아올라 격분을 이기지 못할 형세로 발을 들어서 잠수함을 치며 크게 부르짖었다. "당신들도 사람이라면 어찌 그리 예의가 없는가!"

그랬더니 이 소리가 잠수함 안에 이르렀는지 그 잠수함이 갑자기 가라앉기를 중지하더니 빗장 여는 소리와 함께 잠수함의 문이 조금 열리면서 장사 하나가 잠수함 밖으로 나타나 횡설수설 몇 마디를 한 뒤에 다시 잠수함 안으로 들어갔다. 그리고 잠깐 뒤에 용모가 괴상하고 커다란 장사 여덟 명이 잠수함 위로 다시 나와 세 사람을 잠수함 안으로 인도하여 한 캄캄한 방에 가두어 넣고 잠그고 가버렸다. 세 사람이 갈수록 의아하여 그 방의 구조와 위치를 알고자 하여 각자 손으로 쓰다듬고 발로 더듬으니 왼편에 닿는 것은 벽이고 오른편에 닿는 것은 탁자이며 앞으로 부딪치는 것은 콩세유이고 뒤로 부딪치는 것은 네드 랜드 씨였다. 세 사람이 본래 자리에 다시 앉자 네드 랜드 씨가 성내어 부르짖기를 "이것은 야만인이 고기를 잘라내는 푸줏간이 아닌가?" 하니, 콩세유가 "이것은 이른바 석가모니의 아비지옥(阿鼻地獄)이라오."라고 대답하고 한편으로는 껄껄 크게 웃으며 한편으로는 의아해하기를 그치지 않았다.

대략 30분이 지난 뒤에 갑자기 번쩍하고 광선이 방 안을 비추어 흩어졌다 반사하는 광휘에 눈을 뜨기가 어려웠다. 세 사람이 피차간에 손을 들어 눈을 가리고 틈 사이로 보니 천정에 반구 형태의 등(燈)을 거꾸로 달았는데 안화(眼花)가 생겨 보기 어려웠다.

이 때 네드 랜드 씨는 저 야만인들이 세 사람을 해치러 오는 줄 추측하고 허리띠의 단검을 뽑아 철벽에 기대어 숨으면서 맹호가 강을 건너는 기백과 사자가 토끼를 잡는 기세로 그들이 들어오기를 고대하는 것이었다. 아로낙스 씨가 은근히 타이르기를 "만일 저들이 우리의 말을 받아들이지 않고 무례한 행동을 한다면, 그때에 완력으로 상대해도 늦지 않다." 하였으며, 콩세유도 만류하여 "네드 랜드 씨, 당신은 함부로 움직이지 말고 매사를 침착하게 처치하십시오. 만일 함부로 움직이는 때에는 우리의 내력과 정형(情形)을 알리는 것은 고사하고 도리어 그들의 분노를 불러 스스로 화란(禍亂)에 빠질 빌미가 됩니다." 하고 말로 타이르자 네드 랜드 씨도 마음을 돌이켜 칼을 거두어 칼집에 넣고 한 모퉁이에 숨어 있었다.

이 때 방 안이 조용하고 사방을 둘러보아도 물건이 없었으며 철문이 굳게 잠겨 있있는데 파도소리도 들리지 않고 비추이는 것은 빛뿐이요, 느껴지는 것은 슬픔뿐이었다. 서로 생각에 빠진 듯 묵묵히 고개를 숙였는데 갑자기 빗장 여는 소리에 철문이 왼편으로 열리면서 장사 두 사람이 들어왔다.

주의 : 이『해저여행』에서 그저 광선 또는 반구 모양의 등이라 부르는 것은 곧 전기 및 전등을 일컫는 것이다. 대개 제12회에서 네모가

기이한 계책으로 갑자기 야만의 적을 쓰러뜨린 비밀을 먼저 누설함을 좋아하지 않는다고 하였는데, 전기 작용을 상세히 이야기하려면 책의 분량을 뛰어넘고 글이 중첩되는 까닭에 일일이 기재하기는 어려우나 대체로 전기를 작동시키는 데 마찰발전작용(摩擦發電作用)과 화학작용이 있다. 전자는 곧 기계와 기계를 마찰하여 전기를 일어나게 함이니 곧 수력전기(水力電氣), 회륜전기(回輪電氣) 등이요, 후자는 화학작용을 이용하여 전지 안에 발전약품(發電藥品)-가령 염화암모늄과 물을 함께 담아 전기를 일어나게 하는 것과 같다-을 섞고, 十극 곧 양극-적극(積極)이라고도 한다-과 —극 곧 음극-소극(消極)이라고도 한다-의 배치로 전류를 발전기라고 부르는 기계 안에 유통하게 하면 발전기의 크기에 따라 그 역류하는 전력도 따라서 같은 비율로 배가하니 이를 응용하여 더러는 기계와 전차 등도 마음대로 운전하며 더러는 전등, 전화, 전신 등도 마음대로 사용한다.

안창호(安昌浩) 씨의 인격 / 월단생(月旦生)

우리 한국동포는 기억하는가, 나이 28세에 독립협회에서 헌신적 정신으로 나라를 위해 몸 바치던 안창호 씨를.

세상 사람은 잊지 않았는가, 만리 미국 땅에 단신으로 건너가 뜻있는 동포와 한마음으로 협력하여 암흑의 한인사회에 공립협회를 설립하고 지난한 동포를 단결 수합하여 만강혈성(滿腔血誠)으로 국가사업을 경영하며 천애(天涯) 만리에 신조선을 개척한 안창호 씨를.

월단생은 말한다. 대개 사람을 평론할 때 장래의 인물을 판단하는 것은 과도(過渡)의 인물을 판단하는 것보다 수백 배는 곤란하다. 다만 독립협회와 공립협회에서 활동하던 범위로써 이분을 칭송하는 것은 표범의 무늬 하나를 엿봄[28]과 흡사하다 하겠다. 해는 광무 11년이요 때는 2월이 되어 초하룻날에 우리 태극학회 여러 회원이 만강혈성으로 이분을 환영하니, 골격이 우람하고 위의가 당당하고 사람을 대하여 나누는 말씨가 경건하며 박애의 정신이 만면 가득 넘쳤다. 소개자를 따라 단에 올라 연설하니 말이 오갈 때마다 일언일구가 사람의 간장을 감동케 하므로 강당을 가득 메운 회원이 거의 다 칭송하고 감탄하며 말하기를 "참으로 세상에 드문 웅변가이다. 뜻밖에 지금 한국 유지인(有志人) 사회에 이러한 인물이 있구나." 하였다.

　월단생은 말한다. 이분의 웅변을 아낌은 결코 그 세 치 혓바닥의 놀림에 있지 않고 그 웅변이 그 인격과 일치·암합(暗合)함에 있다 하겠다. 이분의 역사는 악극(樂劇)보다 비극이 많고 성공보다 실패가 많아 과거의 사적으로써 현재의 인격을 평론하기 어려우나, 이분의 이상은 참으로 우리 한국동포에게 가장 좋은 모범이 된다. 무엇을 말함인가. 십수 년 이래로 동분서주하여 대단한 환난고초를 겪었으되 백절불굴의 정신과 맹진무퇴(猛進無退)의 용기는 갈수록 공고해져 눈앞에 과거와 현재가 없고 다만 미래의 신념이 있도다. 한마디로 말하면 이분은 비관적 사상이 충만한 우리 한국인 가운데 대단히 낙관적인 용장(勇將)이요, 활기 없는 우리 한국동포 가운데 분투적 인물이라 하겠다. 이분은 잠시라도 책임의 중대함을 잊지 말아야 할 것이다.

28　표범의 무늬 하나를 엿봄 : '대나무 대롱으로 표범을 보면 무늬 하나만 보인다'는 고사성어에서 나온 표현으로 전체를 못 보고 사물의 일부만 이해함을 뜻한다.『진서(晉書)』「왕헌지전(王獻之傳)」에 나온다.

| 잡보(雜報) |

• 회원소식

○ 본월 6일 오후 3시 반에 전 감독-본 회원- 한치유 씨가 신바시(新橋) 발 열차로 귀국하였다.

○ 본 회원 이보경(李寶鏡) 씨가 부모님을 뵙기 위해 귀국하였다가 지난 달 25일에 도쿄에 건너왔다.

○ 본 회원 지희경(池熙鏡) 씨는 부모님을 뵙기 위해 본월 6일 오후 3시 반에 귀국하였다.

○ 본 회원 홍승일(洪承逸) 씨가 부모님을 뵙기 위해 본월 20일 오후 10시 반에 귀국하였다.

○ 본 회원 문일평(文一平) 씨가 작년 11월에 귀국하였다가 본월 17일에 도쿄에 건너왔다.

○ 신사가 건너옴. 정운복(鄭雲復), 안창호(安昌鎬) 2인이 유람하기 위해 본월 16일에 도쿄에 건너왔다.

○ 학생이 건너옴. 평안북도 박천(博川)에 사는 송욱현(宋旭鉉), 한익섭(韓益燮) 두 분과 평남 강서(江西)에 사는 강정섭(康鼎燮), 이덕교(李德教), 김병억(金炳億) 3인과 경성에 사는 이규정(李圭廷) 씨가 유학의 장한 뜻을 결행하고 본월 17일에 건너왔는데 해당 일행 중 이규정 씨는 나이 현재 14세에 외국으로 나가 유학할 뜻을 결행했으니 참으로 사람들로 하여금 감탄해 마지않게 할 것 같다.

○ 감독이 부임함. 신임 유학생 감독 신해영(申海永) 씨가 지난 달 25일에 부임하여 사무를 보았다.

○ 전 태극학교 교사 후지이 다카요시(藤井孝吉) 씨가 가나자와상업학교(金澤商業學校) 교사로 초빙되어 본월 7일에 신바시(新橋) 열차로 출발했다.

• 신입회원

한명수(韓明洙), 서윤경(徐允京), 유종수(柳種洙), 장세우(張世瑀), 김윤
영(金潤英), 강경엽(姜敬燁), 김지건(金志健), 한문선(韓文善), 강진원(姜
振遠), 장경락(張景洛), 이인학(李寅鶴), 홍순옥(洪淳沃), 박장순(朴璋淳),
정운규(鄭運奎), 황석교(黃錫翹), 김윤규(金崙圭), 석용환(石用鋐), 이동
초(李東初) 여러분이 입회하였다.

• 태극학보 제6회 의연인 성명

안병락(安炳烙) 씨 5원		이윤찬(李允燦) 씨 3원	
김석태(金錫泰) 씨 5원		최재원(崔在源) 씨 1원	
정원명(鄭元明) 씨 2원			

• 회사요록

○ 본회에서 21인의 단지(斷指) 학생을 위해 내지 각 신문에 광고하고
모집한 제 2회 구조금(救助金)인 신화(新貨) 188환(圜)을 수전소(收錢
所) 대한매일신보사에서 본회로 송부하였기에 회계 김진초(金鎭初) 씨
를 총대로 정해 해당 학생에게 보냈다.

○ 지난달 28일 총회에서 김진초씨가 의견을 내었다. 본회에서 새로
고빙한 태극학교 교사 이토 료키치(伊藤良吉) 씨의 환영회를 열자고 함
에 일치 가결되어 이번 달 5일에 해당인의 환영회를 열었다.

○ 서우학회 회원 이정수(李政秀) 씨가 21인 단지학생에게 연조금(捐助
金) 3원을 본회로 송부하였기에 즉시 총대 1인을 정해 해당 학생에게
보냈다.

○ 블라디보스톡에 거주하는 우리 동포 여러분이 일본 도쿄에 있는 21
인 단지 학생에게 2원 50전을 연조했는데, 총대 서상구(徐相龜) 씨가
이번 안창호 씨 편에 본회로 송부하였기에 즉시 총대 1인을 정해 해당
학생에게 보냈다.
○ 본회에서 모집한 국채보상금 두 번째-사월조-조 29원 49전을 황성
신문사로 송부했다.

• 양씨 환영회

  이번 달 19일에 정운복(鄭雲復), 안창호 두 분의 환영회를 열었다.
회장 장응진(張膺震) 씨가 개회사를 말하고 부회장 최석하(崔錫夏) 씨가
축사를 한 후에 정운복 씨는 학생계에 주업방침(做業方針)과 품행에 대
해 간독(懇篤)하게 격려하며 연설하고 안창호 씨는 내국에서 시찰한 대
략의 정황인 현재 실업계의 경제공황의 정형으로 일장 연설했다. 강인
우(姜麟祐) 씨가 답사를 한 후에 회장의 폐회사로 폐회했다.

광무 11년 05월 27일 인쇄
광무 11년 06월 03일 발행
메이지 40년 05월 27일 인쇄
메이지 40년 06월 03일 발행

• 대금과 우편료 모두 신화(新貨) 12전

일본 도쿄시 혼고구(本鄕區) 모토마치(元町) 2정목(丁目) 66번지 태극학회 내
편집 겸 발행인   장응진(張膺震)

일본 도쿄시 혼고구 모토마치 2정목 66번지 태극학회 내
인쇄인   김지간(金志侃)

일본 도쿄시 혼고구 모토마치 2정목 66번지
발행소   태극학회

도쿄시 교바시구(京橋區) 긴자(銀座) 4정목 1번지
인쇄소   교문관인쇄소(敎文館印刷所)

광무 11년 6월 24일 발행(매월 24일 1회)

태극학보

제11호

태극학회 발행

립니다.

　재일본 도쿄 태극학회 삼가 알림

　태극학보 찬성원 여러분 좌하

• 특별광고

목차

태극학보 제11호

| 논단 |

희망의 서광 / 백악자(白岳子) 장응진(張膺震)

크도다. 희망이여! 아름답도다. 희망이여! 희망은 인생 생활의 원천이요 활동의 선봉이다. 청년 남녀가 온갖 풍상에 고군분투하며 객창(客窓)의 싸늘한 등불 아래에서 부지런히 힘써 학업에 종사함도 그 보이지 않는 생각 속에는 미래의 영웅이 있고 부귀와 공명이 있고 일체의 대사업을 포함한 무수한 희망이 흉중에 가득하다. 여름철 무더운 날에 농부가 비지땀을 흘려가면서 밭 갈고 김매는 일을 게을리하지 않고 노력하는 것도 곡식 무르익는 가을이 한번 와서 풍부한 수확을 얻으면 겨울철 따뜻한 방에서 태평하게 배를 두드리며 집안 식구 모두 평화롭고 단란하게 됨을 달게 꿈꾸며 자위하는 희망이 마음 속 계산을 지배하는 데에서 말미암는다. 하물며 동서고금에 큰 희망이 없고서 큰 활동을 시도한 자가 누가 있으며 큰 희망을 세우지 않고서 큰 사업을 건설한 자가 누가 있는가.

근래 우리 국민들 가운데 절망의 소리가 점점 높아지고 특히 우리 청년들 가운데 절망병에 걸려 자포자기하는 자가 도처에 있다고 하니 과연 정말인가. 아닌가. 만일 우리 청년들의 두뇌에 불행히도 이러한 경향이 있으면 이는 쉽게 간과하지 못할 현상이다. 혹자가 말하기를 "오늘 우리 국민 중에 다소 지기(志氣)가 있는 자가 시세를 통찰하면 국가의 앞길을 우려하고 종족의 위기를 몹시 개탄하는 나머지 심려의 소치로 이러한 경향에 이르는 것은 또한 인정과 사리상 피치 못할 일이다."고 하면, 나는 답하기를 "만약 우리 국민들 가운데 실로 이러한 인사가 있으면 그 사정과 형세는 가련하여 동정의 눈물을 뿌릴 만하나 실제로는 시세를 통찰한 것이 아니요 일편단심으로 나라를 근심하는 것도 아니요 진정으로 종족을 위하는 것도 아니요 자못 신체가 건전하지 못하고 정신이 완전하지 못한 기생충류의 나약한 무리들이 회피하기 위해 거짓으로 꾸민 말이다."라고 하겠다.

한번 생각해보라. 우리 인류가 태초 혼돈시대를 지나 지금과 같은 문화 수준의 정도에 도달하기까지 중간에 얼마나 많은 비참한 역사와 얼마나 많은 분투(奮鬪)의 역사가 몇 번이나 있었는지 셀 수 없으며 쉼 없이 반복되어온 사실을 기억치 못하는가. 맹수를 내쫓고 산과 들을 개척하여 오늘과 같은 좋은 밭과 비옥한 땅으로 바꾸고 바람과 비와 추위와 더위의 침해가 있으면 이를 예방하기 위해 가옥과 의복을 제정하고 날짐승과 길짐승을 길들여 노력을 대용하게 하며 일체의 자연을 정복하여 인류 생활의 자본을 공급한 것으로 시험 삼아 보더라도 우리 조상들이 수없이 분투하여 힘들인 역사를 환하게 보여주는 사실들이 이와 같이 증거가 되지 않는가. 이를 통해 보면 사람이 한번 울음소리를 내고 태어나 생명을 이 세계에 의탁하는 때에는 동시에 분투하지 않을 수 없는 운명을 선천적으로 가지고 있는 것이다.

그러므로 사람이 신체가 건강하지 못하고 의지가 견고하지 못하고 지식의 사상과 도덕의 관념이 발달하지 못하여 도저히 분투할 능력을 가지지 못한 자는 형세상 부득이 생존을 보전하기 어렵고, 능력을 갖추고 있는 자는 쾌락한 생활을 영위하는 것이다. 또한 우리 일개 인생의 생명은 백 년을 넘기지 못하나 국가의 생명은 이와는 달리 영원토록 무궁한 수명을 가지고 있다. 오늘날 동서의 여러 나라가 각기 국민을 교육하는 취지도 역시 이에 의거하여 오늘날 격렬한 경쟁의 장에 감당하여 용맹하게 설 수 있을 만한 인물의 양성을 최고의 목적으로 정하는 것이다. 그러므로 승리의 땅을 차지한 자는 쾌락한 생활로 인사(人事)에 낙관이 많은 반면, 패배의 자리에 처한 자는 어두운 앞길에 한 점의 밝은 빛조차 인지하지 못해 희망도 그에 따라 사라져서 풍진 세상의 풍파에 감응하여 생기는 것이라고는 번민과 괴로움뿐이요, 인사(人事)의 번복에 비관함이 많아 자기 신세를 스스로 탄식하고 남을 원망하고 세태의 무정함을 한하고 천도(天道)의 불공정함을 하소연하다가 결국에는 자멸자진(自滅自盡)하는 참혹한 운명을 면치 못한다. 그러니 저 사람의 인생을 살펴보면 참으로 가련하다! 서양 철학자가 말하기를 "하늘은 스스로 돕는 자를 돕는다"고 하니 자포자기하여 자신의 운명을 스스로의 힘으로 개발하지 않는 자에게 어느 곳에 싼값조차 쓰지 않고 얻는 행복이 많고 많아 행복을 두 배로 내려줄 리가 있겠으며 두 손을 맞잡고 움직이지 않고서 팔자나 운수가 찾아오기를 앉아서 기다리는 사람의 입속에 음식이 저절로 걸어 들어올 이치가 어디에 있겠는가. 그러므로 분투가 희망의 꽃을 피우고 희망이 분투의 뿌리를 이룬다면 그 사이에서 행복의 열매가 자연히 무르익을 것이라 단언하기를 나는 꺼리지 않는다.

한번 보라. 희디흰 눈이 대지를 감싸 안고 뒤덮어 산하는 다 빙문(氷門)으로 굳게 잠기고 북풍이 살갗을 찢어 만물이 모두 참담한 풍경을 드러내는 추운 겨울날에 우리가 만일 과거에 경험하지 못했다면 머지 않은 장래에 따뜻한 봄이 온화한 기운을 한번 발하여 온갖 화기로 한창 화창할 때에 황야(荒野)의 고목(古木)이 다 향기로운 풀과 푸른 잎으로 새로운 얼굴을 화장하고, 새가 노래하고 나비가 춤추는 자연의 오묘한 곡조를 조화롭게 하며 산골짜기 나무 그늘에 졸졸 흐르는 맑은 샘물은 천리(天理)가 순환하는 소식을 전달하여 대지가 갑자기 더할 나위 없는 낙원으로 확 바뀔 줄을 능히 예상하여 헤아릴 수 있는 자가 누가 있겠는가. 우리가 비록 수천 년 과거의 역사에는 능통하더라도 닥쳐올 한발자국의 일은 변별해내지 못하는 인류이니 언뜻 생각하면 우리 인류의 아는 것 없고 하는 것 없음을 탄식할 만하나 다른 한편으로 다시 생각해보면 이는 곧 우리에게 희망을 주는 유일한 발원(發源)이요 또 우리로 하여금 희망의 대소(大小)와 활동의 여하에 따라 어떠한 사업이라도 성공하지 못할 것이 없는 비결을 우리에게 은연중 보여주는 것이 아닌가. 그렇다면 우리는 자못 지금의 현상을 가지고 비관이니 절망이니 하며 변변찮게 무기력한 어리석음을 토로할 오늘이 아니요 자못 역량이 닿는 대로 분투의 생활을 영위해야 함을 스스로 깨닫는 것이 옳으며 역량을 배양하고자 할 때는 가장 먼저 신체를 단련하며 정신을 수양하고 지식을 힘껏 습득하여 분투 생활에 적합한 인물이 되기를 스스로 기약해야 한다. 하물며 우리 청년들은 앞길이 만 리 같고 포부가 산해(山海)와 같으니 더 말해 무엇하랴.

　나는 항상 생각하기를 "이 세상에서 가장 가련한 자는 부잣집의 호강하는 자제와 오늘날 소위 문명국에서 태어난 청년이다."고 하였다. 요행히 선조가 남긴 은택으로 일신에 노고를 겪지 않고 특별한 사랑을 받는 아이의 생애를 누리나 활동의 여지가 없는 까닭에 그 마음속에는 한 점의 원대한 희망도 없고 고상한 사상도 없고 강하고 굳센 지기(志氣)도 없고 사람의 타고난 직분을 이해하지 못하며 인생의 인생 된 진의를 이해하지 못하고 흐리멍덩 무지몽매하여 취한 듯 살다가 꿈꾸듯 죽는 생활만을 영위하면서 자신이 어떠한 처지에 있는지도 스스로 깨닫지 못하는 자가 왕왕 있다. 어째서 그러한가. 비상한 희망과 고상한 사상과 굳세고 단단한 지기는 비상한 고초(苦楚)와 단련(鍛鍊)으로부터 나오는 것이요 행복의 가치는 수많은 참담함과 슬픈 지경을 겪어 자기 손으로 구해 얻은 것이 아니면 진정한 값과 실제 맛은 도저히 인정하지 못할 것이다. 그러니 평소 우리의 신체가 건강할 때에는 일념으로 욕망 추구에 급급하여 신체 건강이 어떠한 행복이 되는지를 깨닫지 못하다가 하루아침에 병상에 눕게 된 때에야 신체 건강이 인간 행복에 가장 중요함을 비로소 깨달을 것이니 실제 값을 치르지 않고 얻은 행복은 결코 그 진가를 드러내지 못하는 것이다. 장대하도다! 통쾌하도다! 오늘 우리 청년들의 역량을 시험하고자 하는 신무대는 각 방면에 무수한 □…□을 열고 우리 청년 남아들의 활동 수완을 밤낮으로 고대하고 있도다.

청년들아. 우리가 다행히 같은 시대 같은 지역에 태어나 한 배를 타고 세상을 건너는 중에 불행히도 격랑을 만나 일시에 비상한 곤경을 당하니 이때에 다 같이 물에 들어가 자진하면 그만이거니와 만약 혹 저 언덕에 도달할 희망이 조금이라도 있으면 절망이니 할 일이 없다느니 하며 부침(浮沈)과 전복(轉覆)을 천운에 모두 맡기고 하늘을 보고 울부짖으며 죽어 없어지기를 앉아서 기다리는 것이 옳은가. 일생의 기력(氣力)을 다하여 죽은 뒤에야 그칠 결심을 갖고서 한 마음으로 힘을 합해 분투하기를 굽히지 않으면 구사일생의 위기에서 구출될 도리가 없는가. 그 나라에서 태어나 그 나라에서 입고 먹고 그 나라에서 자라는 이상 그 국민의 직분을 다하지 않아 조상의 죄인이 되고 천추의 오점을 우리 시대 역사에 남기는 것이 우리가 차마 볼 바인가. 사람은 희망이 완전히 끊어지면 그 형체는 비록 곤충처럼 움직이더라도 정신상으로는 죽은 지가 이미 오래된 것이다. 청년들아. 죽은 사람이 되지 말고 원대한 희망을 유지하며 원대한 희망을 실현하기 위해 용감히 정진할지어다. 아아, 희망이여! 아아, 희망이여! 청년들이여! 청년들이여!

정신 교육의 필요 / 이동초(李東初)

세계는 문명개화(文明開化)된 세계를 칭찬하고 사람은 학술(學術) 있고 실업(實業)하는 사람을 칭찬하여 형식적으로 순수하기는 검주(黔州)의 나귀[1]와 방불하고 실질적으로 가볍기는 책상 위의 먼지와 비슷하다.

---

1 검주(黔州)의 나귀 : 기량이 단순하여 별 볼일 없음을 이른다. 검주는 나귀가 없는 지역이라. 어떤 이가 나귀를 데려다가 야산에 풀어놨더니 범이 그것을 보고 무서워

이러한 선진국 사회에서도 정신수양의 특별교육방책을 연구하는 것이 간과 콩팥처럼 긴요한 상황인데, 하물며 우리나라 사회는 백보를 양보하여 교육을 받는 주체가 깨끗하기는 흰 실의 바탕과 같아 먼저 먹을 가까이하면 검어지며 먼저 붉은 색을 찍으면 붉어질 것이니, 만약 저 부경(浮輕)한 교육에 손가락을 찍어 맛보지 말고 처음부터 정신의 교육을 함양하여 완미(完美)한 영역에 도달하기를 기약하게 함이 우리나라 교육에는 대단히 필요하다.

대저 교육의 근본은 세 가지 요소로써 성립된다. 이 세 가지 요소는 무엇을 이르는가. 바로 가정과 사회와 학교를 이르는 것이다. 지금 이 세 가지가 서로 무슨 관계로 어떻게 존재하게 되어 어떻게 발달한 것인지, 그 근본 의미를 췌언할 것이다.

저 가정교육과 사회교육이라 하는 두 가지 가운데 무엇이 우리 인족(人族)에게 앞장서서 나타났는가. 적이 거슬러 고찰해보면, 생활정도가 유치하며 법문(法文)의 질서가 만들어지지 않은 고대에 사회교육은 비슷한 것이 있었다고 애써 말하더라도 가정교육이라고 하는 것은 그림자도 만들어지지 않았을 것이다. 나무를 얽어서 둥지를 만들고 열매를 따서 먹이를 삼아서 모이고 흩어짐이 일정하지 않음에, 더러는 어미가 있는 줄 알아도 아비가 있는 줄은 모르며 더러는 임금이 있는 줄 알아도 형제를 묻지 않았다. 강자가 성내어 약자를 죽이며 우월한 자가 협박하여 열등한 자를 억압하여 나의 먹거리를 덜어내어 바치게 하고 자신의 지위를 미루어서 높이게 하니 이마를 조아리고 머리를 숙이는 예식과 악수하고 입술을 마주 대는 의식이 우연히 □…□ 발달하였다. 여기에 생존상의 필수 관계로 말미암아 자연히 사회의 제재가 생기며 자연히 사회교육이 행해진다. 바꾸어 말하면 원시추장제도가 점점 발

했다. 나귀가 주위를 배회하는 범을 뒷발로 찼더니, 범이 나귀의 재주가 그것뿐임을 알고 달려들어 잡아먹었다는 '검려지기(黔驢之技)' 고사에서 나온 말이다.

달하여 다수의 인족이 추장을 중심기관으로 삼아 그 집단을 보호 유지
하니, 이로 말미암아 마침내 차츰 국가조직을 형성하는 데 이르렀다.
언제인지 모르는 사이에 개개 가정의 가르침은 저 사회에 대한 생활의
관계를 따라서 단련되어 습속이 되니, 이 가정교육의 입각지(立脚地)는
바로 옛날의 사회교육이다. 그런 즉 이것이 저것의 바뀐 상태로써 순응
하는 데 도리어 힘을 쓰는 것이다.

그러나 우리는 그 성질의 순수하고 조잡함이 서로 다르고 그 관념의
넓고 좁음이 서로 다른 까닭에 가정교육에 치우쳐 받은 자는 더러 사회
교육을 무시하며 사회교육에 달관한 자는 더러 가정교육에 완전히 어
두워 속에 감추고 몰래 숨기는 습속이 이루어지며 잔인 포악하고 요사
하고 간악한 폐단이 생겨 가정이 돈독하고 화목하지 못하며 사회가 어
지러운 지경으로 기울어져 세망(世網)을 지탱하기 어려우니, 이것이 그
제야 이른바 학교교육이라는 것이 생겨난 까닭이다. 그러한즉, 학교교
육은 가정교육의 정신과 사회교육의 의사(意思)를 소통시키고 조화시
킨 통일적 기관이다. 그러므로 우리나라가 수백 년 이전부터 국학(國
學)과 주서(州序)와 향숙(鄕塾)²을 설립하여 나라의 선비를 거두어 길렀
으니 세상일의 전말과 인간 도리의 헤아림이 여기서 유래하였음을 알
수 있을 것이다.

공자(孔子)가 주(周)나라 말기에 태어나시어 예악(禮樂)을 만드시어
국학(國學)에 □…□하고³ 들어와서 노래를 부르며 나가서 춤을 추어
만방(萬方)을 화합하게 하며 육예(六藝)를 발달하게 하였으니, 이것은
건국(建國)의 기초를 고정시키며 가정과 사회가 혼연일체가 되게 하는

---

2 국학(國學)과 주서(州序)와 향숙(鄕塾) : 나라의 수도와 각 주 및 각 고을의 중심지
에 세운 국립학교를 이른다.
3 국학(國學)에 □…□하고 : 원문에는 "ㅎ之國學ㅎ고"라고 되어 있어 앞의 "ㅎ"가 오자
인 것으로 보이지만, 정확한 의미파악이 어려워 이와 같이 처리하였다.

적극적 방침이다.

우리 세종대왕께서 국문으로 「용비어천가(龍飛御天歌)」 100여 장(章)을 어제(御製)하시어 관민(官民) 사이에 반포하여 제사와 잔치에서 반드시 노래 부르게 하셨으니, 이것은 예악의 사용으로 가정과 사회가 더불어 화합하게 하는 웅대한 정략이었다. 실제 교육은 그 근저에 도덕을 함양하여 양춘(陽春)같은 여택(餘澤)이 그 끄트머리에 흘러 미치는 데에 기량이 발현되어야 이것을 완전한 교육이라고 할 수 있거늘, 현재의 세상 형편에는 이와 같이 완전한 교육에 처한 지역이 거의 없거나 매우 적으니 실로 개탄할 바로구나.

지금 우리 이웃나라 일본의 교육이 진화한 정도를 논하건대, 일찍이 봉건시대에는 신(神)・유(儒)・불(佛) 세 도(道)가 혼화(混化)하여 이른바 무사도(武士道)라 하는 한 가지 도가 산출되었다. 이 도의 발전력으로 사기(士氣)가 크고 씩씩해져 국민의 혼을 대화혼(大和魂)이라 따로 부르며 일본남자라고 용감하게 외치는 정신이 뇌수를 찔러 상류사회로부터 하급 백성까지 무사도를 존경하여 숭상하므로, 충성스럽고 의로우며 호협하며 용감한 이야기를 들으면 삼척동자도 반드시 울며 반드시 분격하는 기습(氣習)이 성행하였다. 도쿠가와 이에야스(德川家康)가 막부정치(幕府政治) 체제로 국학(國學)을 일으키려 하여 덴카이 소죠(天海僧正)[4]를 고문(顧問)으로 삼고 라잔 호오인(羅山法印)[5]에게 대학장(大學長)의 직책을 수여하여 쇼헤코(昌平黌)[6]를 일으키고 송학(宋學)을 고

---

4 덴카이 소죠(天海僧正) : 1536-1643. 일본 아즈치모모야마시대(安土桃山時代)로부터 에도시대 초기까지 살았던 천태종의 승려이다. 법명이 덴카이로, 시호는 자안대사(慈眼大師)이며 대승정을 지냈다. 에도막부 초기에 도쿠가와 이에야스의 측근으로서 정치와 종교 정책에 깊이 관여하였다.

5 라잔 호오인(羅山法印) : 1583-1657. 에도 초기의 주자학자 하야시 라잔(林羅山)을 이른다. 본래 이름은 노부카쓰(信勝)이고, 라잔은 호이다. 당대의 대 유학자 후지와라 세이카(藤原惺窩)의 가르침을 받았으며, 그의 천거로 23세 약관에 도쿠가와 가문의 스승이 되어 일본 관학으로서의 성리학 발전에 기여하였다.

취하니 각 번(藩)의 제후가 다투어 그 가르침을 받들어 번학(藩學)이 모두 흥하고 시대가 내려와 분세이(文政)[7]가 되어 문장(文章)과 재학(才學)이 무리지어 일어나 문(文)과 무(武)가 함께 빛나니 열 가구 되는 작은 마을에도 서적을 보관한 장소가 없는 곳이 없으며 세 가구 사는 작은 마을에도 반드시 허리에 칼을 찬 무사가 있다. 이것은 무사도라 문자로 기록되지 않은 교전(敎典)이 중심의 종표(宗標)가 됨이니, 메이지유신(明治維新) 초기 일거에 천길 높이의 둑이 일시에 무너지며 천주(天柱)가 꺾이고 지축이 갈라지는 듯 갑자기 봉건제도를 폐지하여 곧 군현(郡縣)을 만들며, 수백만 무사가 정신과 혼백과 같이 신뢰하던 칼 차는 풍습을 엄금하고 대다수 어리석은 백성이 내세의 집과 같이 우러러보고 중시하는 큰 사찰을 파괴하여, 한바탕 풍파에 완고한 옛 풍습을 개혁하고 신진주의(新進主義)로 서양문물을 수입하였다. 이 시대 이후로 본래의 것을 지키려는 습성은 스스로를 혐오하여 고치려고만 꾀하고 외래의 풍기(風氣)만 매우 동경하기에 급급(汲汲)하니, 부지불식간에 신표(信標)가 무너지고 넘어져 개개의 가정은 개량하는 가운데 어수선해지며 일반사회는 혼란하고 분잡하여 무엇을 좇을지를 알지 못하였다.

현재 학교의 설비는 비록 충족되었다고 하겠으나 학교는 기술을 가르치는 장소에 불과하고 내적 수양의 훈도(薰陶)는 실로 없으니 형세상 어찌할 수 없으므로 사람의 기운이 가벼워 가식적으로 겉치레가 된 문명에만 꾀여들어 탐닉하고 골몰하여 현혹되니 일삼고 숭상하는 것은 다만 겉으로 강할 뿐이다. 이리하여 사납고 교활함이 날로 성하고 해마다 불어나 다른 이웃의 미혹과 괴로움은 헤아리지 않고 내 이익만 따져 일확천금의 수단을 가지고 핍박하고 침략하는 폐막(弊瘼)이 일어났다.

---

6 쇼헤코(昌平黌) : 에도막부 최고의 학교로, 주자학을 중심으로 하는 유학을 가르쳤다.
7 분세이(文政) : 일본의 닌코 천황(仁孝天皇, 재위 1817-1846)이 집정할 때의 연호로, 기간은 1818년부터 1829년까지이다.

지나온 길을 돌아보고 긴 앞길을 헤아려 고유의 신도·불도·유도의
삼체(三體)를 변화하여 일체로 삼은 무사도를 거듭 주창하여, 반드시
줄을 풀고 고쳐 매기를 과연 조율하지 않은 거문고처럼 하여야 백성의
교화가 부흥하고 국체(國體)가 단단하고 완전해질 것이거니와, 만약 이
렇게 하지 않으면 어찌 반드시 오래 갈 수 있겠는가? 이것이 저 나라
당로자(當路者)가 힘을 다하여 서둘러서 공적으로 기도할 바이다.

　우리나라 교육의 상태는 어떠한가? 관립학교(官立學校)니 사립학교
니 보통학교니 전문학교니 하는 따위가 다수 일어났는데 그 과정은 어찌
되었든지 신학문이요, 그 생도는 우리나라 동포요, 그 교사는 초빙된
일본인 교사이다. 이 교사에게 도항비(渡航費)니 왕환비(往還費)니 택사
비(宅舍費)니 봉급비(俸給費)니 하는 많은 액수의 경비를 국고(國庫)에서
지불하는데, 교편을 잡는 저 교사가 어떠한 학식(學識)과 어떠한 덕량(德
量)과 어떠한 방략(方略)으로 우리나라 학생에게 임하느냐고 한마디 묻
지 않을 수가 없다. 가령 신지식을 수입한다 하며 일본주의(日本主義)[8]를
고취하려 할 터이니, 이 지식 수입과 이 주의의 고취는 우리나라 동포에
대하여 실(失)은 있어도 득(得)은 없다고 할 것이다. 어째서인가. 수입하
고 고취하여 얻게 되는 바와 같기만 하다면 좋고도 좋으련만 경제상으로
한 가지의 잃는 점과 청년두뇌를 양성하는 정신상으로 한 가지 잃는
점이 그 얻는 것보다 몇 백 배나 되는 데 대해서는 어찌할 것인가, 어찌할
것인가. 맹렬히 반성하지 않을 수 있겠는가. 현재 일본에 유학하는 우리
동포 중에 적은 주머닛돈과 짧은 세월에도 실학(實學)은 별로 하지 않고
일본어를 조금 알게 된 자 중에 순수한 양성(良性)을 갑자기 잃으며 도덕

8　일본주의(日本主義) : 일본 고유의 전통 정신을 중시하고, 이것을 사회 기조로 삼으
　려 한 사상운동이다. 메이지(明治) 중기에 정부가 이끈 극단적인 서구화 기조에 반
　발하여 미야케 세쓰레이(三宅雪嶺), 다카야마 초규(高山樗牛), 이노우에 테츠지로
　(井上哲次郎) 등을 중심으로 일어났다.

심(道義心)을 몰각하고 경조부박(輕佻浮薄)한 데로 타락한 자가 종종 있다고 하니 어찌 우연이겠는가! 반드시 원인이 있는 것이다.

우리 한국은 고금에 인의예지(仁義禮智)로 큰 표준을 삼은 나라이다. 그러므로 폐쇄적인 시대로 논하건대 그 가정교육과 사회교육은 온전히 서로 일치하였다고 말할 수 있다. 이것은 종교 신앙심이 정중(鄭重)하며 덕의(德義)의 자애심(慈愛心)이 특히 두터우므로 군사(君師)에게 충성스럽고 선량하며 공경하고 순종하며 부형(父兄)에게 온화하고 공손하고 우애 있고 도타우며 친족관계에 우의가 무겁고 은혜가 두터우며 남녀관계에 분별이 있고 지조가 깨끗한 것은 상하 간에 습관이 본성과 함께 이루어져 예의(禮義)의 동방(東邦)이라 일컬을 만한 가치가 있었던 것이다. 이와 같이 순연(純然)한 가정과 사회가 일치하는 강역(疆域)에 두려워하며 거처하던 인간이 별안간 개방주의로 외국에 뛰어나가 아직 가져본 적도 없고 태어나서 본 일이 없던 천만가지 기이한 형태의 엄연한 물화(物華)가 눈길에 닿으며 학교·가정·사회의 틀이 서로 차이가 나는 다른 모양의 가르침을 조금 받으니 생각이 자연히 어지러워지고 사상이 넓어진 듯 하고 가져온 듯도 하여 문물은 겉모습에 얽매이고 관찰은 정신에 이르지 않으니 자국이 가난하고 약한 것을 깨달아 탄식하며 자신이 못나고 볼품없는 것을 낮추어 보아 고수하던 좋은 관습도 혐오하여 고치려 하며 자신의 신념을 흔들어 바꾸고 파괴하여 말만 하면 '나라가 망하였으니 집안도 망하고 나도 망할 것'이라 자포자기하고 끝내 변화하여 패류(悖類)가 되니 어리석음이 심하며 몽매함이 지극하다.

이것으로 말미암아 보더라도 감찰(鑑札)이 분명한 일이거늘 저 소양(素養)이 불충분한 나라 안의 청년자제를 외국교사에게 전담시켜 어학 등 첫걸음을 배우게 함에 어떤 정신이 용솟음치며 어떤 사상이 드러나겠는가. 대개 우리 인류는 토지의 부요하고 군색함과 기후의 따뜻하고 추움을 따라 인종들은 각기 다른 기습(氣習)을 일으키니, 곤충을 한번

보라. 푸른 풀에 기생하는 것은 그 형태가 푸르고 검은 나무에 기생하
는 것은 그 몸체가 검다. 사물의 이치가 그러하거늘, 우리나라 인민(人
民)인들 지역의 풍습과 관례(慣例)가 그렇지 않을 이치가 있겠는가. 지
역의 풍습을 돌아보지 않으며 관례를 양성하지 않고 저 외국인의 속이
비어있는 껍데기를 모방하게 하면 그 두뇌는 결단코 썩어 병이 날 것이
다. 그러므로 연소배의 분명하고 활발한 기운을 꺾지 말고 어루만져
양성하며 넓고 큰 덕성(德性)을 배양하면서 문명(文明)한 학식(學識)의
경계에 오르게 하는데 교육이 필요하다.

  그렇다면 우리나라 영토 안에 그 임무를 맡을 만한 자가 누가 있는
가? 당장의 급한 수요는 혹시 마련하기 어렵겠지만 시간을 갖고 기도하
면 어려운 일은 아닐 것이다. 빼곡하고 무성히 많은 유림(儒林) 사이에
경서에 능통한 대학자와 웅문거벽(雄文巨擘)의 저술가는 손꼽아 헤아릴
틈이 없다. 이러한 무리는 그저 불우하다고 탄식하며 은퇴하여 산 높고
물이 긴 곳에 살아 학문의 밭에서 낮잠을 탐하고 예술의 창에 갓을 걸어
놓고 있다. 풍월(風月)에 임하니 흥이 절로 일어나고 산수(山水)를 보니
마음이 즐거워진다. 책을 펼치면 선기옥형(璇璣玉衡)[9]같은 꿈속 이야기
가 있고, 시를 지으면 옥액경즙(玉液瓊汁)[10]같은 마음 속 이야기를 쓴다.
옛일을 논하면 달관하지만 현재의 추세를 물어보면 입을 다문다. 자취
는 이미 숨었기 때문에 그리 되었고 두뇌는 아직 새로워지지 못한 까닭
이다. 이와 같은 유생 학자를 북을 한 번 새로 쳐서 소리를 내고 낭랑한
「초은조(招隱操)」[11]로 중앙사범학교(中央師範學校)에서 모집하여 우선

---

9 선기옥형(璇璣玉衡) : 고대의 천체관측 기구이다. 『서경(書經)』「순전(舜典)」에
   보인다. 이 글에서는 문맥상 실질에 쓸모가 없는 옛 제도를 빗대어 비판한 것으로
   보인다.
10 옥액경즙(玉液瓊汁) : 신선이 마시는 음료수로, 옥액경장(玉液瓊漿)이라고도 한다.
   옛 사람들이 시문을 지을 때 이와 같은 수식어를 써서 실질 없이 과장된 표현을 하던
   것을 비판한 말이다.

옛 습관에 물든 두뇌를 새 공기로 세척한 뒤에 교육학을 연구시켜, 학문이 이루어지면 곧 각 지방학교로 파견하여 지방교육을 담당하게 하면 그 생도가 신뢰하여 가르침을 받는 것이 외국교사에 비하여 품은 반이 드나 업적은 배가 될 것이다. 문명의 교편으로 두뇌를 쳐서 깨우쳐 안으로는 도의(道義)와 덕망(德望)을 확충하며 밖으로는 학술(學術)과 기예(技藝)를 숙달하여 교육의 세 가지 요소를 잘 어울리게 하여 완미(完美)하게 하고 청년 두뇌의 골자 속에 삼천리강산은 곧 우리의 토지이니 죽는 한이 있어도 보전하고 2천만 인중(人衆)은 곧 우리 동포이니 자기를 버리고 애지중지하라는 말뜻을 이미지로 새기게 하면, 우리 대한제국 독립의 대권(大權)이 지구상에 특별히 서는 것도 여기 달려 있고 우리 대한제국 태극(太極)의 이채(異彩)가 온 세계 안에 높이 내걸리는 것도 여기 달려 있다.

동·서양인의 수학사상 (전호 속) / 초해생 김낙영 역술

(3) 자연의 원인에서 발달된 것

오늘날의 역사책에 근거해 동서양인의 수학이 어떻게 진보하게 되었는가를 고찰하고자 함에 먼저 순서에 따라 수학이 발달된 제1 원인 즉 인류생활상의 필요에서 생긴 자연적 발달부터 진술하는 것이 맞을 것이다. 앞서 말한 것처럼 제1 원인은 가장 오래된 유사 이전의 구비시대(口碑時代)에서 기인하였기에 즉 가장 오래된 사료에 의거해 고찰해야만 할 필요가 있다. 3천년 내지 5천년 이상 고대를 거슬러 올라 생각해보면 수학의 발단이 가장 오래된 나라로 그 사적을 역사책에 전한 나라는 바빌론, 지나, 이집트, 인도 네 나라요, 그 뒤를 이은 나라가 그리스

---

11 초은조(招隱操) : 함께 정치를 해 나갈 은사(隱士)를 찾는다는 내용의 시가이다.

이다. 지금으로부터 4천 년 전 바빌론, 지나, 이집트, 인도 네 나라는 이미 국가를 세우고 인민을 나누었으므로 그 나라 사람들의 지식이 일찍이 자연스럽게 발달함에 이르렀다. 이로 인해 수학사상은 일반 생활의 필요 때문에 생겨난 것임을 믿을 수 있다. 또 그 발달한 순서는 제1차로 인민의 일상생활상의 계산에서 수학사상을 만들고, 제2차로는 천상관측으로 인해 그 생업상 계산에 시간이 따르는 것임을 알게 되어 더 한층 발전된 것이 이상의 나라들이고 이들은 길이 같다. 그리스인의 수학사상 발달은 기원전 6백 년 내지 7백 년 시대부터 일어났는데 저희는 일찍이 인도, 이집트와 교통을 해서 다대한 수학사상을 모방해 획득했기에 자연적으로 발달한 수학사상이 적거니와 바빌론, 지나, 인도, 이집트 이 네 나라는 그리스보다 천여 년 이전 교통이 전혀 없던 시대에 수학사상을 낸 까닭에 각기 그 자발의 지식이며 순서와 방법이 서로 비교적 같은 것은 우리가 이상하다 말하는 소이다.[12]

이제 다음에 그 사적을 진술하면 바빌론, 이집트, 지나, 인도 네 나라는 일찍 인민이 매우 번식했기에 그 생업상의 계산을 필요하게 여겨 손가락 끝으로써 사물의 수를 계산함에 자연히 10진법을 사용해 수를 기록하게 되었다. 바빌론인은 10진법 이외에 성학(星學)의 관계로 60진법을 사용하여 수를 기록하였으며, 지나는 구비시대부터 계산기로 주판(算盤)을 사용하였고, 바빌론은 그 근방 아시아 국가들의 상업 중심점이 된 까닭에 「아바커스(Abacus)」라고 칭하는 주판을 이용했다. 그 후 이 네 나라 인민의 지식은 천상관측 즉 성학(星學)의 단서를 발명하였고 그 주치자(主治者)와 지도자들은 하늘의 시간을 추측하는 것으로 건국의 기초를 삼고 1년을 12개월 즉 365일로 정하였으니 이상 3천 년 내지 4천 년 이전의 천문을 우러러 바라보고 지리를 구부려 살피는

---

12 원문에는 단락이 나뉘지 않았으나 문맥에 따라 임의로 나누었다.

모든 일이 저 네 나라 역사서에 명징하게 드러난다. 그 결과 이집트에서는 기원전 2천 4백 년경에 유명한 금자탑을 건설하였고, 바빌론에서는 기원전 2천 4백 17년경에 천문관측법을 만들었으며, 청국에서는 더욱 일찍이 요순 당시에 선기옥형(璿璣玉衡)이라는 혼천의(渾天儀)를 제작해 하늘의 모양을 관측하고 역법을 정했고 인도의 범역(梵歷)도 지나와 백중이었으니 그 일어난 원인이 매우 오래되었다. 이처럼 제2차에 일어난 수학사상은 제1차에 일어난 일상생활 계산에 시간을 더해 수학의 응용을 한층 고상하게 했다.

이 네 나라 인민이 일찍 천상관측에 종사한 사적은 성학의 역사에서 상세하게 되어 있어 이를 덜어서 생략하고 다만 천상관측으로 말미암아 지리를 정찰하고 수학사상을 응용한 한두 사례를 제시하고자 한다. 대개 삼각형의 세 변의 길이가 각각 3과 4와 5가 될 때는 그 삼각형은 직각삼각형이 된다는 것은 이집트인과 지나인이 일찍 발견한 바이다. 이집트에서는 건축법이 진보해 전당(殿堂)과 대층(大層)을 건축한 데에는 승장사(繩張師)라는 기사가 있어서 직각 삼각형을 응용해 가옥의 방위를 결정하였다. 그런데 다만 남북의 방위는 태양의 남중으로써 결정했는데 즉 이집트의 금자탑이 이 방위를 결정하는 표준이다. 남북의 방위는 용이했지만, 동서의 방위를 결정하는 것은 이집트인에게 매우 어려운 것이었다. 승장사가 이 방위를 결정함에는 먼저 이미 알고 있는 남북선을 정해 2개의 항(杭)을 세우고 길이가 4 되는 먹줄(繩)을 긋고, 길이 3과 5 되는 두 개의 먹줄의 끝을 양 항의 각 끝에 이어 붙인 후에 이 두 개의 먹줄의 다른 끝을 이어 붙여 긋고, 그 결착점을 지상에 두고 제2의 항을 세울 때 길이 3되는 먹줄의 방향으로 동서의 방위를 삼았다 한다. 지금 이를 보면 남북선에 직각으로 직선을 긋는다 함은 오늘날 보통 중등학교에서 일직선의 수선(垂線)[13]을 구획하는 문제이니 기하학 화법에 매우 쉬운 문제다. 그러나 당시 학문의 조직이 없었을 때에 직선이라 칭하는 「정의」

를 두기도 어려운 까닭에 당시 인민의 지식으로는 결정하지 못하였다. 후세 그리스-희랍- 학자 탈레스, 피타고라스, 유클리드 등이 이집트 기하학을 가지고 증명하기까지 이 방법이 오랫동안 승장사의 비법(秘法) 속에 매몰되어 세상에 알고 사용하는 사람이 없었다.

거의 동시대의 지나인은 직각 삼각형의 세 변이 3과 4와 5라는 것을 알았다. 지나에서는 직각 삼각형을 구고형(句股形)이라 말하고 직각을 싸고 있는 두 변을 구고(句股)라 말하고 사변을 현(玄)이라 칭해 구3, 고4, 현5을 구고율이라 칭했다. 이 구고의 이치를 건축법에 응용하였다. 이집트인은 금자탑으로 남북의 방위를 정하였다. 지나에서는 상고 (上古)부터 남북의 방위를 정한 역사적 자취가 분명하다. 가령 하나의 신화를 거론하면 황제가 치우와 탁록(涿鹿) 들판에서 싸울 때, 치우가 큰 안개를 만들어 병사의 길을 잃게 하자 황제가 지남거(指南車)를 만들어 사방을 지시함으로써 결국 치우를 사로잡게 되었다. 기원전 천백 년경에 교지(交趾)[14] 남쪽의 월상(越裳)씨가 중역(重譯)을 하고 와서 백치(白雉)[15]를 공헌한다. 그 사자(使者)가 돌아가는 길에 길을 잃기에 주공(周公)이 지남거의 규격으로 만든 병거(軿車) 다섯 대를 하사함에 사자가 그것을 타고 돌아갔다 한다. 또 지나 건축가도 방위를 알아 구고법(句股法)을 응용하였다. 사서(四書)의 전장에도 '장인은 도성을 조영할 때 남북으로 아홉 길, 동서로 아홉 길을 만든다',[16] '장인이 도성을

---

13 수선(垂線): 직선이나 평면과 수식으로 만나는 직선이다.

14 교지(交趾): 베트남의 하노이와 통킹을 포함한 손코이강 유역의 역사적 지명이다. B.C. 111년 한 무제가 남베트남을 공격하고 이 지역에 교지군(交趾郡)을 설치한 것에서 유래했다

15 백치(白雉): 몸 빛 깔이 흰 꿩으로 주로 남양(南洋)에 분포한다

16 장인은……만든다: 『주례(周禮)』「고공기(考工記)」의 "장인은 왕의 도성을 사방 9 리로 하고, 각 변마다 세 개의 문을 만든다. 성내에는 동서방향과 남북방향에 아홉 개의 도로가 있다. 각각의 가로 폭은 아홉 대의 수레가 나란히 통과할 수 있는 크기이다. 왕궁 동쪽에는 동묘, 서쪽에는 사직을 두고 전방에 조정, 후방에 시장을 배치한다."에서 유래했다.

건설할 때 일출의 그림자 일몰의 그림자를 확인한다',[17] '굽이 돌 때는 갈고리에 맞고, 직진할 때는 먹줄에 맞다'[18]라 하였다. 위(緯)와 경(經) 은 남북선과 동서선이요, 구경구위(九經九緯)라 함은 지나의 규구법 이치[規矩理]가 9 곱하기 9는 81이라는 것에서 나왔으며 이는 범수(凡數) 를 곱하기(乘法)한 것에서 나온 것이다. 고로 건축가가 하늘의 모양을 따라 경영한 것은 지나와 이집트가 동일하다. 이집트에는 예부터 나일 강이 범람하는 까닭에 육지측량을 필요한 것으로 여겼다. 고로 직각 삼각형의 수와 기하학의 응용을 계발하였고,

지나에서는 대우(大禹)가 홍수를 다스릴 때에 구고법에 근거한 일을 『주비산경(周髀算經)』[19]에 기재했다 하니 이상 지리학의 응용으로 수학 지식을 자연히 발달시킨 역사적 사실은 이집트와 지나가 동일하다.

진보의 3계급 / 문일평(文一平)

한 개인의 발달이든지 한 사회의 진취이든지 항상 세 층의 계급을 경유하니 즉 독단, 회의, 총명이 그것이다. 먼저 한 개인을 취해 관찰해 보면 최초 7・8세의 유소년 시대에는 사상이 단순해서 매번 타인의 행동을 모방할 뿐이오, 모든 일을 자기의 의견으로 판단하지 못하는 고로 부모의 담화를 확신하고 사장(師長)의 명령을 엄수해서 시비를 판단하

---

17 장인이……확인한다:『주례(周禮)』「고공기(考工)」의 "장인은 도성을 건설할 때, 수 준기를 이용하여 평지를 측량하고, 그림자를 재는 기둥을 세워 두고 그림자를 관찰한 다. 규를 만들어 일출 때의 그림자와 일몰 때의 그림자를 확인한다."에서 유래했다.

18 굽이……맞다:『장자』「서무귀」의 "내가 말을 감정하는 방법은 이렇습니다. 말이 직 진할 때에는 먹줄에 맞고, 굽이 돌 때에는 갈고리에 맞고, 네모진 모양으로 꺾어질 때에는 곱자에 맞고, 둥근 모양으로 돌 때에는 그림 쇠에 들어 맞으며 그런 말은 온 나라에서 가장 뛰어난 명마라고 할 수 있을 것입니다."에서 유래했다.

19 주비산경(周髀算經): 상하 2권으로 된 중국의 수학서. 후한 무렵 편찬되어 송대에 간본되었다. 구・고・현에 기초한 삼각형 증명이 포함되어 있다.

지 않고 한갓 독단을 맹종하다가 점차 16·7세의 장성시대에 이르러 지식이 조금 나아가면 자연히 부모의 담화와 사장의 명령을 의아(疑訝)해 하고 기타의 범백사를 행함에 회의하지 않음이 없으니 대개 의아는 연구의 발원이다. 고로 의아가 점차 커짐에 따라 진리가 더 풍부하고 또렷해지게 될 것이다. 그러나 우리가 이에 주의할 것은 청년이 품행을 추락시켜 학문을 포기함도 이때에 있고, 정신을 닦아 사업을 성취함도 이때에 있으니 이는 실로 일생의 운명을 판정하는 시대다. 이 의아점이 다음에 광명선을 발견하기에 이르러 사회의 사정을 투시하고 천지의 이법을 약해(略解)하면 사회와 타인, 학교와 장상(長上)에게 반항하지 않고 일치되어 순종해서 그 의무에 복종함으로써 고유한 책임을 다한다. 이는 실로 총명의 영역에 도달한 소이이다. 이를 피상적으로 본즉 제1 계급의 독단맹종과 그 형태가 근사(近似)하지만 실제는 그렇지 않다. 먼저의 것은 사물을 투시하지 못하고 맹종함이오, 후자의 것은 사물을 투시하고 순종하는 큰 차이가 있다. 총괄해서 말하면 제1은 독단의 맹종이오, 제2는 회의의 연구요, 제3은 총명의 일치이다. 그러므로 세간의 교육가들이 그 생도의 연령시기를 상세히 고찰해 관리와 훈련의 방법을 강구함은 이로 말미암음이다.

  이상은 단지 개인에 대해서만 설명한 바이지만 이 진보의 계급을 다시 이동시켜 국가사회를 추론하면 대개 일치일란(一治一亂)의 자취가 이 3계급을 경유한다. 예를 들면, 지나 문무주공(文武周公)의 정치가 팔황(八荒)[20]에 보급되어 주실(周室)의 문화가 번성한 성운(盛運)의 극치에 이른 것은 총명일치(聰明一致)의 시대다. 그러나 이 한결같은 총명함이 오래됨에 다시 흘러 독단과 맹종으로 떨어지니 즉 주나라 말기, 전국(戰國)의 초기이다. 단독맹종이 얼마 지나지 않아 또 일변해 회의 시

---

20 팔황(八荒): 여덟 방위의 먼 곳이라는 뜻으로 온 세상을 이르는 말이다.

대를 만들어내니 소장(蘇張)[21]의 합종연횡과 한상(韓商)[22]의 법률제도와 순맹(荀孟)[23]의 천성선악의 논쟁과 오손(吳孫)[24]의 병가강패(兵家强覇)의 술수와 기타 백가의 논의가 천하에 분운(紛紜)해 갑론을박에 하루도 정해지지 않았고 왕후장상은 창과 방패를 각각 들고 토지를 서로 다툼으로 춘추전국의 활극을 연출한다. 이때 사상계에는 성인 공맹이 계셔 성대하게 선대의 성왕의 성세를 말하며 통일을 도모하나 시기가 아직 이르지 못해 행할 수 없었다. 그 끝에 진시황이 일어나 영웅의 자세와 무단의 기풍으로 사해를 병합하고 객신(客臣)[25]의 말을 기꺼이 받아들여 유생을 구덩이에 묻고 제자백가서를 불태웠다. 그리고 드디어 법률명령을 천하무상(天下無上)의 가르침으로 삼아 인민에게 감히 국가의 정령을 평론하지 못하게 하고 독단맹종으로 통일하고자 하였으나 능히 그 일을 이루지 못하고 다시 회의의 파란을 만들어 진(秦)의 다스림이 2세에서 패하게 되었다. 이는 자못 세계 역사의 일부분에 불과하나 만약 세계전반의 역사를 관찰하더라도 역시 그래서 일치일란의 자취가 이 세 층위의 계급으로 오르고 내려 서로 순환할 따름이다.

그런데 오늘날 우리 제국의 현상은 어떠한가? 본조(本朝) 이전은 고사하고 우리 태조께서 등극하심에 원근이 열복하고 국경이 안도해서 그 덕화함육과 문운융성이 한결 같이 총명의 시대이더니 이 시대가 더 오래되고 더 변화함에 독단맹종에 이르렀고 또 이로 인해 몇 번의 변천이 끊이지 않아 수십 년 전부터 회의시대(懷疑時代)가 점차 드러나더니 얼마 전부터 더욱 심해져 대회의시대가 되어 매국적이니 배일당이니 하고, 구학문이

---

21 소장(蘇張): 중국 전국 시대의 책사인 소진(蘇秦)과 장의(張儀)를 가리킨다.
22 한상(韓商): 한비자(韓非子)와 상앙(商鞅)을 가리킨다.
23 순맹(荀孟): 순자(荀子)와 맹자(孟子)를 가리킨다.
24 오손(吳孫): 오자(吳子)와 손무(孫武)를 가리킨다.
25 객신(客臣): 다른 나라에서 와서 신하가 된 사람으로 여기서는 이사(李斯)를 가리킨다.

니 신지식이니 하고, 이단이니 정도니 한다. 가령 10인이 있으면 즉 10인의 의견이 각각 다르고 2인이 있으면 2인의 언론이 같지 않아 칠령팔락(七零八落)[26]에 서로 각축하며 삼분사열에 서로 질시함으로 인해 전국(全國)이 끓어 넘쳐 위태로움이 그치는 것을 알지 못하겠으니 참 위급한 시기이다. 그러나 이 회의시대가 이미 극도로 이르렀기에 머지않아 또 일변해 광명시대가 도달할 것이다. 그러니 우리 동포 인사는 이 세 계급의 이치에 깊이 마음을 씀으로써 웅비의 준비를 태만히 하지 말아야 한다.

실업계의 한 효시 / 정석내(鄭錫迺)

무릇 국가의 성쇠와 강약이 실업의 발달 여부와 직접적으로 중대한 관계가 있음은 자못 물고기와 물, 사람과 공기의 관계와 동일한 원리이다. 그러므로 지금 세계열강 중에 매우 크게 부강하여 국위를 전 세계에 선양하는 나라는 그 국내 인민이 깊게 연구하여 알게 된 명리(明理)로 실제 사업을 진흥시킨 까닭이요, 시들고 쇠약해져 국가 권력을 타인에게 강탈당하는 나라는 그 국내 인민이 부패한 습관으로 실제 사업을 꿈처럼 헛되이 상상한 데에서 비롯된다. 이와 같이 인민이 실업상으로 향하고 등지는 영향이 국가에 미침은 우리가 밤낮으로 목격한 바로서 지혜로운 자가 아니어도 알 수 있으니 길게 끌 필요가 없다.

아! 지금까지의 우리 한국 실업계 정황을 고찰컨대 진취적인 발달은 고사하고 고유한 거대 이익을 타인에게 넘겨주고 나라의 운명과 인민의 힘이 날이 갈수록 더욱 쇠약해지니 이는 전적으로 재정(財政) 때문에 생긴 일로만 돌릴 수는 없을 것이요 또한 인민의 실업상 관념이 유치하여 개도(開導)하는 기관이 미비하고 확장하는 방침에 어둡기 때문이

---

26 칠령팔락(七零八落): 지리멸렬하다는 뜻이다.

다. 이로 말미암아 나라를 걱정하는 경세가들이 왕왕 진실로 크게 탄식하였으니 얼마나 다행인가. 여기에 오신 뜻 있는 여러 동포들이 실업동지회를 조직하고 여러 문명국의 실업사회상 일을 진행하고 이루어나가는 좋은 법규를 연구하여 국내의 실업을 계도(啓導)하는 일대 기관을 완성하고 국가의 실력을 양성하기로 스스로 기약했으니. 우리 한국인 중에서 진실로 눈과 귀가 있어 국내 현상을 보고 듣는 자라면 누군들 이 뜻에 찬성하지 않으리오.

지금 생존과 패망의 때를 당하여 국가의 정령(政令)과 법률을 개량할 계획과 인민의 정신과 지식을 일깨워줄 방침은 우리 유학하는 청년들이 의무로 자임하는 바이거니와 특히 그 중에서 실업을 발달시켜 국민의 원력(元力)을 보유하게 하는 것이 급선무이다. 옛날에 공자께서 "백성이 풍족하면 군주가 누구와 더불어 부족하겠습니까."라고 말씀하시지 않았던가.[27] 백성이 풍족해야 나라가 부유해짐은 이치상 필연이니 이는 곧 실업동지회가 창립한 이유이다. 대범 사회의 인류가 장만하는 의식주 세 가지는 잠시라도 없어서는 안 될 물품이니 이를 넉넉하게 하는 것은 지금 이른바 실업을 발달시키는 데에 달려 있다.

아! 오늘은 어떤 날인가. 별처럼 펼쳐진 여러 나라들이 부강함을 서로 숭상하며 생존을 경쟁하는 적극적 시대이다. 비록 같은 대륙, 같은 문자, 같은 색깔의 인종이라도 덕(德)과 의(義)를 돌아보지 않고 제멋대로 잔인하게 행동하는데 황천(皇天)께서 어찌 모르시겠는가. 우리는 이러한 때를 당하여 집안과 나라를 영원히 보전할 사업 및 방책을 강구(講求)하여 함께 나누고자 하노니 바라건대 우리 동포여. 힘쓸지어다! 힘쓸지어다!

---

27 공자께서……않았던가 : 이 말은 『논어(論語)』 「안연(顏淵)」에 나오는데. 공자 제자 유약(有若)이 한 말이다. 유약은 흉년이 들어 재정이 부족함을 걱정하는 노 애공(魯哀公)에게 이와 같이 말한 바 있다.

| 강단·학원 |

역사담 제9회 : 시저전(1) / 박용희(朴容喜)

예부터 숭배하는 인물이 있으니, 두 개의 큰 표준이 있다. 하나는 이상적인 인물, 즉 표준적 성현(聖賢)이 그것이요, 다른 하나는 시대적 인물, 즉 앙망(仰望) 받는 호걸아가 그것이다. 그러나 국가도 또한 인사(人事)를 알아 사람 쪽에 환종(患腫)이 날 때에는 비록 여섯 밤을 세어도 도리어 고약(膏藥) 하나만 못하고, 국가의 옳고 그름을 논할 때에는 백 명의 석가가 부활하고 천 명의 미륵이 와서 도와도 명달한 호남아의 일도양단(一刀兩斷)만 못하다. 각각을 사용하는 데는 때가 있으니 이는 그 물건으로 답하기 때문이다. 그런즉 이 각성의 바람이 빈번하게 엄습하고 혈우(血雨)가 내리는 시기를 맞아 모든 억만 년 무궁한 성현-종교-의 기초를 구하지 않는 것이 옳겠는가. 또한 이때에 백패불굴의 기(氣)-일반 국민의 호활한 정신-를 겸손하게 양성하여 앞으로 나아감으로써 21세기의 대국민을 만들며, 물리치되 국민의 우뚝 솟은 유아(唯我)를 이루어 백세에 찬연히 빛나는 명예를 만들어야 할 것이다. 동서양 수천 년간에 총명한 준걸이 잇달아 나와 우리의 인물과 앙망할 호걸아[28]가 없지는 않았지만, 피차 간에 길고 짧은 탄성을 피할 수 없는 이는 오직 저 로마의 인걸(人傑) 시저-혹은 카이사르라 칭함-이다. 현재 동양이 갈망하는 인물 중에서도 여럿을 합친 격이어서 대략 그 전기를 가져와 절망에 빠진 이들이 각각 이 시저로서 21세기의 기초를 삼기를 엎드려 갈망한다.

줄리어스 시저는 기원전 100년 7월 12일에 로마에서 탄생하였는데, 아버지는 가이우스 시저며 어머니는 아우렐리아 부인이니 곧 장화 모양 반도에서 으뜸가는 가족이요, 로마제국의 화려한 가문이었다. 시저

---

28 원문에는 '渴兒'로 되어 있다.

는 태어나면서부터 받은 재질이 탁월하고 의기가 출중하며 학문을 즐겨서 군략(軍略), 정치, 법률, 역사, 어학, 수학, 건축 등과 시문(詩文)에 못하는 것이 없으며, 웅변 또한 유수(流水)와 같았다. 그는 본래 귀족파로 귀족이 날뛰는 것을 심히 질시하여 평민당 수령 마리우스와 서로 합하여 평민당의 한 명이 되었다.

당초 로마는 본래 장화 모양 반도 중부 타이바 강가의 한 도시명이었는데, 점차 영토를 확장하여 기원전 150년경에는 서쪽으로는 스페인 반도, 동쪽으로는 소아시아 일대, 남쪽으로는 아라비아 북부, 북쪽으로는 지금의 그리스, 오스트리아-헝가리제국 남부 마케도니아, 프랑스 서남쪽을 통합하여 지중해를 그들의 연못이라고 교만하게 여기던 시대였다. 고래의 질박하고 근면하던 특색이 일변하여 지금은 경박하고 부화하여 나태한 백성에 불과할 뿐 아니라, 귀족의 부패는 붓으로 다 기록하기 어려우며, 평민의 어려움은 목불인견(目不忍見)이었다. 이에 우국지사 그라쿠스 형제가 개탄을 이기지 못하던 차에 전후의 사정이 이어져, 민정관(民政官)—내부장관—이 되었으나, 전원(田園)의 제도를 개혁하여 빈부평균을 경영하다가 귀족의 시기로 살해당했다. 그러나 귀족의 횡포는 날로 심해지고 평민의 원통과 억압은 달로 증가하여 피차 삐걱거리던 차에, 소아시아에서 반란이 폭기(暴起)하여 귀족 등이 계산해도 나올 곳이 없었다. 부득이하게 평민당 수령 마리우스는 이 반란의 토벌을 맡게 되었다. 이에 평민당의 세력도 점차 많아져 선거의 자유와 권리의 평등을 주장함에, 자연히 귀족과 물과 불이 서로 상극인 격으로 서로 반목하는 시대가 되었다.

시저는 어렸을 때부터 마리우스가 총애한 바 되어, 13세경에 이미 모 신전의 신관이라는 명예를 얻었다. 그러나 기원전 88년에 마리우스가 병사한 후로 평민당의 세력이 꺾여 나날이 귀족파에 의해 잔인하게 죽을 뿐이었다. 그러나 시저는 조금도 두려워하지 않고 비단 마리우스의 남은 일파를 규합할 뿐 아니라 귀족파 수령 술라(Sulla)의 원수이던 킨나 (Cinna)의 딸 코넬리아와 결혼하니, 그 용감하고 대담함은 진실로 놀랄 만하다. 이에 술라가 크게 노하여 이혼을 강제로 명했다가 따르지 않음을 보고, 그 재산을 몰수하며 관직을 박탈하고 국외로 추방하였으니, 시저의 운명은 위기일발이었다. 이에 시저는 그 친한 친구 모씨가 술라에게 간청하게 하여 겨우 목숨을 보전하였다. 때에 누군가는 이 술라에게 "시저는 전혀 쓸모없는 소년입니다. 죽여 봐야 득이 없습니다."라고 이르 니, 술라가 어지러워하며 "미래의 귀족을 유린할 자는 이 소년이다."라고 말했다. 과연 후일에 이것이 부합하니 참 영웅이 영웅을 알아본 것이었다.

기원전 81년에 시저는 소아시아에 종군하여 미토리다테스(mithri- datic)에서 수훈을 세우고 이후 몇 년간을 쫓아다니며 싸우다가 술라의 비보를 듣고 로마에 돌아가니, 때는 곧 집정관(執政官) 레피두스가 술라 의 제도를 전복시키고자 하여 집정관 카툴루스와 서로 적대시함에, 평 민당의 남은 파는 세력을 다시 일으키고자 레피두스를 우선 도와서 싸웠 으나, 시저는 귀족당의 세력 강화와 레피두스의 무능을 통찰하고 홀로 중립에 섰던 참이었다. 시저가 이미 귀국한 후 곧 평민당의 민심을 수합 하고자 하여 폭관(暴官) 돌라벨라―전에 집정관을 지낸 자이다―의 죄악을 성토하니, 때에 돌라벨라는 귀족의 원조를 얻어 범죄는 소명되지 않았 으나 시저의 명성은 이로부터 안팎에 진동할 뿐 아니라, 그 굴지의 웅변 과 쾌활한 의기는 로마의 민심을 조종할 만하였다. 때에 또 그리스인을 위하여 안토니우스의 사나운 학대를 소리쳐 공격하였다.

시저가 자기의 웅변을 더욱 한 단계 연마하고자 하여 그리스 바다 위 한 작은 섬 로도스에서 지내는 수사학(修辭學) 명가 몰론 문하로 갈 때, 중간에 해적에게 체포되어 몸값 수백 금을 지불한 후에야 풀려나게 되었다. 그러나 시저는 조금도 두려워하지 않고 거동이 자약하며 언어 가 시원시원할 뿐 아니라, 항상 사람을 무수히 죽이며 이리같이 사나운 해적을 조롱하여, "내가 만일 귀국하는 날에는 너희들을 다 잡아 찢어죽일 것이다."라고 말하되, 시저를 쾌활하고 시원한 인물로 지목하였다. ─후에 시저가 그 적들을 격멸하였다─

시저가 피랍된 지 38일 후 곧 로도스 섬에 도착하여 몰론 문하에서 열심히 연구한 후 소아시아로 향할 때, 미트라다테스가 난을 일으켜 심한 기세로 미쳐 날뛰거늘 시저가 사방에 모병 격문을 보내니, 병사가 시저의 명성을 듣고 대거 운집하였다. 시저는 관군과 연합하여 그들을 무찔렀다.

기원전 74년에 로마로 돌아와 늘 백성을 사랑하고 선비에게 자기 몸을 낮추며 재산을 나누고 널리 구제하니, 명성이 나라에 진동하고 백성의 여망이 모두 그에게 돌아갔다. 이때에 귀족 등이 백방으로 음해하고자 하나 때는 이미 늦었다. 키케로(Cicero)와 같은 로마 제일의 웅변가는 시저를 평론하기를 "그의 행동거지가 찬탈자의 경향을 포장하는 것은 불을 보듯 뻔하지만, 그 조금도 쇠퇴하지 않고 작은 것도 능히 살펴보는 것에, 참으로 미래에 로마공화국을 파괴할 만한 어떠한 커다란 그림과 하등의 계획을 포함하고 있는지 엿보기가 어렵다."고 하였다.

기원전 68년경 재정감독관으로 봉직할 때에 백모(伯母) 율리아─전(前) 평민당 수령 마리우스의 부인이다─와 사랑하는 처 코넬리아가 사망하였다. 이에 시저는 날로 평민당파의 인심을 수합하고자 하여, 장례의식을 성대히 했으며, 비애에 잠긴 연설로 두 부인의 덕행과 마리우스, 킨나 두 사람의 공덕과 억울함을 슬프게 울며 찬송하고 그 초상을 장례행렬에 동반하니, 며칠 후 귀족의 공격은 한층 가중되고 평민의 동정은 날로 더하고 깊어졌다.

이와 같이, 시저는 이미 공공연한 평민당의 수령이 되었다. 이에 시저가 계획 하나를 제출하니, 술라가 파기한 마리우스의 초상과 전승기 넘비를 늦은 밤을 타서 다시 공회장에 세운 것이다. 다음 날 아침에 평민 등이 운집하여 관람하니, 분개를 막을 수 없었다. 시저는 한편으로는 귀족 등을 희롱하며 한편으로는 평민당을 안위하니, 그때부터 시저의 명성이 우레가 넘치는 것 같아서 앙망하지 않는 자가 없었다.

소년 백과총서 아동 물리학 강담(講談)(1) / 초해생

본서는 내국 지방 이학 강론회 청년들과 소학교·중학교 생도들의 1차 참고에 공여하기 위하여 기술한다.

(1) 우리 지구

꼬끼호-급기호(急起乎)[29]- 닭 울음소리에, 곤한 꿈을 깨고 일어나, 동창을 살펴보면, 동쪽 하늘에 불그렇게, 둥그렇게, 솟아 올라오는 태양, 그 용맹이, 얼마나 큰지, 망망한 창해(滄海)를 깨트리고, 뭉깃뭉깃 올라오면, 어둡고 캄캄하던, 어제 밤은 어디로 돌아가고, 잠깐 만에 중낮이 되면, 학도들은, 학교에 가고, 목동들은 소 먹이러 간다고, 각각 그 직무를 보러 분주히 왕래하고, 산짐승 들짐승과, 물고기와 물새들도, 각기 먹거리와 먹이를 구하려고, 다, 총망하게 지낼 때, 태양도, 한 곳에, 그냥 머물러 있지 않고, 하늘의 동쪽 끝에서, 중천을 꿰뚫어서, 정오가 되었다가, 또 잠시간에, 서산 그늘에 은거하면, 사람들은, 하루 업무에, 피곤하였다가, 다시 원기를 양생한다고, 각기 집으로 돌아가며, 산과 바다의 동물들도, 종일 먹거리 찾는 것에 분주하다가, 편하게 잠들기 위해, 각기 서식하는 굴로 돌아갈 때, 이때에, 청쾌한 옥안으로, 반갑게, 동쪽 산봉우리에, 웃으면서 나오는 밝은 달은, 불야정치(不夜政治)를, 장악하다. 높고도, 어둡고 얇은 큰 공간에, 반짝반짝하는, 많은 별

---

29 급기호(急起乎): 빨리 일어나라는 뜻이다.

들도, 천연의 현상을, 자랑할 때에, 그것이, 어찌 그렇게, 곱고, 신기한 가. 봄바람에 꽃의 만개함과, 여름날의 짙은 녹엽이며, 가을 태양에 노랗게 익은 과실과, 겨울날의 진정한 흰 눈은, 한길처럼, 생각할수록, 그 미려(美麗)함을, 감탄하고 칭찬하지 않을 수 없으나, 그러나, 폭풍이 노호하는 낮과, 장마가 급하게 쏟아지는 저녁에는, 이 세계가, 어둡고 막막하기가 무한량하고, 슬프고 무서움이, 누구든지, 다 같지요. 잠깐 뒤에, 비가 그치고, 구름이 말려 올라가면, 친애하는 태양이, 또 다시 동쪽 허공에, 높게 떠올라, 서쪽에, 미려한 무지개다리를 만들어, 이 세계로, 또 우리가 거주할 가원(家園)을, 바꾸어 만들어낸다. 이 세상의 천변만화는 대저, 괴상하고 가소로운 것도 많고, 무섭고 즐거운 것이 이렇게 많으므로, 이것들을 낱낱이, 배워 얻게 되면, 막대한 기쁨과, 유익함을 얻을 것이다. 그런고로, 그 중에, 가장 자양분이 많고 좋은 것만, 취해, 이야기할 것이다.

(2) 아르키메데스 이야기

요즘 인지(人智)가 점차 발전해, 어떤 물건이든지, 거의 인공으로, 제작하는 오늘날의 세상이 되었소. 명주실은, 누에고치 외에는, 되지 못하는 걸로 생각했는데, 요즘에는 유리를 가늘게 늘려 실을 제조해, 이것으로 주단(紬緞)을 짜 내며, 또 수목의 피근(皮筋)을 가늘게 짜서 그 위에 어떤 약을 가하면 어떤 청명한 날이라도 생사(生絲)인지 견포(絹布)인지 분별하기 어렵다고 하며, 또 인조금(人造金)이나 알루미늄-광물명- 같은 것도 외면으로 보기에 온전히 천연의 황금처럼 보이는 까닭에 돈 많은 사람이 가졌으면 알루미늄 금속 반지도 순금 반지로 믿기에 용이하오.

학문이라는 것은, 원래 이 세상을, 보배롭게 정리하는 것이지마는, 이 세상의 교활한 자들이, 이를 이용하여, 대단히 가증(可憎)스러운, 거짓 일을, 행하는 자가, 많으니, 한편으로, 무용한 일이, 되겠으나, 이것도, 또한 학문의 힘으로, 예방할 수가 있을 것이다. 아까 금반지 일로 생각하더라도, 그 중량-무게-을, 달아 보았으면, 그 중량이 무거운 것은, 순금반지가 분명하겠고, 알루미늄금은, 가벼운 것이니, 그 가벼운 반지는, 알루미늄금인 줄 알았을 터이지요.

소년들이여, 여러분이 가령 3량 무게 순금으로 동곳을 만들려고 은장이에게, 맞추었다가 만들어온 후에 그 은장이가 3량에서 몇 푼의 무게를 감하고 다른 어떤 광물을 혼입하지 아니했는가 하는 의아가 날 수도 있을 것이다. 이 의아를 풀려면, 어찌하면 좋을까, 알아내기가 매우 곤란하겠지요. 이것과 같은 일이, 지금부터 2천 백 수십 년 전에 있었소. 이것을 알아낸 자는, 유명한 대 이학사(理學士) 아르키메데스라. 저의 은인이요, 친우인 시라쿠사(Siracusa) 국왕 히에론(Hieron)이라는 임금이, 금면류관을 지으려고, 황금덩이를, 금공에게 맡겨, 나중에 지어온 후에, 왕이 그 은공이, 저 금덩이 중 일부를, 빼내어 팔았나 보다고, 의심이 무더기로 생겨도, 분명하게 알 수가 없음으로, 근심하다가, 아르키메데스에게 맡겨, 알아보게 했는데, 아르키메데스도, 변통이 없어서 걱정하다가, 어느 날, 목욕하려고, 목욕탕에 들어앉은즉, 물이 넓고 깊게 넘친다. 이때에, 대 이학자, 문득 생각하되, 만일, 저 금관에 어떤 다른 물질이, 혼입되어 그 높이가, 커졌으면, 이 금관과, 또 이 금관과 같은, 무게의 황금을, 따로따로, 물 담은 용기에, 가라앉히면, 그대로, 물이 넘치겠지! 이 넘친 물을, 따로따로, 모아, 따라서, 그 무게가, 같지 않아, 금관을 가라앉혔을 때에, 넘친 물의 무게가 많으면, 이는 거짓이다. 이 생각을 환하게 깨닫고서는, 무한히 기뻐, 어찌할 바를 알지 못하고, 급히 욕탕에서 뛰어올라, 알았다, 알았다 하면서, 귀가해, 이것을 응용해 히에론 왕에게 잘 대답함에, 왕이 크게 기뻐해, 크게 포상하였다 한다. 만일 반지를 하려 할 때에도, 이렇게 했으면,

진위를 확연하게 알 것이다.

이 대 이학자는, 지금으로부터 2천 1백 9십 년전에, 아라비아 대륙, 남쪽에 있는 지중해 중도, 즉 지금 이탈리아 남쪽, 시실리, 시라쿠사 시에서 태어났는데, 그 재질이 비상한 천재다. 일찍이 이학 공부차 아프리카 남단에서 당시 학문의 중심점이던 알렉산드리아 부까지 가서, 각종 학문을, 습득해, 오늘날 세계에서, 가장 필요로 쓰는, 각양의 제구와, 이술을 발명한 것이 많았소. 지금 그 중 한둘을, 이야기하리다.

전에 말한 바, 무릇 물속에 가라앉은 사물은 해당 사물이 밀어 넘치게 한 물의 높이와, 동일한 무게를 감한다는 정의를 써 냈으니, 이는 지금도 물리학상에 유명한 비중계측법이다. 가령 19량 무게 되는 황금 덩이를, 물속에 잠기게 하고, 그 무게를 측량하면, 앞의 무게가 변해, 18량 무게가 되니, 이 감해진 한 량 무게는, 가라앉아 있는 황금과 동일한 물의 높이다. 고로 황금은, 물의 19배가 무겁다고도 하고, 혹은 황금의 비중이 19라고도, 하였소.

더욱 재미있는 일이 있으니, 더 시라쿠사 시가, 이탈리아국의 일부인 로마에게, 공격을 받을 때에, 매우 묘한, 전투기계를 만들어, 로마인을 놀라게 하였고, 또 큰 반사경을 지어, 햇빛을 비추어, 해안으로 몰려오는 적군의 전함을, 태워 가라앉게 하였다 하고, 또 이외에, 지렛대를 발명해, 유익하게 쓸 줄 알고, 일찍이 "베개를 다오, 그러면, 지구를 움직여 보겠다."고 한 일도 있다 하오. 만일 여러분이, 긴 막대기 하나의 끝을, 큰 암석 밑에 꽂아 놓고, 그 밑에, 어떤 베개를, 괴어 놓은 후에, 멀리서 다른 끝을 누르면, 이전에 그저 손으로만은, 조금도 움직이지 못하던 것이라도, 쉽게 움직이지 아니합니까, 이것이, 곧 지렛대의 효력이라. 만일 더 긴 막대기를 가져, 지구에 베개를 괴이고, 다른 끝을 누를 수가, 있으면, 지구도, 또한 움직이기 쉬울 터이지만, 할 수 없는 일은, 베개 괴일 곳이 없음이다. 고로 이 현인도, 침목(枕木)만 있으면 한다고, 말한 듯합니다. 이러한 대 현인도, 죽음에는 어떻게 할 수가 없게 되어, 지금으로부터 2천 1백 12년 전에, 로마 장군 마르켈루스(Marcellus)가 시라쿠사 시를, 공격해 취할 때, 일찍 그 현명(賢名)을 듣고, 군중(軍中)에 하령해, 현인의 가족들은, 잘 보호하라 하였지만, 영이 늦게 내려갔던지, 방금 적병이 물밀듯이 몰려와도 현인이 모래판에서 수학 그림을 그려 놓고 연구하고 있는 것을 로마병정 1인이 아무 생각 없이 찔러 죽였다. 마르켈루스 장군이 이 사실을 알고는 대단히 슬퍼하며 그토록 분주한 전장에서 예를 갖추어 매장하고 그 가족을 잘 보호하였소.

현인이 죽은 후 137년에, 로마 대웅변가 키케로라 칭하는 사람이 시실리 섬 태수가 되어, 도임할 때, 같은 시 악크리젠틴 문 옆에, 나무덩굴이 무성한 현인의 묘지를 보고, 옛일을 감상해, 눈물을 흘렸다 하오.

이 외에도 아르키메데스 나선이라 불리는 기계가 있소. 이 역시 히에론 왕을 위해 만든 것이니 왕의 군함 아래 침류된 물을 방출하는 용도로 사용한다고 하였소. 그런데 지금도 늪이나 강물을 말릴 때 이것을 가지고 물을 다 길어 올리고 있으니 대체로 오늘의 문명 역시 다 이와 같은 선각자가 깨우친 것이오. 여러분은 2천여 년 전 인지(人智)가 오늘처럼 계발되지 못한 시절에 이러한 유명한 현인이 있었음을 깊이 생각하고 어떠한 물건을 보더라도 무심히 지나치지 말고 항상 주의하여 더할 나위 없는 신발명가가 되기 바라오.

나무 이야기 / 박상낙(朴相洛)

나무가 우리 인생에 얼마나 중요하며, 또 직·간접적 관계가 많음은 누구라도 생각해보면 다 알 것이오. 가장 직접적 관계로 말하면 우리 인생이 일상에서 안락하게 거처하는 가옥도 만일 목재가 없으면 도저히 오늘과 같이 이처럼 완전히 수려하게 건조할 수 없으니, 혹시 태고시절의 상당히 어두운 혈거시대(穴居時代)를 지금까지 모면하지 못하였을지도 헤아리기 어렵소. 설령 인지(人智)가 점차 발달되어 석재(石材)와 토재(土材)만 가지고 가옥을 건조하더라도 목재로 건조하는 데 비하면 그 편리성과 완미성이 전자가 어찌 후자에 비할 수 있겠소. 오늘처럼 발전된 서양 각국에서 수많은 가옥을 연와석(煉瓦石)으로 건축하지만 그 내면에는 반드시 목재를 써서 완미함을 더하오. 이로써 나무가 우리의 생활에서 하루도 없어서는 안 되는 가옥건축에 얼마나 큰 관계가 있는지 알 수 있을 것이오. 또 설령 쌀·고기·채소가 아무리 많이 쌓였더라도 만일 그 연료가 되는 나무가 없으면 어찌 음식을 요리하여 우리에게 좋은 맛을 제공할 수 있으며, 또한 우리가 나무의 은택을 힘입지 않는다면 온난한 실내에서 가족이 단란하게 엄동설한을 지낼 수 있으며, 그밖에 우리의 일용기구와 온갖 물품 중에 나무로 제조된 것은 그 수를 이루 다 헤아릴 수 없소. 그러니 이 세상에 만일 나무를 다 없앤다면 우리 인류는 단 하루도 생활을 유지하기 어려울 것이오.

세상 사람은 종종 금은주옥(金銀珠玉)만 유일무이한 귀중한 보물로 삼지만 만일 나무가 없어서 우리 완전한 생활을 유지하지 못하는 지경에 이른다면 금은주옥이 어찌 귀하겠소. 그러므로 나무의 귀중함이 결코 다른 귀중한 보물에 뒤지지 않소. 하지만 다행히도 우리 지구상에는 나무가 다량 산포(散布)되어서 인류가 생활하는 자력(資力)을 무시로 공급하므로 우리는 그 감사한 마음과 귀중한 가치를 태반이나 망각하고 있소.

이처럼 나무가 우리 생활에 직접적으로 관련될 뿐 아니라 간접적 관계 또한 적다고 할 수 없을 것이오. 첫째는 위생상 관계요. 여러분이 이미 자세히 알다시피 인류나 하나의 동물이 호흡할 때는 이른바 탄소 기운을 뱉어내고 공기 중에 있는 산소를 흡입하여 혈액을 청결하게 하고 핏줄의 순환을 원활하게 하여 생명을 유지토록 하니, 우리가 결코 음식으로만 생명을 보전하는 것이 아니라 공기를 호흡해야 생명을 보전하는 것이오. 그러니 이 지구상에 머물러 사는 16억 인류와 기타 동물이 잠시도 쉬지 않고 공기 중의 산소를 마시고 탄소 기운을 뱉어내며 동물뿐 아니라 각종 물체가 연소될 때도 산소를 취하여 탄소 기운으로 바꾸오. 이 지구상에 한정된 공기 중의 산소를 이처럼 다 마셔서 수백 년 뒤에 공기 중에 산소가 고갈되고 탄소 기운만 쌓인다면 일반 동물은 생명을 보존하지 못할 것이오. 하지만 천연의 작용은 하나의 묘안을 부여하여 일반 동물로 하여금 이러한 참혹한 지경에 빠짐을 면하도록 하였으니, 나무의 작용이 그것이오. 나무가 생활하는 법칙은 뿌리의 작용으로 토양 중의 자양분과 수분을 흡수하고 잎의 작용으로 공기 중의 탄소 기운을 흡수하여 영양을 공급한 뒤 다시 산소를 뱉어내어 공기를 신선하게 하면 동물은 다시 이 산소를 흡수하여 탄소 기운을 뱉어내고 나무의 잎은 이 탄소 기운을 흡수하고 산소를 뱉어내므로, 지구상의 공기는 대략 일정한 산소의 양을 포함하여 동물의 생활을 경영토록 하오.

그러므로 우리가 위생법을 알맞게 행하여 신체를 건강하게 하고자 하면 첫째는 자양분이 되는 음식물과 알맞은 운동과 의복을 청결히 하는 등의 일은 말을 기다릴 것 없거니와, 둘째는 밤낮으로 간단없이 호흡하는 공기를 아무쪼록 신선하게 하는 것이 유일한 방책이오. 이것은 가옥 부근에 나무를 다수 심어 가꾼다면 이 나무가 공기 중에 산소를 제공할 뿐 아니라 원래 공기 중에 작은 먼지가 상당히 뒤섞여 떠다녀 이 세계를 이른바 홍진세계(紅塵世界)라 하는 예로부터 속담이 있는데 이처럼 불결한 공기가 바람이 되어 유동할 때에도 만일 가옥 부근 주위에 나무가 무성하여 둘러 있으면 공기는 이 나무의 빽빽한 잎을 여과하여 들어오니 다량의 진애가 나뭇잎에 모두 부착되어 정체되고 비교적 청결한 공기를 흡수하게 될 것이오. 이러한 까닭에 외국에서 인구가 조밀한 도회지 등의 지역에 나무를 특별히 심어 가꾸게 하도록 장려하는 것은 위생상 이처럼 지대한 관련이 있기 때문이오. 이뿐 아니라 우리가 일상에서 경험하는 바로 벌거벗은 민둥산 붉은 땅에 가면 신체에 상쾌한 기상이 없으며 정신에 청신한 감상이 없고 나무가 무성한 곳에 가야 산천은 모두 금수(錦繡)와 같고 녹음(綠陰)의 그림자 속에서 지저귀는 새의 노래를 보고 들을 때 자연히 심신이 상쾌하고 감상이 청신하여 홍진세계의 시시비비하는 죄악 생활을 돈망(頓忘)하고 일종의 자연의 아름다운 느낌을 감발(感發)하는 것이오. 그러니 나무는 미학 상으로도 우리의 정신수양에 없어서는 안 될 것이니, 우리나라 인사가 일본의 지방에 걸어 들어갈 때 가장 먼저 느끼는 것은 이 나무의 아름다운 느낌일 듯하오. 나무의 효용은 여기서 그치지[30] 않을 뿐 아니라 나무가 번성하여 대삼림을 이룬다면 능히 그 지방의 기후를 다소 바꾸고 홍수와 가뭄의 재해를 방비하는 효력이 있소.

대저 태양 광선이 지면(地面)을 직사(直射)할 때에 이 지면의 열이 다시 공중으로 반사하면 지구면에 포함되어 있는 공기는 직접 태양의 열을 받아 열도(熱度)가 올라가는 것이 아니라 이 지면의 반사열로 말미암아 열도가 상승하는 것이오. 만일 지면상에 삼림이 무성하면 나무의 가지와 잎은 태양열을 받는 부분이 지면보다 적은 까닭에 반사열 또한 적소. 따라서 쇠나 돌도 녹이는 여름철 더위라도 삼림이 많은 지역은 다소 청량한 풍미를 느낄 것이오. 또 비가 지면에 내려 다시 증발할 때도 가지와 잎이 빗방울을 직접 받아서 증발하는 작용을 한층 더 성대히 시행하는 까닭에 이와 같은 여러 관계가 그 지방의 강우량을 증가시키는 것이오. 또 나무가 없는 지방은 비가 내릴 때 토양이 직접 빗물을 받아서 토지가 다 패이고 또 빗물이 지하에 침습되는 정도가

---

30 그치지 : 원문에는 없으나 문맥상 필요하다 여겨 삽입하였다.

적어서 홍수가 일시에 크게 불어나는 반면에 삼림이 많은 지방은 나뭇잎이 먼저 빗방울을 받아서 그 세력을 줄인 뒤에 지면에 전달하니 토지도 저토록 패일 리가 없고, 또한 퇴적된 낙엽에 빗물이 지하에 침습되는 정도가 많고, 또한 퇴적된 낙엽이 빗물의 흐름을 방해하는 까닭에 홍수가 급히 불어나는 해를 줄이고, 설령 홍수가 일어나도 지반이 나무뿌리에 굳게 얽혀서 파손의 정도를 줄일 것이며, 또한 지하에 침습된 수량이 많아서 이것이 점차 흐르면 가뭄의 재앙을 당하여도 우물과 냇물의 고갈을 면할 수 있소. 이상 열거한 바로 보면 나무가 우리 인생과 저토록 긴밀하고 중요한 관계가 있음을 알 수 있을 것이오.

그러나 우리나라의 정황을 회고컨대 수십 년 이래로 나무를 심어 가꾸는 방법이 다 사라지고 도끼가 수시로 들어가 수백 년 동안 길러진 삼림을 하루아침에 다 없애고, 후미진 지역과 깊은 산에도 무지한 농부들이 화전(火田)을 경간(耕墾)하느라 그 좋던 산림을 불로 다 태워 없애니 전국 도처에 민둥산만 우뚝우뚝 서서는 국운(國運)의 쇠퇴를 꾸짖고 비웃으며 불쌍히 여기고 근심하는 듯하오. 이로부터 한재가 연이어 오며 저렇게 크지 않은 장맛비만 있어도 홍수가 곧장 넘치오. 홍수가 있어도 냇가와 강둑에 나무가 조밀하면 저러한 참혹한 피해는 면할 것이거늘 우리나라는 수십 년 이래로 특히 홍수와 가뭄의 재해가 해마다 없었던 때가 없고 도처에 없었던 곳이 없으니 이는 함부로 벌목한 재앙이라 하겠소. 또한 근래 도회지도 이로 인해 땔나무의 값이 극도로 올라서 매년 얼어 죽는 참상이 얼마나 되는지 모르겠소. 그런데도 소위 뜻 있는 인사들과 동포를 위해 걱정하는 인사들도 단지 시대의 변천을 개탄치 않으면 이를 천운(天運)에 다 돌려버리고 이를 구제할 근본적 방책은 연구하지 않으니 어찌 개탄스럽고 아쉬운 일이 아니겠소. 그러니 오늘의 우리나라 인민의 시급한 사업은 실로 일일이 다 들 수는 없지만, 어서 나무를 가꾸어 길러서 전국에 울창한 삼림을 이루는 것이 급선무

중의 급선무라 하겠소. 그 방책으로 말하자면 여러 방면으로 연구할 여지가 많지만, 그 제일은 우리나라 국민 된 자가 한해 중에 하루 또는 이틀씩 식목일을 만들어 정하고 이날 반드시 전국의 인민이 일제히 나무심기에 종사토록 하는 것이오. 이것을 실행할 때 먼저 각처 학교의 생도들을 시켜 이것을 시험하여 선례를 보인 후에 촌(村) 하나 방(坊) 하나가 이를 본받아 시행토록 하고 각지의 촌 하나 방 하나가 이를 동시에 시행토록 한다면 전국의 시행도 저처럼 곤란한 사업은 아닐 듯하오.

심장운동과 혈액순환의 요론 (속) / 이규영(李奎濚)

피부의 온도

팔을 겨드랑이에 밀착하여 쟀을 때의 온도는 36도 49에서 37도 25가 상온(常溫)이 되니 온도를 재는 방법은 병원에서 사용하는 수은계 검온기(檢溫器)를 신체 일부 부위에 잘 두고서 적어도 15분이 지난 뒤에 그 수은이 관안에서 오르는 것을 따라 온도의 눈금을 계산함.

(1) 발바닥 중앙 32.26

(2) 아킬레스건 근방 33.85

(3) 종아리 앞쪽 면의 중앙 33.05

(4) 장딴지 부위 중앙 33.85

(5) 오금 35.00

(6) 상퇴(上腿) 중앙 34.40

(7) 사타구니 굴측(屈側) 35.80

(8) 심박동부 34.40

위는 꾸우이[31] 씨가 온난한 21도의 실내에서 의복을 입지 않은 건장

---

31 꾸우이: 미상이다.

한 남자를 바로 세운 뒤에 검온기 구형부(球形部)의 아랫면을 피부에
접촉하여 측량한 것이다.

강동(腔洞) 내의 온도

(1) 구강(口腔) 혀 아랫부분 37.19

(2) 음질(陰膣) 38.03

(3) 직장(直腸) 38.01

(4) 요도(尿道) 37.30

또 이 체온은 여러 감응하는 바에 따라 변화함이 있다.

(1) 기후의 감응: 체온은 위도(緯度)의 기후가 달라짐에 따라 완전히
동일하게 나타나니 이는 실로 주의할 중요한 점이다. 이와 같기 때문에
만약 따뜻한 지방에 살던 사람이 추운 지방으로 옮겨와 살 때에는 체온
의 저하가 매우 적으나 추운 지방에 있다가 따뜻한 지방으로 옮길 때에
는 그 체온의 상승이 비교적 현저함을 볼 것이요 또 정대지방(正帶地方)
에 사는 사람의 체온은 한랭한 겨울철에 온난한 여름철보다 0.1에서
0.3정도 낮게 나타나는 것이 일반적인 예이다.

(2) 신진대사의 감응: 대변은 화학적 포합물(抱合物)[32]의 분해로 말미
암아 발생하는 것이니 곧 탄산(炭酸)과 요소(尿素)를 생성하여 이를 배
설하기 때문에 온기 발생의 양은 이 두 종류 배설물의 분량과 일치하여
병행되지 않을 수 없을 것이요, 또 많이 먹은 뒤에는 신진대사 기능이
활발함으로 말미암아 체온 또한 2·3분(分) 상승하니 이를 소화열이라
고 하며 허기질 때에는 평소보다 신진대사 기능의 작용이 몹시 약함으
로 말미암아 체온의 저하가 36도 6분에까지 이른다.

(3) 연령의 감응: 신생아는 한 가지 특별한 차이점이 있다. 분만 후에

---

32 포합물(抱合物) : 둘 이상의 물질이 결합하여 이루어진 물질로, 화합물(化合物)이라
    고도 한다.

즉시 그 체온을 재면 모체(母體)의 질보다 거의 0.3도가 높아 37.86도를 보이는데 2시간에서 6시간 정도 지나면 0.9도가 내려가고 12시간에서 36시간 후에는 다시 상승하여 젖 먹는 아이의 중등(中等) 온도인 37도 45분을 나타내나 첫 주간에는 부정(不正)한 변화가 오기 쉽다. 단지 젖만 먹는 아이는 수면 중에 그 체온이 0.34에서 0.56이 내려가고 오랫동안 울 때에는 2·3분이 상승한다. 노인은 신진대사 기능의 작용이 약함으로 인해 온기 생성 또한 적기 때문에 항상 몸이 차기 쉬우니 따뜻한 옷을 거듭 겨입을 필요가 있다.

(4) **주야의 감응**: 밤낮의 시간에 따라 체온이 오르내림은 연령의 노소와는 조금도 관계가 없고 항상 일정하고 변함이 없으니 지금 이를 개론하면 다음과 같다.

주간에는 체온이 계속해서 상승하여 저녁 5시에서 8시가 되어 최고 온도에 달하고 야간에는 점점 하강하여 다음날 새벽 3시에서 6시 즈음 최저 온도에 달하되 중등 체온은 중식 후 3시에 나타남.[33]

(5) **신체장애의 감응**: 체부(體部)에서 피가 나는 일이 있을 때에는 체온이 처음에는 내려가며 그 다음에는 오한을 발하여 2·3분 상승하였다가 2·3일 후에는 다시 정상 온도를 회복하고 또 다량의 급성출혈이 있을 때에는 0.5도에서 2도가 내려가고 출혈이 오래되면 31도에서 29도까지 하강하는 경우도 있다.

(6) **독물의 감응**: 독물 중에서 특히 클로로포름, 격라랍이(格羅拉爾), 실기다이사(實芰多爾斯)[34], 퀴닌(quinine) 등은 체온을 하강시키니 이 경우 절반은 온기 발생의 근원이 되는 조직 분자의 분해를 방해하는 것에 기인하고 절반은 온기를 흩어지게 하는 기능을 항진케 하는 것에 기인하

---

33 중식……나타남 : 원문에 '朝食後三時에在홈'라고 되어 있으나 의미상 '朝食'은 '中食'이 되어야 한다고 판단하여 위와 같이 번역하였다.

34 격라랍이(格羅拉爾), 실기다이사(實芰多爾斯) : 둘 모두 미상이다.

며 또 나머지 독물은 반대의 원인으로 체온을 상승케 하는 경우도 있음.

(7) **질병의 감응**: 질병으로 인한 체온 하강은 혹은 온기 발생을 감소케 하는 데에서 말미암으며-신진대사의 감소- 혹은 온기의 흩어짐이 증가 하는 데에서 기인한다. 체온 상승은 곧 열성병(熱性病)이니 열이 가장 높을 때에는 44도 56분에까지 이르는 경우도 있다. 그러므로 하이에켈 씨의 설을 따라 사람의 상온은 직장(直腸) 내에서 37도 13분이 평균이 되는 까닭으로 이 이상으로 오를 때에는 열성(熱性)의 온도로 간주하고 이 이하로 내려갈 때에는 허탈(虛脫)의 온도로 간주한다고 한다.

우리 농업계의 앞길 / 김진초(金鎭初)

책상 앞에 눈을 감고 걱정하고 한숨 쉬다가 우리 농업계의 전도를 생각하니 위태롭기가 쌓아놓은 알과 같다. 사람마다 풍족하고 집집마 다 넉넉하여 사치를 다투는 부호가 없으면 기한(飢寒)에 눈물짓는 빈민 도 없고, 각자 강하고 나라가 부유하여 약자의 살을 먹으려는 이웃 강 자가 없으면 멸망에 떨어지는 이웃 나라도 없을 것이다. 옛날의 풍요한 생활과 태평한 사회는 다시 가히 몽상하지도 못할 것이다. 사실로 관찰 하건대 우리 농업계는 지금 실로 일대 위기에 다다랐으니 우리 동포는 눈을 들어 이를 보아야겠다. 전국 읍촌(邑村)에 소위 농촌을 조사하면 재정의 공황만 닥쳤을 뿐 아니라 우리가 발붙이고 서서 생활하는 농지- 가옥, 토지, 전답, 산림-도 또한 외인의 침략으로 잠식되어 날이 갈수록 날로 심해지고 달이 갈수록 달로 심해지고 해가 갈수록 해마다 심해지 니 만일 이를 간과하면 그 전도는 말하지 않아도 짐작할 수 있다.

부디 살펴보라. 외인의 세력이 발발하여 가히 막지 못할 때를 당하여 우리 농업계는 내우외환이 번갈아 찾아들어 숨이 곧 끊어질 듯 방금

빈사(瀕死)의 역경에 잠기었다. 아아! 이 무슨 조짐인가. 나는 그 이유를 아래와 같이 서술하고자 한다.

(1) 청년 자제의 사치·음미(淫靡)이다.

풍속이 소박하고 인정이 돈후한 미풍을 남긴 우리 농업계도 사려가 없고 정견이 없는 젊은 자제가 공연히 도회의 폐풍(弊風)을 모방하며 잡류의 누속(陋俗)을 흉내내어 사치·음미가 풍속을 이루어 예전의 모습을 남기지 않으니 실로 한탄스러운 바다. 이러한 폐풍이 갈수록 더욱 조장되어 의기가 당당한 청년도 비굴하고 경박한 무리가 되어 왕후·귀인 앞에서도 굽히지 않던 머리를 외인에게 숙여 빚을 지고 돈에 속박되어 일종의 노예가 될 뿐 아니라 심지어 토지·가옥까지도 아울러 약탈당하여 부모 동생과 처자 권솔(眷率)이 다 사경에 다다르게 되니 그 유폐(流弊)가 가히 쉽게 고쳐지지 못하리로다. 이 부랑자의 폐독이여, 작게 말하면 그 집을 망하게 하고 크게 말하면 그 국가를 망하게 하는 것이다. 어찌 두렵지 않으리오.

(2) 지식의 몽매이다.

세상 사람이 입만 열면 "심하구나. 우리 정계에 인재가 결핍되어 외교가 부진하고 내치(內治)가 되지 않아 서로 구습을 따라 임시 수습만 하여 독자적 힘으로 국가를 떠맡아 일으키려는 인사를 볼 수 없다."라 하니 참으로 그러하다. 그러나 현재 내가 밤낮으로 우려하는 것은 차라리 우리 실업계에 위인이 전혀 없다는 데 있다.

위인도 전혀 없고 지식도 몽매하여 종래 우리 농업계가 수동적이고 종속적이라 이렇게 수동적이고 종속적이기 때문에 농업이 위미(萎靡)하고 농민의 권리가 더욱 발휘되지 못할뿐더러 근래에는 외인의 내침(來侵)을 기피하여 가옥과 전답을 팔아버리고 산골을 찾아드는 자가 많으니 이 무슨 몽매함이요. 생존경쟁을 하고 약육강식을 하는 이때를 당하여 어찌 타인의 내침에 항거치 아니하고 도피만 하리요. 외인이 내침하는 목적은 우리의 소유물을 빼앗고자 하는 바인즉 우리는 소유물을 목숨 걸고 지켜 빼앗김을 당하지 말아야 생명을 보존하고 국가를 유지할 것인데 이에 항거치 아니하고 거꾸로 자기의 소유물을 외인에게 넘겨주고 타인이 다니지 않는 산골 불모의 땅을 향해 가서 안락을 구하고자 하니 이 어찌 한심하지 않으리오.

(3) 해외의 추세(趨勢)이다.

미곡은 우리 주요 농산물의 첫째요 우리 농민의 유일한 재원이요 우리 국가 경제의 요추(要樞)를 좌우하는 것이다. 그러나 이렇게 주요한 농산물이라도 근년 외국인에게 압도되어 목면과 연초 등이 해마다 감소할뿐더러 동린(東鄰)에 있는 일본은 본디 빈한한 소국으로 근년 인구가 번성하여 생활의 곤란을 당할 즈음에 우리나라의 토지가 비옥하고 기후가 양호하여 우리 농업이 세계 제일이라는 말을 듣고 앞다퉈 건너와 우리 농업계를 점령하고자 하니 이 어찌 두렵지 아니하리오. 요컨대 우리 한국 농업계는 존망(存亡)이 걸린 위급한 시기라 이때를 맞아 우리 한국 동포가 대결심으로 농업을 유지·확장하지 않으면 독립 경영도 헛수고로 돌아갈 것이요 국권 회복도 수포로 돌아갈 것이니 2천만인이 이 큰문제에 대하여 확고한 방책을 강구해야 할 것이다.

가내 육아법 / 우경명(禹敬命)

(1) 음식 먹이는 데 주의할 일

음식을 삭히는-소화(消化)- 힘은 사람의 연령에 따라 다르다. 그러한 까닭에 어린아이에게 음식을 먹일 때는 먼저 그 연령에 유의함이 요구된다. 아무리 자양분이 많은 음식이라도 만일 그 물건의 성질과 또 음식의 조리법이 아이의 연령에 적당하지 않으면 아이가 그 음식을 먹은 후에 몸에 이롭지 못할 뿐 아니라 도리어 몸을 해롭게 하는 것이오. 어린아이는 아직 먹는 물건을 삭히는 힘이 극히 연약함에 이때는 아무쪼록 삭히기 쉬운 것을 먹임이 요구된다. 아이가 나온 지 한 1년 동안 이가 아직 나지 아니하였을 동안에는 그 어머니의 젖을 먹이는 것이 천연의 법이나 외국에서는 소젖-우유-을 먹이는 것이 아이의 양생에도 극히 좋고 그 모친 되는 이에게 해가 미치지 아니하므로 흔히 소젖으로 아이를 기르는 것이오. 이같이 1년가량을 길러 이가 나게 되면 이때부터는 젖 먹이기는 그만두고 아무쪼록 삭히기 쉬운 것, 가령 말하면 죽과 미음 같은 것을 먹이고 6·7세 되면 그때부터는 항용 사람이 먹는 음식을 먹이되 매운 것은 아무쪼록 먹이지 아니하고 또 물을 극히 조심하여 먹일 것이라.

음식의 분량 또한 그 삭히는 힘이 강하고 약한 것과 몸에 적당한 것을 가려서 정해야 한다. 곧 몸의 발달이 왕성하여 음식을 삭히는 힘이 많은 사람에게는 음식의 분량도 많을 것인데, 어린아이는 일변으로 생각하면 몸의 발달하는 것이 극히 빠르고 왕성하나 음식을 삭히는 힘은 아직 극히 연약하여 음식을 한 번에 많이 먹이기는 할 수 없으니 어린아이일수록 음식을 여러 번에 나누어 한 번에 조금씩 먹게 하되 낳은 지 1년가량 된 아이는 두 시간에 한 번씩 먹이고 4·5세까지는 세 시간에 한 번씩 먹이면 적당하오. 그러나 음식은 일정한 시간을 정하여 두고 먹이는 것이 삭히기도 잘하고 몸을 튼튼하게 하는 데에 극히 필요하니 아이가 아무쪼록 어렸을 때부터 일정한 시간에 음식을 먹게 하는 습관을 기르는 것이 필요할 것이라. 만일 아이에게 음식을 무시로 과도하게 먹이든지 부정한 음식을 먹이면 아이의 창자는 연약하여 다 삭히지 못하므로 혹 식중독도 생기며 코와 침을 흘려 몸의 건강을 해롭게 하니 부모 되신 이들 어찌 주의하지 아니하겠소.

(2) 의복 입히는 일

우리 사람의 의복이란 단지 맨살을 가릴 뿐 아니라 기후의 덥고 찬 데 대하여 우리 몸의 피부-살과 가죽-를 적당히 보호하는 것으로써 주요(主要)를 삼는다. 특별히 어린아이에게 의복을 입히되 의복을 너무 꽉 입히면 가슴을 눌러 숨쉬는 것을 해롭게 하고 혈맥이 돌아가는 데에 방해가 있을 것이니 아이의 의복은 아무쪼록 너그럽게 짓는 것이 좋고 어렸을 때부터 의복을 너무 두텁게 입히면 피부가 연약해져서 조금만 해도 감기가 들리기 쉽고 병나기 쉬우니 아무쪼록 의복을 적당하게 입히도록 주의할 것이오.

(3) 청결하게 할 일

아이의 주위를 아무쪼록 청결하게 하는 것은 아이의 몸을 건강하게 하는 데 필요할 뿐 아니라 어린아이의 정신을 교육하는 데도 큰 관련이 있다. 아이의 몸을 항상 목욕시켜 청결하게 하며 방안에는 늘 빛과 공기를 잘 통하게 하고 의복과 각색 기구와 이불 같은 것을 일절 다 청결하게 하여 장성한 후에도 이 습관을 잃지 않게 할 것이라.

(4) 운동시키는 일

몸은 항상 적당한 운동을 한 후에야 건전하게 발달이 되니 몸을 튼튼하게 하려면 적당한 운동을 하지 않으면 안 될 것이다. 운동하는 데 대하여 주의할 일을 잠깐 들어 말하면

(가) 일기 청명할 때에는 아무쪼록 집 밖에 나가서 놀게 할 것이요,

(나) 운동하는 시간을 적당하게 하여 어린아이로 하여금 너무 가쁘

게 하지 아니할 것이요,

(다) 아무쪼록 사지(四肢)를 균등하게 운동시킬 것이요,

(라) 운동할 때에 위험하고 해가 있을 것은 금지할 것이라.

(5) 잠재우고 쉬게 하는 일

운동하여 몸이 곤하고 가쁜 때에 편안하게 쉬면 몸의 가쁜 것도 회복하고 온몸의 혈맥을 청신하게 하여 정신과 몸이 다시 활동할 만하게 되는 것이라. 만일 활동만 하고 쉬지 않으면 혈맥에 청신한 피는 다하고 그 결과로 몸이 곤하고 가쁨을 이기지 못할지라. 그런고로 사람의 몸의 강건한 것은 적당하게 쉬는 것으로써 점점 발달되는 것을 알지라. 그중에 가장 완전하게 쉬는 것은 자는 것이니, 사람이 낮에 활동하여 곤하고 가쁜 것을 밤에 자는 것으로써 정신과 몸의 운동을 완전히 쉬게 하여 회복하고 혈맥을 청신케 하여 몸의 생생한 기운을 다시 얻는 것이니, 어린아이의 잠자는 데 대하여서는 부모 되신 이 특별히 주의할 것이라. 잠자는 시간은 연령에 따라 각각 다른데 잠자는 시간을 비교하면

한 살부터 두 살까지는 1일에 12시간에서 14시간 동안

두 살부터 세 살까지는 1일에 12시간가량

6세에서 10세까지는 1일에 11시간가량

10세에서 15세까지는 1일에 9시간 혹 10시간

15세 이상은 1일에 7시간 혹은 8시간

물 이야기 / NYK 생

물의 성질과 상태

여러분, 정결한 유리잔에 맑은 물을 담아보시오. 그저 색도 없고 냄

새도 없으며 마셔서 맛보아도 감미(甘味)도 아니요 산미(酸味)도 아닌
한 잔 맑은 물 밖에 없지만, 염색된 다른 것을 혼입하면 청·황·적·
흑색으로 따라 변하며 또 만일 다른 물질을 혼입하면 그 냄새와 맛이
바뀌니, 가령 사향(麝香)을 넣어 녹이면 향수가 되고 암모늄이라는 화
학약을 잘라 넣으면 소변 비슷한 악취가 생기며 설탕을 넣어 녹이면
단물이 되고 식염을 넣어 녹이면 짠물이 되어 색과 맛과 냄새가 여러
번 변경도 하고 감쪽같이 바뀌기도 하여 우리의 음식물 위에 신선한
양념도 되었으며 화려한 장구(粧具)와 기려한 완물(玩物)도 되어왔다.

내달려 흐르는 저 시냇물은 밤낮으로 흘러가고 웅숭깊은 연못물은
사시(四時)에 고여 있으니 냇물 못물은 어떤 다른 점이 있는가. 시험하
여 둥근 기구에 냇물을 길어 담으면 그 형태가 둥글어지고 각진 기구로
못물을 담아두면 그 형태가 각진 모양을 이루니, 이는 소위 물은 그릇
의 모양을 따르고 사람은 친구의 선악으로 말미암는다는 속담과 같이
물은 일정한 형상을 지니지 않는 물질임을 보여준다.

고산준봉(高山峻峰) 절벽 위 첩첩 암석 사이에서 졸졸 흘러내리는 무
수히 가는 물줄기가 계곡 간에 폭포로 떨어져 원천을 비로소 이루고
기백 회 굴곡진 산악을 굽어 흘러 종국에는 낙동강 청천강 같은 대하(大
河)도 되고 또 냇물과 강물이 합쳐지는 곳에는 기백 척 군함이 떼 지어
모여 억천 방의 포화를 서로 주고받는 해전장(海戰場)의 대해를 이루었
으니, 저렇듯이 절정에서 계곡으로 낙하하고 강하(江河)에서 대해로 흘
러드는 것은 다 높은 곳에서 낮은 곳으로 흘러가는 물의 성질이요, 흘
러간다 말하는 작용은 우리 지구에 인력(引力)이라 칭하는 큰 힘이 있
어 지구상 일반 여러 사물을 흡인하기 때문에 일어나는 바이다. 물그릇
에 물을 붓고 그릇 밑에 구멍 하나를 뚫어놓으면 그릇 안의 물이 그
구멍으로 분출하니 이는 물그릇 안에 물의 중량이 힘이 되어 그릇 아래
를 누르는 까닭이니 소위 수압력이 이것이며, 이 압력은 아래만 누를

뿐이 아니니 시험하여 그릇의 측면에 구멍 하나를 뚫어 봅시다. 역시 그 분출하는 물줄기는 앞의 모양과 같이 차이가 없으리니 이도 물의 중량이 힘이 되어 측면을 누르는 까닭인즉, 수압력은 저부(低部)에도 있고 측면에도 있으며 또한 깊으면 깊을수록 힘이 고도에 달하는 고로 항아리나 단지를 위쪽은 협소하게 하고 아래쪽은 두툼하게 하는 것이 이 이유를 응용한 것이다.

하늘이 청량하여 먼지가 날리지 않는 날에 뜨락의 연못에 떠 있는 우리 갈댓잎 배는 완연히 유리잔 위에 담긴 듯 전후좌우 요동이 없을 때에 수면은 조금도 요철(凹凸) 형태가 없고 진정 평면으로 펼쳐졌으니 이를 수평이라 칭하며 이를 이용하여 토지를 측량하는 데 쓰는 수준기(水準器)를 만들어 내었다. 6·7월경 청명한 날 태양이 내리쬘 때 더위를 씻으려 물가에 임하여서 처음 생각에는 태양이 이같이 내리쬐니 이 못물도 필연 서늘한 맛이 없으리라 여기고 아무 생각 없이 들어가면 표면은 따뜻하나 이면은 한랭하기 짝이 없어 그 차가움을 견디지 못하여 속히 나오는 경우도 있으니 이는 어떤 이유인가. 대저 물은 열을 받으면 가벼워져서 상승하고 열을 받지 못한 물은 무거워 아래로 가라앉아 한랭한 것이다. 시험하여 유리 주전자에 물을 담아 탄불 위에 끓이면서 손가락을 가만히 넣어 온도를 재어보면 수포가 주전자 바닥에서 위쪽으로 떠올라 위쪽은 온난하고 아래쪽은 아직 차가운 채로 있으니, 이는 무겁고 가벼운 것의 차이이다. 이것이 의아하거든 나뭇잎과 돌을 가져와 일시에 물속에 투입하여 볼지어다. 돌은 즉시 물밑에 가라앉고 나뭇잎은 그냥 물 위에 떠 있지 아니하던가. 이같이 가벼운 물의 따뜻함은 부상하고 무거운 물의 차가움은 침하하는 것을 물의 대류(對流)라 칭한다. 철주전자가 왕왕 울자 비좁은 듯 풀적풀적 수포가 주전자 입구로 솟구치니 이는 물속에 이미 뒤섞인 바 공기가 열을 받음으로 인하여 팽창-부풀어 오르는 모양-하기 때문이다. 이때는 끓는 물의 열이 섭씨 한난계(寒暖計)로 100도에 달하는 때이니, 목탄과 석탄의 힘으로는 아무리 격렬한 열을 일으키더라도 100도 이상으로 올라갈 수 없다. 소위 비등한다는 작용은 공기의 압력에 반항하여 일어나는 것이니 백두산 상봉 같은 높은 곳에는 공기가 희박하여 압력이 약한 고로 보통 100도 열이 아니면 펄펄 끓지 않던 것이 이러한 높은 곳에서는 90도쯤 되면 비등한다 하니, 시험하여 포수에게 다년 높은 산에서 수렵한 경력담을 들어보시오. 밥을 짓거나 국을 끓일 때에는 얼마쯤 넉넉히 끓여 잘 되었거니 안심하고 수저를 내리면 그 밥은 반만 익고 그 국은 덜 끓어 필경은 실패를 보게 된다 하니, 이는 공기의 압력에 반항하는 관계를 잘 주의하지 않은 까닭이다.

탄재(炭材)를 오래 태워 철주전자 물을 연속으로 끓이면 물은 점차 그 형태를 바꾸어 숨어버리니 과연 어디로 도망하여 사라진 것인가. 유령의 묘한 마술로 자기 형태를 별안간 바꾸어 우리의 안목을 미혹케 함인가. 시험하여 볼지어다. 철주전자의 물이 왕왕 끓을 때에 주전자 입구로 튀어나오는 바 무슨 기(氣)가 있지 아니한가. 이것이 소위 증기라 칭하는 바요 짙은 흰색의 김은 증기가 재차 그 형태를 바꾼 것이다.

겨울철이 되면 항아리와 물단지의 물은 그대로 응결하여 유리판을 붙인 듯이 되고 극한(極寒)의 지방에서는 연못과 시냇물이 그대로 응결하여 천연의 다리가 되는 고로 사람과 말, 달구지가 무난히 건너 왕래하며 아이들은 자유로이 날랜 재주를 각자 자랑하느라고 빙활(氷滑)-얼음지치기-을 일삼으니, 저렇게 물이 자유로 흘러가던 성질이 일변하여 응결할 때에는 이를 얼음이라 명칭한다. 이는 섭씨 한난계 0도에 달하면 항상 이 작용이 있는지라 이 0도를 빙점이라 칭하는 연유이며, 또 물이 차가워짐을 따라 점점 그 부피가 줄어들어 한난계 4도로 내려가면 그 부피가 가장 줄어들고 또 그 이하가 되면 도리어 그 부피가 늘어나 동일한 중량으로 부피가 늘어나면 성질이 성글어져서 가벼워지고 가벼

위지면 부상하는 이치이다. 그러한 까닭에 상방이 항상 하부보다 한랭하여 먼저 동결됨이 예사이다. 그러므로 물의 표면만 얼어 팽창하고 하면은 근본대로 있는 것이니 이것이 잘 이해되었나 보오. 만일 물이 저런 성질이 없었던들 연못과 강하(江河)가 위부터 아래까지 한 번에 얼어버려 거기에 살던 어류는 얼음구이처럼 되고 말 것이니 그다음 해는 어류를 구경하기도 어려우리로다.

천지간의 모든 물체가 겨우 70여 종의 원소로 성립하였는데 그중에 물은 무슨 원소로 된 것인가. 시험하여 물을 그릇에 넣고 유산(硫酸)이라는 화학약을 조금 첨가하고 그릇 밑에는 2개의 도선(導線)을 통과시키고 그 끝에는 조그마한 백금판을 연결하여 그 위를 2개의 유리관으로 덮어두고 아까 그 도선에 전기를 통하게 하면 백금판에 작은 기포가 생겨 이것이 점차 관으로 꾸루룩 꾸루룩 올라가서 상부에 맺히니 이것이 즉 가스-기(氣)-라 하는 것이다. 이 가스가 한쪽 관에 가득히 될 때에 다른 한쪽에는 반쯤 또 다른 가스가 맺히니 이 가스는 무엇인가. 먼저 그 한쪽에 가득히 된 유리관을 손가락으로 눌러 꺼내어 양화(洋火)-성냥-을 켜서 대면 관의 아래쪽에서 가만히 연소하니 이는 수소라 칭하는 원소다. 그다음 관의 반쯤 되어있는 것도 앞의 것과 같이 꺼내어 켰다가 끈 성냥 불티를 가까이 가져가면 불이 왕성히 타오르니 이는 산소라 칭하는 것이다. 그런즉 물은 산소 하나, 수소 둘의 원소로 된 것이매 만일 그 확증을 다시 찾고자 하거든 앞에 실험한 것과 반대로 하면 물을 만들게 될 것이니 또 실험하여 봅시다. 한 근의 튼튼한 유리관의 측면에 2개 백금선을 삽입하고 관에는 수은을 가득히 채워 그 입구를 눌러 수은이 그릇 안에 도립(倒立)하게 하고 고무관을 수은 속으로 넣어 유리관에 끌어들이고 수소가스와 산소가스를 2:1의 비율로 불어넣으면 가스는 가벼워서 관의 상부에 맺히고 수은은 하강하여 관 안에 두 가지 가스만 있게 되니 그 다음에 유리관 입구를 고무판으로 눌러두고 전기를 통하게 하고 도선(導線)의 끝에 불꽃을 날리면 무슨 폭발하는 모양으로 소리를 내며 유리관 입구를 느슨하게 해놓으면 수은은 전부가 다시 관 안에 올라오고 상부에 근소한 물방울이 모이니 이는 즉 수소·산소 두 원소가 전기의 불꽃으로 뒤섞여 물을 만든 것이니, 전자를 물의 기분해(氣分解)라 하고 후자를 수소·산소의 화합이라 전칭(電稱)하는 것이외다.

학창 여담(1) / 오석유(吳錫裕)

법

법은 공동생활에 필요한 조건이다. 공동생활이라는 것은 2인 이상의 사람이 공통의 목적으로서 없는 것을 도와 서로의 편리를 도모하며, 다소간 서로 상응해 그 생존을 보전하는 것을 말한다. 원래 자연계에서 생명을 가진 자가 죽음을 피하고 삶을 바라는 것은 천성이다. 그러므로 스스로 죽음을 피하고 삶을 바라는 이상, 서로 경쟁해 약자는 강자에게 압박을 받고 강자가 이미 가진 강함을 과시해 약한 자를 제어하고 자기 홀로 자유롭게 생존하고자 해 종국에 자연도태를 행함은 논쟁이 허용되지 않는 사실이다. 생존을 경쟁하는 장 속에 자력으로써 그 경쟁을 감당하지 못할 때에는 동류와 공동으로 일치해 외적을 향해 대적할 것이니 이는 그 생존을 보존하는 데 필요한 상태다. 고로 그 결과는 동류의 공동단체가 견고한 자는 승리를 점하고, 만일 그렇지 않는 자는 패배를 당해 자연히 소멸하니 이는 우주간 자연의 상태요, 또한 자연의 수이다.

우리 인류도 이 관념에는 결코 차이가 없다. 대개 인류는 사회적 동물이다. 반드시 집합체로써 생활할 것이오, 자기 일인만 고유하게 독립해서는 도저히 생활할 수 없는 고로 인류가 되어서는 집을 만들며, 집이 모이면 친족을 만들며, 촌을 만들며, 군현을 만들어 필경에는 나라를 만들어 세우는 데 이르니 인류가 이 공동단체를 떠나서는 생활을 완전하게 도모할 수 없는 것을 증명할 수 있다. 그런즉 공동단체를 유지하는 데는 하나의 질서가 없어서는 안 된다.

원래 인류의 품질이 지력, 완력, 연령, 강약, 성질, 기타 다양하게 생활하는 상태로 인해 개인 사이에 우열이 생기는 것은 필연의 이치이다. 고로 이 우열을 제어하는 방법이 없을 때 자연히 우열에 맡겨 하나의 공동단체 속에서도 약육강식이 되고, 지자(智者)는 다른 사람을 압제해 굴종시키며, 완력자(腕力者)는 타인을 노예로 삼아 불평등으로 하여금 더욱 불평등이 되게 하여 마침내 평화를 유지하지 못할 지경에 이르니, 이 불평등을 공평히 하고 또한 공동으로 하여금 행복을 균등히 향유하게 해 원만하고 완전한 생활을 전 사회에 두루 미치게 하려면 하나의 조건 즉 규율에 의지하지 않을 수 없다.

이 공동단체의 인류가 의지할 수 있는 규율은 내부와 외부로 나뉘어 이에 의지하게 함을 질서라 말한다. 즉 내부에 속하는 것은 부부상화(夫婦相和)와 붕우상신(朋友相信) 등인데 혹 나뉘어 도덕이 되고 혹 나뉘어 종교가 된다. 또 외부에 속할 것은 하나의 권력으로써 강행하여 그 규율에 반드시 의지하게 하는 까닭에 이 외부의 질서에 의지하여 강자로 하여금 복종하게 해 결코 약자를 압제하지 못하게 함으로 이 규율을 법이라 말한다. 고로 "법은 공동생활의 필요조건이다."라고 한다.

| 예원 |

초여름에 우연히 짓다[肇夏偶作] 漢 / 석소(石蘇) 이동초(李東初)

절기를 살펴보니 이때가 어느 때인가	第看机曆此時何
더구나 봄이 가고 여름이 오지 않는가	況是夏行春已過
실버들로 안개가 옷을 짜니 마을이 그림 같고	柳絲烟織村猶繪
보리밭에 바람 불자 들판은 물결 이는 듯하네	麥畝風添野欲波
좋은 시절에 친구 만나 기쁨은 더욱 넉넉하고	佳節逢人歡更足
고향은 눈앞에 있는 듯 유독 꿈에 자주 보이네	故國在目夢偏多
이 몸은 경쟁 밖으로 멀리 떨어진 곳에 서서	此身逈立競爭外
'평화'를 노래하는 곡조 하나만 즐겨 듣노라	愛聽平和一曲歌

초여름에 교외에 가다[肇夏郊外行] 漢 / 위와 같음

푸른 풀 사이로 맑은 물 흐르니	綠草間間白水湲
빈틈없는 들 경치는 그림 속 무늬라	無空野色畫中斑
시끄러운 저자에서 돌아와 티끌먼지 씻으니	逭來市鬧洗塵肚
기운 절로 깨끗하고 마음 절로 한가롭네	氣自灑然心自閑

우연히 읊다[偶吟] 漢 / 소산(小山) 송욱현(宋旭鉉)

3천 리 밖을 부평초마냥 떠도니	三千里外伴萍浮
학계 산천으로 장쾌한 유람에 드네	學界山川入壯遊
고향 말씨 귓전에서 멀어지니 자주 꿈에 나오고	鄕音隔耳頻歸夢
물색이 눈에 닿을 때마다 수심 어리네	物色砭眸每釀愁

황금을 불려 응당 대중 일깨우는 목탁 만들고	鍊金當作警人鐸
나무 베어 반드시 세상 구하는 배를 만들어야지	斫木必裁濟世舟
문노니 누구 집 자제가 애국가를 부르는가	借問何郎歌愛國
동쪽 하늘 높은 곳에서 고개 돌려 보노라	東天高處一回頭

해저여행 기담 제4회

- 언어가 통하지 않아 함장은 헛되이 가고 점심을 주지 않아 장사가 진노하다 - / 박용희(朴容喜)

각설하고, 세 사람이 정히 묵묵하게 생각할 때 장사 2명이 들어왔다. 한 사람은 골격이 중심이 통한 데다 근육이 단단하고 곧으며 두 눈이 번쩍번쩍하고 위풍이 늠름하였고, 한 사람은 신장이 헌걸차고 두 눈이 청일(淸逸)하며 우뚝한 코와 넓은 이마에 낯은 백옥과 같았다. 두 사람이 모두 수달피 모자를 높게 쓰고 바다표범가죽신을 신었으며 모로코가죽 외투에 터키제 단검을 허리에 차고 있었다.

(수달 및 바다표범, 물범-이밖에 강치, 물개, 울눌(膃肭)[35] 따위-은 북빙양에서 나는데 그 중에서 북위 50-65도, 동경 140-160도 사이에 많이 나며 특히 러시아령 캄차카반도 근해가 가장 많이 나는데, 그 모피가 부드럽고 따뜻하므로 가치가 100여 원을 넘는다.

제혁(製革)은 독일과 프랑스 사이에 있는 모로코가 유명한데 지금 성경에 씌우는 가죽 책가위는 대개 이 나라에서 난 것이다.

칼과 창 같은 무기의 제강에는 터키와 일본이 세계에서 유명하다.)

두 사람이 들어오더니 조금도 입을 열지 않고 단지 세 사람의 용모만

---

35 울눌(膃肭) : 물개라는 뜻이다. 해구신(海狗腎)을 울눌제(膃肭臍)라고도 불렀다. 다만 앞의 "해구(海狗)"와 차이점이 무엇인지는 미상이다.

자세히 보다가 아로낙스 씨를 향해 입을 열었다. 하지만 어느 나라 언어인지 알 수가 없었다. 아로낙스 씨가 우선 프랑스어와 라틴어로 내력을 상세히 설명하였으나 단지 귀를 기울일 뿐이요 조금도 이해하지 못하는 모양이었다. 이에 콩세유와 네드 랜드 씨가 각기 독일어와 영어로 설명하였으나 한결같이 여전할 뿐이더니 돌연 일어서서 가버렸다. 네드 랜드 씨가 큰소리로 부르짖으며 "너, 배운 것도 없는 해적아! 영국 독일 프랑스의 말도 알지 못하는 몰염치한 야만인이구나. 나를 죽이려거든 빨리 착수함이 옳지, 어찌 그리도 심하게 답답하게 구는가!" 하고 고래고래 큰 소리를 쳤다. 아로낙스 씨와 콩세유가 충분히 권하고 만류하며 말하였다. "우리가 저 사람의 거동을 세세히 살필 것이니 함부로 움직이지 마시오." 네드 랜드 씨가 대답하였다. "나는 이미 다 압니다." 아로낙스 씨가 이어서 물었다. "그렇다면 저 두 사람은 어느 나라 태생이오?" 네드 랜드 씨가 대답하였다. "저들은 인비인도(人非人島) 태생입니다." 아노낙스 씨가 빙그레 웃으며 말했다. "인비인도는 지금까지 지도에 실리지 않았을 뿐 아니라 내가 관찰한 것으로는 비록 저들의 언어가 이해하기 어려우나 프랑스 남방 출신인 듯하오."

이처럼 설왕설래하며 2시간을 낭비하는데 돌연 철문이 다시 열리면서 사환 하나가 들어와 의상(衣裳) 3벌을 주고는 조금 뒤에 요리를 탁자 위에 차려놓고 나갔다. 세 사람이 모여 앉아 굶주린 범의 기세와 목마른 이리 꼴로 달려드니 산과 강의 진미를 다하고 영국과 프랑스의 재료를 구워놓은 것 같다. 바로 프랑스 파리의 그랑호텔과 영국 리버풀의 아델피호텔의 요리를 입에 댄 것과 마찬가지였다. 그리고 양도(洋刀)와 꼬챙이에는 다 N자를 새겨놓았다. 이때 네드 랜드 씨와 콩세유는 주리고 목마른 지 반일이 넘은 터라 이 맛좋은 음식을 한바탕 포식하고 정신이 피곤해짐을 이기지 못하여 탁자에 기대어 잠들어버렸다. 아로낙스 씨도 피곤을 견디기 어려웠으나 이리저리 생각함에 온갖 느낌이 교차

하였다. 6월 10일 승선한 이래로 링컨 호 승무원들의 안전이 어떻게 되었을지 그 전말에 생각이 미쳐서는 뒤척이며 눈물을 떨구다가 어느 덧 그 또한 잠들어버렸다.

조금 뒤에 갑자기 눈을 떠보니 사지가 묶인 듯 호흡이 답답하며 전등 빛이 처량하고 잠수함 안이 적막하였다. 잠깐 뒤에 콩세유와 네드 랜드 씨도 답답함을 못 이겨 멍하니 일어나 앉으면서 서로 부르며 기가 막혀 하고. 네드 랜드 씨는 또 크게 소리 질러 "저들이 우리를 숨 막혀 죽게 하려는가보군요!" 하였다. 아로낙스 씨가 간곡히 타일러 "그렇지 않소. 한 사람이 한 시간에 마시는 산소의 양은 공기량 176파인트-1파인트는 3홉146이다- 중에 포함된 전량이요, 한 시간에 내뱉는 탄소의 양은 마시는 산소의 양과 같은 양이오. 그러니 지금 산소가 소진되고 탄소가 충만하므로 이와 같은 것이니 오래지 않아 이 철함이 어떠한 방법으로 새 공기를 바꾸어 넣을지는 알지 못하겠으나, 필연 화학적이든 또는 기계적으로 물 위에 떠올라 새 공기를 바꾸어 넣든 하는 것에 불과하오."라고 설명하였다. 말이 끝나기 전에 갑자기 신선한 공기가 들어오면서 새 공기와 옛 공기가 서로 바뀌었다.

「공기 중에는 작은 다른 원소도 섞여 있지만 대략 공기를 5로 평분(平分)하면 그 중에 4는 질소며 1은 산소이다. 동물은 이 산소를 흡수하고 생존하는 것이다.」

이때 네드 랜드 씨는 질식의 고통은 잠깐 면하였으나 주림과 목마름을 이기지 못하여 사환이 오찬을 늦게 주는 데에 대단히 격노하였다. 콩세유가 편안하게 타일렀다. "네드 랜드 씨. 귀하는 이처럼 함부로 움직이지 말고 함내에 정해진 규칙을 지키는 것이 나을 것입니다." 네드 랜드 씨가 말하였다. "그대의 침착함은 지나치다고 할 만하다. 만일 이렇게 규칙만 고수하면 아귀(餓鬼)를 면하겠는가." 이렇게 몇 시간을 지났는데도 사환이 아직도 오지 않았다. 대개 그 잠을 시끄럽게 할까 염려하여 오지 않은 것이니, 참으로 이른 바 '은혜를 도리어 원수로 갚는다.'는 격이었다. 네드 랜드 씨는 갈수록 분노하여 조급하고 사나워졌다. 이때 함체는 물밑 수천 척에 가라앉는 듯했는데, 사면은 적막하고 전등 빛만 반짝반짝하였다. 아로낙스 씨 주복(主僕)은 일어난 일을 이해하지 못한 채 누구는 두려워하고 떨고 있었으며 누구는 편안하게 낯빛만 달라질 뿐이었다.

얼마 뒤에 철문이 문득 열리고 사환이 들어오는 터에 네드 랜드 씨가 크게 한마디 꾸짖는 소리를 내며 뛰어서 발로 차 거꾸러뜨리고는 좌우로 때리고 배 위에 걸터앉아 목을 조르니, 그 기세가 매우 격렬하여 만류하기 어려웠다. 사환은 외마디 고통을 부르짖으며 숨이 끊어질 듯하였다. 아로낙스 씨 주복이 두려움을 이기지 못하여 나갈 줄을 몰랐는데, 갑자기 문 밖에서 프랑스어로 크게 외쳐 "네드 랜드 씨는 과히 격노하지 말 것이며, 아로낙스 군은 내가 말하는 것을 잠깐 들으시오." 하였다. 그러자 아로낙스 씨 주복은 물론이요 네드 랜드도 가슴이 울리고 몸이 떨리는 것을 이기지 못하고 우두커니 서서 멍하니 볼 뿐이었다.

| 잡찬 |

세계총담(世界談叢) / 몽접(夢蝶)

○ 세계 제일의 대도시 영국 서울 런던의 1년간 경찰 비용은 약 2천만 원이요, 경리(警吏)의 총수는 1만 7천 2백 2명인데 최고급 경리는 연봉이 약 8천 원이며 최하급 경리는 666원 가량이라고 한다.

현재 세계에서 가장 두려워해야 할 것은 폐병이며, 또 빈한하여 섭생(攝生)이 불충분한 빈민에서 가장 많이 생긴다. 가령 미국과 영국에서 그러한 예를 추산해보면 미국은 약 20만이며 영국은 약 5만가량의 환자가 있는데, 빈민 수의 약 10분의 1 이상을 점유하고 있다. 그러므로 이 일에 대해 우려하는 자가 적지 않더니, 근래 뉴욕 5가에 있는 침례교(Baptist) 사원 목사 엥웃드[36] 박사가 폐병전문병원 건설을 열심히 주장하고 있다. 그의 이야기에 근거하면, 일 년에 약 1천만 원만을 비용으로 쓰며 3만 명가량의 생명을 구할 수 있다고 한다.

○ 지리멘(縮緬)[37] 1필(匹)에 누에고치 50개. 지리멘이라 이름을 부르는 비단은 일본 귀부인의 애용품인데, 무게는 120메(目)요 원료의 생사(生絲)는 150메라고 한다. 150메의 생사를 제조하는데 드는 누에고치가 1두(斗) 5승(升), 즉 5천 개다. 그러니 이 5천 개의 누에를 기르는데 쓰이는 뽕잎의 무게는 약 27간메(貫目)가 든다고 한다.

○ 기린이라는 동물은 오스트리아 남쪽 발칸반도 북쪽지대에 많이 나는데, 그 뿔은 산지에 따라 혹 2개이거나 또는 3개이며 목 길이는 약 7척(尺) 남짓이다. 즐겨 먹는 식물은 아카시아라 불리는 나뭇잎이요

---

36 엥웃드: 미상이다.

37 지리멘(縮緬) : 날실에 생실, 씨실에 강한 꼬임을 준 생실을 사용하여 오글오글한 잔주름을 나타낸 직물 또는 이에 유사한 직물이다.

2·3개월간은 물을 마시지 않고서도 생활하는데, 가련한 것은 이 짐승이 천성이 강하고 사납지 못하여 다른 짐승에게 죽임을 많이 당하고 또 벙어리로 태어나 죽을 때가 되어도 한마디 소리도 지르지 못한다고 한다.

○ 미국인 올드리버라고 불리는 이는 나무로 만든 서양 신을 신고 신시내티로부터 뉴올리안즈까지 약 1천 6백 마일 되는 바다 위를 약 40일 사이에 걸어서 도착하였다 하니, 이와 같이 진보하면 결국에는 바다가 평지가 되겠다.

○ 미국 정부는 콜로라도 주(州) 움곰빵·우레 지방에서 약 28만 에이커−약 10만 정보(町步)− 되는 빈 땅을 개간하기 위해 관개비용으로 30억 원을 지출하였는데, 해당 땅은 족히 사람 300만 명에게 공급할 만하다고 한다.

○ 영국인 메이슨은 그 애견 팃톤을 뉴욕에 사는 우레리아에게 1만 원에 팔아넘겼는데, 그 개는 능히 사람 이상의 총명함이 있어 하지 못하는 것이 없다고 한다.

○ 미국 허드슨철도회사 사무소−지금 뉴욕시에 건설 중−는 23층의 큰 빌딩이다. 40개의 사무실이 있는데 사람 1만 명 가량을 수용할 수 있고, 그 건축비는 800만 달러인데 승강기 39대를 설치하여 오르내리게 한다고 한다.

○ 바로 지금 인도교(印度膠)의 수요가 나날이 증가하므로 심는 지역도 결국 차차 증가한다. 그 중요한 산지는 실론 섬에 10만 에이커, 말레이시아 섬에 15만 에이커, 멕시코에 27만 5천 에이커, 도합 20만 정보(町步)의 지면(地面)을 쓴다고 한다.

○ 미국 신문에 근거하면 작년 미국 관립학교, 공립학교, 사립학교의 총 경비 액수가 3억 7699만 6475원이었다고 한다.

우리나라 사탕무 제당업에 대한 오쿠마(大隈) 백작의 담론

○ 한국의 첨채(甛菜)-사탕무- 제당업이 유리함은 내가 이미 메이지 37년경에 만한경영(滿韓經營)에 대하여 의견을 공포할 때에 대강 설명하였거니와 미국 부호(富豪) 사탕무 경영자 조지 모건이 이 사업의 유명함을 알고 한국에 사람을 가만히 파견해 몇 개소에 재배하여 매우 좋은 결과를 거두었다. 그러므로 그 분이 정밀하고 세세한 설계를 갖추어 나와의 면회를 요구한 뒤 일본 정부의 승인을 간곡히 부탁하던 차에 러일 간의 전운이 이후 계속 이어지고 거두어지지 않아 공연히 귀국하였는데 그때 모건이 전문 기술자와 동반하고 한국에 들어와 적당한 장소를 정하고 철도부설의 계획도 정하였다고 한다.

△대개 한국의 동(同) 사업은 국가-일본 자국을 가리킴-의 경륜에 대하여 매우 큰 공헌을 함은 고사하고 개인-일본인을 가리킴-의 근착적(根着的) 사업으로도 가장 유망하며 일본의 한국경영에 대하여도 희망하는 바의 태반을 성공할 것임은 내가 확신하는 바이며,

△또 홋카이도(北海島)의 사탕무 성숙기에 장맛비가 많이 내려 당분이 감소하고 지면이 협착하여 윤작이 불가능해 손해가 적지 않은 것과는 서로 크게 다르니 기후가 적당한 가운데 지면이 광활하고 품삯이 매우 저렴하며 공급 원료가 풍부하여 하나도 갖추어지지 않은 것이 없소.

△그러하니 여러분은 나폴레옹(奈翁)이 유럽 대륙 정책으로 사탕무 제당업에 대하여 막대하게 보호하고 매우 크게 장려한 결과 지금 유럽에 이 사업의 발달과 진보는 몹시 놀랄 정도일 뿐만 아니라 그 사용 비용의 막대함에도 상관하지 않고 대단한 이익을 거두었으니, 사용 비용도 안 들고 기후도 적당한 여의주(如意珠)의 화수분 같은 이 대사업에 착수하면 좋은 성적은 손에 침 뱉듯이 쉽게 얻을 수 있을 것입니다.

| 잡보 |

△ 본국 경성의 유지인(有志人) 사회에서 본 학보 발간에 대해 가슴 가득 동정을 표해 막대한 찬성금을 모집해 보내고 간절한 편지를 보냈으니 다음과 같다. "삼가 아뢰오. 유성준(兪星濬) 등은 친애하고 신뢰하는 태극학회 회장 장응진 귀하에게 편지를 보냅니다. 만리 이역에 가족의 단란함을 이미 잊고 국가의 사상을 더욱 발전하게 해 학교 수업 후 남는 날에 학회를 별도로 설립해 서로간의 지식을 교환하고 잡지를 발행해 국민의 정신을 고취시키니 국내 동포가 흠축(欽祝)하고 우러러 크게 바라는 것이 이제야 간절합니다. 본인 등이 특히 느낀 바가 있어 귀회 잡지 발간에 대해 동정을 표시할 차로 동지 사이에 발기하였는데 다행히 불과 몇 사람의 사회에서 적지 않은 찬성금을 얻어 금액 6백 13원을 거두어 모아서 삼가 올리니 이 금액은 타처에 사용하지 마시고 오로지 잡지 유지에 이바지하게 하심을 바라오. 이에 특히 소개하지 않을 수 없는 일은 위 금액 중에 현재 학원(學員) 등이 또한 가슴 가득한 동정으로 간난한 금액을 출의함이니 이를 기억하고 잊지 마시옵소서. 삼가 아룁니다.

광무 11년 6월 17일 유성준(兪星濬) 노백린(盧伯麟) 어용선(魚瑢善) 원응상(元應常) 유승겸(兪承兼) 나수연(羅壽淵) 권봉수(權鳳洙) 조제환(趙齊桓) 장 도(張 燾) 석진형(石鎭衡)

○ 박람회 내 한국 부인의 사건

일본 도쿄박람회에 출품된 한국 부인 사건으로 내외 여론을 환기한 것은 세상 사람들이 모두 아는 바이다. 아래에 그 전말을 기재하노라.

달포 전에 우리 유학생 일부가 박람회 관람차로 우에노공원(上野公

園)에 가서 그 박람회 출품물을 순서대로 관람하고 제5호 조선관 부속 수정관(水晶館)에 가서 관람료 10전을 내고 그 수정관 입구에 들어가니 깜깜한 골짜기 속에 있는 것과 흡사하여 지척을 구분하지 못하였다. 손으로 붙잡고 발을 더듬어 그 수정관 안에 찾아 들어가니 사방 벽은 수정(水晶)으로 만들어 영롱하게 사람을 비추는데 어찌 생각이나 했으리오. 그 속에 우리나라 부인 한 명과 통역 한 명이 의자에 기대어 앉아 있을 줄을. 그 부인의 복장은 우리나라 매춘부의 모습으로 되어 있었고 안면에는 흰 분가루와 연지를 흠뻑 칠하여 각국 관람인들로 하여금 일종의 괴상한 느낌을 일으키게 하였다.

이에 관람하던 우리 학생들이 놀랍고 의아하여 그 수정관 주인을 찾아가서 그 사건의 전말을 물었더니 대강의 뜻을 전하기를 "이 수정관은 조선관 부속으로 지은 것인데 귀국 부인을 그 안에 배치한 것은 특별한 원인이 있어서가 아니다. 당초 조선관을 지은 본뜻은 일본 통감부에서 실업가와 협의하여 한국 사정을 일본에 소개하기 위함이었으니 관람자를 많이 끌어들이지 않으면 그 목적을 달성할 수 없기 때문에 한국 사정에 정통한 일본인 아이다 테츠노스케(飯田鐵之助) 씨와 상의하여 한국 대구에서 그 부인을 고용해와 수정관 안에 두고 악기의 간수 일을 맡기고 매달 그 일에 해당하는 월급을 지급하고 있는데 무엇이 귀국 사람의 체면에 손상이 되는가."라 하였다.

이에 우리 학생이 답하기를 "귀하의 말이 우리의 의견과 크게 다름은 다른 이유 때문이 아닙니다. 귀하는 일본인을 기준으로 하여 살피기 때문에 그 부인의 사건이 우리 한국에 대하여 체면을 손상하는 바가 아니라고 말하나 우리 한국인이 우리 한국을 기준으로 하고서 살피면 삼척동자라도 이 사건이 우리 한국에 대하여 매우 큰 모욕이 됨을 분명히 알 수 있습니다. 귀하의 말에 따르면 수정관을 설립하고 관람료를 받는 것이 오로지 미술적으로 조성한 가옥에 대한 것이라고 변명하나

누구든지 이 수정관에 들어와 살펴보면 한국 부인이 중요한 관람 물품이 된다고 말하지 않을 사람이 없을 것이니 이 사건이 한국에 치욕이 되지 않으면 어떤 사건이 국민의 치욕이 되겠습니까. 근래에 오사카박람회에서 간악한 장사치들이 한국 부인 두 명을 야만인 부류의 방에 두고 관람료를 받은 역사가 있는데 이번에 귀관(貴館)에서 하는 방책이 형식을 가지고 논하면 그 사건과 현격히 다른 듯하나 실질적으로 살펴보면 조금도 차이가 없으니 귀하는 인도(人道)와 윤리의 관념을 재삼 생각하여 속히 그 부인을 귀국시키십시오."라 하였다.

일장변론을 종료한 뒤에 그 부인과 통역을 불러서 만나보고 우선 그 성을 물으니 부인의 성명은 정명선(鄭命先)이요 통역의 성명은 박항량(朴恒良)이었다. 당초 일본으로 건너올 때에 정씨는 그 사정을 자세히 알지 못하고 다만 박항량과 일본인이 말한 바를 듣고 도쿄박람회에 가면 경치도 잘 완상하고 영리(營利)도 적지 않은 줄로 알고 왔더니 뜻밖에 이러한 경우를 당하니 말할 바를 모르겠다고 하는데 말하지 않는 가운데에도 슬프고 애달픈 수심의 기색이 미간에 은연중 동하여 우리에게 비상한 참감(慘感)을 불러일으켰다. 박가로 말하면 한국 남자이다. 아무리 의식(衣食)의 관계 때문에 이러한 사태를 만들었다고 하나 국민의 체면을 손상시키는 일을 꺼리지 않고 행했으니 어찌 그 책임을 면할 수 있겠는가.

부인의 경우는 생계의 곤란으로 말미암았을 뿐만 아니라 원래 배우지 못해 무식하여 무엇이 국가에 영예가 되고 모욕이 되는지 알지 못하고 또 일본에 건너오던 초기에 이러한 상황이 거듭 발생할 것을 알지 못한 데에서 말미암으니 우리는 이에 대해 비평할 여지가 없고 다만 동정심에서 오는 눈물을 참을 수 없다. 그러므로 우리 학생 중 일부가 구제할 방책을 강구하기 위하여 5·6회 수정관 주인과 직접 혹은 간접으로 협상하여 담판을 벌였으나 끝내 좋은 결과를 얻지 못하여 서로 바라보고 고심하며 괴로워만 하였는데 얼마나 다행인지 천도(天道)가 마음을 쓰고 동종(同種)이 서로 가련히 여겨 그 부인의 구세주를 파견해 보냈도다. 그 사람은 누구인가. 바로 경성에 사는 내부참서관(內部參書官) 민원식(閔元植) 씨이다. 민원식 씨는 달포 전에 일본궁내성(日本宮內省)을 시찰하기 위해 일본에 건너와 도쿄 시바쿠(芝區)에 체류하다가 학생들 사이에서 이 소식을 들었다. 또 그 문제로 인해 한일 양국 사람들 사이에 좋지 않은 감정이 일어나 피차간에 이로울 것이 없으며 그 부인이 수정관에 출품물로서 우리 한국에 치욕이 되어 세계 만국 관람자들에게 조소와 꾸짖음을 사게 될 것을 냉정하게 생각하고 수정관에 가서 그 수정관 주인을 보고 누차 담판하여 그 진상을 찾아내었다. 또한 경시청(警視廳)에 가서 개인 자격으로 협상에 심혈을 기울여 부인에게 소요되는 비용 수백 원을 자비로 부담하고 그 부인을 귀국시켰다.

아. 우리 동포여! 우리 한국 2천만 동포가 모두 이분과 같은 마음으로 자신의 마음을 삼으면 단체가 화합하지 못하고 국가가 진흥하지 못함을 어찌 걱정하겠는가. 우리 한국에 이러한 의인이 있음을 기쁜 마음으로 축하하고 감사해하노라.

○ 북미의 비보(悲報) : 북미 한인공립협회(韓人共立協會) 총회장 송석준(宋錫俊) 씨는 원래 본국에서도 교인의 자유를 주창・혁신하던 애국지사였다. 연전에 미국으로 건너가 천신만고를 겪으며 도처마다 국민정신을 고취하며 동회 총회장으로 밤낮 침식을 잊고 애써 근무하더니 불행히 지난 5월 10일 오전 7시에 세상을 뜬 부음이 본회에 도래하였다. 이분과 같은 회장을 잃은 공립회의 불행과 이분과 같은 선도자를 잃은 북미에 있는 우리 동포의 불행은 다시 말할 것도 없거니와 이분과 같은 전도 다망한 애국지사를 잃은 우리 일반 국민의 불행이여!
○ 공립신보 확장 : 북미에 있는 한인공립협회에서 기왕부터 공립신보

를 간행함은 세상 사람이 공히 아는 바이거니와, 해당 신보의 활판 도구들이 미비하여 등사(謄寫) 출간에 고난이 막심하던 중 극렬한 지진의 환난이라는 경우를 거듭 겪었으되 백패불굴하고 한 방향으로 전진하더니 이번에 다시 한층 확장하기 위하여 주야로 피땀의 노고를 인내하고 노동한 금전을 모아 활판 도구들을 구입하고 금년 4월부터 제2권 제12호가 간행되었으니 장하구나, 우리 동포여, 힘쓸지어다, 우리 동포여.

○ 북미 샌프란시스코 우리 동포 대동보국회(大同保國會)에서 본회에 공문을 보내고 본 학보에 찬조금 신화(新貨) 8환과 단지(斷指) 학생에게 의연금 14원을 기송(寄送)하였기에 이에 그 열성과 후의에 마음 깊이 감사하노라.

○ 미국령 하와이에 거류하는 우리 동포들이 조직한 친목회에서 친목회보를 발행하여 각처에 발송하였다.

○ 포항(浦港)의 아름다운 소문 : 러시아령 블라디보스톡에 거류하는 한인계에는 종래 한인학교가 없었더니 금년 4월경에 해당 지역에 거류하는 우리 동포들이 계동학교(啓東學校)를 설립하고 청년자제들에게 애국 혈성을 배양·교수한다니 이는 우리 한국 문명의 새싹일 것이다. 일반 동포여, 서로 축하하고 서로 기뻐합시다.

• 회사요록

○ 본월 2일에 일본 내무성 시찰원 민원식(閔元植) 씨를 청요해 연설을 했다.

○ 동 9일에 시찰원 민원식 씨가 학생계에 유익한 것으로 연설하고 회에 입회하기를 청원한 까닭에 입회를 허락했다.

○ 15일 평남 영유군 지회장 이치노(李治魯) 씨가 보고하되, "본인이 본군 이화학교 고등과를 졸업하고 평양측량학교에 입학함으로 맡은 바

의 일을 볼 수 없어서 이에 청원한다"고 하였다.

○ 이번 달부터 시작해 내국 각처 학교의 처소를 아는 대로 본 학회보를 발송해 청년을 위한 관람을 제공해 그 학식의 만분의 일이라도 도움이 되게 하기로 16일 임원회에서 결정했다.

○ 이번달 16일 총회에서 박상락(朴相洛) 씨가 북미 샌프란시스코 한인 공리협회 총회장 송석준(宋錫俊) 씨의 추조회(追弔會) 할 것을 제의함에 김재문(金載汶) 씨의 재청으로 가결되었다. 추조회 일자는 이번 달 30일로 정하고 제반 절차는 임원회에 전임했다.

• 회원 소식

○ 신성호(申成鎬), 장원태(莊源台), 김형규(金炯奎), 김용중(金溶重), 배영숙(裴永淑), 남궁영(南宮營), 이윤주(李潤柱) 제씨는 하기방학에 근친(覲親)차로 떠나 귀국하였다.

○ 작년 겨울 동안 귀국하였던 김현준(金賢俊) 씨는 지난달 중순에 재차 건너왔다.

○ 김재희(金載熙), 이훈영(李勳榮) 2인은 섭양(攝養)차로 나가노현(長野縣) 지방에 가서 체류하였다.

• 신입회원

평북 박천 한익섭(韓益燮), 동(同) 송욱현(宋旭鉉), 평남 강서군 김병억(金炳億), 이덕교(李德教), 경성 이규정(李圭廷), 평북 의주 최충호(崔忠昊), 평남 은산 안희정(安希貞), 경성 민원식(閔元植), 평북 태천 백종흡(白宗洽), 평남 은산 박윤철(朴允喆) 제씨가 금번에 입회하였다.

• 영유군지회(永柔郡支會) 신입회원

　김헌도(金憲燾), 박재선(朴在善), 김지정(金志侹), 김상철(金相哲), 강의경(康義璟), 차제중(車濟重), 김명준(金命峻), 김찬정(金贊楨), 안광호(安光鎬), 김원근(金元根), 이희돈(李禧敦) 제씨가 입회하였다.

• 태극학보 제7회 의연인 씨명

박영효(朴泳孝) 씨 100원

박영효(朴泳孝) 씨 100원 재차

양대경(梁大卿) 씨 3원

장세우(張世瑀) 씨 5원

김윤규(金崙圭) 씨 1원

민원식(閔元植) 씨 2십 원 매달

정운복(鄭雲復) 씨 5원

김준각(金駿珏) 씨 1원

김붕각(金鵬珏) 씨 5십 전

이병호(李秉瑚) 씨 2원

김채호(金采瑚) 씨 2원

강익록(康益錄) 씨 2원

박봉용(朴奉龍) 씨 2원

○ 경성유지인사회에서 본보를 위해 찬성금 모집을 발기함에 대해 출의하신 여러분의 씨명이 다음과 같으니,

민형식(閔衡植) 씨 1백 원

이　갑(李　甲) 씨　　　　　장종식(張宗植) 씨

김규진(金圭鎭) 씨　　　　　이근홍(李根洪) 씨

이하영(李夏榮) 씨	장헌식(張憲植) 씨
유동작(柳東作) 씨	김경중(金경中) 씨
김창한(金彰漢) 씨 각 10원	
정영두(鄭永斗) 씨	니시하라 카메조우(西原龜三) 씨
윤치오(尹致昨) 씨	정영택(鄭永澤) 씨
이회구(李會九) 씨	조진태(趙鎭泰) 씨
한만원(韓萬源) 씨	이원긍(李源兢) 씨
정동식(鄭東植) 씨	국분철(國分哲) 씨
한창수(韓昌洙) 씨	백형수(白瀅洙) 씨
민원식(閔元植) 씨	유성준(兪星濬) 씨
최석민(崔錫敏) 씨	홍재기(洪在祺) 씨
박두영(朴斗榮) 씨	박승조(朴承祖) 씨
강두현(康斗鉉) 씨	장세기(張世基) 씨 각 5원
변종헌(卞鍾獻) 씨	이병화(李秉和) 씨
최문현(崔文鉉) 씨	함태영(咸台永) 씨
이종협(李鍾協) 씨	이건호(李建鎬) 씨 각 4원
신해영(申海永) 씨	노용선(魚瑢善) 씨
김기조(金基肇) 씨	이용상(李容相) 씨
김정목(金正穆) 씨	이원국(李源國) 씨
김회수(金晦秀) 씨	이수경(李秀京) 씨
지일찬(池逸燦) 씨	이익채(李益采) 씨
김관식(金灌植) 씨 각 3원	
장우근(張宇根) 씨	오성근(吳聖根) 씨 각 2원 50전
이인식(李寅植) 씨	태명식(太明軾) 씨
박만서(朴晩緖) 씨	김두한(金斗漢) 씨
윤치소(尹致昭) 씨	최헌규(崔獻圭) 씨

이돈수(李敦修) 씨	이만규(李晚奎) 씨
민건식(閔健植) 씨	이두연(李斗淵) 씨
이순하(李舜夏) 씨	현 은(玄 隱) 씨
조재혁(趙在赫) 씨	유승겸(兪承兼) 씨
김낙헌(金洛憲) 씨	오영근(吳榮根) 씨
현 채(玄 采) 씨	서병업(徐丙業) 씨
손석기(孫錫基) 씨	조병택(趙秉澤) 씨
김태식(金兌植) 씨	박인창(朴仁昌) 씨
이용석(李用錫) 씨	백인기(白寅基) 씨
김영수(金永壽) 씨	조창한(趙彰漢) 씨
안종화(安鍾和) 씨	장 도(張 燾) 씨
윤성보(尹性普) 씨	김택진(金宅鎭) 씨
이용성(李容成) 씨	유갑수(柳甲秀) 씨
윤종면(陸鍾冕) 씨	김상연(金祥演) 씨
이범세(李範世) 씨	유문환(劉文煥) 씨
윤창석(尹晶錫) 씨	성문영(成文永) 씨
여병현(呂炳鉉) 씨	고원식(高源植) 씨
황의정(黃義正) 씨	석진형(石鎭衡) 씨
조제환(趙齊桓) 씨	이건춘(李建春) 씨
이현구(李玄九) 씨	오재풍(吳在豐) 씨
나수연(羅壽淵) 씨	원응상(元應常) 씨
이긍만(李肯萬) 씨	이희목(李凞穆) 씨
안종원(安鍾元) 씨	유일선(柳一宣) 씨
권봉수(權鳳洙) 씨	최태현(崔台鉉) 씨
이 준(李 儁) 씨	신우선(申佑善) 씨
정재홍(鄭在洪) 씨	이종태(李鍾泰) 씨

이종우(李鍾宇) 씨	이응종(李膺鍾) 씨
민병두(閔丙斗) 씨	송지헌(宋之憲) 씨
이건승(李健承) 씨	이봉재(李鳳載) 씨
이헌규(李憲珪) 씨	이동휘(李東暉) 씨 각 2원

김희선(金羲善) 씨 1원 50전

최경순(崔敬淳) 씨	상 호(尙 灝) 씨
박홍일(朴泓鎰) 씨	홍기주(洪箕周) 씨
성기영(成夔永) 씨	곽한영(郭漢英) 씨
박용구(朴容九) 씨	최병상(崔秉相) 씨
김태선(金泰善) 씨	이병헌(李秉憲) 씨
유한봉(劉漢鳳) 씨	유기영(柳基永) 씨
심의식(沈宜軾) 씨	이원식(李元植) 씨
윤세용(尹世鏞) 씨	한보원(韓普源) 씨
백남석(白南奭) 씨	한덕순(韓悳淳) 씨
김영갑(金永甲) 씨	유병필(劉秉弼) 씨
김하정(金夏鼎) 씨	김대희(金大熙) 씨
진희성(陳熙星) 씨	신해용(申海容) 씨
안창선(安昌善) 씨	김성희(金成喜) 씨
현공렴(玄公廉) 씨	이정래(李鼎來) 씨
김연홍(金然鴻) 씨	안의순(安義淳) 씨
김원식(金元植) 씨	박사선(朴士善) 씨
이상림(李尙林) 씨	이군필(李君弼) 씨
윤헌구(尹憲求) 씨	유종열(劉重烈) 씨
안기조(安基祚) 씨	이길선(李吉善) 씨
최경호(崔慶鎬) 씨	이원규(李元珪) 씨
홍종길(洪鍾佶) 씨	이호직(李浩稙) 씨

박성규(朴成圭) 씨 　 김희수(金希洙) 씨

남궁훈(南宮薰) 씨 　 윤명섭(尹明燮) 씨

성낙영(成樂英) 씨 　 오희선(吳禧善) 씨

심하경(沈夏慶) 씨 　 박치훈(朴治勳) 씨

김영진(金英鎭) 씨 　 임면순(任冕淳) 씨

홍인표(洪仁杓) 씨 　 이원직(李元稙) 씨

안종오(安鍾五) 씨 　 원대규(元大圭) 씨

조중완(趙重完) 씨 　 박태경(朴泰慶) 씨

이명환(李明煥) 씨 　 유옥겸(兪鈺兼) 씨

이선호(李善鎬) 씨 　 이중도(李重도) 씨

김진한(金鎭漢) 씨 　 박성흠(朴聖欽) 씨

이능세(李能世) 씨 　 양재건(梁在騫) 씨

김택기(金澤基) 씨 　 조경구(趙經九) 씨

이해조(李海朝) 씨 　 김경만(金秉萬) 씨

이철상(李哲相) 씨 　 홍재기(洪在箕) 씨

홍순택(洪淳澤) 씨 　 이호승(李浩昇) 씨

최종락(崔鍾洛) 씨 　 유지수(柳芝秀) 씨

김학철(金學轍) 씨 　 김 훈(金 薰) 씨

심종협(沈鍾協) 씨 　 황희민(黃羲民) 씨

홍선표(洪璿杓) 씨 　 서상호(徐相浩) 씨

이병목(李秉穆) 씨 　 최한응(崔漢膺) 씨

김상천(金相天) 씨 　 박정동(朴晶東) 씨

박치상(朴稚祥) 씨 　 김찬제(金纘濟) 씨

하익홍(河益泓) 씨 　 박기동(朴起東) 씨

한형중(安衡中) 씨 　 민형기(閔衡基) 씨

서병규(徐丙珪) 씨 　 조신용(趙臣鏞) 씨 각 1원

서용희(徐庸熙) 씨	이응선(李應善) 씨
김효진(金孝鎭) 씨	윤태영(尹泰榮) 씨
안성진(安性眞) 씨	유문상(劉文相) 씨
원영의(元泳義) 씨	김규형(金奎炯) 씨
홍윤조(洪允祖) 씨	구연흠(具然欽) 씨
성낙헌(成樂憲) 씨	김순용(金淳鎔) 씨
이공우(李公雨) 씨	정원석(鄭源錫) 씨
홍정유(洪正裕) 씨	김종호(金鍾호) 씨
임응진(林應鎭) 씨	손경준(孫應駿) 씨
안병규(安炳奎) 씨	성철영(成哲永) 씨
정진태(鄭鎭泰) 씨	오세장(吳世章) 씨
이원식(李元植) 씨	이만종(李萬鍾) 씨
심상정(沈相定) 씨	김병석(金炳奭) 씨
심의성(沈宜性) 씨	원제상(元濟商) 씨
이해동(李海東) 씨	이석영(李奭永) 씨
안기택(安基宅) 씨	서병식(徐丙植) 씨
하태서(河泰瑞) 씨	홍승준(洪承駿) 씨
최영택(崔永澤) 씨	한태원(韓泰源) 씨
이화종(李和鍾) 씨	김규락(金圭洛) 씨
안국승(安國承) 씨	조재봉(趙載鳳) 씨
조홍규(趙弘奎) 씨	홍순구(洪淳龜) 씨
강중원(姜重遠) 씨	유 완(柳 玩) 씨
신옥현(申沃鉉) 씨	안경운(安景運) 씨 각 50전
허 병(許 炳) 씨	홍종안(洪鍾安) 씨 각 40전
이태수(李兌洙) 씨	홍달후(洪達厚) 씨
김상익(金相益) 씨	최봉소(崔鳳韶) 씨

유정현(柳靖鉉) 씨	한상위(韓相威) 씨
조중협(趙重協) 씨	최남교(崔南教) 씨
윤영근(尹榮根) 씨	윤교흥(尹教興) 씨
김관식(金觀植) 씨	조완구(趙琬九) 씨
이필은(李弼殷) 씨	김 림(金 林) 씨 각 30전
임경재(任璟宰) 씨	김상익(金商翊) 씨 각 25전
박윤태(朴潤台) 씨	강세진(康世鎭) 씨
이규재(李奎宰) 씨	함석규(咸錫奎) 씨
함석택(咸錫澤) 씨	이교승(李教升) 씨
권태완(權泰完) 씨	구승회(具升會) 씨
유재긍(劉載兢) 씨	조동민(趙東敏) 씨
이기열(李基熱) 씨	김기현(金基賢) 씨
조양원(趙良元) 씨	임정규(林正奎) 씨
유해창(柳海昌) 씨	권철상(權轍相) 씨
조태환(趙台煥) 씨 각 20전	
주한익(朱翰益) 씨	김종협(金鍾協) 씨 각 15전
안택수(安宅洙) 씨	남정규(南廷圭) 씨
이경의(李敬儀) 씨	유지형(柳志衡) 씨
김원배(金元培) 씨	권태형(權泰亨) 씨
이종연(李鍾淵) 씨	고영석(高榮錫) 씨
조두희(조두熙) 씨	정석조(鄭奭朝) 씨
이병무(李炳懋) 씨	윤희영(尹熙榮) 씨
이근국(李根國) 씨 각 10전	
유종홍(劉鍾洪) 씨	안기기(安基祺) 씨
유병환(尹秉煥) 씨	김명환(金明煥) 씨 각 1원

광무 11년 06월 27일 인쇄
광무 11년 07월 05일 발행
메이지 40년 06월 27일 인쇄
메이지 40년 07월 05일 발행

•대금과 우편료 모두 신화(新貨) 12전

일본 도쿄시 혼고구(本鄕區) 모토마치(元町) 2정목(丁目) 66번지 태극학회 내
편집 겸 발행인   장응진(張膺震)

일본 도쿄시 혼고구 모토마치 2정목 66번지 태극학회 내
인 쇄 인   김지간(金志侃)

일본 도쿄시 혼고구 모토마치 2정목 66번지
발 행 소   태극학회

도쿄시 교바시구(京橋區) 긴자(銀座) 4정목 1번지
인 쇄 소   교문관인쇄소(敎文館印刷所)

태극학보 제11호	
광무 10년 9월 24일	제3종 우편물 인가
메이지 39년 9월 24일	
광무7 11년 7월 5일	발행 - 매월 1회 발행 -
메이지 40년 7월 5일	

역자소개

신지연申智姸

부산대 점필재연구소 전임연구원. 한국근현대문학을 전공했다. 주요 저서로『글쓰기라는 거울-근대적 글쓰기의 형성과 재현성』(2007), 『증상으로서의 내재율』(2014), 편서로『북한의 시학연구-시』(2013)가 있다.

이남면李南面

고려대 한자한문연구소 연구원. 한국한문학 전공. 조선 중기 한시를 주로 연구해왔고, 최근에는 조선 전후기로 연구 영역을 넓혀가고 있다. 주요 논저로「17세기 중국회화의 유입과 그 제화시」(2013), 「조선 중기 배율 창작에 대하여」(2016), 「조현명 시에 나타난 '탕평' 관련 의식 연구」(2017), 『국역 치평요람 54』(공역)(2014) 등이 있다.

이태희李泰熙

한국학중앙연구원 연구원. 한국한문학 전공. 조선시대 유기(遊記)를 연구해왔고, 근래에는 근대 기행문으로 관심범위를 넓히고 있다. 주요 논저로「조선시대 사군(四郡) 산수유기 연구」(2015), 「조선시대 사군 관련 산문 기록에 나타난 도교 문화적 공간인식의 양상과 의미」(2017), 『한국 고전번역자료 편역집 1·2』(공역, 2017), 『완역 조양보 1·2』(공역, 2019)가 있다.

최진호崔珍豪

부산대 점필재연구소 전임연구원. 동아시아학 전공자로 중국의 근대성이 한국에서 갖는 의미를 연구하고 있다. 주요 논저로『상상된 루쉰과 현대중국』(2019), 「'모랄'과 '의식화'-한국에서 '루쉰의 태도' 번역의 계보」(2019), 「친선과 연대의 정치성」(2019) 등이 있다.

┌─── 연구진 ───┐

연구책임자	강명관
공동연구원	손성준
	유석환
	임상석
전임연구원	신지연
	이남면
	이태희
	최진호
연구보조원	이강석
	이영준
	전지원

대한제국기번역총서
완역 태극학보 2

2020년 11월 10일 초판 1쇄 펴냄

역 자 신지연·이남면·이태희·최진호
발행인 김흥국
발행처 보고사

책임편집 이경민
표지디자인 손정자

등록 1990년 12월 13일 제6-0429호
주소 경기도 파주시 회동길 337-15 보고사 2층
전화 031-955-9797(대표)
　　　02-922-5120~1(편집), 02-922-2246(영업)
팩스 02-922-6990
메일 kanapub3@naver.com / bogosabooks@naver.com
http://www.bogosabooks.co.kr

ISBN 979-11-6587-094-2 94910
　　　979-11-6587-092-8 (세트)
ⓒ 신지연·이남면·이태희·최진호, 2020

정가 33,000원

이 저서는 2017년 대한민국 교육부와 한국학중앙연구원(한국학진흥사업단)의
한국학분야 토대연구지원사업의 지원을 받아 수행된 연구임(AKS-2017-KFR-1230013)